Vorwort

Der Schwarzwald ist eine der schönsten deutschen Wanderlandschaften: Wälder und Wiesen wechseln einander ab, Schluchten und klare Flüsse durchziehen das Mittelgebirge, Karseen liegen wie Augen im dunklen Wald und von den Höhen locken immer wieder zahlreiche Aussichten ins tief unten liegende Rheintal oder – weiter im Süden – bis zu den Alpen.

Der Westweg durchquert den Schwarzwald in seiner ganzen Länge von Pforzheim nach Basel. Der „Westliche Höhenweg" erklimmt nicht nur die höchsten Berge des Schwarzwaldes – unter anderem den Feldberg –, sondern berührt von Nord nach Süd auch die unterschiedlichsten Landschaften. Westweg-Wanderer lernen den Schwarzwald von einer besonders eindrucksvollen Seite kennen.

Präzise Karten, genaue Streckenbeschreibungen, zahlreiche Stadt- und Ortspläne, Hinweise auf das kulturelle und touristische Angebot der Region und ein umfangreiches Übernachtungsverzeichnis – in diesem Buch finden Sie alles, was Sie für eine Wanderung auf dem Westweg brauchen – außer gutem Wetter, das können wir Ihnen nur wünschen.

Kartenlegende

* in Auswahl

Wanderweg auf Hartbelag
z. B.: befestigter Fußweg • ruhige Anliegerstraße

Wanderweg
breiter oder gut begehbarer Weg
z. B.: Wald- und Forstweg

Wandersteig, Pfad
schmaler Weg/Pfad • Wiesenweg

Klettersteig, Kletterstelle
• schwierige Stelle
• Trittsicherheit erforderlich
• Leiter

Verkehrsreicher Abschnitt
Strecke auf oder direkt an Straße mit starker Verkehrsbelastung

Variante, Alternativstrecke
z. B.: Ausflüge • Abkürzungen • Ein- oder Ausstiege • alternative Hauptroute

Anschlussetappen und weitere Touren

Wanderweg geplant

Wanderweg gesperrt

Tunnelstrecke, Unterführung

Fährverbindung; Lift

Stadt-/Ortsplan

Routenverlauf; Wegpunkt

Gefahrenstelle; Text beachten

Treppe

Tourist-Information

Unterkunft; Jugendherberge

Campingplatz; Zeltplatz

Gasthaus

Einkaufsmöglichkeit; Kiosk

Erlach sehenswerter Ort

Einrichtung im Ort vorhanden

sonstige Sehenswürdigkeit

sehenswerte Kirche; Kapelle

sehenswertes Kloster

sehenswerte Synagoge; Moschee

sehenswerte/s Schloss, Burg

sehenswerte Ruine

sehenswertes Denkmal; Wegkreuz

sehenswerte/s Bergwerk; Höhle

sehenswerter Turm; Leuchtturm

sehenswerte Wassermühle; Windmühle

sehenswertes/r Kraftwerk; Flughafen

Museum

Ausgrabung; Römische Objekte

Tierpark; Natur-Information

Naturpark; sonstige Natursehenswürdigkeit

Aussichtspunkt

Rastplatz; Unterstand

Schutzhütte; Grillplatz

Wanderparkplatz

Brunnen*

Freibad, Badestelle; Hallenbad

Bushaltestelle*

Maßstab 1 : 35.000

1 cm ≙ 350 m 1 km ≙ 2,9 cm

0 1 2 3 km

- Kirche; Kapelle
- Kloster
- Synagoge; Moschee
- Schloss, Burg
- Ruine
- Denkmal
- Wegkreuz
- Bergwerk
- Höhle
- historischer Grenzstein, Römerstein
- Grabanlage, Hügelgrab
- Turm; Leuchtturm
- Wassermühle; Windmühle
- Funk-, Sendeanlage
- Kraftwerk
- Umspannwerk, Trafostation
- Windkraftanlage
- Sportplatz, Stadion
- Golfplatz; Tennisplatz
- Flughafen; Landeplatz
- Quelle
- Kläranlage
- Schiffsanleger; Schleuse

Nur in Ortsplänen

- Parkplatz
- Parkhaus/Tiefgarage
- Post*
- Apotheke*
- Krankenhaus
- Feuerwehr
- Polizei
- Theater*

- Wald; Wiese, Weide
- Nassfläche, Sumpf, Moor; Heide
- Weinbau; Garten
- Friedhof; Sand, Düne
- Steinbruch, Tagebau; Gletscher
- Fels; Schutt
- Gebäude; Siedlungsfläche
- öffentl. Gebäude; Industriegebiet
- See/Staumauer/Fluss
- A13 Autobahn
- B12 Schnellverkehrsstraße
- B236 Fernverkehrsstraße
- Hauptstraße
- Pass (820 m) untergeordnete Hauptstraße / Pass
- 550 Nebenstraße / Höhenpunkt
- Fahrweg; Weg
- Pfad; Fähre
- Eisenbahn / Bahnhof; S-Bahnhof
- Eisenbahn stillgelegt; Nebenbahn
- Straßenbahn / Haltepunkt; Bergbahn
- Materialseilbahn; Sessellift
- Staatsgrenze / Grenzübergang
- Landesgrenze
- Kreisgrenze, Bezirksgrenze
- Damm
- Stadtmauer, Mauer
- Kanal
- Naturpark, Nationalpark
- Truppenübungsplatz, Sperrgebiet
- Höhenlinie 100m
  - Höhenlinie 25m
- 318 5242 Kilometerraster
  - mit UTM-Koordinaten

Inhalt

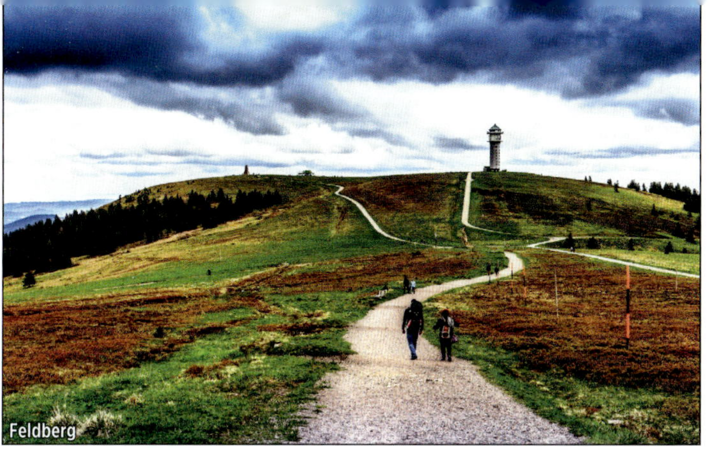

Westweg

Über 120 Jahre Westweg

Es war im Frühjahr 1900, als Phillip Bussemer aus Baden-Baden und Julius Kaufmann aus Lahr für den Badischen Schwarzwaldverein den ersten Höhenweg erkundeten. Als sie im Herbst schließlich stolz vermeldeten, dass die Vormarkierung abgeschlossen sei, war der erste deutsche Fernwanderweg von Pforzheim nach Basel begehbar. Seinen Namen erhielt der Westweg erst später. Er ist der westlichste von insgesamt drei Höhenwegen des Schwarzwaldvereins, die den Schwarzwald von Nord nach Süd durchqueren. Den Zusatz Höhenweg trägt der Westweg zu Recht. Er verbindet die höchsten Gipfel des Schwarzwaldes miteinander – insgesamt 10 Gipfel über 1.000 Meter. Und er folgt hauptsächlich den mächtigen Höhenrücken des Schwarzwaldes. Vom Norden bis zum Kinzigtal verläuft er auf dem Höhenzug an der Westseite des Schwarzwaldes mit der Hornisgrinde als höchstem Berg des Nordschwarzwaldes. Von Hausach dann steigt der Westweg zur Europäischen Wasserscheide Donau/Rhein an und gelangt im weiteren Verlauf des Höhenrückens bis auf den höchsten Gipfel des Schwarzwaldes, den Feldberg. Sowohl die westliche als auch die östliche Variante folgen den langgestreckten Ausläufern des Feldbergmassivs bis ins Rheinknie nach Basel.

Im Laufe seiner über 120-jährigen Geschichte musste der Schwarzwaldverein immer wieder Teilstrecken verändern, beispielsweise durch den Bau der Schwarzwaldhochstraße sowie aktuell durch den Bau von Windrädern auf den Höhenrücken der Berge. War anfangs noch ein Nebeneinander von

Wanderern und Fahrzeugen denkbar, so erforderte die stete Zunahme des Verkehrs schon bald eine Verlegung des Westweges. Die letzten größeren Verlegungsmaßnahmen wurden 2007 vorgenommen, als der Westweg das Prädikat „Qualitätsweg Wanderbares Deutschland" erhalten sollte und auch erhalten hat. Ebenso ist der Westweg auch in die Top Trails of Germany aufgenommen worden.

Streckencharakteristik

Länge, Höhenmeter und Etappen

Der Westweg führt von Pforzheim im Nordschwarzwald über die Hornisgrinde, Kinzigtal und Feldberg nach Basel. Er ist rund 285 Kilometer lang und überwindet dabei etwas mehr als 8.000 Höhenmeter. In Titisee teilt sich der Westweg: Die westliche Variante verbindet die höchsten Gipfel des Südschwarzwaldes – den Feldberg, Belchen und Blauen – auf dem Weg nach Basel. Die östliche Variante mit insgesamt 288 Kilometern und ca. 8.000 Höhenmetern führt über Herzogenhorn, Hochkopf, Hohe Möhr und Dinkelberg ebenfalls nach Basel.

Der Weg ist aufgeteilt in 13 bzw. 14 Etappen (Ostvariante) mit einer Länge zwischen 14 und knapp 28 Kilometern. Die Etappenaufteilung orientiert sich an den vorhandenen Übernachtungsmöglichkeiten. Der Schwarzwald verfügt grundsätzlich über eine gute Wanderinfrastruktur, sodass Sie die Etappenlängen meistens an Ihr individuelles Tempo anpassen können. Ein Hol- und Bringservice vom oder zum Westweg sind für die meisten Gastgeber selbstverständlich.

Der Westweg wurde im Jahr 2007 erstmals vom Deutschen Wanderverband zertifiziert und trägt seither das Gütesiegel „Qualitätsweg Wanderbares Deutschland".

Markierung, Wegweisung

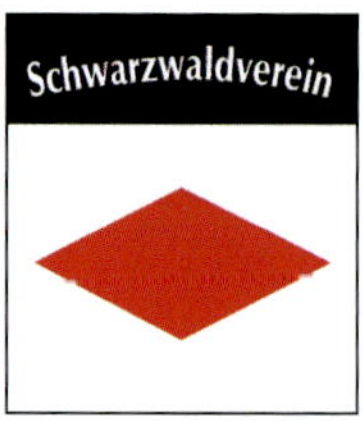

Der Westweg ist durchgehend mit der roten Raute markiert. Die Emaille-Täfelchen (in Ortschaften auch Aufkleber) finden sich an jeder Kreuzung mit anderen Wegen sowie nach spätestens 300 Metern auf kreuzungsfreien Strecken. An allen Kreuzungen mit anderen Wanderwegen stehen die auffälligen weißen Wegweiser, die Auskunft über die weiteren Ziele und Entfernungen geben. In der Schweiz ist der Westweg nicht mehr ganz so zuverlässig mit der roten Raute markiert. Es gelten auch noch die gelbe Raute sowie die kleinen Wegweiser mit der Aufschrift „Wanderweg".

Streckenstatistik Westweg bis Titisee

Länge der Hauptstrecke: 195 km

Aufstieg: 5.678 m **Abstieg:** 5.100 m

Hartbelag: 13 % **Wanderwege:** 54 % **Wanderpfade:** 32 %

Summe aller Strecken: 230 km

Streckenstatistik Westvariante

Länge der Hauptstrecke: 90 km

Aufstieg: 2.405 m **Abstieg:** 2.994 m

Hartbelag: 14 % **Wanderwege:** 47 % **Wanderpfade:** 39 %

Summe aller Strecken: 106 km

Streckenstatistik Ostvariante

Länge der Hauptstrecke: 93 km

Aufstieg: 2.364 m **Abstieg:** 2.960 m

Hartbelag: 20 % **Wanderwege:** 60 % **Wanderpfade:** 20 %

Summe aller Strecken: 95 km

Ausstattung

Aufgrund der guten touristischen Erschließung gibt es fast überall genügend Sitzbänke, Rastplätze oder Schutzhütten. Da der Westweg ein Höhenweg ist und oftmals abgeschieden verläuft, gibt es Einkehrmöglichkeiten hingegen nicht in Regelmäßigkeit, auf manchen Etappen gar nicht. Ausreichend Getränke und Verpflegung für den gesamten Tag gehören deshalb unbedingt in den Rucksack.

Anforderung

Der Westweg ist ein Höhenweg. Die Tagesetappen sind lang und zum Teil aufgrund der vielen Höhenmeter anstrengend und anspruchsvoll. An einigen wenigen Stellen hat der Weg alpinen Charakter, d. h. er ist ein schmaler, steiler Pfad, mit Wurzeln und Steinen durchsetzt. Trittsicherheit ist erforderlich. Kletterstellen gibt es nicht.

Nationalpark Schwarzwald

Ein Teil der Etappe 3 und der größte Teil von Etappe 4 führen durch den Nationalpark Schwarzwald, der sich auf einer Fläche von etwa 10.000 Hektar zwischen Freudenstadt und Baden-Baden erstreckt. Hier darf inmitten des Schwarzwalds neue Wildnis entstehen. Bitte beachten Sie, dass in diesem Gebiet der höchsten Schutzkategorie bestimmte Regeln gelten, die auch durch das Rangerteam kontrolliert werden. Es gilt unter anderem ein striktes Wegegebot (die ausgeschilderten Wege dürfen nicht verlassen werden), eine ganzjährige Leinenpflicht für Hunde und das Übernachten ist hier ausschließlich in den Trekking-Camps von trekking-schwarzwald.de erlaubt – nach vorheriger Anmeldung!
Weitere Informationen: www.nationalpark-schwarzwald.de

Tourenplanung

Zentrale Infostellen

Schwarzwald Tourismus GmbH, Wiesentalstr. 5,
79115 Freiburg, ✆ 0761/896460, www.schwarzwald-tourismus.info
Schwarzwaldverein e. V., Schlossbergring 15, 79098 Freiburg,
✆ 0761/380530, www.schwarzwaldverein.de
Stadt.Land.Enz., Tourist-Information Pforzheim, Schlossberg 15-17,
75175 Pforzheim, ✆ 07231/393700, www.pforzheim.de
Ein hilfreicher Begleiter ist die Broschüre „Westweg Etappenplaner", die Sie für 7,50 EUR bei der Tourist-Information in Pforzheim erwerben können.

Internetadressen

Informationen zum Westweg:
www.westweg.info
www.westweg.de
Informationen zu aktuellen Wegesperrungen:
https://www.nationalpark-schwarzwald.de/de/erleben/unterwegs-im-park/wegesperrungen

An- und Abreise mit der Bahn

Infostellen

Deutsche Bahn AG, Reise-Service: ✆ 030/2970, Mo-So 0-24 Uhr, Auskünfte über Fahrpreise und Fahrpläne, Informationen über die Serviceleistungen der Deutschen Bahn, www.bahn.de
Pforzheim liegt an der Bahnstrecke Karlsruhe - Stuttgart und ist gut mit Regional- und zum Teil auch mit IC/ICE-Zügen erreichbar. Vom Badischen Bahnhof in Basel fahren ICE-Züge stündlich in Richtung Norden, die IRE-Züge in Richtung Bodensee.

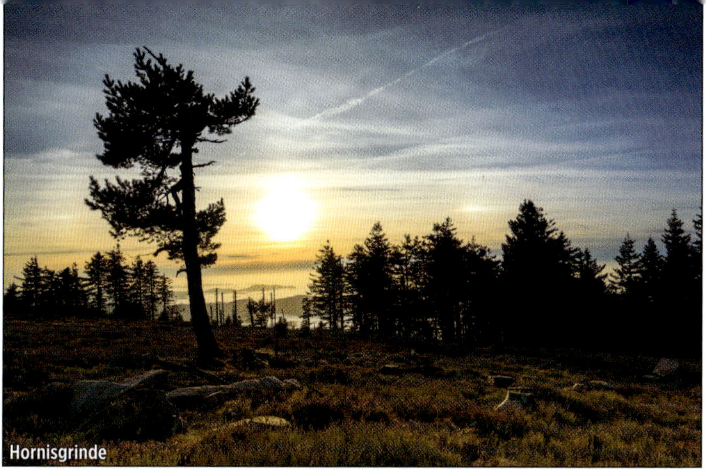
Hornisgrinde

Mit Bahn und Bus entlang der Strecke

Der Schwarzwald ist durch Bus & Bahn gut erschlossen. Neben der Rheintalstrecke gibt es Bahnlinien im Enztal (Neuenbürg), Murgtal (Forbach), Kinzigtal (Hausach) und im Höllental (Hinterzarten, Titisee und Feldberg-Bärental).

Einzelne Etappenorte oder Zwischenziele, die gut mit Bussen zu erreichen sind: Dobel, Sand, der Ruhestein, die Alexanderschanze, das Neueck, der Feldberg, Notschrei-Pass, Wiedener Eck und Kandern.

Die KONUS-Gästekarte hilft beim Sparen. Wer beim Einsteigen in Bus oder Bahn die KONUS-Gästekarte vorzeigt, hat damit freie Fahrt für sich und seine Miturlauber in zehn Verkehrsverbünden im gesamten Schwarzwald. Mehr als 4.000 Gastgeber in der Ferienregion ermöglichen ihren Gästen die freie Fahrt mit Bus und Bahn. Bei Ihrer Anmeldung in den Urlaubsorten im Schwarzwald erhalten Sie von ihrem Gastgeber die KONUS-Gästekarte (Kurkarte), die Sie gleich als Fahrschein nutzen können. KONUS steht übrigens für KOstenlose NUtzung des ÖPNV für Schwarzwaldurlauber.

Nähere Informationen erhalten Sie unter www.konus-schwarzwald.info.

Informationen

Kostenlose Informationen, beispielsweise über „Der Westweg mit Bus und Bahn" erhalten Sie bei der Schwarzwald Tourismus GmbH.

Individuelle Fahrplanauskünfte finden Sie unter www.efa-bw.de.

An- und Abreise mit dem Auto

Pforzheim liegt in unmittelbarer Nähe der A 8 zwischen Karlsruhe und Stuttgart. Autoabstellmöglichkeiten in Pforzheim:

Central-Parkhaus Schober, Zerrennerstr. 20, ✆ 07231/318311, parken@schober-service.de, www.schober-service.de
Parkhaus am Bahnhof, Lindenstr. 1, ✆ 0800/7275737, info@psh.de, www.ps-huefner.de
Tiefgarage Marktplatz, Am Waisenhauspl. 6, ✆ 0800/7275737, info@ps-huefner.de, www.ps-huefner.de
S-Parkhaus Luisenstraße, Luisenstr. 4, ✆ 07231/993911, www.sparkasse-pforzheim-calw.de/parkhaus

Beste Reisezeit

Die beste Wanderzeit für den Westweg ist von Mai bis Oktober. Bis April und ab Oktober müssen Sie in den Höhenlagen mit Alt- oder Neuschnee rechnen. Auf dem Feldberg hält sich die Altschneedecke in manchen Jahren bis in den Juni hinein. Im Winter ist der Westweg nicht begehbar.
Im Norden führt der Westweg seit dem Orkan Lothar 1999 häufig auf längeren Strecken durch Sturmwurfgebiete, die keinen oder nur wenig Schatten bieten. Auf den Bergen über 1.000 Metern, vor allem aber am Feldberg kann es auch im Sommer empfindlich kalt sein.

Übernachtung

Der Schwarzwald bietet zahlreiche Übernachtungsmöglichkeiten. Am Westweg, der als Höhenweg oftmals an den Ortschaften vorbeiführt, gibt es stellenweise nur eine begrenzte Übernachtungskapazität. In der Hochsaison im Juli und August ist deshalb eine Vorreservierung dringend anzuraten.
Im Übernachtungsverzeichnis am Ende des Buches sind für einige Streckenabschnitte auch Übernachtungsmöglichkeiten gelistet, die einige Kilometer

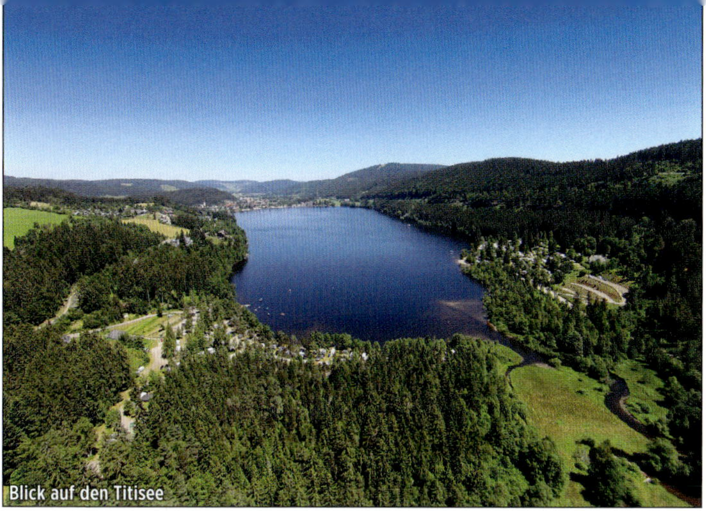

Blick auf den Titisee

vom Westweg entfernt liegen. Diese Gastgeber holen ihre Gäste auch gerne vom Westweg ab und bringen Sie morgens wieder zurück zum Weg - bitte unbedingt vorher telefonisch abklären!

Schwarzwald Trekking: Mittlerweile gibt es im Schwarzwald einige Trekking-Camps, die von Mai bis Oktober gebucht werden können. Eine Anmeldung ist unbedingt erforderlich! Diese Naturzeltplätze liegen abseits von Orten und sind nur zu Fuß erreichbar. Geboten werden Stellplätze für bis zu drei Zelte, eine Feuerstelle und ein kleines Toilettenhäuschen. Weitere Informationen finden Sie unter www.trekking-schwarzwald.de

Bekleidung, Ausrüstung

Für eine gelungene Wanderung ist die Ausrüstung ein wichtiger Faktor. Der Markt für Outdoorbekleidung ist mittlerweile recht unübersichtlich, deswegen hier nur einige Grundregeln:

Der wichtigste Ausrüstungsgegenstand sind Schuhe mit Profilsohle. Die Passform sollte man vor einer längeren Unternehmung unbedingt auf Tagestouren überprüfen!

Für die Kleidung gilt das „Zwiebelprinzip“: Mehrere Schichten erfüllen verschiedene Funktionen und lassen sich separat tragen und vielfältig kombinieren. Die unterste Schicht soll Schweiß vom Körper weg führen, darüber folgen bei Bedarf eine wärmende Schicht und zuletzt die äußerste Hülle, die Wind und Regen abhalten, trotzdem aber dampfdurchlässig sein soll.

Als Materialien kommen entweder Kunstfasern - leicht, wenig Feuchtigkeits-

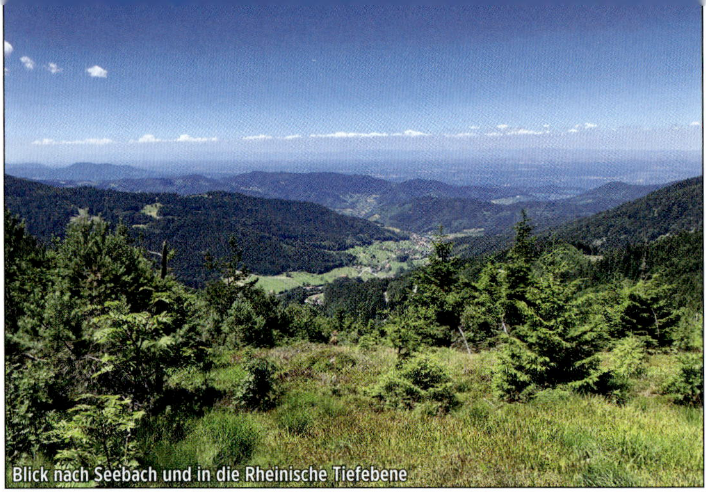

Blick nach Seebach und in die Rheinische Tiefebene

aufnahme, leider manchmal starke Geruchsbildung – oder hochwertige Wolle – etwas schwerer, wärmt aber auch im nassen Zustand und nimmt kaum Geruch an – in Frage. Baumwolle ist für anspruchsvolle Touren weniger geeignet, denn sie nimmt viel Feuchtigkeit auf und braucht sehr lange zum Trocknen. Für Tagestouren benötigt man einen Regenschutz, eine Trinkflasche, Sonnenschutz, ein kleines Erste-Hilfe-Set und etwas Verpflegung für unterwegs. Bei Mehrtagestouren kommen noch Wäsche zum Wechseln, ein kleines Waschzeug und Kleidung für den Abend dazu. All das sollte in einem Rucksack von maximal 35 Litern Volumen Platz finden. Vor allem untrainierte Menschen sollten darauf achten, sich nicht zu viel Gepäck zuzumuten, denn die zusätzliche Belastung durch das Tragen kann eine schöne Wanderung schnell zur Quälerei werden lassen. Wenn Sie sich beim Packen des Reisegepäcks nicht einschränken wollen, dann sollten Sie einen Gepäcktransfer buchen (s. unten stehende Anbieter).

Wanderreiseveranstalter und Gepäcktransport

Folgende Adressen stellen nur eine Auswahl dar, bitte wenden Sie sich auch an die regionalen Tourismusverbände.

Schwarzwald Tourismus GmbH, Wiesentalstr. 5, 79115 Freiburg, ✆ 0761/896460, www.schwarzwald-tourismus.info

Eurohike, A-5162 Obertrum, Mühlstr. 20, ✆ 0800/070 6333 (kostenlos aus D, Ö, CH), www.eurohike.at

Kleins Wanderreisen GmbH, Rudertalstr. 3, 35686 Dillenburg, ✆ 02771/26800, www.kleins-wanderreisen.de

Original Landreisen, Wiesentalstr. 5, 79115 Freiburg, ✆ 0761/88793110, www.original-landreisen.de

Reise-Karhu, Bahnhofstr. 14, 07545 Gera/Thüringen, ✆ 0365/5529670, www.reise-karhu.de

Wikinger Reisen GmbH, Kölner Str. 20, 58135 Hagen, ✆ 02331/9046, www.wikinger-reisen.de

Via Soluna Reise- u. Wanderservice GmbH, Am Markt 9, 59929 Brilon, ✆ 02961/966133, www.erlebniswelt-wandern.de

Zu diesem Buch

Dieser **Hikeline-Wanderführer** enthält alle Informationen, die Sie für Ihre Wanderung benötigen: exakte Karten, eine detaillierte Wegbeschreibung und die wichtigsten Informationen zu touristischen Attraktionen und Sehenswürdigkeiten.

Und das alles mit der **Hikeline-Garantie**: Die Routen in unseren Büchern sind von unserem professionellen Redaktionsteam vor Ort geprüft worden. Um höchste Aktualität zu gewährleisten, nehmen wir nach der Erhebung Korrekturen von Lesern bzw. offiziellen Stellen bis Redaktionsschluss entgegen, die dann jedoch teilweise nicht mehr an Ort und Stelle verifiziert werden können.

Konzept

Am Beginn jeder Etappe finden Sie folgende Daten der **Hauptroute** zusammengefasst: Start- und Zielort, die Länge, die zu bewältigenden Höhenmeter im Auf- und Abstieg, die durchschnittliche Wegzeit in normalem Gehtempo, ein Höhenprofil und die Anteile an Asphalt, Wanderwegen und -pfaden. Zusätzlich finden Sie dort auch eine kurze Charakteristik der Etappe.

Die Längen der möglichen Ein- und Ausstiege beim Etappenbeginn bzw. -ende werden im Text separat beschrieben.

Karten

Einen Überblick über die geografische Lage des Westweges gibt Ihnen die Übersichtskarte auf der vorderen inneren Umschlagseite.

Die Detailkarten sind im Maßstab 1:35.000 erstellt. Dies bedeutet, dass 1 Zentimeter auf der Karte einer Strecke von 350 Metern in der Natur entspricht. Zusätzlich zum genauen Routenverlauf informieren die Karten auch über die Beschaffenheit des Bodenbelags bzw. über die Art des Weges sowie über kulturelle und gastronomische Einrichtungen entlang der Strecke. Die Höhenlinien haben einen Abstand von 25 Metern.

Allerdings können selbst die genauesten Karten den Blick auf die Wegbeschreibung nicht ersetzen. Stellen mit schwieriger Wegfindung werden in der Karte mit dem Symbol ⚠ gekennzeichnet, im Text finden Sie das gleiche Zeichen zur Markierung der betreffenden Stelle wieder, manchmal ergänzt durch ein Foto.
Die beschriebene Haupttour wird immer in Blau, Varianten oder Abstecher werden in Grün dargestellt. Die genaue Bedeutung der einzelnen Symbole wird in der Zeichenerklärung auf den Seiten 4 und 5 erläutert.

Textteil

Der Textteil besteht im Wesentlichen aus der genauen Routenbeschreibung. Stichwortartige Streckeninformationen werden von dem Zeichen ~ begleitet. Manche besonders markante oder wichtige Punkte auf der Strecke sind als Wegpunkte **1**, **2**, **3**, ... durchnummeriert und – zur besseren Orientierung – mit demselben Symbol in den Karten und im Höhenprofil wieder zu finden. Bei Varianten wird dasselbe System angewendet, allerdings mit Großbuchstaben **A**, **B**, **C**,...
Die Kilometerangaben, im Text hochgestellt, zeigen Ihnen die schon zurückgelegte Strecke seit dem Tourenstart an, sie sind auf hundert Meter gerundet. In Klammern finden Sie die Höhe des betreffenden Punktes. Der Wegpunkt **7** 5,1 (1.340) ist also 5,1 Kilometer vom Ausgangspunkt der Tour entfernt und liegt auf einer Höhe von 1.340 Metern.
Ferner sind alle wichtigen **Orte** zur besseren Orientierung aus dem Text hervorgehoben. Die Symbole Ortsanfang und Ortsende kennzeichnen ein größeres, geschlossenes Siedlungsgebiet. Gibt es interessante Sehenswürdigkeiten in einem Ort, so finden Sie unter dem Ortsbalken die jeweiligen Adressen, Telefonnummern und Öffnungszeiten.
Die Beschreibung der einzelnen Orte sowie historisch, kulturell oder naturkundlich interessanter Gegebenheiten entlang der Route tragen zu einem abgerundeten Reiseerlebnis bei. Diese Textblöcke sind kursiv gesetzt und unterscheiden sich dadurch auch optisch von der Streckenbeschreibung.
Absätze in grüner Farbe behandeln Varianten und Ausflüge.

TIPP
Textabschnitte in Blau heben Stellen hervor, an denen Sie auf den weiteren Wegeverlauf und auf mögliche Varianten hingewiesen werden. Sie geben auch Empfehlungen und Erläuterungen zu Sehenswürdigkeiten oder Freizeitaktivitäten etwas abseits der Route.

Öffnungszeiten – Kategorien

- Öffnungszeiten
- frei zugänglich
- täglich
- häufig (5-6 Tage/Wo.)

Ⓖ durchschnittlich (3-4 Tage/Wo.)

Ⓖ selten (bis 2 Tage/Wo.)

Ⓒ nach tel. Anfrage

Diese Angaben gelten während der Wandersaison und dienen als Orientierungshilfe. Die tagesaktuellen Öffnungszeiten finden Sie über den Weblink.

Weblink

Im Ortsdatenblock bei dem jeweiligen touristischen Eintrag befindet sich nach dem @ Symbol eine sechsstellige Zahlen- und Buchstabenkombination *(z. B. @ abc123).* Die Eingabe dieser Weblink-ID auf unserer Internetseite www.esterbauer.com leitet Sie direkt auf die entsprechende Webseite weiter und ersetzt somit die mühsame Eingabe ellenlanger Webadressen.

Übernachtungsverzeichnis

Im Informationsteil zu Beginn des Buches unter Wanderreiseveranstalter bzw. im Übernachtungsverzeichnis auf den letzten Seiten finden Sie auch das Zeichen ⊟. Dies bedeutet, dass ein Reiseveranstalter oder ein Beherbergungsbetrieb einen Gepäcktransfer anbietet.

Auf den letzten Seiten dieses Wanderführers finden Sie zu fast allen Orten entlang der Strecke eine Vielzahl von Übernachtungsmöglichkeiten vom einfachen Zeltplatz bis zum 5-Sterne-Hotel.

GPS-Navigation

GPS (Global Positioning System) ermöglicht die präzise Lokalisierung des eigenen Standorts. Früher war die GPS-Nutzung eher etwas für Spezialisten und Technik-Freaks, doch spätestens mit der Verbreitung des Smartphones ist sie für die meisten Menschen zur Selbstverständlichkeit geworden. So bedarf es mittlerweile weder spezieller Kenntnisse noch Gerätschaften, jedes handelsübliche Smartphone gestattet mittels App die Nutzung von GPS zur Standortermittlung oder Navigation. Vorzüge eines reinen GPS-Empfängers gegenüber einem Smartphone sind die größere Robustheit hinsichtlich Wasser- und Staubdichte oder Stoßempfindlichkeit sowie eine erheblich längere Akku-Laufzeit.

Zu unseren Büchern erhalten Sie jeweils GPS-Tracks, welche die beschriebene Route präzise abbilden. Die Tracks können Sie auf Ihr Smartphone oder Ihren GPS-Empfänger laden und direkt zur Navigation nutzen. Details zu den verschiedenen Betriebssystemen sowie Hinweise zu geeigneten Apps erhalten Sie im Rahmen des Track-Downloads. Den Link zu den aktuellen GPS-Tracks finden Sie auf der vorderen Umschlagseite.

Der Schwarzwald

Silva nigra – „Schwarzer Wald" – so haben schon die Römer den Schwarzwald getauft. Allerdings weniger wegen der schwarzen Bäume, als viel mehr wegen der tiefen, waldreichen, dunklen Schluchten und Täler, die vom Rhein den Schwarzwald hinaufziehen. Auf die Spuren römischer Besiedlung trifft man im Schwarzwald immer wieder, angeblich soll sogar der Titisee nach dem römischen Feldherrn Titus benannt worden sein, weil es ihm dort so gut gefiel. Das aber ist Legende.

Der Schwarzwald gilt als Inbegriff einer schönen Wanderlandschaft. Die Gründe liegen sowohl in seiner landschaftlichen Vielfalt – von Nord nach Süd gibt es unzählige verschiedene Landschaftstypen – als auch in der Tatsache, dass er mit dem Feldberg den höchsten Berg der deutschen Mittelgebirge beherbergt. Der Westweg ist die schönste und intensivste Möglichkeit, diese landschaftliche Vielfalt kennenzulernen.

Im Norden sind es die Laubwälder der Flusstäler Enz und Nagold und die mit Tannen und Fichten dicht bewaldeten Bergkuppen, die einzigartige Grindenlandschaft auf dem Kamm hoch über dem Rheintal, steile felsige Täler wie das Murgtal und kreisrunde Karseen – die „Augen der Landschaft". Der mittlere Schwarzwald ist eher sanfter, die Abwechslung von Wald und Wiesen prägt das Bild. Hier finden sich besonders viele der typischen Schwarzwaldhäuser und das Kinzigtal ist die Heimat des berühmten Schwarzwälder Bollenhutes. Im Süden liegen die höchsten Schwarzwaldgipfel Feldberg, Belchen und Herzogenhorn mit fast alpiner Landschaft, aber auch das Markgräfler Land, die „Toskana Deutschlands", oder der Dinkelberg entlang des Hochrheins, die zu den wärmsten Orten in Deutschland zählen. Und entlang des Rheintals verläuft die milde Vorbergzone, in der edle Weine wachsen und Obstbäume blühen. Bei aller Wildheit der Landschaft, Felsen, steilen Abhängen und Hochmooren – der Schwarzwald ist eine Kulturlandschaft, die durch menschliche Nutzung entstanden ist. Die Vorstellung, dass der Schwarzwald vor 300 Jahren an vielen Stellen kahl war, erscheint heute fast unglaublich. Aber im Mittelalter wuchs mit der steigenden Bevölkerungszahl der Bedarf an Weidefläche so rasch, dass die Bauern große Waldflächen gerodet und auf den Bergen Hochweiden angelegt haben. Hinzu kam der Holzbedarf für die Glasbläsereien, die Bergwerke und natürlich für die Langholzflöße nach Holland. Die Grinden im Nordschwarzwald, aber auch die kahlen Gipfel im Süden zeugen noch von dieser intensiven Landschaftsnutzung.

Heute dagegen lohnt sich für die meisten Bauern die Viehhaltung nicht mehr. Viele können nur dank der Zahlungen für Landschaftspflegemaßnahmen überleben, zu denen in allererster Linie das regelmäßige Mähen der Wiesen

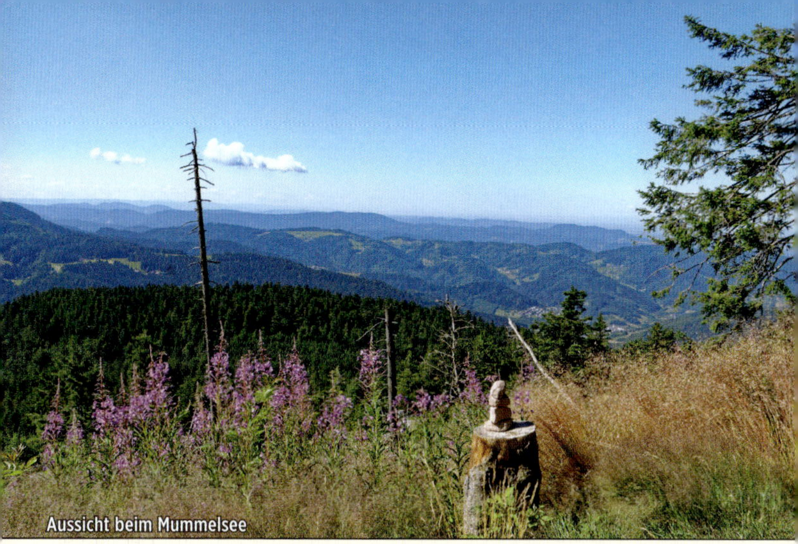
Aussicht beim Mummelsee

gehört. Nur so lässt sich ein Vordringen des Waldes verhindern. Zum Nutzen für den Tourismus. Denn der Reiz der Schwarzwaldlandschaft liegt in der Abwechslung, in den zahlreichen Ausblicken, die sich am Waldrand öffnen, von dem farblichen Wechsel von Hell- zu Dunkelgrün, in dem Überblick über die hintereinander liegenden Bergketten und in dem Erkennen der Landschaftsstrukturen.

Das raue Klima und die großen Höhen bilden einen Lebensraum für viele Tiere und Pflanzen, die sonst nur in den Alpen heimisch sind. In den Hochlagen der Grinden und der Gipfel des Südschwarzwaldes finden sich Latschenkiefern, die Alpentroddelblume, die Zwerg-Glockenblume und der Schweizer Löwenzahn. Besonders in den abgeschiedenen Berg- und Waldregionen hat eine Restpopulation von Auerhühnern, die vom Aussterben bedroht ist, ihr Rückzugsgebiet. Die Gämsen, die vor etwa 60 Jahren im Schwarzwald angesiedelt wurden, lieben die steilen Berghänge. Im Feldberggebiet und südlichen Schwarzwald sind sie wieder heimisch geworden. Auch der wieder eingewanderte Luchs schleicht seit einigen Jahren durch die dichten Wälder. Die Errichtung des Nationalparks Schwarzwald trägt seit 2014 zur Artenvielfalt und zum Schutz der Natur bei.

Pforzheim

Vorwahl: 07231

Tourist-Information, Schlossberg 15-17, ✆ 393700, @ iyj665

Schmuckmuseum Pforzheim, Jahnstr. 42, ✆ 392126 Das Schmuckmuseum ist ein einzigartiges Spezialmuseum, das sich der 5.000-jährigen Geschichte des Schmucks mit all seinen Facetten widmet. @ vol117

Schmuckwelten Pforzheim, Poststr. 1, im Reuchlinhaus, ✆ 800060 In Europas größtem Schmuck- und Uhrenhaus können Schmuckstücke bestaunt und erworben werden. Gleich in der Nähe befinden sich die Mineralienausstellung und die Dauerausstellung „Gold.Geld.Gesellschaft", die geheimnisvolles zum Thema Gold enthüllt. @ jej312

Technisches Museum der Pforzheimer Schmuck- und Uhrenindustrie, Bleichstr. 81, ✆ 392869, Im technischen Museum zeigen Goldschmiede und Uhrmacher ihre Handwerkskunst an historischen Maschinen. @ cem456

Museum Johannes Reuchlin, Schlossberg 14, Schloss- und Stiftskirche, ✆ 393930 Der Humanist und Hebraist Johannes Reuchlin (1455-1522) schuf mit seiner Sprachlehre die Grundlage für die Bibelübersetzung ins Deutsche. Das Museum gewährt Einblicke in das Leben und Wirken des Humanisten und stellt sein Sprachlaboratorium vor. @ tcn763.

Schloss- und Stiftskirche St. Michael, Schlossberg 14. Die Schloss- und Stiftskirche ist das Wahrzeichen Pforzheims. Sie gilt als das „Steinerne Geschichtsbuch" der Stadt und ist zusammen mit dem nebenan gelegenen Archivturm der einzige größere Rest des mittelalterlichen Pforzheims. Der spätromanische Westbau wurde 1220 errichtet, das Kirchenschiff 1270 vollendet. Die Baugeschichte ist bis heute nicht vollständig geklärt.

Herz-Jesu-Kirche, Weiherstr. 3. Der Architekt Albert Otto Linder erbaute von 1928 bis 1929 die Kirche mit einem ungewöhnlichen elliptischen Zentralbau. Die rauen Wände sind mit goldbraunem Travertin verkleidet, in die schlitzartig und stromlinienförmig Profilierungen eingeschnitten sind.

Matthäuskirche, Hochkopfstr. 30. Die von 1951 bis 1953 von Egon Eiermann errichtete Matthäuskirche ist einer der wichtigsten Kirchenneubauten der Nachkriegszeit. Prägendes ge-

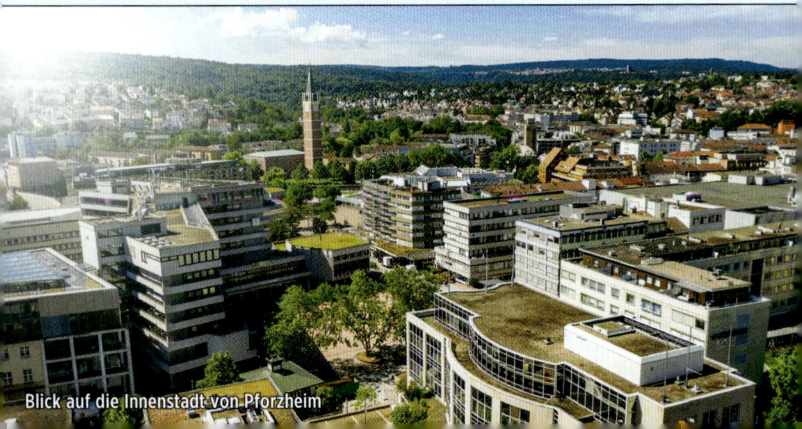

Blick auf die Innenstadt von Pforzheim

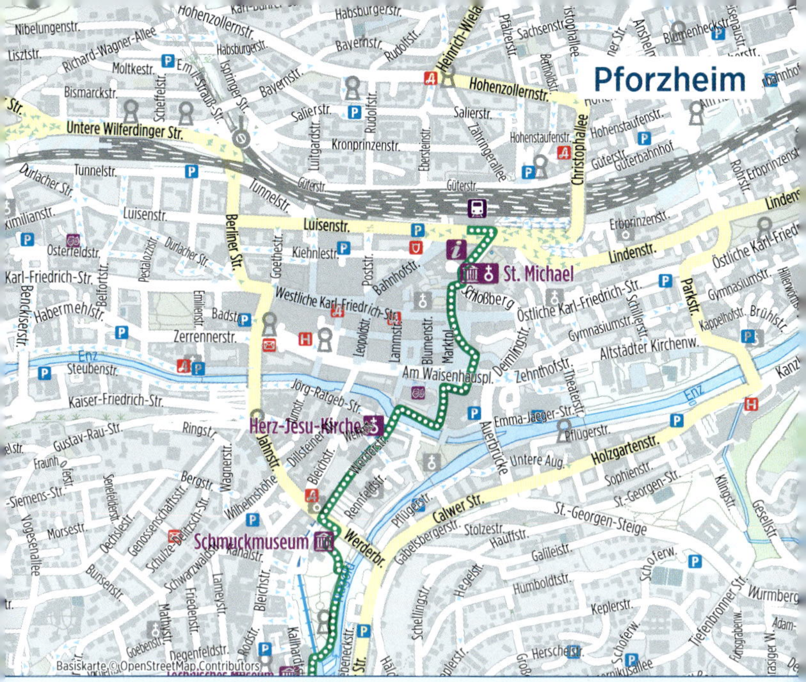

stalterisches Element sind die Wabenfenster mit dicken Buntglasscheiben.

Pforzheim liegt am Zusammenfluss der Flüsse Enz, Nagold und Würm und an der landschaftlichen Nahtstelle zwischen dem Schwarzwald, dem Kraichgau und dem Stromberg.

Die Römer sollen an einer Enz-Furt eine Siedlung errichtet haben und begründeten so die Geschichte der Stadt, deren Name sich vom Lateinischen „portus" (Hafen) ableitet. Die erste urkundliche Erwähnung stammt aus dem Jahre 1067 in einer Urkunde Kaiser Heinrichs IV. Im 13. Jahrhundert verlegten die Markgrafen von Baden ihre Residenz nach Pforzheim. 1767 wurde zur Beschäftigung von Waisenkindern eine Uhrenfabrik eingerichtet. Damit beginnt der Aufbau der Uhren- und Schmuckindustrie. Am 23. Februar 1945 zerstörten 379 britische Bomber die Stadt nahezu vollständig. Das Ziel war die feinmechanische Industrie, die Zünder für Bomben herstellte. Nach dem Wiederaufbau entwickelte sich Pforzheim schnell zum führenden wirtschaftlichen Zentrum der Region.

Die selbst ernannte „Goldstadt" ist eng mit der Geschichte der Schmuck- und Uhrenindustrie verbunden. Bis zum heutigen Tag konnte sich Pforzheim als Hauptstadt der deutschen Schmuck- und Uhrenindustrie etablieren und genießt international den Ruf als die Schmuckmetropole.

Etappe 1 26 km

Pfforzheim - Dobel

Start: Pforzheim, Kupferhammer (N 48,8771° O 8,6991°)

Ziel: Dobel, Ortsmitte

Aufstieg: 732 m | *Hartbelag:* 25 %

Abstieg: 312 m | *Wanderwege:* 60 %

Gehzeit: 7 - 8 Std. | *Wanderpfade:* 15 %

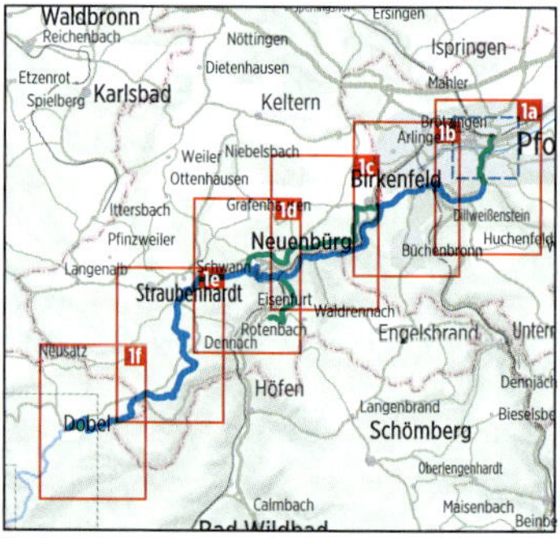

Auf in den Schwarzwald!

Charakteristik:

In der „Goldstadt“ Pforzheim beginnt die erste Etappe des Westweges. Bis Neuenbürg verläuft der Weg eher in den Tälern als auf den Höhen. Schattige Laubwälder entlang der Flusstäler von Nagold und Enz prägen den Weg. Die Grösselbachfurt ist wohl einmalig im Schwarzwald: Auf Trittsteinen können Sie den munter sprudelnden Grösselbach überqueren.

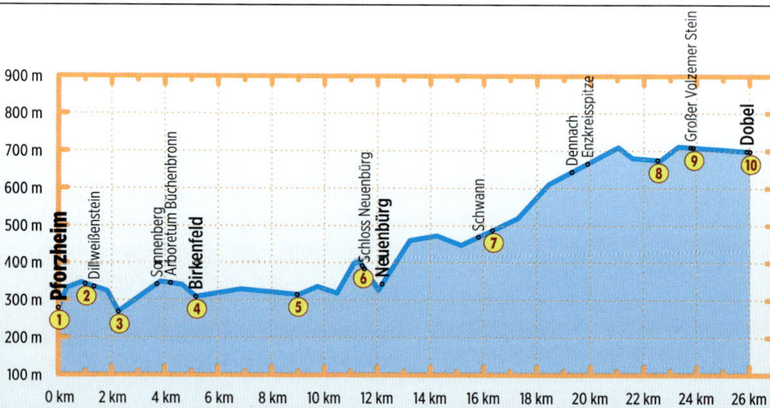

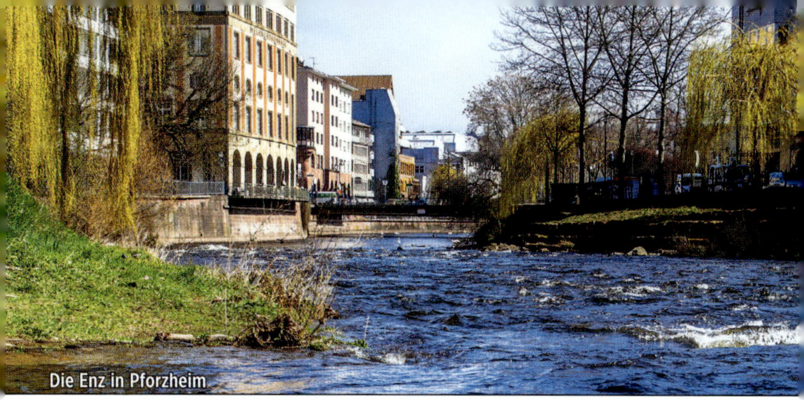

Die Enz in Pforzheim

Als kultureller Höhepunkt dieser Etappe wartet die kleine Bergwerksstadt Neuenbürg mit dem Schloss, das auf einer Enzschlaufe hoch über der Stadt thront. Noch einmal führt der Weg bis zur Schwanner Warte aussichtsreich am Waldrand und an Streuobstwiesen entlang. Dann aber taucht er endgültig in den Schwarzwald mit seinen hohen Tannen ein und erreicht, vorbei am Felsenmeer der Volzemer Steine, die Sonneninsel Dobel.

Pforzheim

EINSTIEG Vom Pforzheimer Bahnhof gelangen Sie auf einer markierten Route zum Startpunkt des Westwegs. Sie können aber auch mit den Buslinien 3, 4, 41 und 42 bis zur Haltestelle Kupferhammer fahren.

Beim Bahnhof überqueren Sie die Fußgängerampel ⇝ links und gleich wieder rechts in die Straße **Am Schlossberg** ⇝ über Stufen hinab in die Fußgängerzone ⇝ unter dem **Neuen Rathaus** hindurch ⇝ über die **Gernikabrücke** ⇝ rechts um das **Congresscentrum CCP** herum ⇝ rechts halten ⇝ über den **Goldschmiedesteg** zur **Herz-Jesu-Kirche** ⇝ die **Goldschmiedemeile** am Kanal entlang ⇝ an der **Jahnstraße** links ⇝ über die Fußgängerampel zum **Schmuckmuseum** im Stadtgarten ⇝ an der **Nagold** entlang bis zur **Bleichstraße** ⇝ links über die **Kallhardt-Brücke** ⇝ rechts in den Park ⇝ bei der **Bushaltestelle Kupferhammer** die Bundesstraße überqueren ⇝ über den Kreisverkehr und die **Würmbrücke** zum Kupferhammer.

Kupferhammer (Pforzheim)

Vorwahl: 07231

Kupferhammer, Am Kupferhammer 1, ☎ 67712

Beim Kupferhammer mündet die Würm in die Nagold. Hier beginnen die drei großen Schwarzwaldhöhenwege des Schwarzwaldvereins: der Westweg nach Basel, der Mittelweg nach Waldshut und der Ostweg nach Schaffhausen. Der Name Kupferhammer stammt von einem Hammerwerk, das im 17. Jahrhundert Erze verarbeitete. Heute steht dort die Gaststätte Kupferhammer.

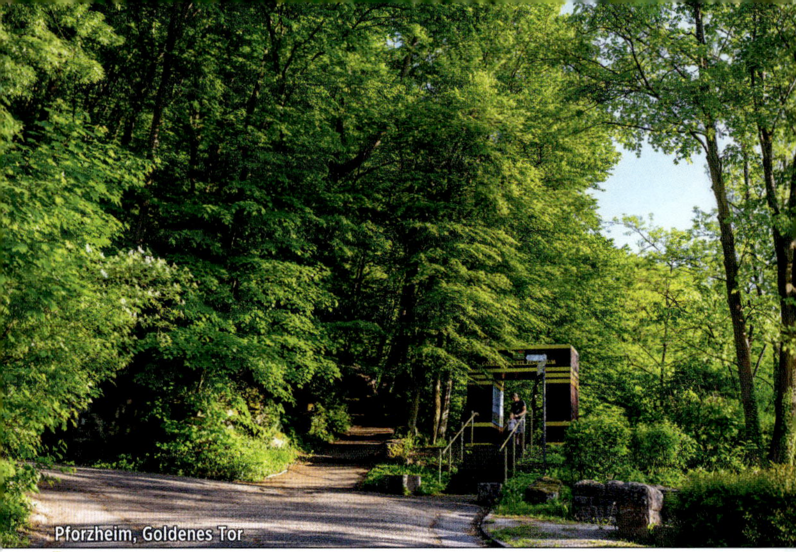

1 0,0 (279) Vom Kupferhammer gehen Sie zum Portal **Goldene Pforte** ⇝ dem asphaltierten Stufenweg 50 m folgen ⇝ geradeaus auf den Pfad entlang der Steilkante ⇝ beim zweiten Waldsträßchen rechts abbiegen ⇝ die Alte Huchenfelder Straße queren und in den **Kuhweg** ⇝ am Hang entlang bis zur Huchenfelder Hauptstraße ⇝ die Straße queren ⇝ rechts hinauf zur Ruine Hoheneck.

Ruine Hoheneck

Ruine Hoheneck, Hämmerlesberg. Die Ruine Hoheneck liegt oberhalb von Pforzheim-Dillstein. Über die Burg selbst ist wenig bekannt. 1237 wurde sie erstmals erwähnt. Heute sind nur noch Fundamentreste des quadratischen Burgfrieds zu sehen.

2 1,0 (343) Sie überqueren die Ruine Hoheneck ⇝ auf dem Fußweg entlang der Straße vorbei am Landgasthof-Hoheneck.

Landgasthof Hoheneck, Huchenfelder Str. 70, 75181 Dillweißenstein (Pforzheim), ✆ 07231/4153362, ⏲ Di-Sa 11.30-14.30 Uhr und 17-22.30 Uhr, So 11.30-21 Uhr, @ rvj433

Nach den Häusern geht es links in den Wald hinein ⇝ rechts am Sendemast vorbei ⇝ geradeaus in die Kleingartenanlage ⇝ auf dem Rücken des Hämmerlesberges durch die Kleingartenanlage ⇝ Am **Hämmerlesbergweg** die Treppenstufen hinab zur **Hirsauer Straße** ⇝ links abbiegen und gleich wieder rechts auf den **Ludwigsplatz** in Weißenstein.

Weißenstein

3 2,3 (269) Sie folgen der Straße am Ludwigsplatz bis zur Nagoldbrücke ⇝ den Fluss überqueren ⇝ hinter der

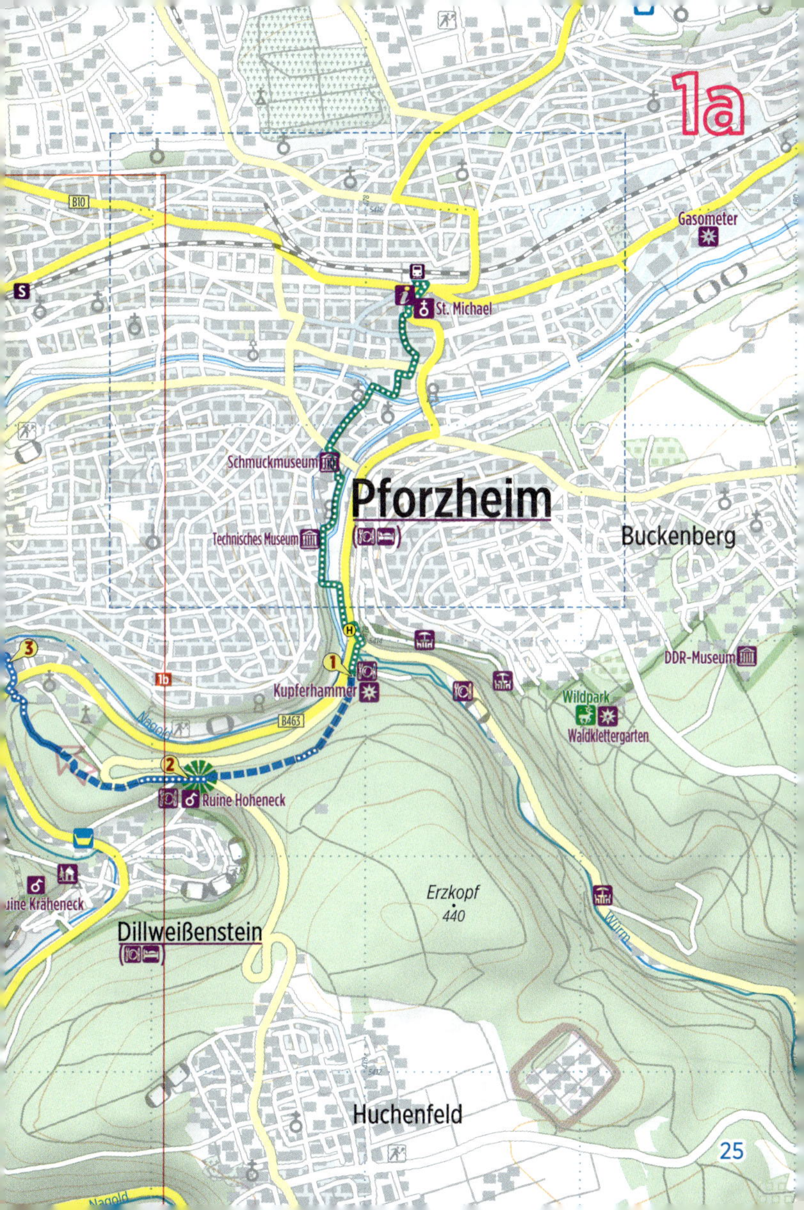

1a
Gasometer
St. Michael
Schmuckmuseum
Pforzheim
Technisches Museum
Buckenberg
Kupferhammer
DDR-Museum
Wildpark
Waldklettergarten
Nagold
B10
B463
1b
Ruine Hoheneck
Dillweißenstein
Erzkopf
440
Würm
Huchenfeld

Brücke nach links auf den Fuß- und Radweg entlang der Nagold.

Sonnenberg

Sie passieren den Pavillon und steigen nach etwa 100 m scharf rechts über die Stiege hinauf ⇝ beim Bahnübergang die Friedenstraße queren ⇝ rechts die Treppenstufen hinauf zum **Friedhof** ⇝ links an der Friedhofsmauer entlang ⇝ die Straße überqueren und in die **Adolf-Becker-Straße** ⇝ bei der T-Kreuzung rechts in die **Schultheiß-Trautz-Straße** ⇝ links in die **Julius-Naeher-Straße** bis zur Bushaltestelle Sonnenberg ⇝ nach der Haltestelle rechts durch die Straßenunterführung in den Wald ⇝ beim **Sonnenberg-Brünnele** nach rechts auf das asphaltierte Sträßchen ⇝ am **Arboretum Büchenbronn** vorbei bis zum **Tornadostein**, dort schräg rechts in den Forstweg ⇝ mal rechts haltend, mal geradeaus hinunter zum Unteren Enzsteg.

4 5,2 (310) Am Wegweiser **Unterer Enzsteg** folgen Sie dem Enzweg (Enztalradweg) nach links.

VARIANTE Nach rechts verläuft auf einer früheren Route die Höhenvariante des Westwegs. Diese führt auf der alten Strecke des Westweges über Birkenfeld auf der westlichen Enzhöhe nach Neuenbürg-Wilhelmshöhe.

Dem Weg entlang der rauschenden Enz für etwa 2,5 km bis zum **Oberen Enzsteg** folgen ⇝ 100 m hinter dem Enzsteg geradeaus ⇝ nach weiteren 150 m rechts den Hang hinab ⇝ unten links halten ⇝ dem Pfad folgen bis zum **Parkplatz Grösselbachtal** ⇝ die Landstraße überqueren.

5 9,0 (316) Über die Trittsteine überqueren Sie die **Grösselbachfurt** ⇝ am Waldrand rechts in den **Pionierweg** ⇝ an der **Eberhard-Essich-Hütte** vorbei ⇝ weiter im Steilufer oberhalb der Enz entlang ⇝ unter den mächtigen Brücken der Bundesstraße hindurch ⇝ hinter der Eisenbahnbrücke links die Stufen hinauf ⇝ an der Viererkreuzung beim Wegweiser **Bahnhofsweg** nach links bis zum **Windhof-Sattel** zwischen Schlossberg und Angelstein ⇝ rechts der **Hinteren Schlosssteige** folgen.

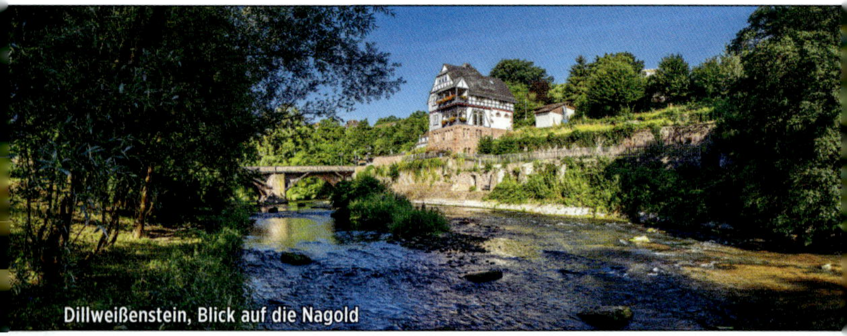

Dillweißenstein, Blick auf die Nagold

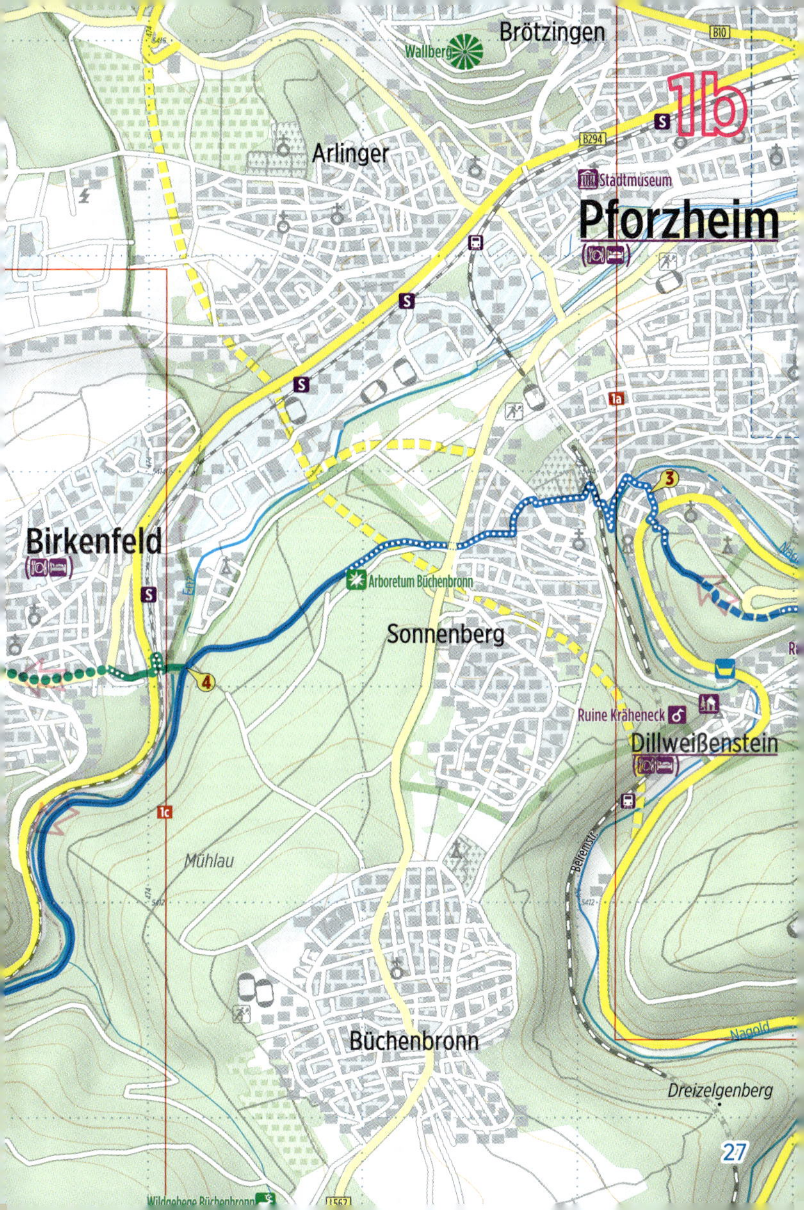

Brötzingen
Wallberg
1b
Arlinger
Stadtmuseum
Pforzheim
Birkenfeld
Arboretum Büchenbronn
Sonnenberg
Ruine Kräheneck
Dillweißenstein
Mühlau
Büchenbronn
Dreizelgenberg
Enz
Nagold
Belremstr.
1a
1c
3
4
B10
B294

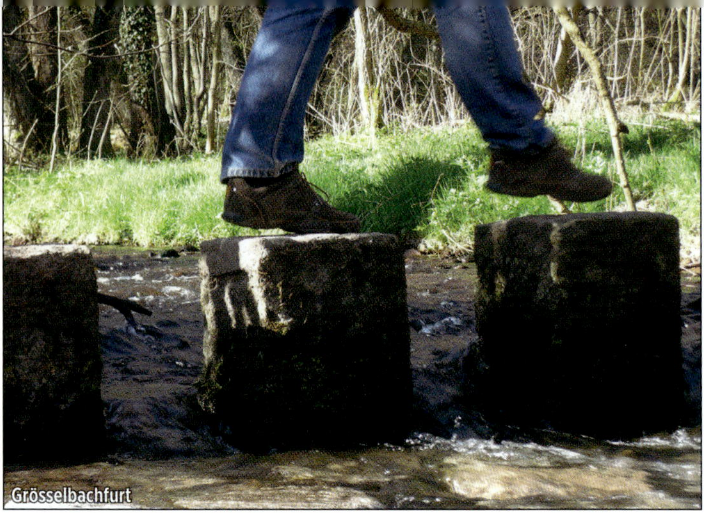

Grösselbachfurt

AUSFLUG Wenn Sie hier nach links abzweigen, kommen Sie in etwa 2,5 km zum Besucherbergwerk Frischglück.

Besucherbergwerk Frischglück, Enztalstr., 75305 Neuenbürg, ✆ 07082/50444, ⏲ April-Okt., Sa/So 11-17 Uhr. Die Frischglückgrube vermittelt dem Besucher ein originalgetreues Bild der Abbautechnik vergangener Jahrhunderte. Das Bergwerk liegt an der Straße von Neuenbürg nach Waldrennach bzw. Schömberg. @ qju826

Auf der Hauptroute nach dem Wanderheim halbrechts in den Wald hinein ⤳ an der Kreuzung links und weiter zum Schloss ⤳ durch das Tor in den Hof von Schloss Neuenbürg.

Schloss Neuenbürg

Schloss Neuenbürg, 75305 Neuenbürg, ✆ 07082/792860, ⏲ Mi-Sa 13-18 Uhr, So/Fei 10-18 Uhr. Das Neue Schloss Neuenbürg thront 80 m über der Stadt auf einem sogenannten Umlaufberg in einer Enzschlaufe.

Schlossmuseum, Schloss 1, 75305 Neuenbürg, ✆ 07082/792860, ⏲ Mi-Sa 13-18 Uhr, So/Fei 10-18 Uhr. Das begehbare Theater „Das Kalte Herz" erzählt in sechs Räumen die Kulturgeschichte des Schwarzwaldes, danach informiert Schlossdiener Ambrosius im Museum über die Stadt- und Regionalgeschichte. @ qon682

Wanderheim am Schlossberg, Hintere Schlosssteige 34, 75305 Neuenbürg, ✆ 944468-0, @ noc432

Die Geschichte von Schloss und Stadt sind eng miteinander verbunden. Ab dem 11. Jahrhundert versuchten die württembergischen Grafen von Neuenbürg aus, ihren Herrschaftsbereich im nördlichen Schwarzwald zu sichern. Ausschlaggebend für die Wahl Neuenbürgs waren neben der strategisch günstigen Lage des Schlossberges die zahlreichen Erzvorkommen. Die erste, die „Hintere Burg", wurde wahrscheinlich im 12. Jahrhundert

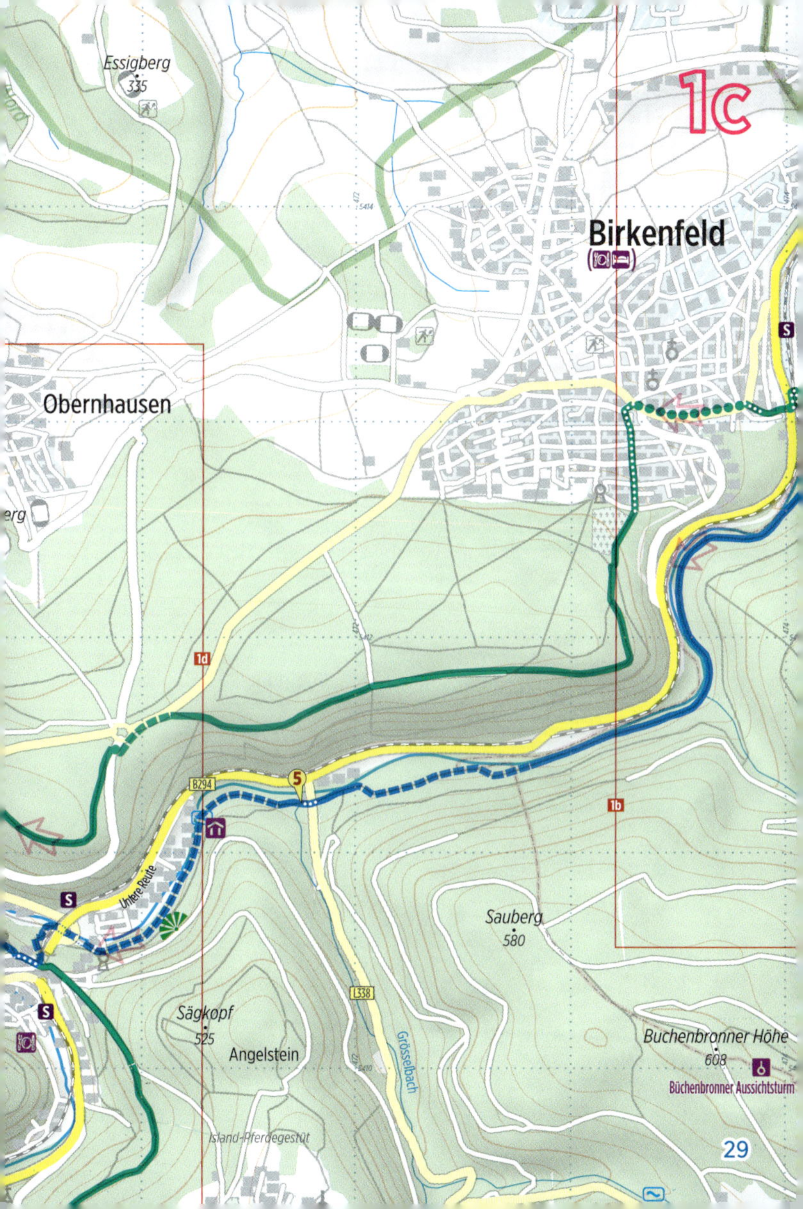

1c
Essigberg
335
Birkenfeld
Obernhausen
1d
B294
5
1b
Untere Reute
Sauberg
580
Sägkopf
525
Angelstein
L338
Grösselbach
Buchenbronner Höhe
608
Büchenbronner Aussichtsturm
Island-Pferdegestüt

errichtet. Sie ist heute nur noch als Ruine erhalten.

Den Auftrag zum Bau des Neuen oder Vorderen Schlosses gab im 16. Jahrhundert Herzog Christoph. Lang zogen sich die Bauarbeiten hin, 1610 schließlich begann der fürstliche Baumeister Heinrich Schickhardt im Auftrag des Herzogs Johann Friedrich mit dem Innenausbau. Er plante auch einen Lustgarten zwischen hinterer und vorderer Burg und ließ dazu die gesamte Bergkuppe abtragen. 1620 waren die Bauarbeiten beendet.

Doch keiner der Herzöge oder Fürsten zeigte Interesse daran, auf dem Schloss im einsamen Nordschwarzwald zu wohnen. 1726 zog schließlich das Staatliche Forstamt ein, 1819 das Kameralamt (Finanzamt). Das staatliche Forstamt blieb bis vor wenigen Jahren im Vorderen Schloss.

Das Neue Schloss beherbergt seit 2001 ein Zweigmuseum des Badischen Landesmuseums in Karlsruhe sowie ein Restaurant. In verschiedenen Räumen des Museums sind Szenen des bekannten Schwarzwaldmärchens „Das kalte Herz“ von Wilhelm Hauff nachgebildet.

6 11,4 (392) Durch das Alte Torwärterhaus verlassen Sie den Schlosshof wieder ~ die **Vordere Schlosssteige** hinab bis zum **Kirchplatz** ~ rechts an der Evangelischen **Stadtkirche** vorbei zum **Marktplatz**.

Neuenbürg

Vorwahl: 07082

St. Georg. Das genaue Baudatum der von einem Friedhof umgebenen Kirche ist nicht bekannt. Bis zum Beginn des 20. Jhs. wurde sie als Friedhofskapelle genutzt, während des Krieges diente sie als Waffenlager und Zufluchtsort. Interessant ist die Kirche wegen ihrer Fresken und Malereien.

Freibad Neuenbürg, Im Breiten Tal, ✆ 2550, @ oou828

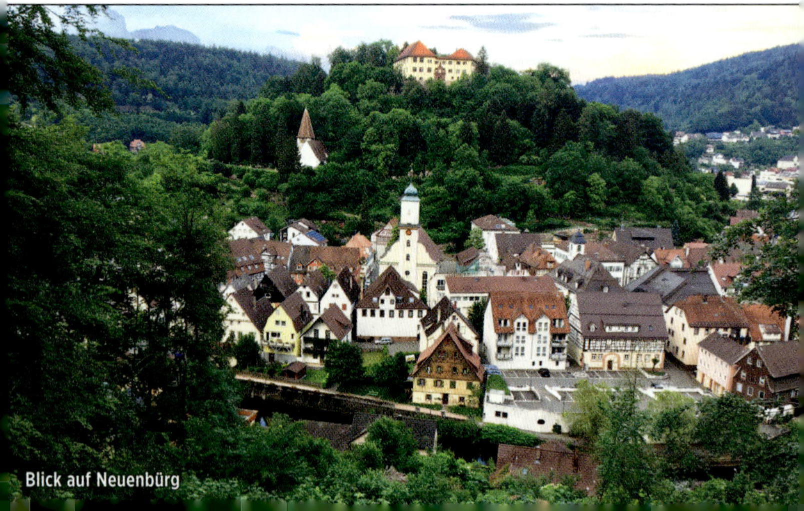

Blick auf Neuenbürg

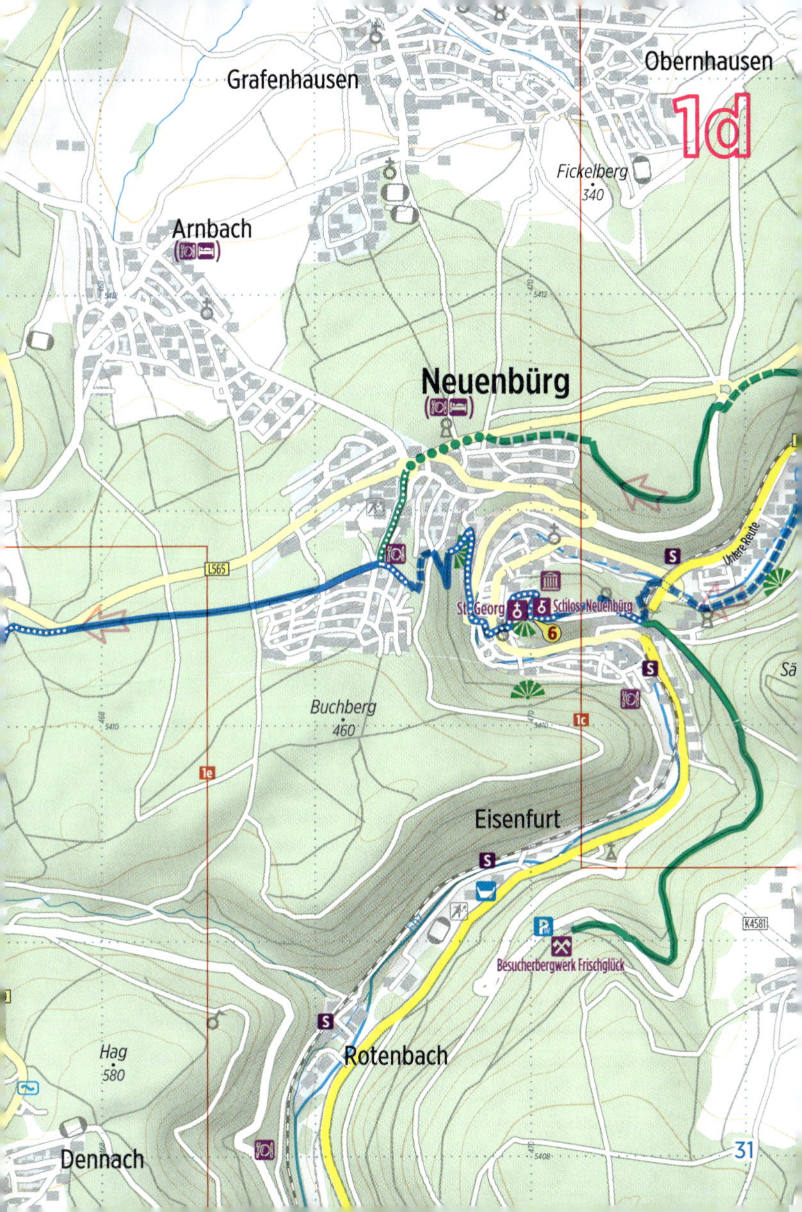

Grafenhausen
Obernhausen
1d
Fickelberg
340
Arnbach
Neuenbürg
L565
St. Georg
Schloss Neuenbürg
6
Untere Reute
Buchberg
460
1c
1e
Eisenfurt
K4581
Besucherbergwerk Frischglück
Hag
580
Rotenbach
Dennach

Neuenbürg liegt idyllisch in der Schlaufe des engen Enztales. Die Häuser schmiegen sich dicht an dicht an den schmalen Ufersaum der Enz und ziehen sich die steilen Hänge hinauf.
Aufgrund der Erzvorkommen siedelten bereits die Kelten in der Gegend. Bei Grabungen wurden neben Tongefäßen auch Hammer, Amboss und Pflugschare gefunden. Die ältesten Funde stammen etwa aus der Zeit von 500 v. Chr. Als im 12. Jahrhundert die erste Burg auf dem Schlossberg errichtet wurde, entstanden am Fuße des Berges die ersten Häuser. Bereits 1274 bekam der Ort das Stadtrecht.
Geprägt ist die Entwicklung der Stadt vom Erzabbau und von der Flößerei. Mitte des 18. Jahrhunderts erlebte Neuenbürg seine Blütezeit, da sowohl die Erzgewinnung durch eingewanderte sächsische Bergleute als auch die Flößerei richtig in Schwung kamen. 1803 wurde eine Stahlwerkstätte für Sensen, Sicheln und Strohmesser gegründet, die zeitweise mehr als 200 Arbeiter beschäftigte.
Ebenfalls im 18. Jahrhundert entwickelte sich Neuenbürg zu einem Behördenzentrum mit einem Oberamtsgericht, einem Finanzamt, einer Oberamtssparkasse, einem Bezirkskrankenhaus und mehreren Schulen.
Heute ist Neuenbürg mit seinen Teilorten Dennach, Arnbach und Waldrennach florierendes Unterzentrum mit insgesamt 7.600 Einwohnern.

Am Marktplatz wenden Sie sich kurz nach rechts, dann gleich wieder nach links über die **Hirschbrücke** ⤳ 50 m der **Alten Pforzheimer Straße** folgen ⤳ schräg links die **Hafnersteige** hinauf ⤳ vor dem großen Hochhaus links in die Straße **Am Ziegelrain** ⤳ im Wald an der ersten Gabelung rechts halten ⤳ wenig später scharf rechts in den Forstweg einbiegen ⤳ vor dem Kindergarten nach links ⤳ nach dem Steilstück links ⤳ im Wäldchen nach rechts abbiegen ⤳ oben auf der **Scheffelstraße** rechts ⤳ beim Kindergarten geradeaus in die **Feldbergstraße** ⤳ die Hohlohstraße überqueren und geradeaus in den Forstweg ⤳ immer geradeaus durch den Wald bis zur Kurve der L 565 ⤳ weiter geradeaus auf dem asphaltierten Fuß- und Radweg den Berg hinauf ⤳ beim **Schwanner Schützenhaus** links abbiegen ⤳ nun immer am Waldrand entlang auf aussichtsreichen Wegen bis zum Turm.

Schwanner Warte. Der Aussichtsturm wurde vom Schwarzwaldverein Straubenhardt errichtet. Vom holzverkleideten Turm haben Sie einen schönen Blick nach Norden bis in die Rhein-Ebene und hin zum Pfälzer Wald.

7 16,3 (488) Bei der **Friedenslinde** überqueren Sie die Landstraße ⤳ links an der Linde vorbei den breiten Forstweg nehmen, geradeaus gelangen Sie zum Café.

Schwann (Straubenhardt)

CaféBambi, Mönchstr. 3, ✆ 0174/9823069, Mi-Mo 12-21 Uhr, Do bis 22 Uhr, @ vum156

Bei der nächsten Kreuzung (Schild Naturschutzgebiet) halten Sie sich

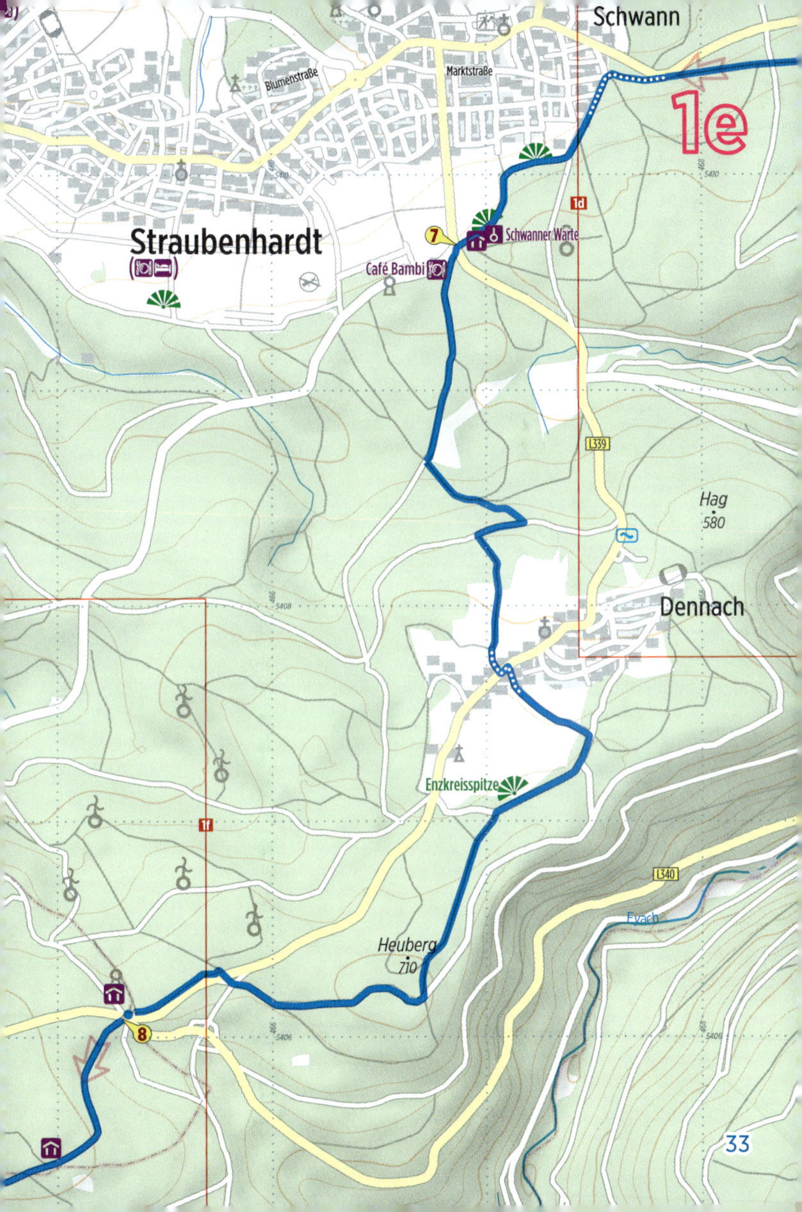

Schwann
1e
Blumenstraße
Marktstraße
Straubenhardt
Schwanner Warte
Café Bambi
7
1d
L339
Hag
580
Dennach
Enzkreisspitze
1f
L340
Eyach
Heuberg
710
8

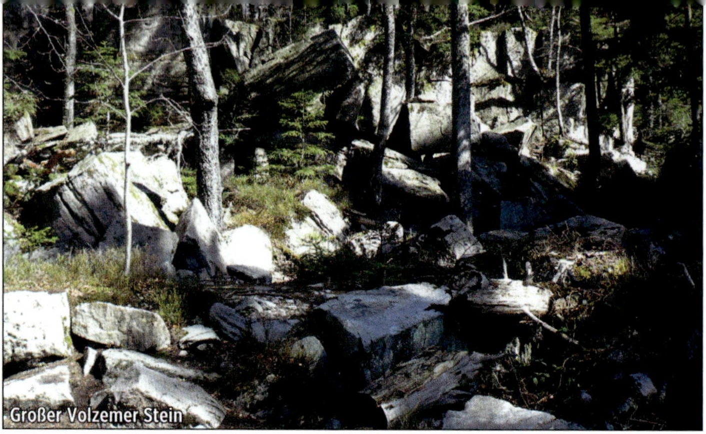
Großer Volzemer Stein

rechts ⤳ am **Naturschutzgebiet Herzogswiesen** entlang ⤳ an der Kreuzung am Waldrand nach links in den **Kriegsweg** ⤳ in den zweiten Weg nach rechts ⤳ in den querenden **Rufenlochweg** rechts einbiegen ⤳ an der nächsten Möglichkeit links und durch die Wiesen und Felder in den nächsten Ort.

Dennach (Neuenbürg)

Im Ort an der Hauptstraße kurz nach links ⤳ gleich an der nächsten Möglichkeit wieder rechts und aus dem Ort hinaus ⤳ im Wald an der Kreuzung nach rechts ⤳ wenig später halten Sie sich erneut rechts ⤳ vorbei am **Aussichtsturm Enzkreisspitze** ⤳ an der nächsten Möglichkeit nach links und gleich wieder rechts ⤳ geradeaus auf den breiteren Weg, den **Heubergweg** ⤳ unter der Stromleitung hindurch, dann an der folgenden Gabelung links halten ⤳ am **Hohrißweg** nach rechts, dann immer geradeaus über den Heuberg ⤳ die Straße überqueren, dann links in den Weg einbiegen und weiter bis zur Straßenkreuzung.

8 22,5 (676) An der großen Kreuzung **Dreimarkstein** gehen Sie geradeaus in den **Hüttwaldweg** ⤳ dem Forstweg folgen ⤳ am Unterstand vorbei zum Großen Volzemer Stein.

Großer Volzemer Stein. Die etwa 100 m breite Felsformation der Großen Volzemer Steine besteht aus riesigen, bis zu 10 m hohen Sandsteinblöcken. Regen und Sickerwasser spülen die weichen tonig-sandigen Erdschichten weg. Das eingedrungene Wasser sprengt dann die freigelegten Felsblöcke ab, die sich als Blockhalden am Fuße der Felsen sammeln. Die quarzhaltigen Steine des Mittleren Buntsandsteins, auch „Champagnersteine" genannt, eignen sich besonders gut für die Herstellung von Mühlsteinen.

9 23,9 (709) Bei der nächsten Kreuzung schräg rechts dem breiten Forstweg folgen ⤳ am Waldrand geradeaus ⤳ am Ortseingang von Dobel rechts an der Pferdekoppel entlang.

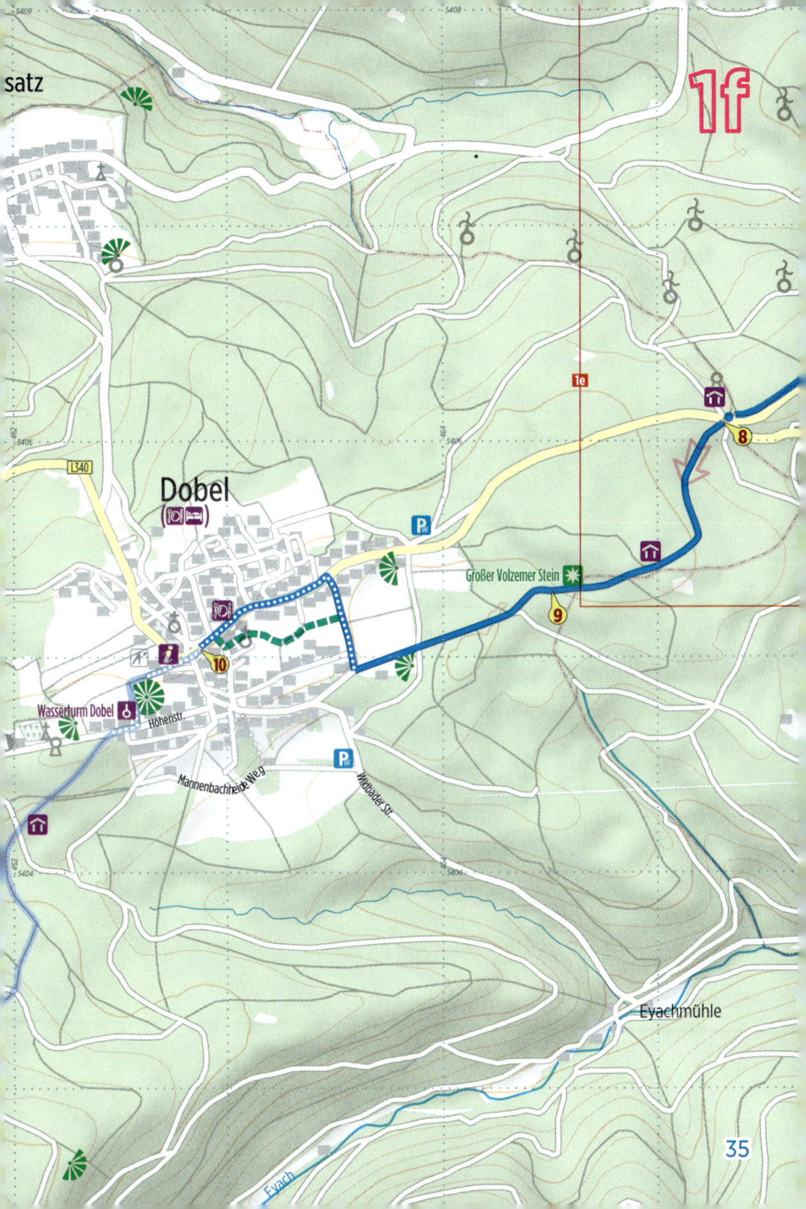
satz
1f
1e
L340
Dobel
8
Großer Volzemer Stein
9
10
Wasserturm Dobel
Höhenstr.
Mannenbachheide Weg
Wildbader Str.
Eyachmühle
Eyach

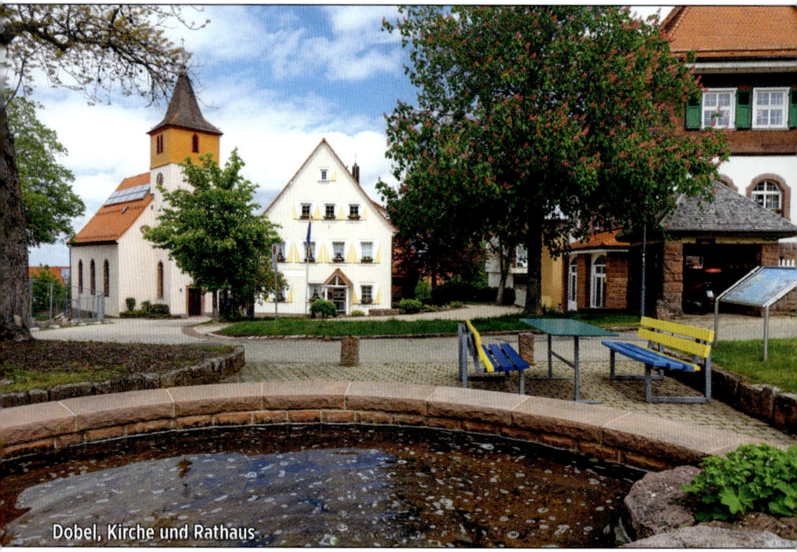

Dobel, Kirche und Rathaus

VARIANTE Wenn Sie die Hauptstraße in Dobel meiden wollen, folgen Sie hinter der Pferdekoppel dem Pfad nach links über die Wiesen bis zur Ortsmitte. Auf der Straße gelangen Sie dann rechts hinab zur Hauptstraße.

Auf der **Neuenbürger Straße** (später Hauptstraße) bis in die Ortsmitte von Dobel.

10 26,0 (700) Das Etappenende ist beim Wegweiser **Altes Schulhaus** erreicht.

Dobel

Vorwahl: 07083

Kurverwaltung Dobel, Neue Herrenalber Str. 11, ✆ 74513, @ yyi258

Wasserturm Dobel, Höhenstr. 40, ⏲ Mai-Okt., tägl. 8-17 Uhr. Der Turm wurde 1937 erbaut und bietet eine schöne Aussicht über den Nordschwarzwald. @ ipo183

Dobel liegt auf einem (fast) nebelfreien Hochplateau auf 700 Meter Höhe auf dem Gebirgskamm zwischen dem Enz- und dem Albtal. Der Ort wurde im 11. oder 12. Jahrhundert als Rodungsinsel von den hochadligen Herren von Straubenhardt gegründet. Umgeben von sanften Wiesen schmiegt sich der Ort rund um die 1774 erbaute Pfarrkirche in die geschützte Quellmulde des Dobelbaches. Über 80 Prozent des Gemeindegebietes sind mit naturnahen Tannen-, Fichten- und Buchenwäldern bedeckt. Namensgebend war die nördlich des Ortes beginnende und vom Dobelbach durchflossene steile Waldschlucht, ein so genannter „Tobel/Dobel“.

Etappe 2

25,9 km

Dobel - Forbach

Start: Dobel, Ortsmitte (N 48,7972° O 8,4945°)
Ziel: Forbach, Bahnhof
Aufstieg: 529 m
Abstieg: 924 m
Gehzeit: 7 - 8 Std.

Hartbelag: 6 %
Wanderwege: 70 %
Wanderpfade: 24 %

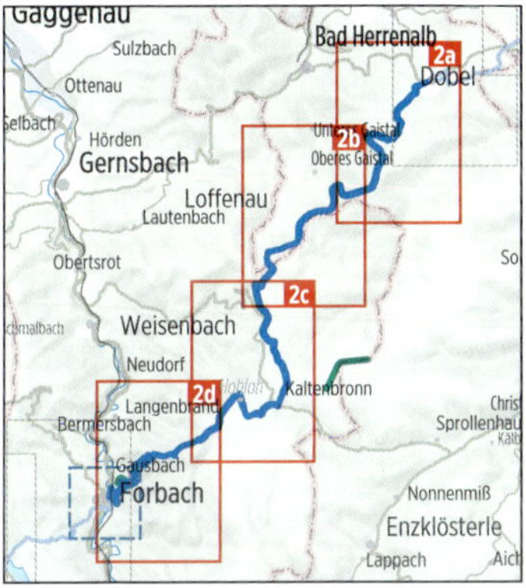

Über den Hohloh!

Charakteristik:

Auf der zweiten Etappe lässt der Westweg bereits seine Stärke als Höhenweg aufblitzen. Die für den Schwarzwald typischen dichten Wälder, unterbrochen von zahlreichen Aussichtspunkten, prägen den Weg. Zu verdanken ist dies vor allem dem Orkan Lothar, der Ende 1999 große Lücken in den einstmals dichten Wald gerissen hat. Von Dobel bis zum höchsten Punkt der

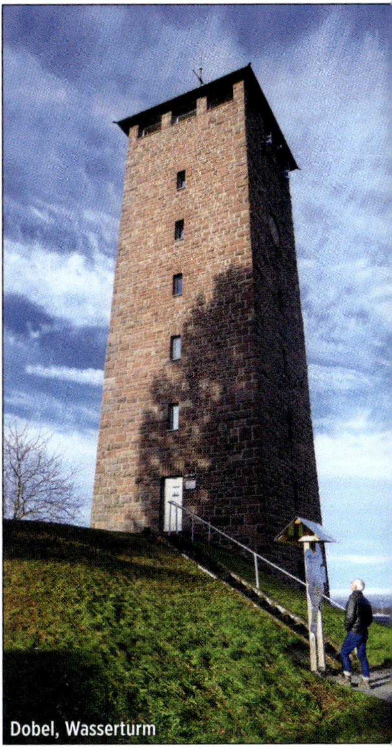
Dobel, Wasserturm

Wanderung, dem Hohlohturm, folgt der Weg dem Höhenrücken zwischen Enztal im Osten und Murgtal im Westen.

Der Westweg überquert die Hochebene des Kaltenbronn von Nord nach Süd. Der steile Abstieg über den Latschigfelsen ins wilde Murgtal nach Forbach geht in die Knie. Im Kontrast zur rauen und wilden Natur des Kaltenbronn und der felsigen Murgtalhänge steht zum Abschluss der Panoramaweg oberhalb von Forbach, der durch liebliche Streuobstwiesen führt.

Tipp: **Unterwegs gibt es nur am Kaltenbronn eine Einkehrmöglichkeit (Hotel-Restaurant).**

Dobel

1 0,0 (700) Von der Ortsmitte wandern Sie zwischen Kindergarten und Kurhaus hindurch zum Portal **Sonnentor** ~ hinauf zum **Wasserturm Dobel** ~ dem Zufahrtssträßchen folgen ~ rechts auf die **Höhenstraße** ~ am Beginn des Waldes schräg links den Forstweg hinunter ~ geradeaus dem Forstweg folgen bis zur Waldlichtung an der Ziegelhütte ~ an der Kreuzung geradeaus in den **Hahnenfalzweg** ~ einen breiten Forstweg überqueren ~ nach etwa 200 m an einer noch gut zu erkennenden Sturmwurflichtung schräg rechts auf den Pfad abbiegen ~ am Ende des Pfades rechts abbiegen ~ kurz vor einer größeren Dreieckskreuzung nach links auf einen Pfad einschwenken ~ am Waldsträßchen nach links in den **Althäusleweg** ~ dem Forstweg folgen bis zum Weithäusleplatz.

2 5,1 (832) An der Kreuzung **Weithäusleplatz** nehmen Sie den **Hahnenfalzweg**, der rechts an der Hütte vorbei führt ~ dem aussichtsreichen Forstweg mit Blicken ins Rheintal und

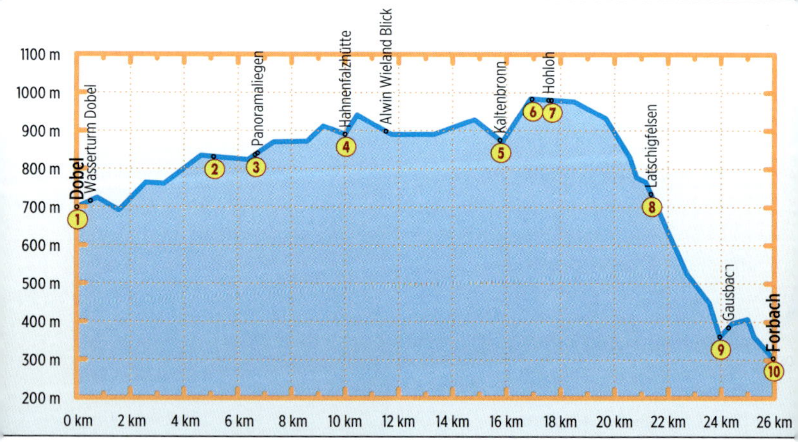

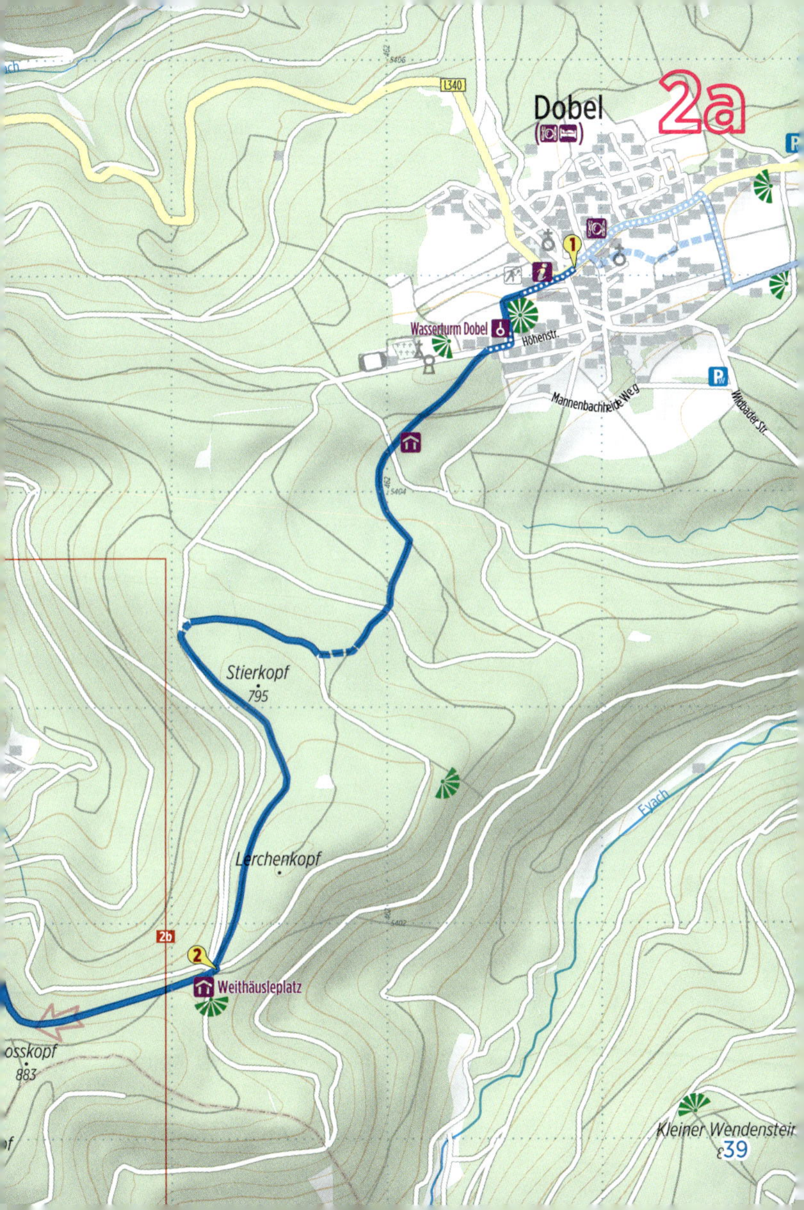

2a
Dobel
L340
1
2
Wasserturm Dobel
Höhenstr.
Mannenbachheide Weg
Wildbader Str.
Stierkopf
795
Lerchenkopf
2b
Weithäusleplatz
osskopf
883
Eyach
Kleiner Wendenstein
39

auf Bad Herrenalb folgen ⇝ an den Panoramaliegen vorbei

3 6,6 (837) An der **Schweizerkopfhütte** bleiben Sie geradeaus auf dem Hahnenfalzweg, hier ergeben sich herrliche Aussichten ins Murg- und Rheintal ⇝ dem Hahnenfalzweg geradeaus leicht aufwärts folgen ⇝ nach einem steilen Wegstück in einer Rechtskurve nach links auf den steinigen Pfad und diesem durch den dichten Wald bis zur Hütte folgen.

4 10,0 (891) Bei der **Hahnenfalzhütte** nehmen Sie schräg links den steilen Weg hinauf ⇝ am Ende des Pfades links auf den Forstweg ⇝ an einer Dreieckskreuzung nach rechts abbiegen ⇝ dem Weg aus dem Wald hinaus folgen bis zur **Langmartskopfhütte** ⇝ vor der Hütte rechts den Hang hinunter ⇝ beim **Alwin Wieland-Blick** nach links in den hangparallelen Weg ⇝ auf dieser aussichtsreichen Strecke eröffnen sich schöne Blicke ins Mittlere Murgtal und bis zu den Vogesen ⇝ nach etwa 2 km nach links auf die breite Forststraße abbiegen und dieser bis zur **Kreuzlehütte** folgen, dort vor der Hütte rechts in den leicht ansteigenden Forstweg ⇝ immer geradeaus auf dem breiten Weg bleiben ⇝ nach etwa 1,5 km in einer lang gestreckten Rechtskurve nach links auf den Pfad ⇝ den Berg hinab bis zum **Wildgehege** ⇝ geradeaus am Zaun entlang bis zum Hotel.

Kaltenbronn (Gernsbach)

Vorwahl: 07224

Infozentrum Kaltenbronn, Kaltenbronn 600, ✆ 655197 Die interaktive Ausstellung „Die Natur am Kaltenbronn" ist ein Erlebnis für die ganze Familie: In sechs Zimmern erleben Besucher die Vielfalt der einzigartigen Landschaft des Naturparks Schwarzwald Mitte/Nord, insbesondere des Kaltenbronn. Zu entdecken

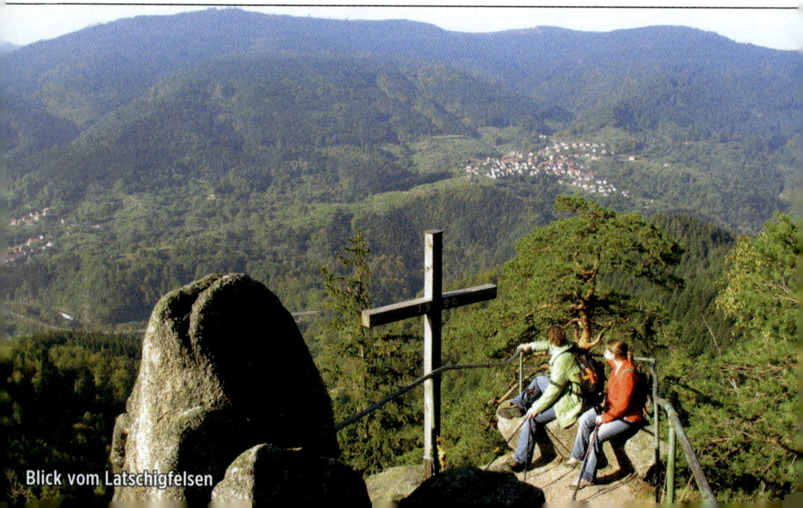

Blick vom Latschigfelsen

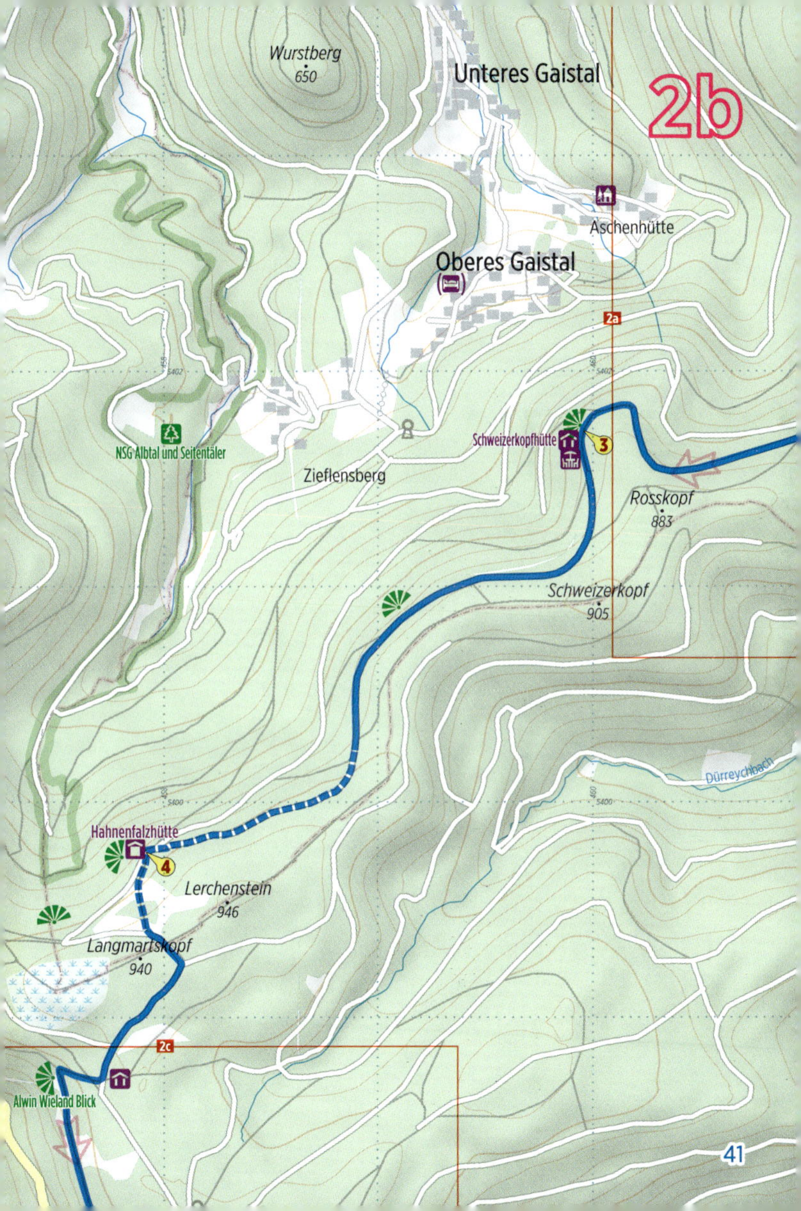
2b
Wurstberg
650
Unteres Gaistal
Aschenhütte
Oberes Gaistal
2a
NSG Albtal und Seitentäler
Zieflensberg
Schweizerkopfhütte
3
Rosskopf
883
Schweizerkopf
905
Dürreychbach
Hahnenfalzhütte
4
Lerchenstein
946
Langmartskopf
940
2c
Alwin Wieland Blick

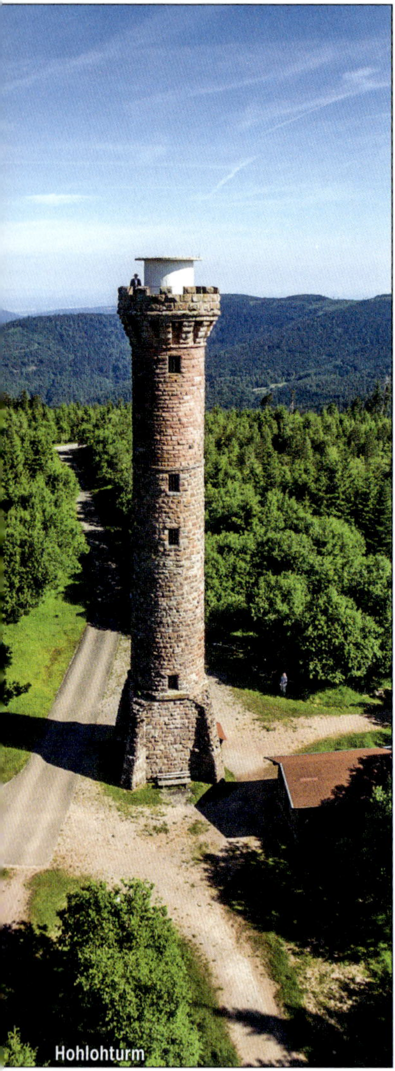
Hohlohturm

gibt es vieles: Seltene Tiere und Pflanzen, die nur in Mooren zuhause sind, Überlebenskünstler, schaurige Märchen, eine interaktive Spielstation, stolze Auerhähne oder streitbare Badener und Schwaben. @ bsk868

Wildgehege Kaltenbronn, beim Infozentrum. Im etwa 3 ha großen Wildgehege kann man heimisches Rotwild beobachten.

Sarbacher, Kaltenbronner Str. 598, ✆ 93390, ⌚ Mi-Sa 12-20 Uhr, So 12-18 Uhr, @ alf687

5 15,8 (876) Beim Hotel biegen Sie rechts in den Rad- und Fußweg ein, der parallel zur Straße verläuft ~ in der Rechtskehre der Straße links den Forstweg hinauf ~ im Bachtal an mächtigen Tannen vorbei erst rechts, dann links und zuletzt wieder rechts des Baches aufsteigen ~ einen breiten Forstweg überqueren und auf jetzt schmaler werdendem Weg durch dichten Wald bis zum **Hohlohsee**.

6 16,9 (984) Sie wandern auf dem Bohlenweg am See entlang ~ an dessen Ende geradeaus bis zum Hohlohturm.

Hohloh

Hohlohturm (Kaiser-Wilhelm-Turm). Der Turm wurde 1897 errichtet und wegen des hohen Baumwuchses 1968 um 6,4 m auf die heutigen 28,6 m erhöht. Die Aussichtsplattform liegt auf etwa 1.012 m ü. NN. Heute befindet sich der Turm im Eigentum der Ortsgruppe Gernsbach des Schwarzwaldvereins.

7 17,7 (981) Am Aussichtsturm biegen Sie links in den Pfad ab ~ am Ende des Pfades nach links auf die **Alte Weinstraße** ~ dem Forstweg folgen ~ am Weg-

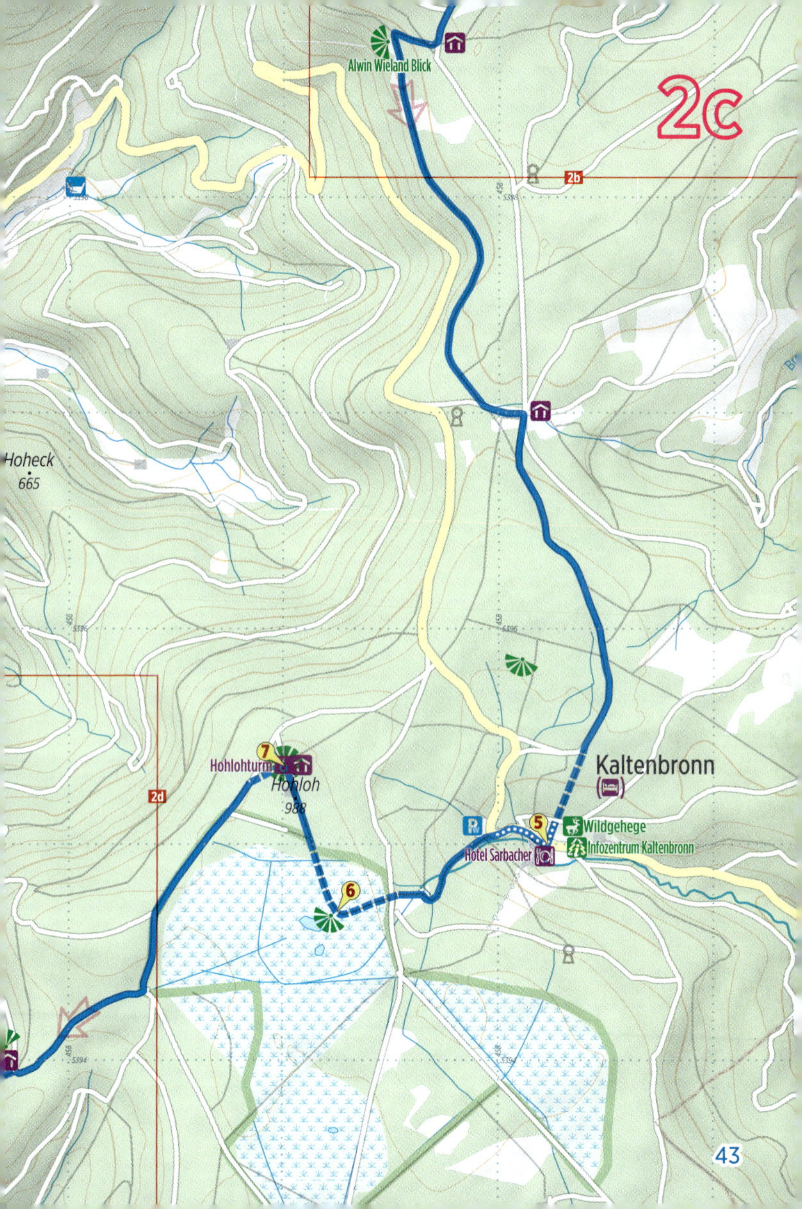

2c
Alwin Wieland Blick
2b
Hoheck
665
2d
Hohlohturm
Hohloh
988
Kaltenbronn
Wildgehege
Infozentrum Kaltenbronn
Hotel Sarbacher

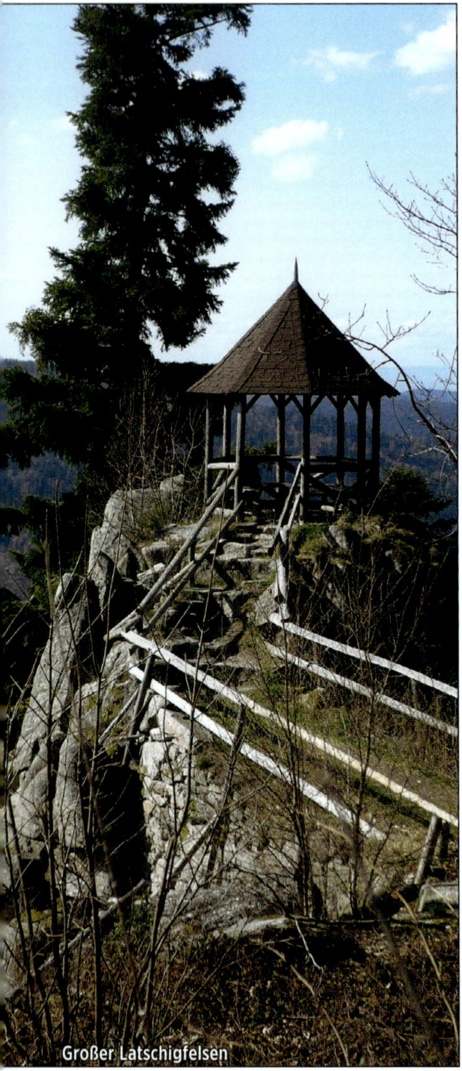
Großer Latschigfelsen

weiser **Buchenloh** links halten ⤳ bei der **Prinzenhütte** rechts abbiegen ⤳ dem Forstweg bis zur Hütte am Aussichtspunkt **Murg- und Rheintalblick** folgen ⤳ vor der Hütte links und gleich wieder rechts den abschüssigen Weg hinab ⤳ der Weg geht in einen Pfad über ⤳ an dessen Ende scharf rechts ⤳ über den Bergrücken bis zum Latschigfelsen.

8 21,4 (735) Sie überqueren den Forstweg vor dem Latschigfelsen.

Latschigfelsen. Es gibt den Großen und den Kleinen Latschigfelsen. Auf dem großen Felsen steht ein Pavillon, von dem man nach Nordwesten in das Mittlere Murgtal schauen kann. Der Kleine Latschigfelsen liegt etwas versteckt einige Meter unterhalb. Von den mächtigen Granitblöcken bietet sich ein schöner Blick auf Forbach.

Biegen Sie links in den schmalen Pfad ab und steigen Sie in Serpentinen den steilen Steig hinab ⤳ beim Holzkreuz der Station V des Kreuzweges scharf nach links abbiegen ⤳ weiter in Serpentinen hinab ⤳ auf den Forstweg nach links ⤳ in der Rechtskehre dem Forstweg folgen ⤳ etwa 150 m nach der Kehre scharf links in den Pfad ⤳ an den ersten Obstwiesen vorbei hinab ins Kau-

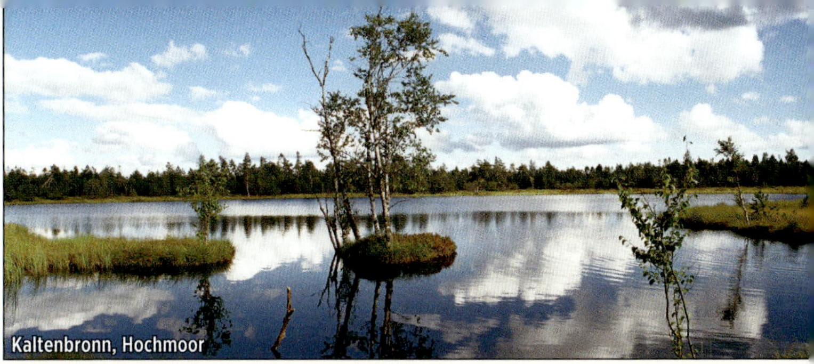

Kaltenbronn, Hochmoor

Kaltenbronn

„Dort oben ist es immer einen Kittel kälter". So heißt es im Volksmund über den Kaltenbronn, der auf einem breiten Bergrücken zwischen dem Murg- und dem Enztal liegt. Die Jahresdurchschnittstemperatur beträgt nur etwa 6 Grad Celsius und die hohen durchschnittlichen Jahresniederschläge über 1.500 Millimeter unterstützen den rauen Charme dieser urtümlichen Landschaft.

Das weite und einsame Waldgebiet ist ein beliebtes Wander- und Ausflugsgebiet – im Winter kommen außerdem zahlreiche Skifahrer zum Langlauf oder Abfahrtsski. Auf der Hochebene haben sich Hochmoore mit mehreren Moorseen gebildet, in denen der fleischfressende Sonnentau und die Teufelskralle vorkommen und die wertvolle Rückzugsgebiete für zahlreiche Tiere – u. a. das Auerwild und die „Höllenotter" (die schwarz gefärbte Variante der Kreuzotter) – bilden.

Das bekannteste Moor ist das Naturschutzgebiet Wildseemoor. Quer durch das Moor führt ein Bohlensteg, der den Besuchern die Schönheit unmittelbar erleben lässt. Das Hohlohmoor mit dem Hohlohsee, an dessen südlichem Ufer ein Bohlenweg (Teilstück des Westweges) entlangführt, liegt nicht weit vom höchsten Punkt des Kaltenbronn entfernt. Auf dem Hohloh (988 Meter ü. NN), hat der Schwarzwaldverein im Jahre 1897 einen Aussichtsturm errichtet. Am 26. Dezember 1999 verwüstete der Orkan Lothar das Kaltenbronn schwer. Vorteil für die Wanderer: Seitdem gibt es in fast alle Richtungen zahlreiche Aussichten.

Der Kaltenbronn war traditionell das Jagdrevier des Badischen Markgrafen Ludwig Wilhelm – des legendären Türkenlouis – und der Großherzöge von Baden. Eine Jagdhütte war seit 1761 regelmäßig bewohnt. Die Bewohner erhielten bald darauf eine Schankerlaubnis und kredenzten sauren Wein und Enzianschnaps an die Durchreisenden zwischen den Tälern. Durch die romantische Grundstimmung des ausgehenden 19. Jahrhunderts zog auch der Fremdenverkehr in Kaltenbronn ein – Kurgäste kamen zunächst nur in der wärmeren Jahreszeit. Doch Anfang des 20. Jahrhunderts wurde das Skilaufen populär und ist bis heute vom Kaltenbronn nicht mehr wegzudenken.

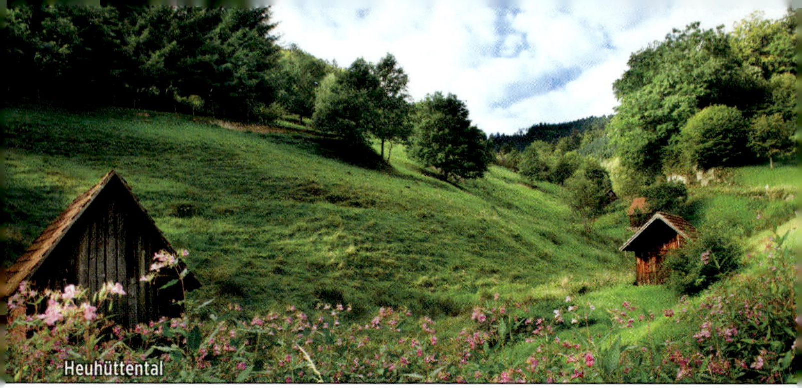

ersbachtal ⇝ auf dem Talweg bis zum **Hexenbrunnen**.

Heuhüttentäler

Wer bei den Heuhüttentälern an Bergbauern in den Alpen denkt, liegt gar nicht so verkehrt. Die zahlreichen Heuhütten in den engen und steilen Tälern rund um Forbach wie zum Beispiel dem Kauersbachtal sind tatsächlich im 17. und 18. Jahrhundert durch Großviehhaltung nach Tiroler Vorbild entstanden. Nach dem Dreißigjährigen Krieg kamen zahlreiche Tiroler als Holzhauer in das Murgtal. Entlang der Bachläufe rodeten die Menschen den Wald und legten Wiesen an. Diese waren aber für Beweidung zu steil und wurden deshalb nur zum Heuen genutzt. Da in dem engen Murgtal für die Heulagerung im Ort kein Platz vorhanden war, bauten sich die Menschen jeweils am unteren Ende ihrer Wiesen eine Hütte. Dort lagerten sie das Heu für die Winterfütterung ein und brachten es im Winter mit einem Schlitten zu Tal. Ihre größte Ausdehnung erreichten die Heuhüttentäler um das Jahr 1900. Heute werden die Hütten nicht mehr wirtschaftlich genutzt.

9 23,9 (363) Beim Hexenbrunnen steigen Sie die steile Böschung hinauf.

VARIANTE Wer in Gausbach übernachten möchte, kann am Hexenbrunnen nach rechts auf dem Forstweg direkt in den Ort gehen.

Gausbach (Forbach)

Oben angekommen wenden Sie sich nach links ⇝ nach rund 100 m scharf rechts auf den Forstweg ⇝ zunächst noch leicht ansteigend, später hangparallel durch liebliche Streuobstwiesen mit herrlichem Blick auf Forbach ⇝ beim Eintritt in den Wald den unteren Weg nehmen ⇝ in der Kehre rechts abbiegen ⇝ dem Sträßchen für etwa 350 m folgen bis zu einem Aussichtspunkt ⇝ dahinter scharf links in einen abschüssigen Pfad ⇝ dem grasigen Weg folgen ⇝ am Ortsrand von Gausbach scharf links in die **Schulstraße** ⇝ zwischen den Bahngleisen und der B 462 zum Bahnhof.

10 25,9 (305) Beim **Bahnhof Forbach** endet die Etappe..

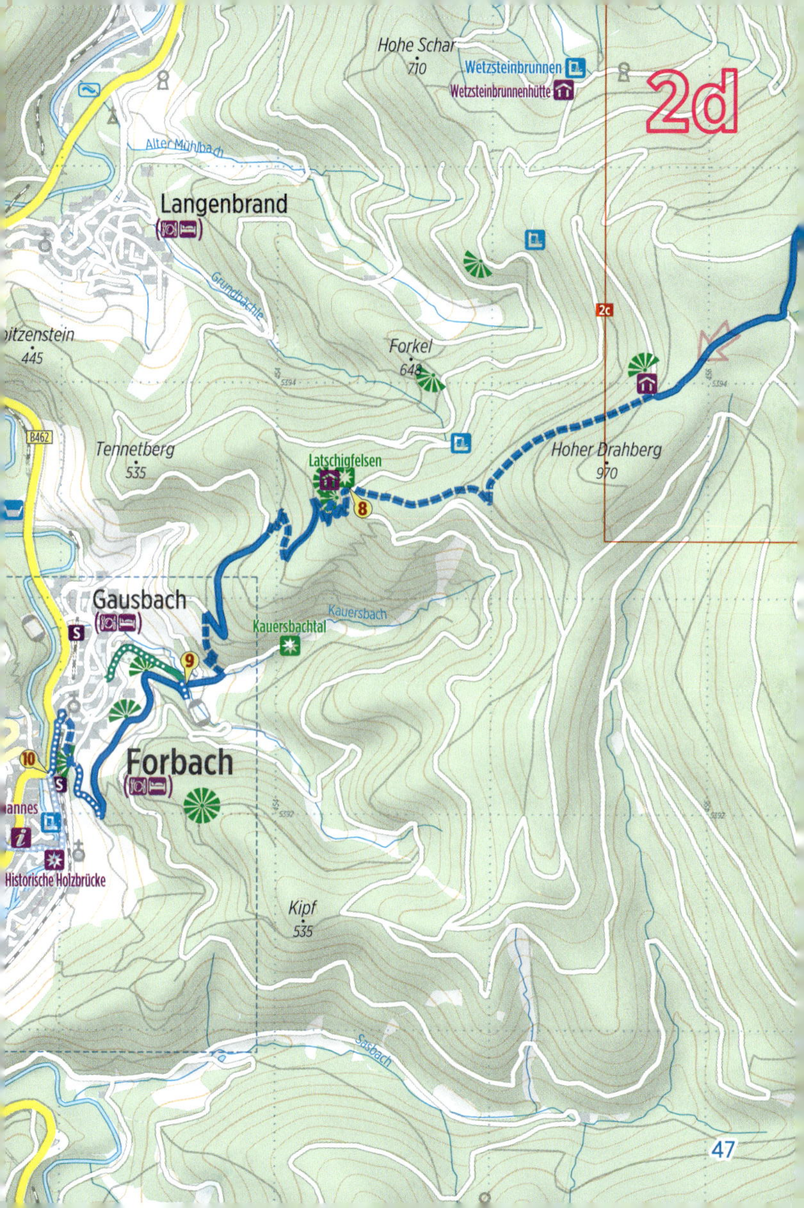

2d
Hohe Schar
710
Wetzsteinbrunnen
Wetzsteinbrunnenhütte
Alter Mühlbach
Langenbrand
Grundbächle
itzenstein
445
Forkel
648
2c
Tennetberg
535
B462
Latschigfelsen
8
Hoher Drahberg
970
Gausbach
Kauersbach
Kauersbachtal
9
10
Forbach
annes
Historische Holzbrücke
Kipf
535
Sasbach

Forbach

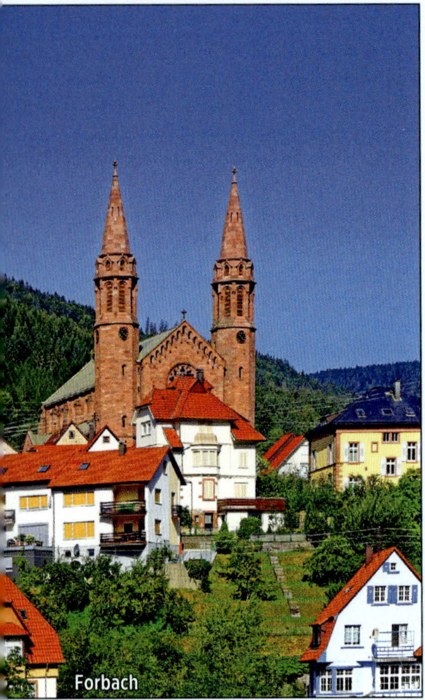
Forbach

Vorwahl: 07228

- **Tourist-Info**, Landstr. 27, im Rathaus, ✆ 390, @ ion324
- **Murgtalmuseum**, Kirchstr. 15, Alte Schule, Bermersbach (Forbach), ✆ 788 Das Museum zeigt Exponate aus dem Alltagsleben der Murgtäler. @ pgl664
- **St. Johannes Baptista**, Kirchpl. 3. Die neuromanische Kirche mit zwei Türmen wurde zwischen 1886 und 1891 aus heimischem rotem Sandstein erbaut. Gegen Ende des 20. Jhs. erfolgte die Restaurierung der ursprünglichen Ornamentierung und Malerei. @ yhu781
- **Historische Holzbrücke**. Die überdachte Holzbrücke mit einer Spannweite von 38 m ist das Wahrzeichen von Forbach. Die erste Brücke errichteten Zimmerleute 1778 nach dem Vorbild einer hochwassersicheren Hängebrücke in Augsburg. 1955 wurde die inzwischen baufällig gewordene Brücke komplett nach alten Plänen wieder neu aufgebaut.
- **Montana Badezentrum**, Murgtalstr. 1a, ✆ 2402, @ vlk568

Forbach liegt im wildromantischen mittleren Murgtal. Zwischen zwei engen Schluchtstellen öffnet sich das Tal terrassenförmig und schafft Platz für eine Ansiedlung. Erstmals urkundlich erwähnt wurde Forbach 1360. Seit 1404 gehört Forbach vollständig zu Baden. Der Markgraf Phillip verkaufte 1556 seinen Waldbesitz an die Murgschifferschaft, der noch heute die meisten Wälder um Forbach gehören. Im 18. und 19. Jahrhundert flößten die Murgschiffer Baumstämme über die

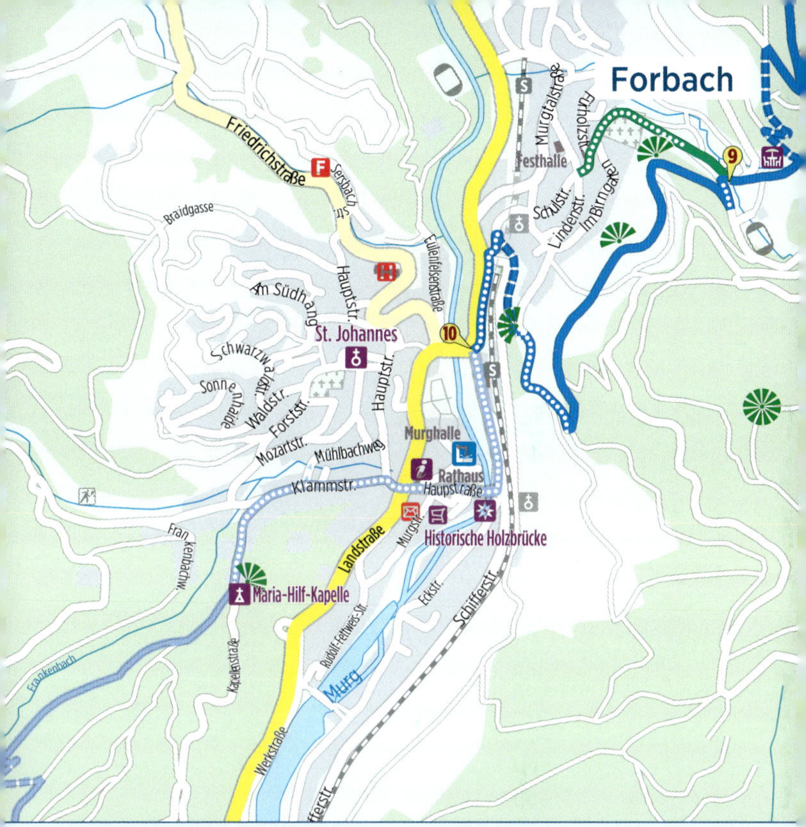

Murg und den Rhein bis nach Holland. Das Wahrzeichen der Stadt ist die überdachte Holzbrücke, die 1778 erstmals errichtet wurde. Über der Stadt erhebt sich die Katholische Pfarrkirche St. Johannes mit ihren beiden charakteristischen Türmen. Einzigartig sind die vielen Heuhüttentäler rund um Forbach. Die bekanntesten sind das Kauersbachtal am Westweg sowie das Ebettal bei Bermersbach.

Forbach zeichnet sich durch einen hohen Freizeitwert aus. Die wilden Täler der Murg und ihre Zuflüsse, die steilen, mit Felsen durchsetzten Hänge, die lieblichen Obstwiesen um die Siedlungen verführen zu jeglicher Art von Natursportarten. Wandern und Mountainbiken, aber auch Wildwasserfahren, Klettern und Rafting gehören zu den beliebtesten Sportarten.

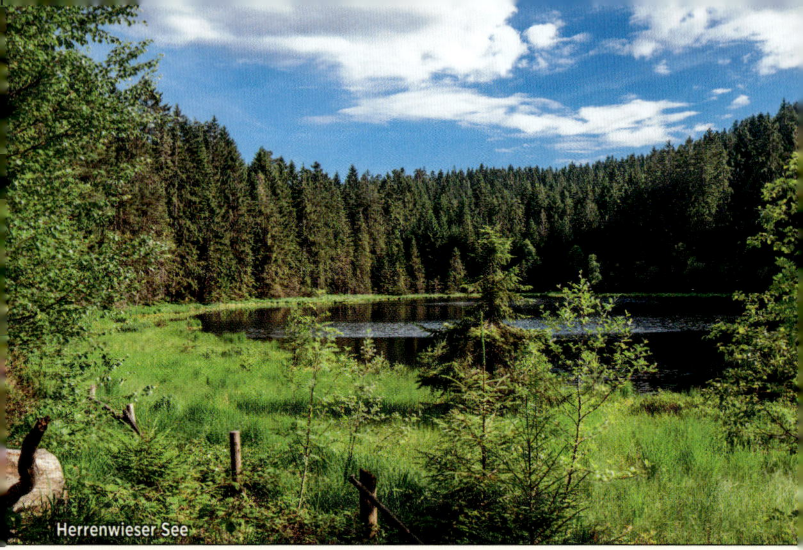

Herrenwieser See

Karseen

Die Karseen sind typisch für den Nordschwarzwald. Sie liegen inmitten der dichten Wälder in einem fast runden Talkessel. Von oben betrachtet wirken sie wie die Augen des Waldes. Aufgrund ihres hohen ökologischen Wertes stehen die Karseen unter Schutz.

Die Talkessel der Karseen wurden in der letzen Eiszeit vor etwa 25.000 Jahren von großen Gletschern ausgehobelt. Die Kraft des sich bewegenden Gletschers nahm Steine und Erdmaterial mit sich. Zum Talausgang bildete sich ein Karriegel, der die Entstehung des Karsees begünstigte.

Das nährstoffarme Schmelzwasser, das sich in den Karmulden sammelte und aus dem sich die Karseen speisen, bot beste Voraussetzungen für das Wachstum von Moorpflanzen entlang der Uferzonen. So haben sich um die Karseen herum mächtige Torfschichten aus abgestorbenen Pflanzen gebildet, die heute als Schwingboden Lebensraum für zahlreiche seltene Moorpflanzen bieten. Die meisten Karseen sind durch das Wachstum der Moorpflanzen von der Verlandung bedroht.

Im Nordschwarzwald gibt es noch neun Karseen: Buhlbachsee, Ellbachsee, Glaswaldsee, Herrenwieser See, Huzenbacher See, Mummelsee, Sankenbachsee, Schurmsee und Wildsee.

Etappe 3 — 19,5 km

Forbach - Unterstmatt

Start: Forbach, Bahnhof (N 48,6809° O 8,3608°)
Ziel: Unterstmatt
Aufstieg: 1.038 m — *Hartbelag:* 9 %
Abstieg: 413 m — *Wanderwege:* 65 %
Gehzeit: 6 - 7 Std. — *Wanderpfade:* 26 %

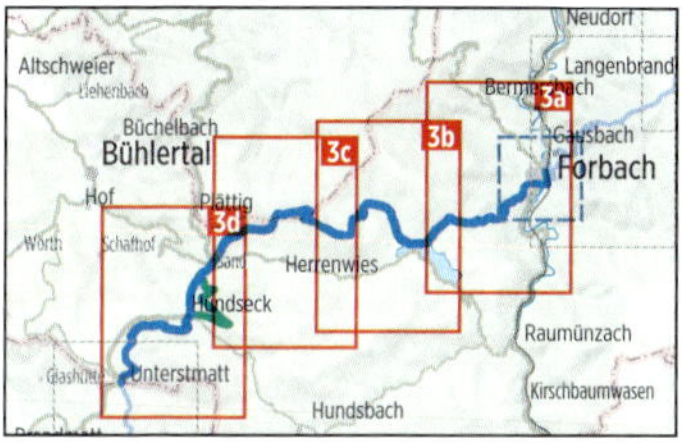

Die ersten Tausender!

Charakteristik:

Auf der dritten Etappe stehen mit der Badener Höhe und dem Hochkopf die beiden ersten von insgesamt zehn Gipfeln über 1.000 Meter auf dem Programm. Steil führt der Westweg von Forbach hinauf zur

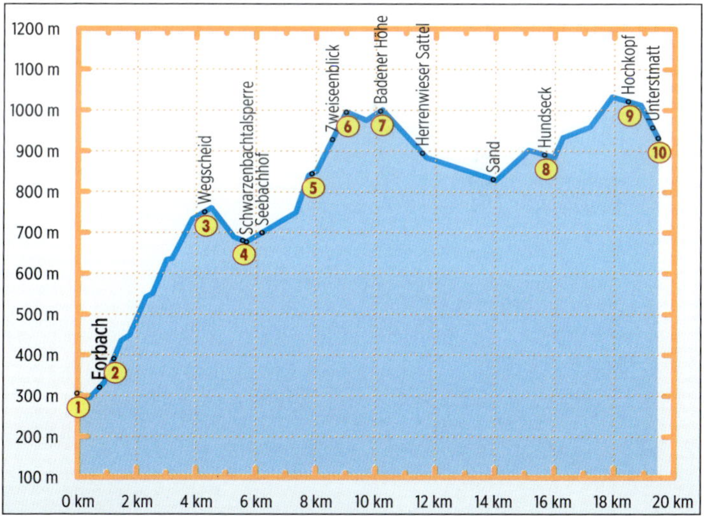

Wegscheid und dann – nach kurzem Abstieg zum Schwarzenbachstausee – über den verwunschenen Herrenwieser See auf die Badener Höhe. Die Mühe wird belohnt durch einen herrlichen Rundblick über den Nordschwarzwald und das Rheintal bis zu den Vogesen.

Nach der Passhöhe Sand verläuft der Westweg auf dem Bergrücken zwischen Rhein- und Murgtal. Der Hochkopf mit seinem kahlen, kaum wahrnehmbaren Gipfel, auf dem Wollgras, Borstgras, Heidekraut und Latschenkiefern wachsen, ist bereits der erste Grindenberg – und ein Geheimtipp obendrein. Zum Etappenziel Unterstmatt sind es nur noch wenige Schritte bergab.

Forbach

1 0,0 (305) Vom **Bahnhof Forbach** wandern Sie oberhalb des Murgsteilufers entlang zur **Historischen Holzbrücke** ~ über die Holzbrücke und geradeaus die Straße hinauf ~ die **Landstraße** überqueren ~ beim **Mosesbrunnen** nach links in die **Klammstraße** ~ am Ende des Kopfsteinpflasters schräg links in die **Marienstraße** hinauf zur Maria-Hilf-Kapelle.

Die **Maria-Hilf-Kapelle** liegt auf einem exponierten Platz oberhalb von Forbach. Wann die Kirche gebaut wurde, ist ungewiss. Nachweislich hat 1677 der damalige Pfarrer die Kapelle renovieren lassen, da sie im Dreißigjährigen Krieg stark beschädigt wurde. Bereits 1683 wurde der Bau erweitert.

2 1,2 (389) Bei der Kapelle folgen Sie schräg rechts dem geschotterten Weg bergauf ~ an der Verzweigung im Wald rechts halten ~ das Frankenbachtal am Waldrand hinauf ~ im Wald im Zick-Zack aufwärts ~

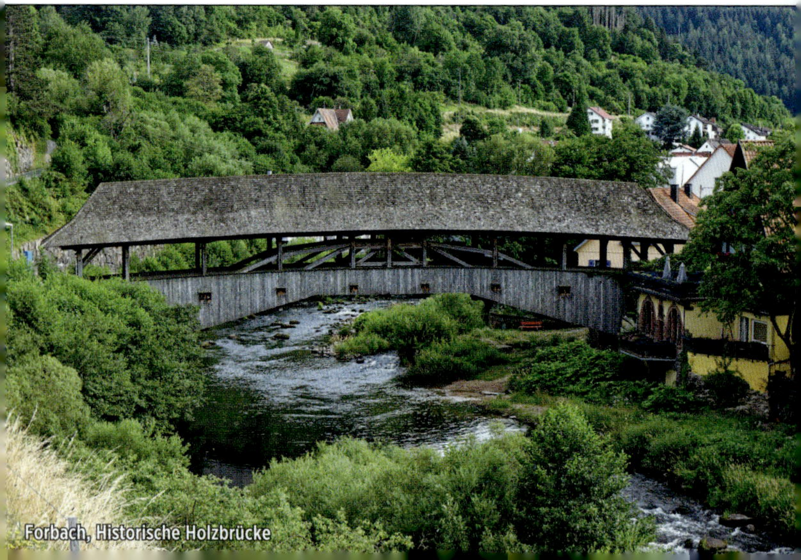

Forbach, Historische Holzbrücke

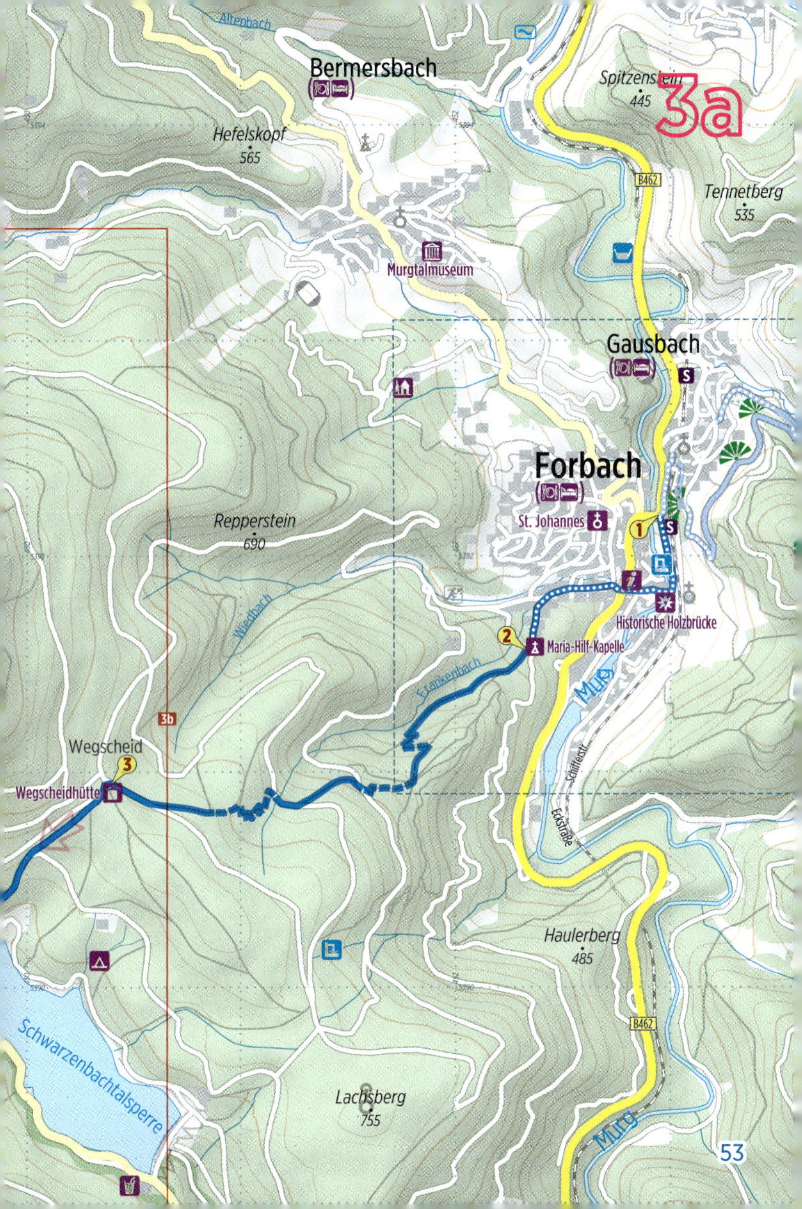

3a
Altenbach
Bermersbach
Spitzenstein
445
Hefelskopf
565
Tennetberg
535
B462
Murgtalmuseum
Gausbach
Forbach
St. Johannes
Repperstein
690
Wiedbach
Historische Holzbrücke
Maria-Hilf-Kapelle
Frankenbach
Murg
Schifferstr.
Eckstraße
3b
Wegscheid
Wegscheidhütte
Haulerberg
485
Schwarzenbachtalsperre
Lachsberg
755

oben nach rechts auf einen Forstweg ⤳ auf dem Bergrücken schräg rechts den Pfad nehmen ⤳ einen Forstweg überqueren und schräg rechts weiter aufwärts ⤳ bei einer Gabelung links halten ⤳ auf dem breiten Forstweg rechts ⤳ nach 100 m schräg links ⤳ steil im Jungwald in engen Kehren hinauf ⤳ an einer Lichtung vorbei ⤳ etwa 80 m oberhalb der Lichtung nach links auf einen breiteren Weg, der in einen Forstweg übergeht ⤳ beim nächsten Forstweg rechts bis zur Wegscheid.

3 4,3 (749) An der nächsten Kreuzung zweigen Sie links ab und gehen direkt an der **Wegscheidhütte** vorbei ⤳ hinter der Hütte beim Wegweiser **Wegscheid** den zweiten Weg nach links nehmen ⤳ nach 20 m an der Gabelung den linken Forstweg wählen ⤳ beim **Johannesbrunnen** geradeaus ⤳ aus dem Wald hinaus und hinunter zur Wegkreuzung am Ufer des Schwarzenbachstausees.

Schwarzenbachstausee. Die Schwarzenbachtalsperre ist einer der größten Stauseen im Schwarzwald. Die 1926 fertiggestellte Staumauer ist 400 m lang und 65 m hoch. Der See fasst 14,4 Mill. m^3 Wasser und ist über 2 km lang. Die Anlage dient vor allem als gigantischer Energiespeicher. Stromüberschuss wird genutzt, um Wasser von der Murgtalsperre in Kirschbaumwasen in die Schwarzenbachsperre zu pumpen. Zur Deckung von Energiespitzen wird das Wasser wieder über Wasserturbinen zurückgeleitet.

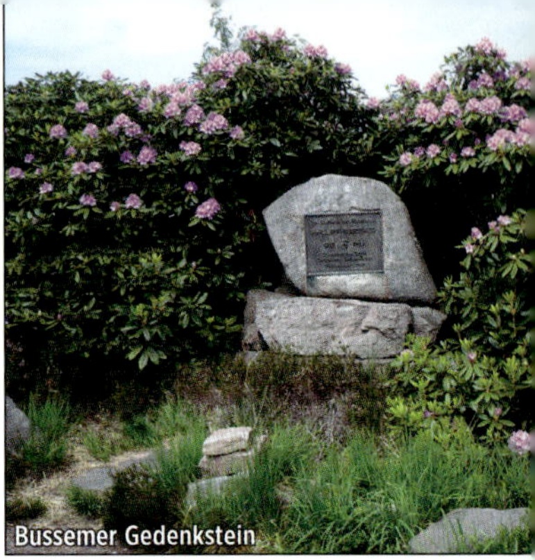
Bussemer Gedenkstein

4 5,6 (679) Den Weg am Seeufer entlang nehmen ⤳ einen Bach überqueren, dann unmittelbar nach der Brücke rechts ⤳ nun für 1,4 km immer auf dem Forstweg am linken Bachufer bleiben ⤳ in einer Rechtskurve

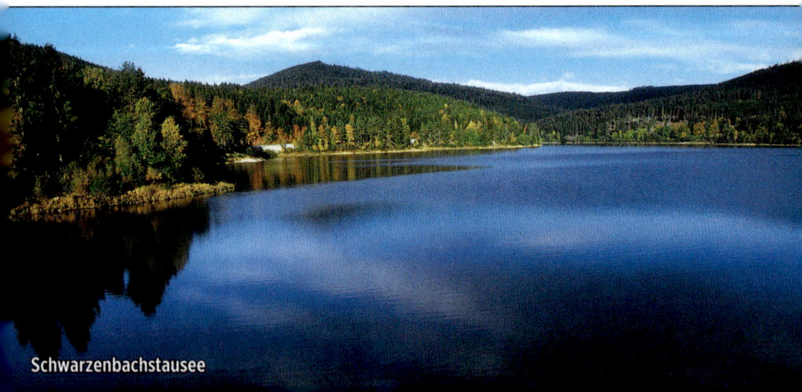
Schwarzenbachstausee

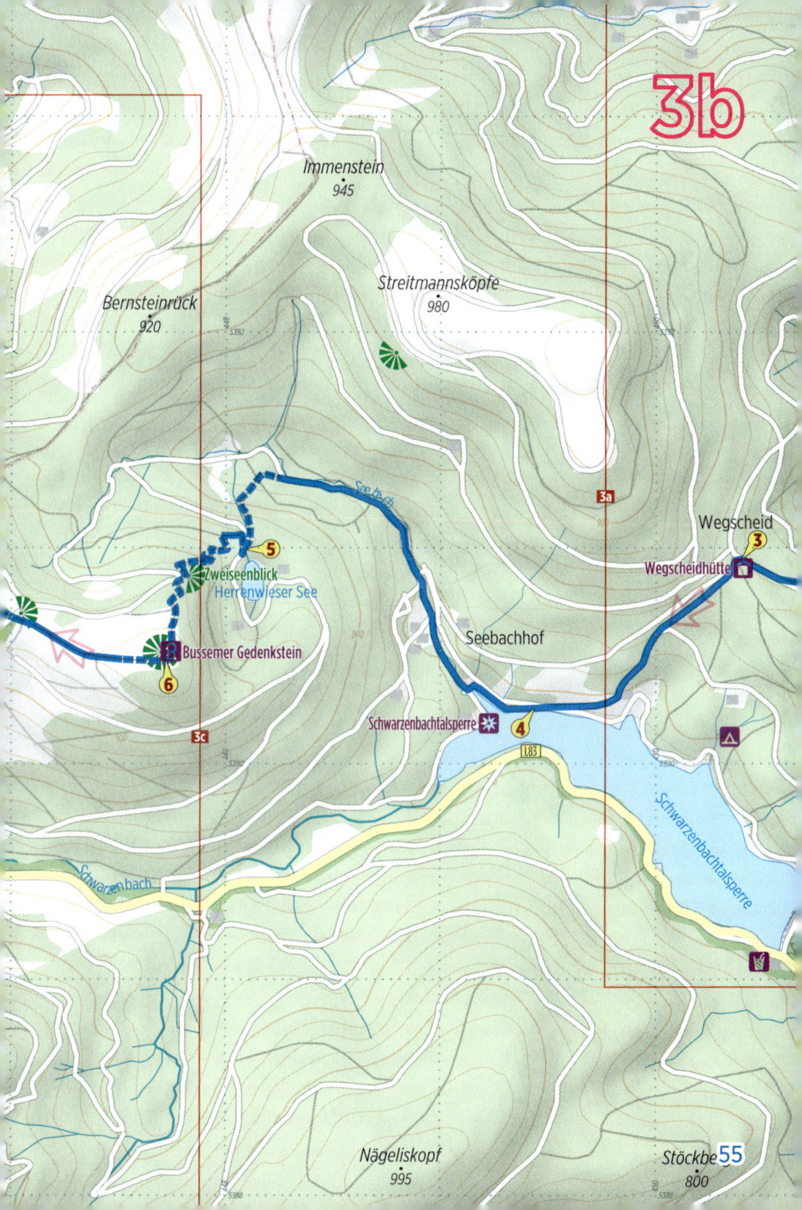
3b
Immenstein
945
Streitmannsköpfe
980
Bernsteinrück
920
Wegscheid
3
Wegscheidhütte
5
Zweiseenblick
Herrenwieser See
Seebach
Seebachhof
Bussemer Gedenkstein
6
Schwarzenbachtalsperre
4
183
3a
3c
Schwarzenbach
Schwarzenbachtalsperre
Nägeliskopf
995
Stöckberg
800

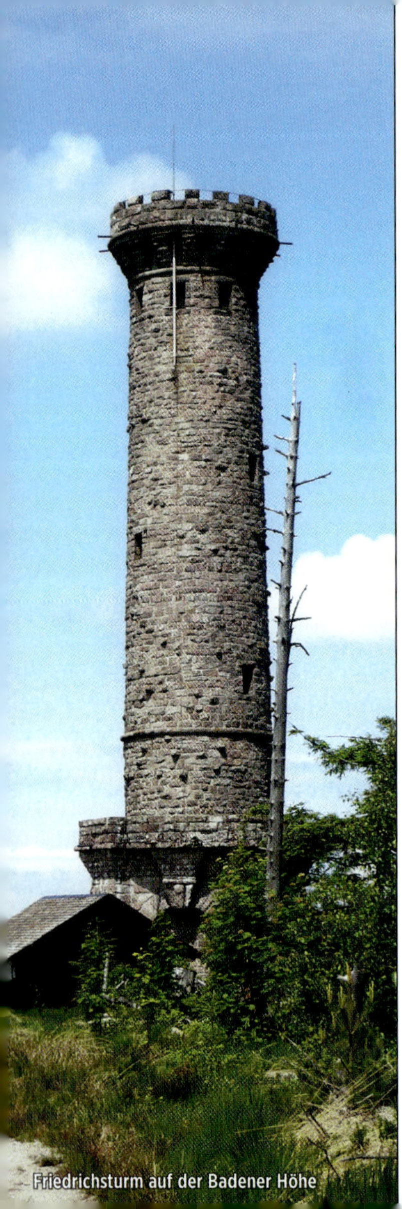

Friedrichsturm auf der Badener Höhe

schräg links den steinigen Weg hinauf ⇝ dem Weg folgen, zuletzt links des Seebaches hinauf zum See.

Herrenwieser See. Der See ist einer von neun verbliebenen Karseen im Nordschwarzwald. Die 170 m hohe Karwand gilt als die höchste im Nordschwarzwald.

5 7,9 (844) Beim Herrenwieser See ein kurzes Stück nach links den Forstweg entlang, dann im spitzen Winkel rechts den Weg hinauf ⇝ nach 200 m links in einen Pfad abbiegen ⇝ nun auf der nördlichen Flanke der Karwand im engen Zick-Zack bergauf ⇝ vorbei am Zwei-Seen-Blick ⇝ zuletzt auf dem nun flacher werdenden Pfad bis zum Bussemer Gedenkstein.

Bussemer Gedenkstein (1.001 m ü. NN). 1900 erkundeten und markierten Phillip Bussemer aus Baden-Baden und Julius Kaufmann aus Lahr für den Badischen Schwarzwaldverein den ersten Höhenweg von Basel nach Pforzheim. Mit dem Gedenkstein auf dem Seekopf erinnert die Ortsgruppe Baden-Baden an diese Pionierleistung.

6 9,0 (1.001) Vom Gedenkstein folgen Sie leicht bergab dem breiter werdenden Weg ⇝ auf einem kleinen Sattel geradeaus hinauf.

Badener Höhe (1.002 m ü. NN). Die Badener Höhe ist der höchste Punkt von Baden-Baden. Der Friedrichsturm auf dem Gipfel wurde 1891 gebaut und ist nach dem Großherzog Friedrich I. von Baden benannt. Von dem Turm ergibt sich ein schöner Blick über den nördlichen Schwarzwald.

7 10,2 (1.002) Vom Turm folgen Sie dem Forstweg 1,4 km hinab bis zum **Herrenwieser Sattel** und biegen dort links

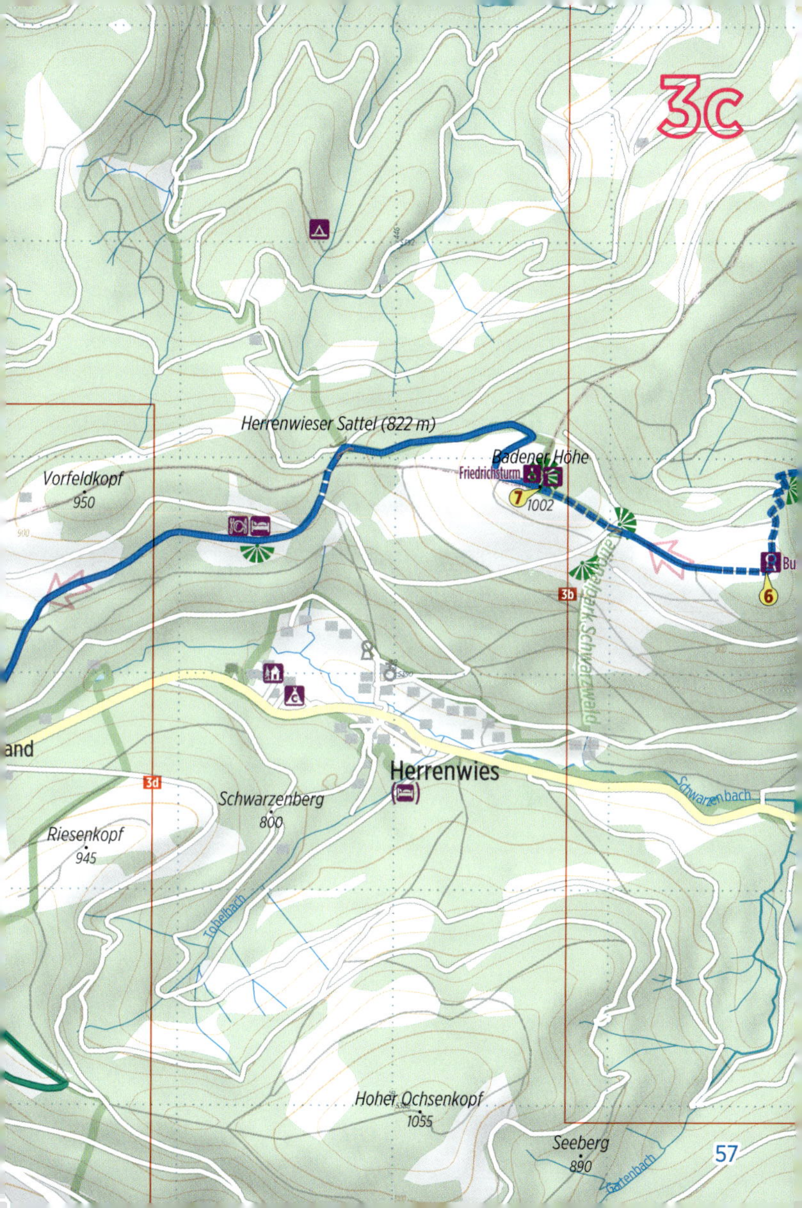
3c
Herrenwieser Sattel (822 m)
Badener Höhe
Friedrichsturm
7
1002
Vorfeldkopf
950
Bu
6
3b
Nationalpark Schwarzwald
and
3d
Herrenwies
Schwarzenbach
Schwarzenberg
800
Riesenkopf
945
Tobelbach
Hoher Ochsenkopf
1055
Seeberg
890
Gartenbach

ab ⤳ wenig später schräg rechts auf den Pfad ⤳ am Ende des Pfades nach etwa 150 m rechts auf den Forstweg ⤳ aus dem Wald hinaus zum Naturfreundehaus Badener Höhe.

Naturfreundehaus Badener Höhe, Am Stadtwald 8, ✆ 07226/238, @ agh687

Für 1,8 km auf der Forststraße geradeaus bis zur Passhöhe Sand.

Sand (Bühl)

Vorwahl: 07226

Bergwaldhütte Sand, Stadtwald 2a, ✆ 237, Fr-So 12-17 Uhr, @ vup768

Die Straße überqueren ⤳ vor der Ampel links und parallel zur Straße in den Forstweg ⤳ im Abstand von etwa 100 m parallel zur Straße bis zum Hundseck.

VARIANTE: Zur Besteigung des Mehliskopfes, einem weiteren Tausender, biegen Sie hinter Sand beim Wegweiser „Schwarzbergle" nach links ab. Vom dortigen Aussichtsturm bietet sich ein Rundblick über den Nordschwarzwald und das Rheintal. Vom Turm wandern Sie auf dem Bergrücken weiter und steigen dann zum Hundseck ab.

Hundseck (Bühl)

Vorwahl: 07226

Gasthaus Hundshütte, Schwarzwaldhochstr. 15a, ✆ 920927, ✆ 283, bei Liftbetrieb tägl. ab 9 Uhr, ansonsten Mo-Mi und Fr-Sa, 11-21 Uhr, So 10-21 Uhr, @ yya254

8 15,7 (890) Sie überqueren die Straße nach Hundsbach und wandern auf dem geschotterten Weg zwischen Informationstafel und Umspannwerk weiter ⤳ nach dem ehemaligen Skihang schräg rechts den Forstweg empor ⤳ am Ende des Forstweges rechts den Pfad hinauf ⤳ nach 100 m links in den breiteren Waldweg abbiegen ⤳ auf dem Bergrücken entlang ⤳ aus dem Wald hinaus und in einer Rechtskurve geradeaus den Hang hinauf ⤳ oben auf einem Forstweg geradeaus weiter bis zur Informationstafel ⤳ beim Schild Schutzwald nach links den Pfad steil den Berg hinauf ⤳ auf dem Pfad über die typischen offenen Grindenflächen bis zum Gipfel des Hochkopfes.

Hochkopf (1.039 m ü. NN). Der Hochkopf ist einer der ursprünglichsten Grindengipfel des Nordschwarzwaldwaldes und gilt als Geheimtipp. Das Hochmoor ist im Mittelalter durch Brandrodung entstanden und wird heute durch Pflegemaßnahmen freigehalten. Im Frühsommer blüht hier das Wollgras, im Spätsommer das Heidekraut.

9 18,5 (1.039) Vom Gipfel steigen Sie auf dem mit Granitplatten ausgelegten Pfad wieder hinab ⤳ im Wald einen Forstweg überqueren ⤳ oberhalb des **Parkplatzes Unterstmatt** einen weiteren Forstweg überqueren ⤳ über den Parkplatz und links von den Tannen die Böschung hinab zur Passhöhe Unterstmatt.

10 19,5 (930) Auf der Passhöhe Unterstmatt haben Sie das Ende der Etappe erreicht.

Unterstmatt (Bühl)

Vorwahl: 07226

Hochkopf-Stub, Raue Halde 6, ✆ 289, Mi-So ab 10 Uhr, @ gog473

Zur Großen Tanne, Unterstmatt 1, ✆ 254, ✆ 0163/5756351, Mo-Do 11-21 Uhr, Sa 11-23 Uhr, So 8-20 Uhr, @ ivx646

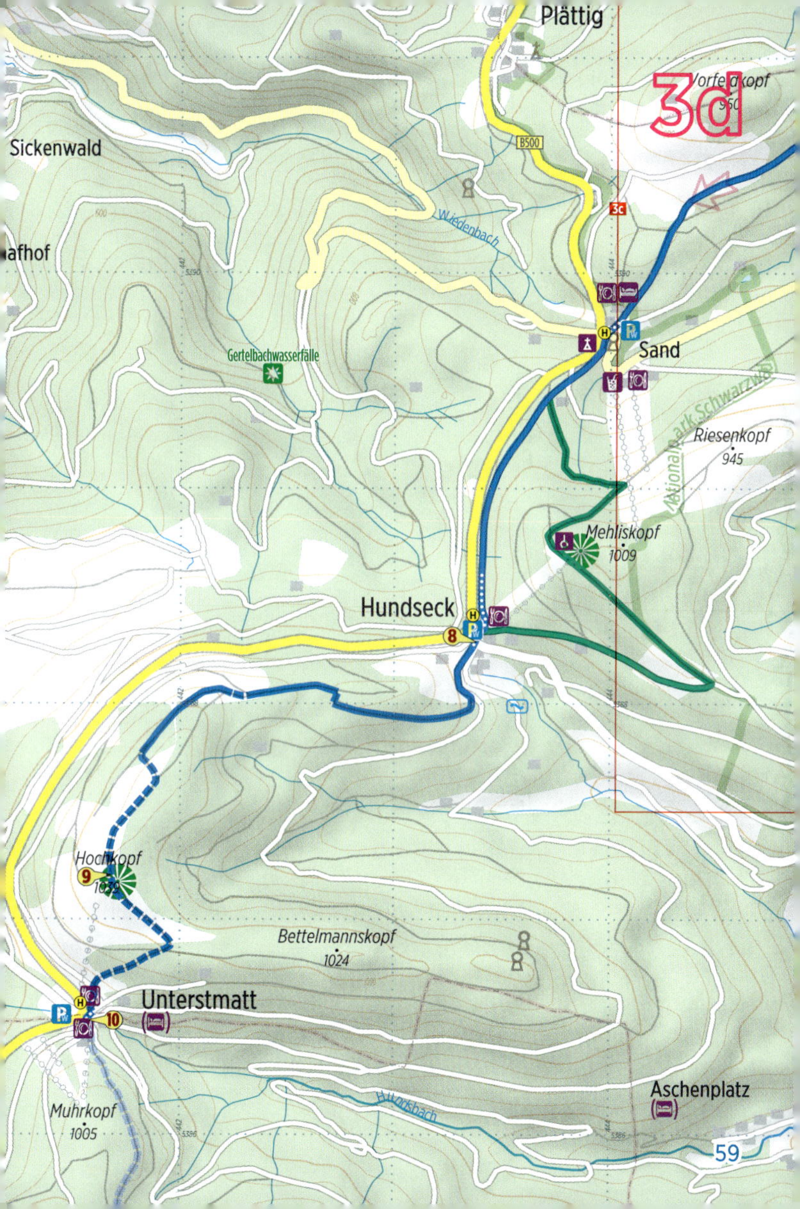

Plättig
3d
B500
3c
Sickenwald
afhof
Wiedenbach
Gertelbachwasserfälle
Sand
Riesenkopf
945
Mehliskopf
1009
Hundseck
8
Hochkopf
9
Bettelmannskopf
1024
Unterstmatt
10
Muhrkopf
1005
Aschenplatz
59

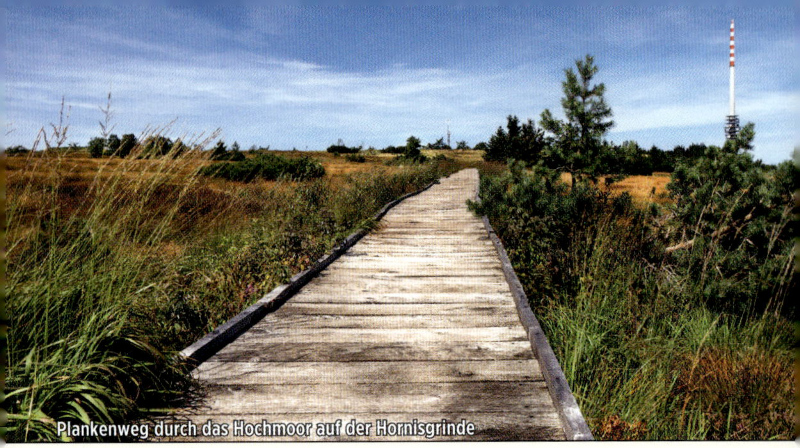

Plankenweg durch das Hochmoor auf der Hornisgrinde

Der Grindenschwarzwald

Als Grinden bezeichnet man kahle hochmoorige Bergkuppen und Hochflächen im Nordschwarzwald. Zu den typischen Pflanzen zählen Heidekraut, Borstgras und Rasenbinse, Heidel- und Preiselbeere, Wollgras und krüppelwüchsige Latschenkiefer. Der Name leitet sich vom althochdeutschen „grind“ her, was soviel wie „Kahler Kopf“ bedeutet. Typische Bewohner der Grindenflächen sind Kreuzotter, Bergeidechsen, Auerhühner und Zitronengirlitz.
Die heute noch erhaltenen Grindenflächen an Hochkopf, Hornisgrinde und Schliffkopf gehen auf die Weidewirtschaft im ausgehenden Mittelalter zurück. Ab dem 14. Jahrhundert wurden die Weideflächen in den Tälern durch die zunehmende Bevölkerung knapp. Die Bauern rodeten auf den Bergen die Wälder und legten Hochweiden an, auf denen das Vieh den Sommer verbrachte. Die Weiden in den Tälern nutzten sie zum Heuen. Ein regelmäßiges Abbrennen, das sogenannte Weidbrennen, sollte die Wiederbewaldung verhindern.
Die intensive Bewirtschaftung führte bereits im 16. Jahrhundert zur Überweidung, hinzu kamen Nährstoffverlust und Bodenverdichtung. Die hohen Niederschläge von über 2.000 Millimeter pro Jahr begünstigten auf den Hochflächen die Entstehung von Mooren und der Grinden.
Als die Bauern in den Tälern die Stallwirtschaft einführten, verlor die Beweidung der Grinden an Bedeutung. Seit dem 19. Jahrhundert wurden die Grindenflächen wieder aufgeforstet. Häufig mit der schnell wachsenden Fichte. Um die noch verbleibenden Grinden mit ihrem hohen ökologischen Wert zu erhalten, werden heute gezielt Pflegemaßnahmen und Weideprojekte mit Rindern, Schafen und Ziegen gefördert. Der Verbiss oder die Rodung der Jungbäume verhindert das natürliche Vordringen des Waldes.

Etappe 4 — 27,6 km

Unterstmatt - Alexanderschanze

Start: Unterstmatt (N 48,6293° O 8,2072°)
Ziel: Alexanderschanze
Aufstieg: 722 m
Abstieg: 685 m
Gehzeit: 8 - 9 Std.
Hartbelag: 7 %
Wanderwege: 44 %
Wanderpfade: 49 %

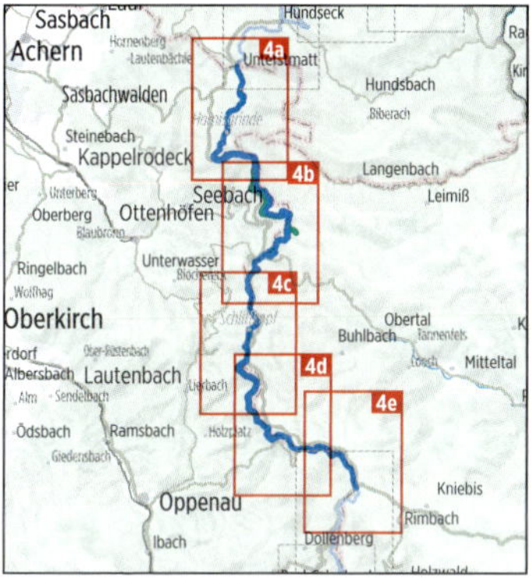

Über die Grinden!

Charakteristik:

Dieser Ausblick kann süchtig machen: Tief unten liegen die Städte und Dörfer des Rheintals und seiner Seitentäler. Ein buntes Mosaik von Wäldern, Wiesen, Obstbäumen und Weinbergen überzieht die Landschaft. Die Bergketten der Seitentäler verlieren sich vom Dunkelgrün zu schwach schimmerndem Blau in der Ferne.

Die Westweg-Wanderer bewegen sich fast 1.000 Meter über dem Tal durch eine einzigartige Grinden-

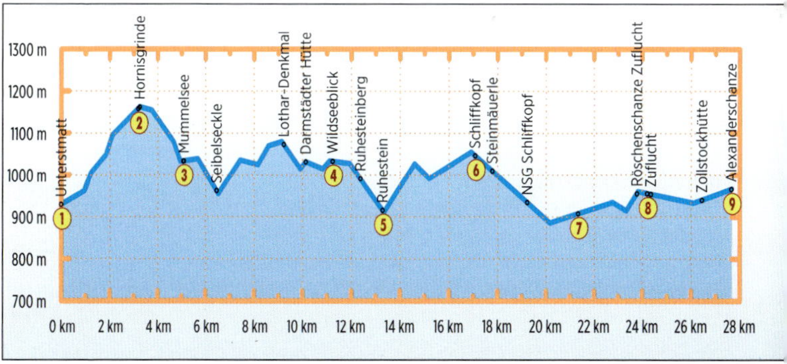

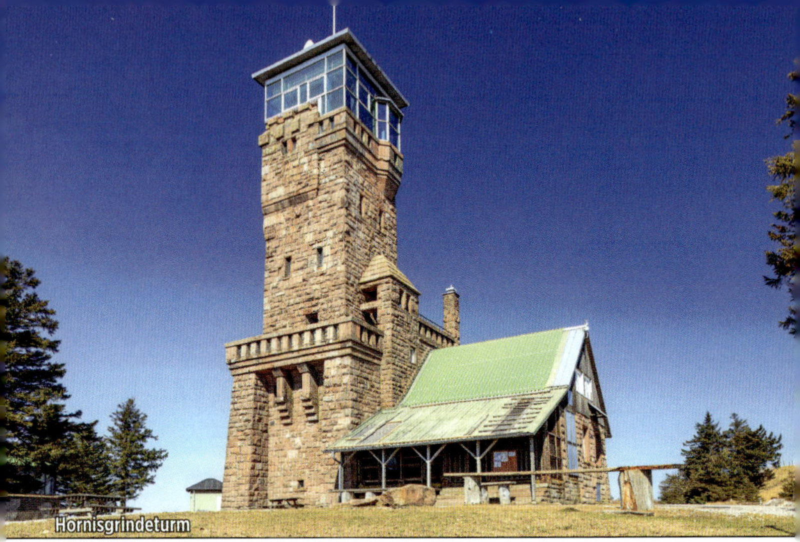

Hornisgrindeturm

landschaft. Der höchste Gipfel des Nordschwarzwaldes, die Hornisgrinde, lockt als erstes Etappenziel. Es folgen vielversprechende Orte wie der Mummelsee oder der Wildseeblick, später dann der Schliffkopf und der Lotharpfad, der an den Jahrhundertorkan Lothar am 26. Dezember 1999 erinnert. Und zuletzt geht es über die Zuflucht zur Alexanderschanze, wo sich der Westweg vom Grindenschwarzwald verabschiedet und dem Kinzigtal zuwendet.

Tipp: An der Alexanderschanze gibt es leider kein Gasthaus und somit auch keine Übernachtungsmöglichkeit mehr. Entweder Sie beenden die Etappe schon beim Hotel Zuflucht (Wegpunkt 8) oder Sie nutzen die Übernachtungsmöglichkeiten in Freudenstadt-Kniebis. Die Hotels und Pensionen bieten einen Hol- und Bringservice zur Alexanderschanze an.

Unterstmatt

1 0,0 (930) Von der Passhöhe Unterstmatt wandern Sie links vorbei am ehemaligen Hotel ⇝ direkt links neben der Talstation des Skiliftes in den schmalen Pfad oberhalb der Forststraße nach Hundsbach ⇝ dem Pfad für 1,2 km durch den Bergwald folgen ⇝ einen Forstweg überqueren ⇝ am Ende des Pfades nach links auf den Forstweg ⇝ nach etwa 100 m schräg links auf den unterhalb des Forstweges verlaufenden Pfad ⇝ nach 150 m den Forstweg kreuzen ⇝ dem Pfad folgen bis zum Wanderheim Ochsenstall.

Ochsenstall (Bühl)

Ski- und Wanderheim Ochsenstall, Hundsrücken 1, ✆ 07226/920911, ⏲ tägl. ab 10 Uhr, @ mku268

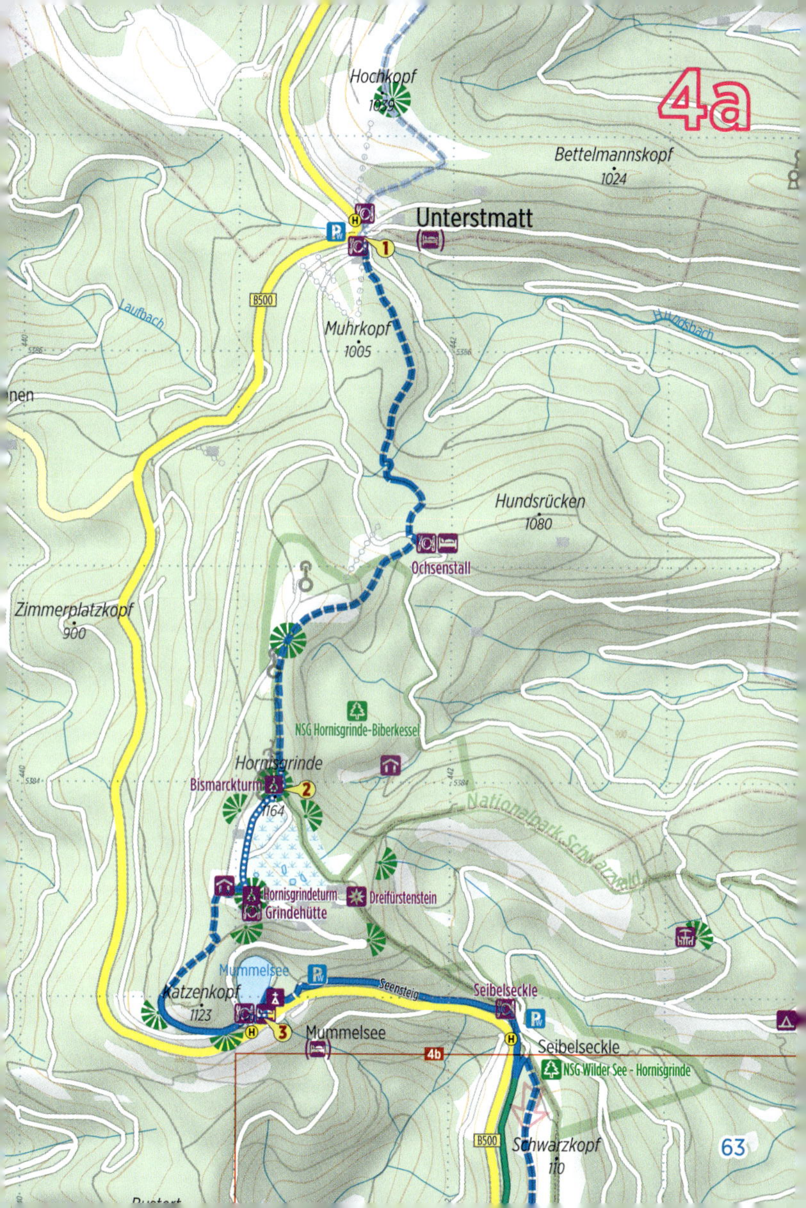
4a
Hochkopf
1039
Bettelmannskopf
1024
Unterstmatt
B500
Laufbach
Muhrkopf
1005
Hundsbach
Hundsrücken
1080
Ochsenstall
Zimmerplatzkopf
900
NSG Hornisgrinde-Biberkessel
Hornisgrinde
Bismarckturm
1164
Nationalpark Schwarzwald
Hornisgrindeturm
Grindehütte
Dreifürstenstein
Mummelsee
Katzenkopf
1123
Seensteig
Seibelseckle
Mummelsee
4b
Seibelseckle
NSG Wilder See - Hornisgrinde
B500
Schwarzkopf

Vor dem Wanderheim biegen Sie rechts ab in den oberen Forstweg ⤳ nach 30 m schräg rechts ⤳ nach 200 m auf einen breiteren, steil ansteigenden, steinigen und mit tiefen Querrinnen durchsetzten Weg ⤳ am Ende der breiten Passage weiter auf dem Pfad in der steilen Ostwand der Hornisgrinde ⤳ auf dem Hornisgrinde-Rücken immer unmittelbar an der östlichen Hangkante entlang ⤳ links vorbei am **Fernsehturm** Hornisgrinde ⤳ durch ein kurzes Waldstück ⤳ auf dem nun mit Granitplatten befestigten Weg vorbei an den Windrädern zum **Bismarckturm**, dem höchsten Punkt auf der Hochfläche der Hornisgrinde.

Hornisgrinde (Seebach)

Vorwahl: 07842

Bismarckturm. Am höchsten Punkt der Hochfläche steht ein kleiner Signalturm, Bismarckturm genannt. Der 8 m hohe Turm wurde 1840 errichtet und ist über eine außenliegende Wendeltreppe zugänglich. Von oben kann der Blick über die Berge des Schwarzwaldes bis zum Pfälzerwald und der Schwäbsichen Alb weit in die Ferne schweifen. Bei besonders guter Sicht sind sogar einige Alpengipfel erkennbar.

Hornisgrindeturm, Di-So 10.30-17 Uhr. Aussichtsturm mit Möglichkeit zur Besteigung. Der 23 m hohe Turm aus heimischem Buntsandstein wurde 1910 auf Initiative des Schwarzwaldvereins gebaut.

NSG Hornisgrinde-Biberkessel. Auf einer Gesamtfläche von etwa 95 ha wurde 1992 der Biberkessel und Teile der Hochflächen der Hornisgrinde als Naturschutzgebiet ausgewiesen. Das schätzungsweise 6.000 Jahre alte Hochmoor konnte sich hier aufgrund der sehr guten klimatischen Bedingungen gut halten. Die Hornisgrinde gilt zum einen als die regenreichste Region Deutschlands außerhalb der Alpen, zum anderen stauen die Tonschichten des darunter liegenden Buntsandsteins das Wasser. Geschützt werden soll die Hornisgrinde mit ihrem Moorlebensraum und den offenen Rasenbinsenflächen sowie das hervorragend ausgeprägte Kar. Außerdem sind die offenen Hochlagen bei Zugvögeln sehr beliebt.

Grindehütte, Hornisgrinde 12, ✆ 4273897, im Sommer: Di-So 10.30-17.30 Uhr, @ mnh643

Die Hornisgrinde ist mit 1.164 Metern ü. NN der höchste Berg des Nordschwarzwaldes. Ohne eigenes markantes Profil ist er aus der Ferne durch den mächtigen, 206 Meter hohen Fernsehturm auf seinem Nordgipfel eindeutig lokalisierbar. Der Name rührt vermutlich vom lateinischen „mons grinto“ her, das bedeutet „sumpfiger Kopf“. Die Hochfläche beherbergt im südöstlichen Bereich tatsächlich ein Hochmoor, das heute durch einen Bohlenweg erschlossen ist. Von 1938 bis 1994 wurde der Berg militärisch genutzt. Davon zeugen noch einige Gebäude und Masten, die nun aber nach und nach abgebaut werden. Nach dem Zweiten Weltkrieg übernahmen die französischen Streitkräfte den Standort und richteten dort eine Abhörstation ein. Nach dem Abzug der Streitkräfte gehört das Gipfelplateau seit 1997 wieder der Natur und den Wanderern. Vom

Hornisgrindeturm am südwestlichen Rand des Plateaus bietet sich ein überwältigender Blick in das Rheintal bis zu den Vogesen.

2 3,2 (1.164) Beim Bismarckturm gehen Sie schräg rechts auf das Sträßchen ~ noch vor dem großen Hornisgrindeturm rechts auf dem mit Platten befestigten Pfad hinab ~ bei der Bergwacht-Hütte links ~ nach 250 m an einer Pfadgabelung rechts ~ auf dem breiteren Weg rechts ~ an der nächsten Gabelung rechts bergab halten ~ einige Stufen hinab ~ links auf den Forstweg, der direkt zum Mummelsee hinabführt.

Mummelsee (Seebach)

Vorwahl: 07842

St. Michaelskapelle, Schwarzwaldhochstr. 10. Die sog. Mummelseekapelle mit ihrer markanten Architektur schuf der Ottenhöfer Architekt Franz Fuchs in den 1970er Jahren. Das tief heruntergezogene Dach ist dem Schwarzwaldhaus nachempfunden, der schlanke Turm der Schwarzwaldtanne.

Kunstpfad. Um die Jahrtausendwende entstand ein Kunstpfad rund um den Mummelsee, für den verschiedene Bildhauerinnen und Bildhauer Werke zum Thema „Kunst und Natur" sowie „Poesie und Mythen rund um den Mummelsee" schufen.

Berghotel Mummelsee, Schwarzwaldhochstr. 11, ✆ 99286, tägl. 9-21 Uhr, @ pqa141

Der malerisch am Abhang der Hornisgrinde gelegene See ist einer von neun verbliebenen Karseen im Nordschwarzwald. Mit einem Umfang von 800 Meter, einer Tiefe von etwa 17 Meter und einer Lage auf 1.036 Meter ü. NN. gilt er als der größte, tiefste und höchstgelegene Kar-

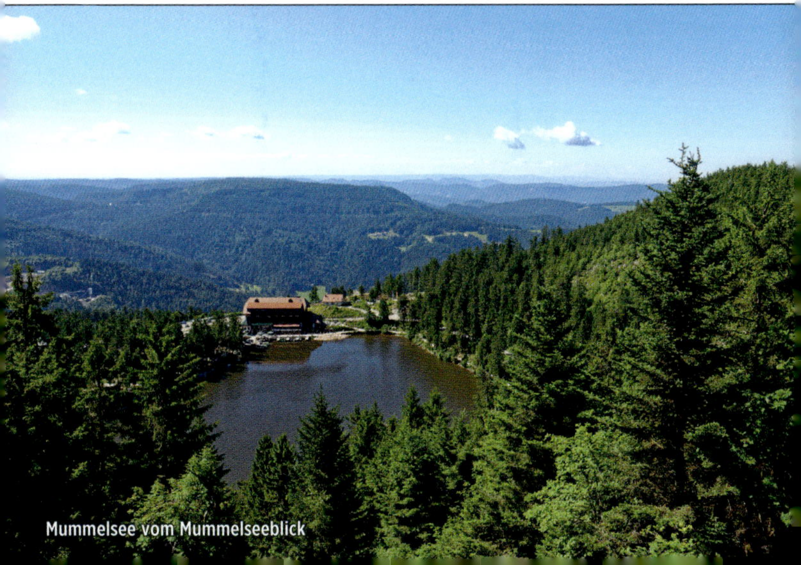

Mummelsee vom Mummelseeblick

see des Schwarzwaldes. Außerdem zählt er zu den meistbesuchten Seen Baden-Württembergs, wofür neben den landschaftlichen Reizen auch seine Lage direkt an der Schwarzwaldhochstraße verantwortlich sein dürfte. Der Name geht wohl auf die weißen Seerosen zurück, diese werden im Volksmund Mummeln genannt und sollen hier früher häufig vorgekommen sein.

3 5,1 (1.034) Sie wandern rechts um das Berghotel Mummelsee herum und direkt zum Seeufer ⤳ nach 100 m am Seeufer rechts abbiegen ⤳ bei der Michaelskapelle schräg links auf den Pfad oberhalb der Straße ⤳ nach ca. 100 m rechts in einen Forstweg ⤳ geradeaus den Forstweg hinunter bis zum Seibelseckle.

Seibelseckle (Seebach)

Vorwahl: 07842

Rasthütte Seibelseckle, Schwarzwaldhochstr. 8, ✆ 30892, ✆ 9340, Mai-Okt., tägl. 9.30-17.30 Uhr, Nov.-April, Fr-Mi 9.30-17.30 Uhr, @ beg216

Über die Passhöhe hinweg ⤳ rechts an der Talstation des Skiliftes vorbei auf den Forstweg ⤳ an der nächsten Möglichkeit scharf links abzweigen.

UMLEITUNG Zwischen dem 15. Nov. und dem 15. Mai ist die über den Schwarzkopfsattel führende Hauptroute aus Artenschutzgründen gesperrt. In dieser Zeit bleiben Sie auf dem Weg geradeaus und folgen der Alternativroute am Lothar-Denkmal vorbei.

Beim Lift nach rechts und auf dem Weg **Seibelseckle** geradewegs den Hang hinauf ⤳ am nächsten Abzweig rechts in den Wald hinein und um den Schwarzkopf herum ⤳ am Ende des Weges links in den Forstweg einbiegen ⤳ in dem

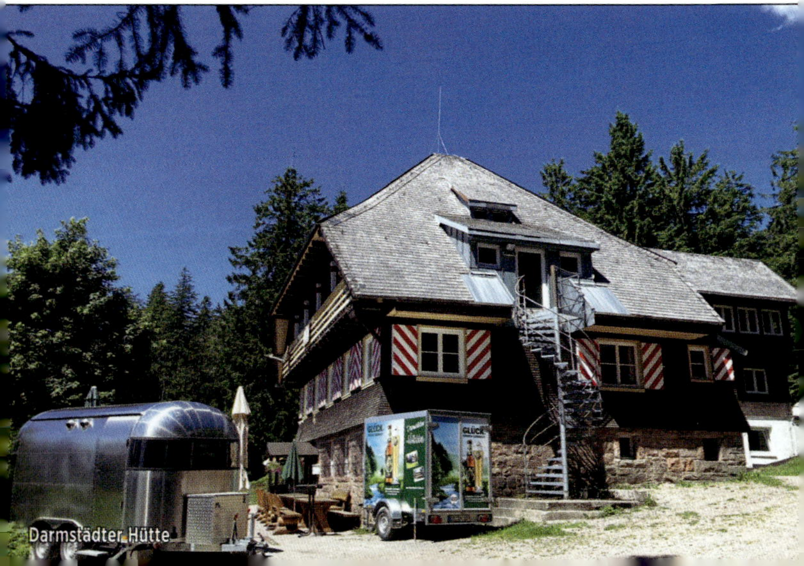

Darmstädter Hütte

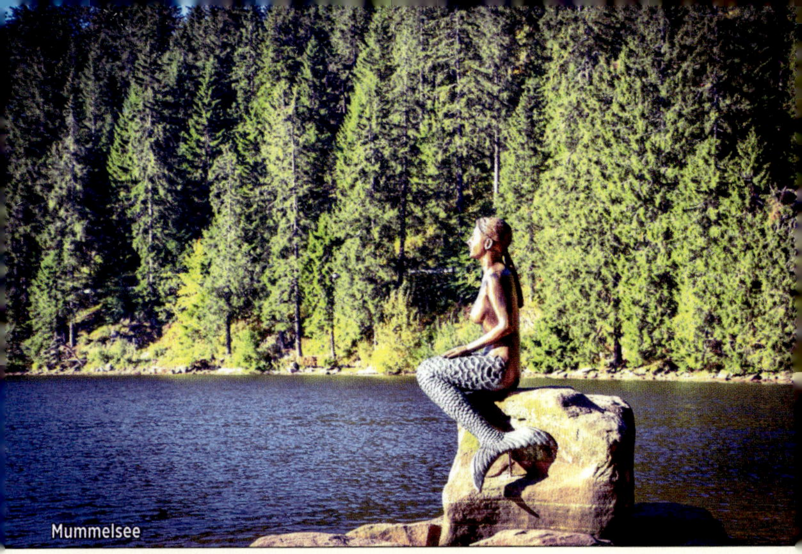

Mummelsee

Sagenumwobener Mummelsee

Um den Mummelsee ranken sich etliche Sagen und Geschichten, schon seit Alters her regt er die Phantasie an. So wurde Eduard Mörike zu seinem Gedicht „Die Geister vom Mummelsee“ inspiriert und Grimmelshausen ließ seinen Simplicissismus in den See tauchen, wo er einen Heilwasserstein geschenkt bekommt.

Am bekanntesten ist aber wohl die Sage von der Nixe im Mummelsee: In der Tiefe des Sees soll ein kristallenes Schloss gelegen haben, das von Geistern bewohnt wurde. Jede Nacht sind sie zur Oberfläche des dunklen Sees aufgestiegen und haben zu lieblicher Musik getanzt. Zudem waren sie wohltätig und halfen den Bauern unten im Tal in Haus und Hof, zum Einbruch der Dunkelheit mussten sie wieder zurück im Schloss sein. Eines Tages erschien einer der Geister in Gestalt einer Seejungfrau und ein Hirtenjunge verliebte sich in sie. Die beiden trafen sich immer wieder, doch abends musste die liebliche Gestalt wieder in den See zurückkehren. Dem Jungen hatte sie verboten, zum See zu kommen. Doch als sie zwei Tage nicht erschienen war, hielt er es vor Sehnsucht nicht mehr aus und besuchte den See. Er setzte sich traurig ans Ufer und rief ihren Namen in die Stille der Nacht. Plötzlich war ein Ächzen zu hören und das Wasser des Sees verfärbte sich rot, die Seejungfrau war gestorben. Heute erinnert im nördlichen Uferbereich die Statue einer Seejungfrau an die Sage.

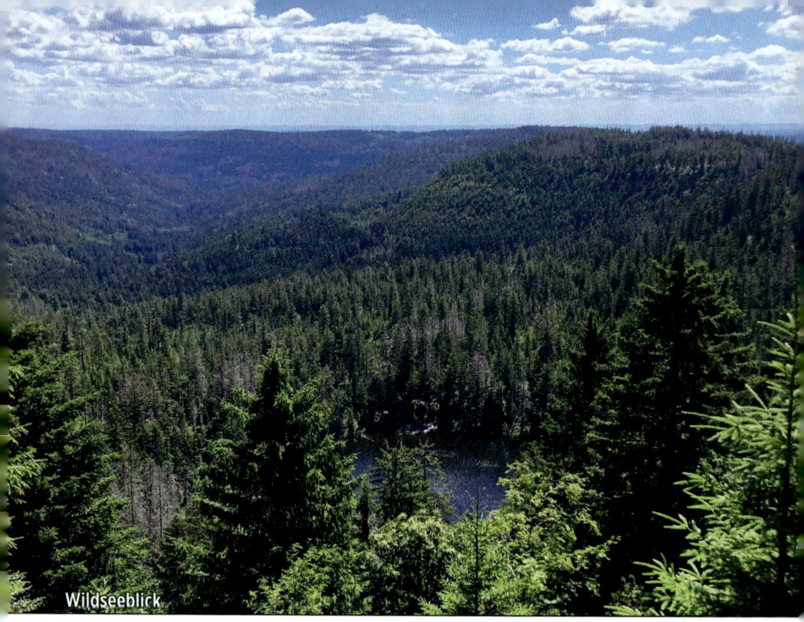

Wildseeblick

kleinen Sattel an der Kreuzung geradeaus ⇝ gleich darauf nehmen Sie an der Gabelung den rechten Weg ⇝ nach dem Linksbogen um den Altsteigerkopf rechts abzweigen ⇝ wenig später links in den Forstweg einbiegen ⇝ an der nächsten größeren Kreuzung nach links zur Darmstädter Hütte.

Darmstädter Hütte, Schwarzwaldhochstr. 5, 77889 Seebach, ✆ 2247, ⏲ Mi-Mo ab 10 Uhr, @ hor662

Vor der Darmstädter Hütte nach rechts in den Latschenkiefernwald ⇝ bei der nächsten Kreuzung nach rechts am Bannwald entlang ⇝ nach 250 m links in den Bannwald hinein ⇝ nun immer auf dem Pfad an der Hangkante entlang.

AUSFLUG Beim Wegweiser Wildseewegle beginnt ein alpiner Pfad durch die Kernzone des Nationalparks hinab zum Wildsee. Dieser Weg ist sehr anspruchsvoll und nur für absolut trittsichere Wanderer geeignet.

Wildsee. Der Wildsee ist einer der verbliebenen Karseen im Nordschwarzwald und etwa 12 m tief. Er liegt in einem 120 m tiefen Karkessel. Der Wald rund um den Wildsee wurde bereits 1911 als Bannwald ausgewiesen und ist damit das älteste Naturreservat Baden-Württembergs.

Am Ende des Pfades links vorbei am **Euting-Ggrab**.

4 11,2 (1.037) Beim Aussichtspunkt **Wildseeblick** gehen Sie geradeaus weiter und folgen dem geschotterten Weg über den Seekopf ⇝ in großen Ser-

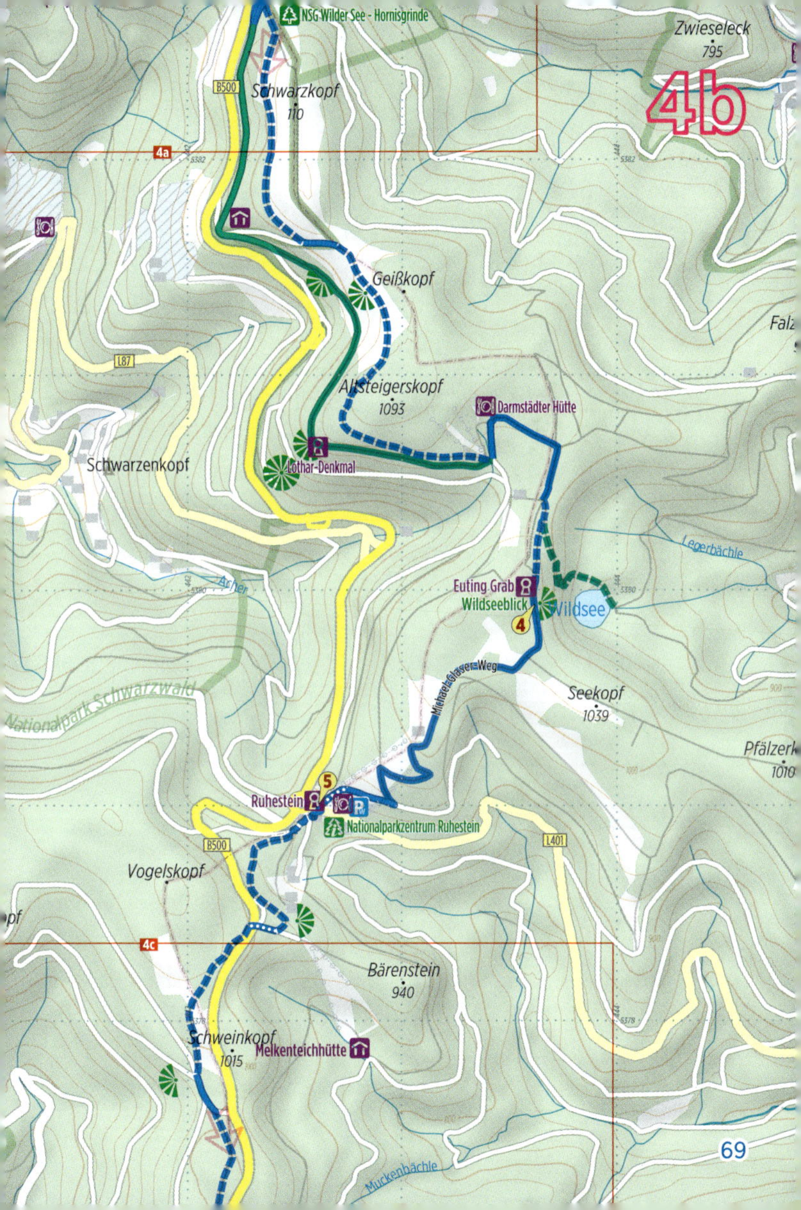
NSG Wilder See - Hornisgrinde
Zwieseleck
795
4b
B500
Schwarzkopf
110
4a
L87
Geißkopf
Altsteigerskopf
1093
Darmstädter Hütte
Schwarzenkopf
Lothar-Denkmal
Legerbächle
Acher
Euting Grab
Wildseeblick
Wildsee
4
Michael-Glaser-Weg
Seekopf
1039
Pfälzerk
1010
Nationalpark Schwarzwald
5
Ruhestein
Nationalparkzentrum Ruhestein
L401
B500
Vogelskopf
4c
Bärenstein
940
Schweinkopf
1015
Melkenteichhütte
Muckenbächle

pentinen über den Skihang hinab zum Ruhestein.

Ruhestein (Seebach)

Vorwahl: 07449

Ruhestein. Der Ruhestein war im Mittelalter einer der wichtigsten Übergänge des Nordschwarzwaldes. Der Name soll nach der Überlieferung von einer großen Buntsandsteinplatte auf der Passhöhe stammen, auf die die Leute nach dem anstrengenden Aufstieg ihre Lasten abstellten, um zu verschnaufen. Die Steinplatte soll in der ersten Hälfte des 20. Jhs. bei Straßenbauarbeiten zerstört worden sein. 2002 wurde als Denkmal der neue Ruhestein eingeweiht.

Sesselbahn Ruhestein, Ruhestein 2, 91054, Sommerferien Baden-Württemberg bei gutem Wetter tägl. 9.30-18 Uhr. Im Sommer fährt eine Sesselbahn, im Winter bringen zwei Schlepplifte Skifahrer auf den Berg. @ mef184

Nationalparkzentrum Ruhestein, Ruhestein 1, 92998444 Eine abwechslungsreiche Ausstellung thematisiert einen wilder werdenden Wald und stellt Themen wie Werden und Vergehen oder Kommunikation in der Natur dar. @ nmo145

Ruhestein-Schänke, Am Ruhestein, 91053, Sa-Do ab 10 Uhr, @ rjv557

5 13,3 (916) Sie überqueren die Straße, gehen am Parkplatz entlang und rechts an der Infotafel vorbei (Schild „Zur Rodelbahn") ⤳ nach 50 m schräg rechts den grasigen Hang der **Rodelbahn** hinauf ⤳ durch den Wald ⤳ bei den Türmen der **Sprungschanzen** rechts über den Parkplatz zur Schwarzwaldhochstraße ⤳ die Bundesstraße überqueren und schräg links die Böschung hinauf ⤳ durch die Grindenflächen des Schweinkopfs ⤳ am Ende des Pfades nach links auf einen Forstweg einmünden ⤳ bei der nächsten Kreuzung links halten ⤳ in der Linkskurve geradeaus ⤳ aus dem Wald hinaus und durch einen Latschenkiefernwald ⤳ nach einer Rechtskurve geradeaus auf den Rücken des Schliffkopfes ⤳ am großen Gedenkstein vorbei.

Dinkelacker-Gedenkstein. Der mächtige Sandsteinfindling erinnert an die 500 gefallenen Skiläufer, die im Ersten Weltkrieg ihr Leben verloren. Benannt ist das Denkmal nach Paul Dinkelacker, der als Vorstand des Schwäbischen Schneelaufbundes bei der Einweihung 1920 die Festrede hielt.

Geradeaus zum Gipfel des Schliffkopfes.

Schliffkopf (Baiersbronn)

Vorwahl: 07449

Nationalpark-Hotel Schliffkopf, Schwarzwaldhochstr. 1, 9200, tägl. 12-21 Uhr, @ wdy345

Der Schliffkopf mit einer Höhe von 1.055 Meter ü. NN ist einer der ursprünglichsten Berge des Grindenschwarzwaldes, seinen Namen erhielt er von den drei großen Erosionsschliffen. Die hochmoorartige Kuppe mit der typischen Grindenlandschaft aus Heidekraut, Heidelbeere, Borstgras und Latschenkiefern steht seit 1938 unter Naturschutz. Zum Erhalt der Grindenlandschaft weiden hier seit einigen Jahren Hinterwälderrinder, die durch Verbiss eine Verwaldung des Gebietes verhindern.

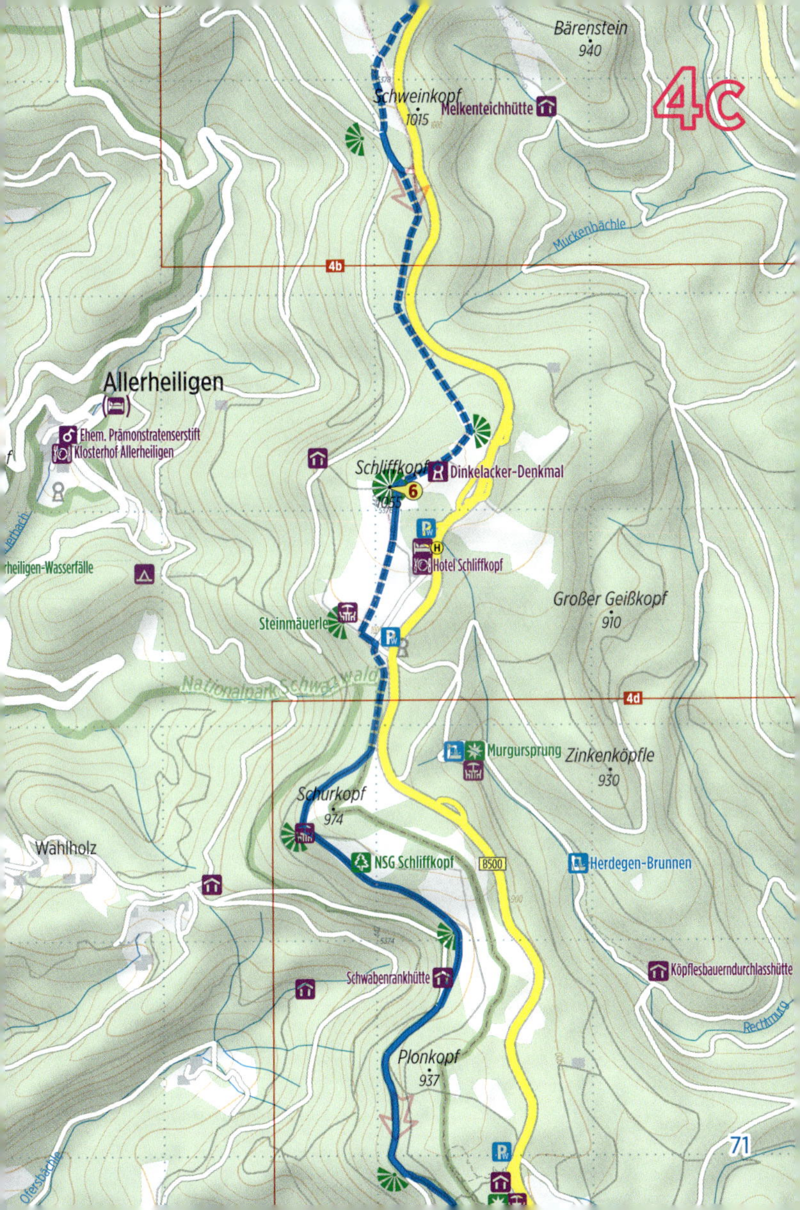
4c
Bärenstein
940
Schweinkopf
1015
Melkenteichhütte
Muckenbächle
4b
Allerheiligen
Ehem. Prämonstratenserstift
Klosterhof Allerheiligen
Schliffkopf
1055
6
Dinkelacker-Denkmal
Hotel Schliffkopf
heiligen-Wasserfälle
Großer Geißkopf
910
Steinmäuerle
Nationalpark Schwarzwald
4d
Murgursprung
Zinkenköpfle
930
Schurkopf
974
Wahlholz
NSG Schliffkopf
B500
Herdegen-Brunnen
Schwabenrankhütte
Köpflesbauerndurchlasshütte
Rechtmurg
Plonkopf
937
Otersbächle

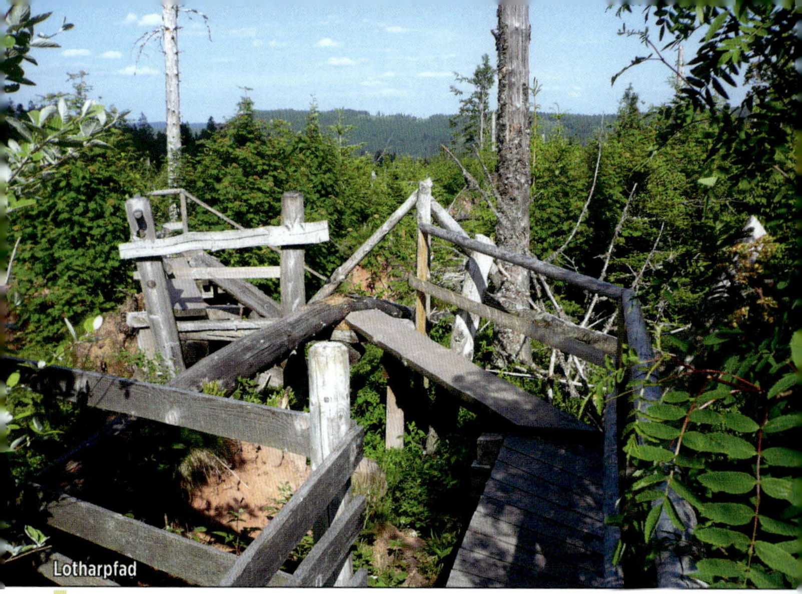

Lotharpfad

6 17,1 (1.055) Vom Gipfel steigen Sie links am Zaun entlang abwärts ⁓ am Abzweig zum Nationalpark-Hotel Schliffkopf vorbei ⁓ am Ende des Pfades links auf den Forstweg ⁓ am Beginn des **Parkplatzes Steinmäuerle** rechts in einen Pfad ⁓ der Pfad mündet in einen Forstweg, dort nach rechts ⁓ auf dem Forstweg leicht abwärts um den Bergrücken herum ⁓ am tiefsten Punkt nach etwa 1,8 km bei einer Dreierkreuzung geradeaus leicht ansteigend ⁓ nach einem kleinen Waldstück bei einer Kreuzung links aufwärts bis zum Wegweiser Lotharpfad.

AUSFLUG Vom Wegweiser sind es etwa 200 m bis zum Lotharpfad. Der etwa 1 km lange Rundweg führt zum Parkplatz an der B 500.

Lotharpfad. Am 26. Dezember 1999 verwüstete der Orkan Lothar mit Windgeschwindigkeiten über 200 km/h zahlreiche Waldflächen im Schwarzwald. Wie abgeknickte Streichhölzer lagen die Bäume entlang der Kammlagen. Der Westweg war so schwer betroffen, dass er im Jahr danach nur mit großen Umwegen zu begehen war. Für die Waldbesitzer war der Orkan eine wirtschaftliche Katastrophe, für die Natur jedoch wurden die Sturmwurfflächen rasch zu einer Chance auf neues Leben. Die umgeknickten Bäume boten Lebens- und Schutzraum für eine Vielzahl von Pflanzen und Tieren. Der Lotharpfad hat zum Ziel, die Kraft des Windes und die Rückeroberung des zerstörten Raumes durch die Natur aufzuzeigen. Auf dem etwa 1 km langen Pfad werden die Besucher über Stege, Treppen und Leitern unter und über

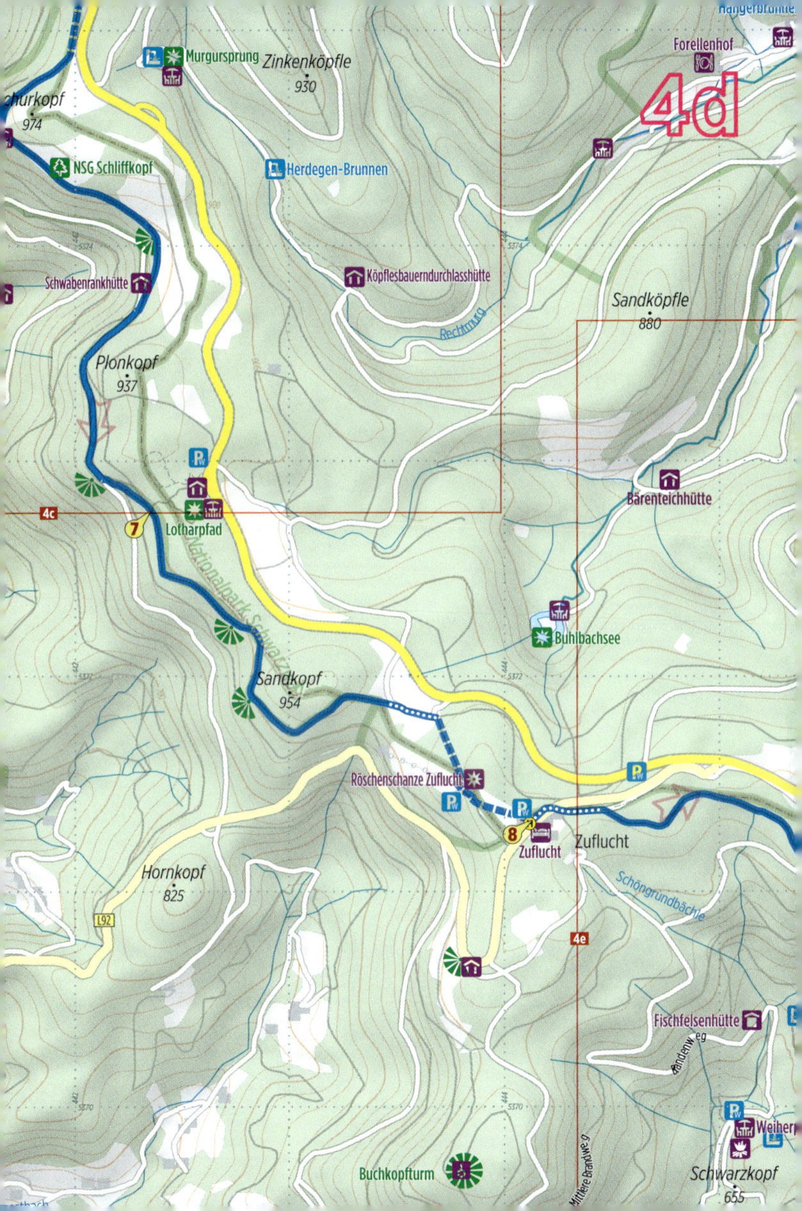
4d
Forellenhof
Murgursprung
Zinkenköpfle
930
churkopf
974
NSG Schliffkopf
Herdegen-Brunnen
Schwabenrankhütte
Köpflesbauerndurchlasshütte
Rechtmurg
Sandköpfle
880
Plonkopf
937
Bärenteichhütte
4c
7
Lotharpfad
Nationalpark Schwarzwald
Buhlbachsee
Sandkopf
954
Röschenschanze Zuflucht
8
Zuflucht
Zuflucht
Schöngrundbächle
Hornkopf
825
L92
4e
Fischfelsenhütte
Weiher
Schwarzkopf
655
Buchkopfturm
Mittlere Brandweg

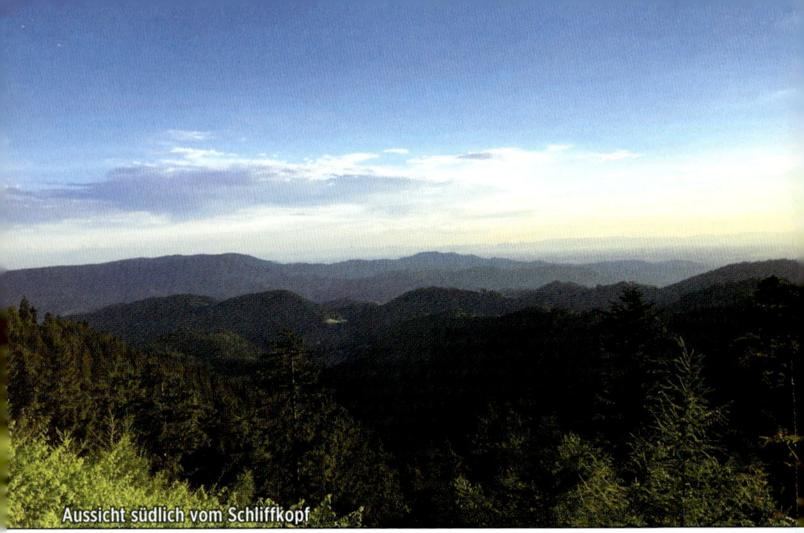

Aussicht südlich vom Schliffkopf

Bäume durch das Sturmwurfgebiet geführt. Ein Holzhaus mit Flatscreen markiert den Eingang zum Erlebnispfad.

7 21,3 (907) Sie wandern weiterhin aussichtsreich auf dem Forstweg entlang ⤳ im nächsten Wald leicht abwärts ⤳ auf ein Sträßchen ⤳ nach 200 m rechts auf den Pfad am Waldrand abbiegen ⤳ die Böschung der Röschenschanze hinauf.

Röschenschanze Zuflucht. Die sternförmige Befestigungsanlage nahe der Zuflucht stammt aus dem Jahr 1776.

Vor dem Parkplatz Zuflucht schräg links in Richtung Natur- und Sporthotel Zuflucht.

Zuflucht (Freudenstadt)

Natur- & Sport Hotel Zuflucht, Zuflucht 1, ✆ 07804/912560, @ kwr847

8 24,2 (959) Es geht links über den Parkplatz, dann über die Straße und auf einem asphaltierten Fuß- und Radweg weiter ⤳ nach 200 m bei einer Gabelung schräg rechts auf den Forstweg ⤳ bei einer 5-fach-Kreuzung schräg links weiter ⤳ nach 300 m schräg links ⤳ kurz darauf geradeaus auf den schmaler werdenden Weg ⤳ immer dem Pfad aus dem Hochwald hinaus und weiter durch den Jungwald bis zur Bundesstraße.

9 27,6 (965) Die Etappe endet an der Straße, die ehemalige Festungsanlage Alexanderschanze befindet sich links beim ehemaligen Hotel.

Alexanderschanze

Alexanderschanze (965 m ü. NN). Die Alexanderschanze sicherte die strategisch wichtige Passhöhe zwischen dem Renchtal und Freudenstadt. Sie wurde 1734 durch den Reichsmarschall Herzog Alexander von Württemberg erbaut.

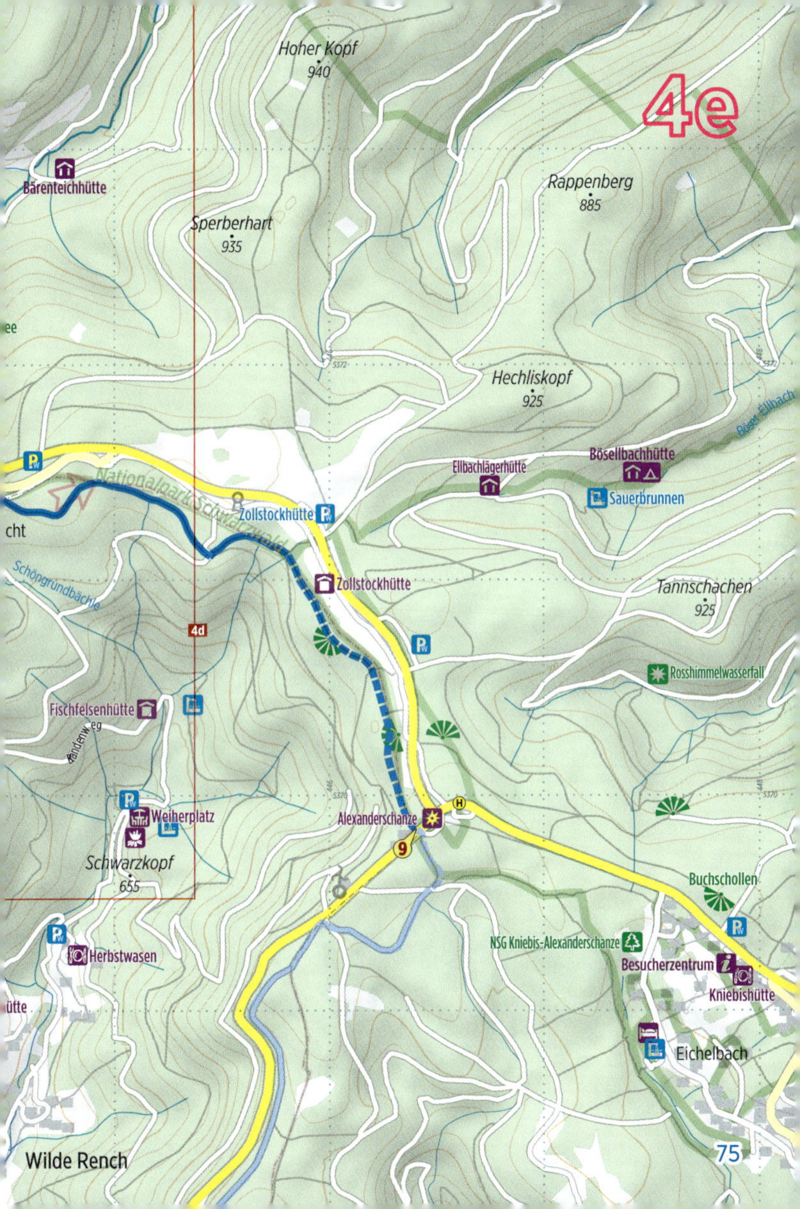
4e
Hoher Kopf
940
Bärenteichhütte
Sperberhart
935
Rappenberg
885
Hechliskopf
925
Böselbachhütte
Ellbachlägerhütte
Sauerbrunnen
Nationalpark Schwarzwald
Zollstockhütte
Zollstockhütte
Schöngrundbächle
Tannschachen
925
4d
Rosshimmelwasserfall
Fischfelsenhütte
Weiherplatz
Alexanderschanze
9
Schwarzkopf
655
Buchschollen
Herbstwasen
NSG Kniebis-Alexanderschanze
Besucherzentrum
Kniebishütte
Eichelbach
Wilde Rench
75

Etappe 5 — 17 km

Alexanderschanze - Hark

Start: Alexanderschanze (N 48,4794° O 8,2748°)
Ziel: Hark, Harkhof

Aufstieg:	262 m	*Hartbelag:*	0 %
Abstieg:	538 m	*Wanderwege:*	74 %
Gehzeit:	4,5 - 5 Std.	*Wanderpfade:*	26 %

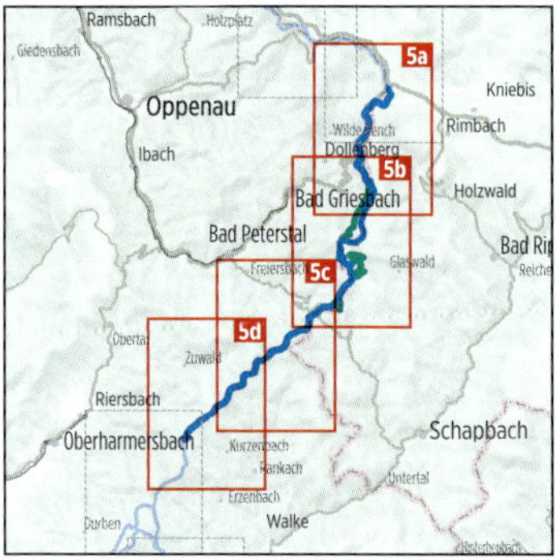

Waldeinsamkeit!

Charakteristik:

Von der Alexanderschanze erstreckt sich ein Bergrücken nach Süden bis ins Kinzigtal hinunter. Diesem Rücken zwischen Wolftal im Osten und Renchtal, später dann Harmersbachtal im Westen folgt der Westweg. Scheinbar endlos zieht sich der Wald dahin. Doch links und rechts des Weges ruhen weniger bekannte, aber umso reizvollere landschaftliche Perlen. Teu-

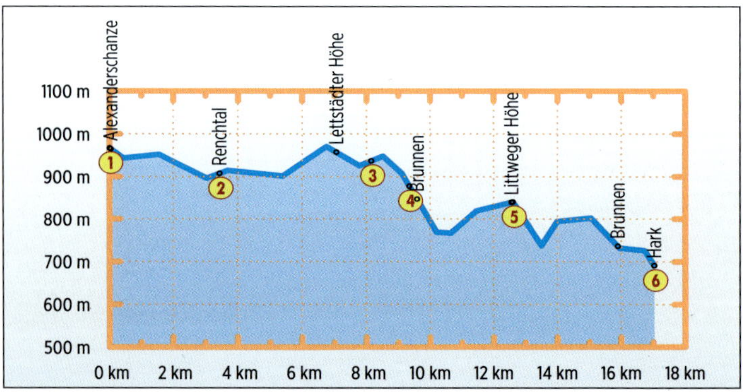

felskanzel, Glaswaldsee und Klagstein sind einen kurzen Abstecher wert.

Nach den langen, schattigen Waldpassagen erscheint am Schluss die Lichtung mit dem Harkhof wie eine Offenbarung: Obstbäume, Kühe, grüne saftige Wiesen und ein Weitblick bis an den Rand des Schwarzwaldes.

Tipp: **Die einzige Einkehrmöglichkeit dieser Etappe ist die 17 km entfernte Vesperstube Harkhof. Die Wasserflaschen können nach etwa 10 km am Juliusbrunnen aufgefüllt werden.**

Alexanderschanze

1 0,0 (965) Der Westweg verläuft am unteren Teil des **Parkplatzes Alexanderschanze** vorbei und dann schräg rechts weiter durch ein Waldstück (Wolfsursprung) hindurch ⇝ am Ende des Pfades schräg links auf den Schanzenweg ⇝ an der nächsten Kreuzung nach rechts, auf den Wanderparkplatz ⇝ vor der Bundesstraße links in den **Neuen Höhenweg** ⇝ nun dem breiten Forstweg für ca. 2,5 km folgen bis zum **Bauernkopf**, einem schönen Aussichtspunkt und gleichzeitig Startplatz für Gleitschirmflieger.

2 3,4 (907) Vom Aussichtspunkt folgen Sie weiterhin dem Forstweg ⇝ an der nächsten Kreuzung beim Wegweiser **Graseck** nach links.

VARIANTE Wer die Teufelskanzel besuchen möchte, läuft am Graseck geradeaus weiter. Bitte beachten Sie, der Pfad ist im steilen Abhang der Teufelskanzel hinauf alpin und anspruchsvoll und bei Nässe mit besonderer Vorsicht zu

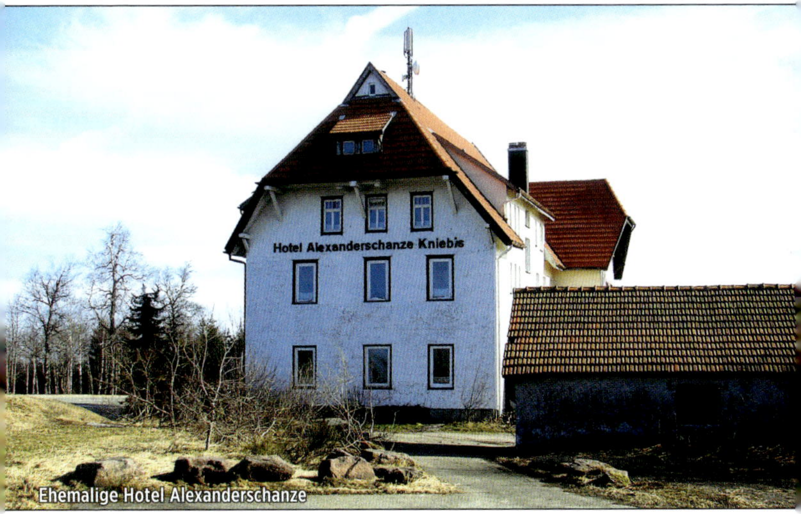

Ehemalige Hotel Alexanderschanze

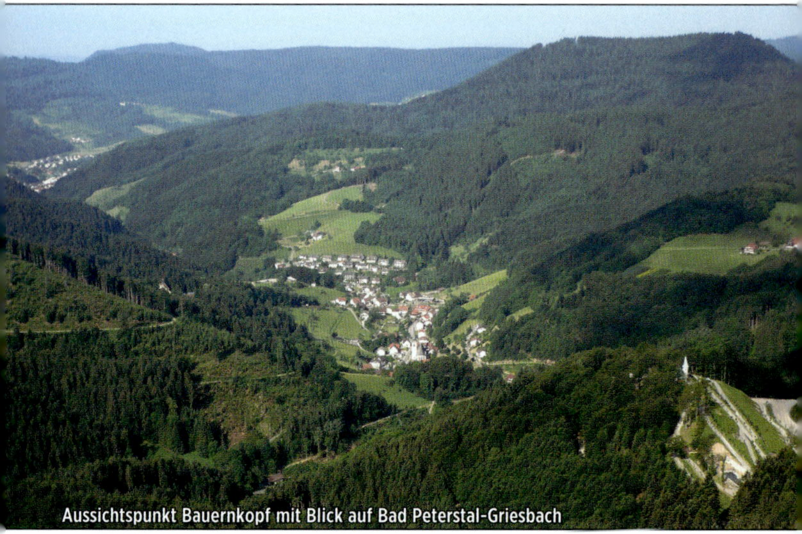

Aussichtspunkt Bauernkopf mit Blick auf Bad Peterstal-Griesbach

begehen. Sie können auch von der Lettstädter Höhe hinab zur Teufelskanzel gehen, dann auf dem gleichen Weg zurück.

Nach rechts dem Forstweg bis zum Wegweiser **Teufelskanzelweg** folgen, von dort in 5 Minuten bis unter die Steilhänge der Teufelskanzel.

Teufelskanzel. Felsformationen aus Buntsandstein im Kar nördlich der Lettstädter Höhe mit bizarren Felsvorsprüngen, Absätzen und Dächern.

Abstieg von der Teufelskanzel in mehreren Kehren ⇝ an der Straße rechts ⇝ nach rund 150 m die Straße nach links verlassen und hinauf zur Lettstädter Höhe.

Auf der Hauptroute biegen Sie nach etwa 50 m an der großen Kreuzung rechts auf den schmaleren Weg ab ⇝ bei der **Hildahütte** schräg rechts ⇝ immer geradeaus auf dem Höhenrücken entlang ⇝ nach 1,6 km einen Forstweg überqueren ⇝ durch ein Stück Hochwald hindurch ⇝ aus dem Wald hinaus und geradewegs zur Hütte auf der Lettstädter Höhe.

Lettstädter Höhe

AUSFLUG: Wenn Sie kurz vor der Lettstädter Hütte rechts abzweigen, kommen Sie in 500 m zur Teufelskanzel hinunter.

Bei der **Lettstädter Hütte** nehmen Sie nach Süden den Pfad über mächtige Granitblöcke hinab ⇝ auf dem Forstweg geradeaus weiter ⇝ nach 300 m links abwärts ⇝ beim nächsten Querweg nach rechts ⇝ am Rand des Glaswaldsee-Kars rechts

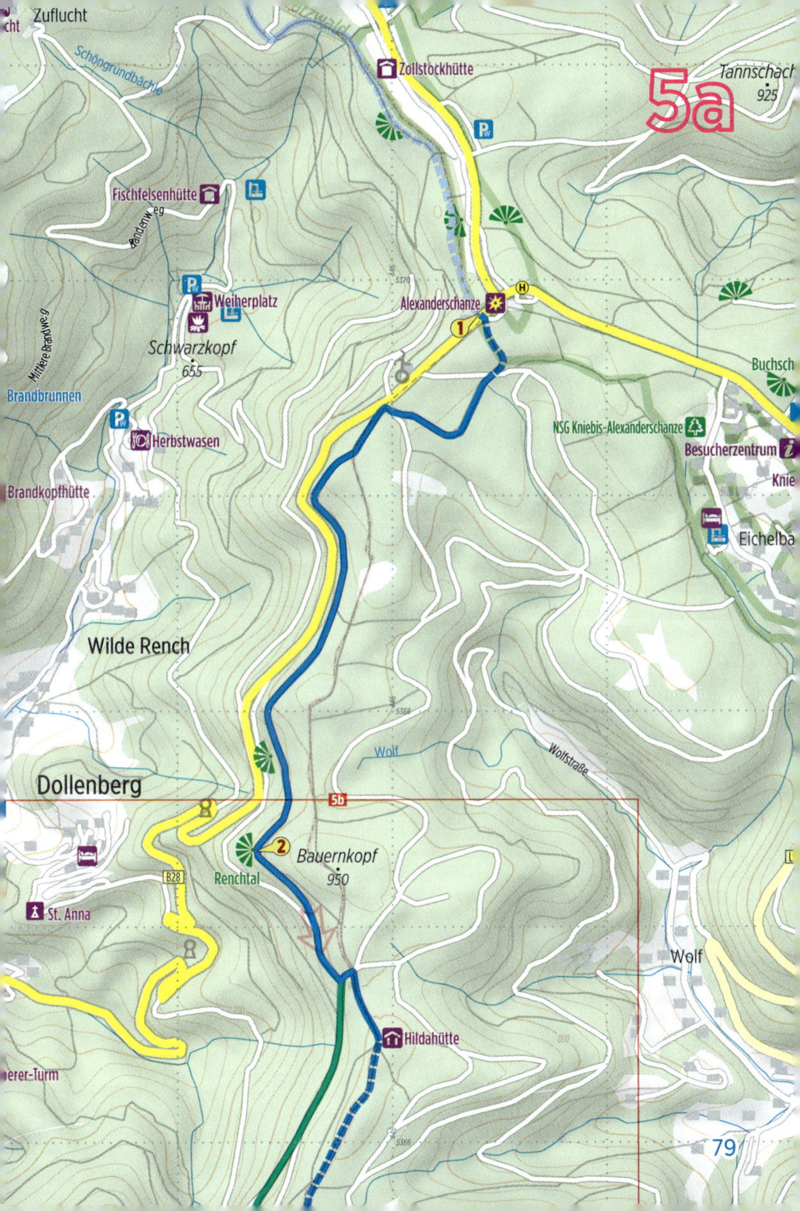

5a
Zuflucht
Schöngrundbächle
Zollstockhütte
Tannschach
925
Fischfelsenhütte
Weiherplatz
Schwarzkopf
655
Brandbrunnen
Herbstwasen
Brandkopfhütte
Alexanderschanze
1
Buchsch
NSG Kniebis-Alexanderschanze
Besucherzentrum
Eichelba
Wilde Rench
Wolf
Wolfstraße
Dollenberg
5b
2
Bauernkopf
950
Renchtal
B28
St. Anna
Wolf
Hildahütte

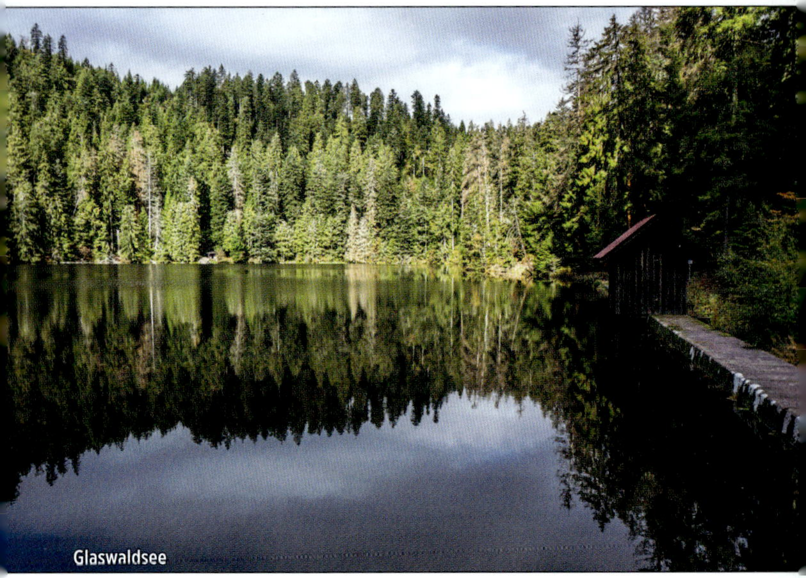

Glaswaldsee

abbiegen und 20 m aufwärts zum **Glaswaldsee-Blick**.

VARIANTE Vom Glaswaldsee-Blick führt ein Forstweg hinab, auf dem Sie in 15 Min. zum See gelangen. Auf der südlichen Karseite kommen Sie dann zur See-Ebene hinauf, wo Sie wieder auf die Hauptroute treffen.

Glaswaldsee. Der Glaswaldsee ist einer der letzten Karseen im Schwarzwald. Er wird durch eine unterirdische Quelle gespeist. Eine Sandsteinmauer staut den natürlichen See auf. Das zusätzliche Wasser ermöglichte in früheren Jahren die Flößerei in den unteren Tälern. Der Name erinnert an die Herstellung von Glasflaschen in den Dörfern des Wolftals.

3 8,2 (937) Vom Aussichtspunkt gehen Sie weiter aufwärts ~ nach 80 m schräg links am Rand des Karkessels entlang ~ auf den Bergrücken hinauf und dort nach links ~ bei der Kreuzung **See-Ebene** den zweiten Weg von rechts nehmen ~ nach 50 m an der nächsten Gabelung rechts halten ~ geradeaus an einem kleinen Aussichtspunkt vorbei und den nun steiler werdenden Forstweg hinab.

4 9,3 (879) An der Kreuzung **Am Klagstein** führt die Hauptroute geradeaus weiter hinab.

AUSFLUG Zum Klagstein gelangen Sie, wenn Sie nach links dem Forstweg folgen, nach etwa 250 m links in einen kleinen Sattel abbiegen und von dort direkt hinauf zum Klagstein steigen.

Klagstein (907 m ü. NN). Der Klagstein ist eine Felsformation oberhalb von Frei-

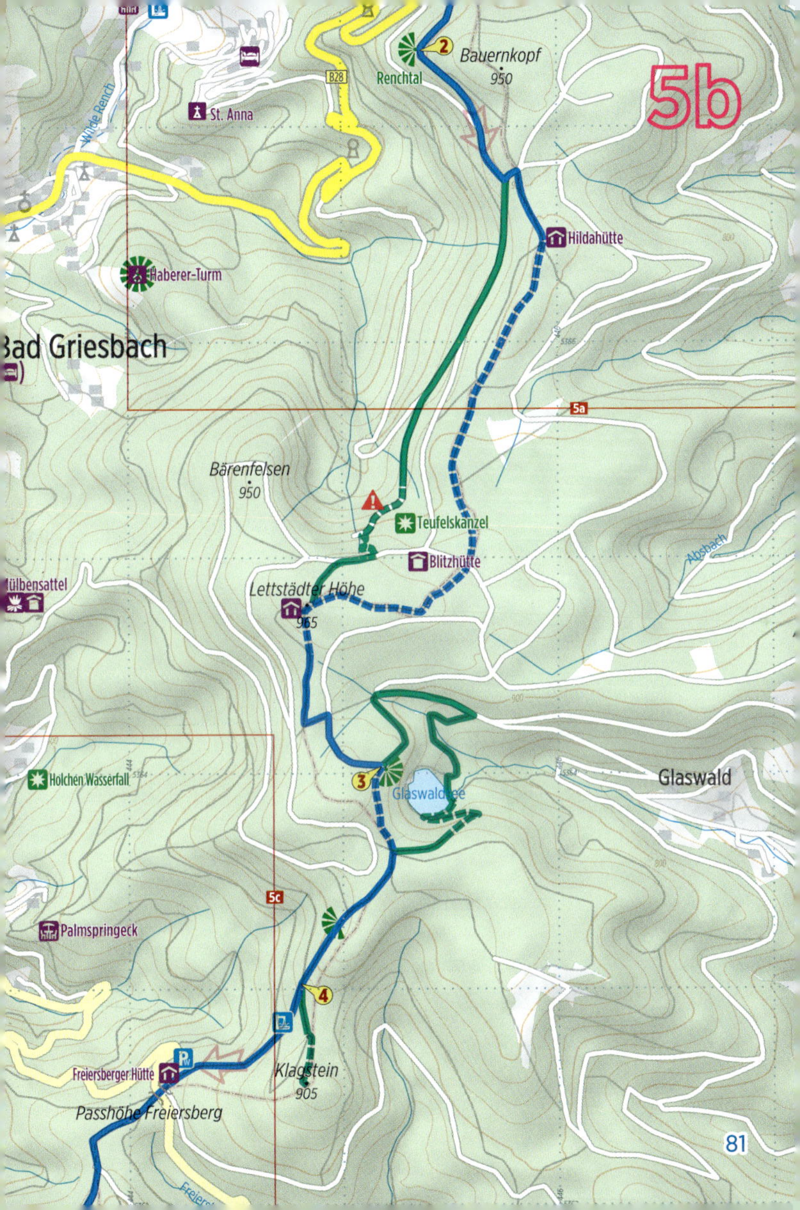
5b
Bauernkopf
950
2
Renchtal
B28
St. Anna
Wilde Rench
Hildahütte
Haberer-Turm
Bad Griesbach
5a
Bärenfelsen
950
Teufelskanzel
Blitzhütte
Lettstädter Höhe
965
Absbach
Glaswald
3
Glaswaldsee
Holchen Wasserfall
5c
Palmspringeck
4
Klagstein
905
Freiersberger Hütte
Passhöhe Freiersberg

ersberg. Er besteht aus Sandsteinbänken unterschiedlicher Härte. Seit dem Orkan Lothar hat man von seinem höchsten Punkt eine schöne Sicht ins Wolftal und bis zur Schwäbischen Alb.

Etwa 20 m hinter dem **Juliusbrunnen** halten Sie sich schräg rechts ⁓ bergab bis zur **Passhöhe Freiersberg** ⁓ die Straße überqueren ⁓ nach 50 m an einer Gabelung rechts hal-

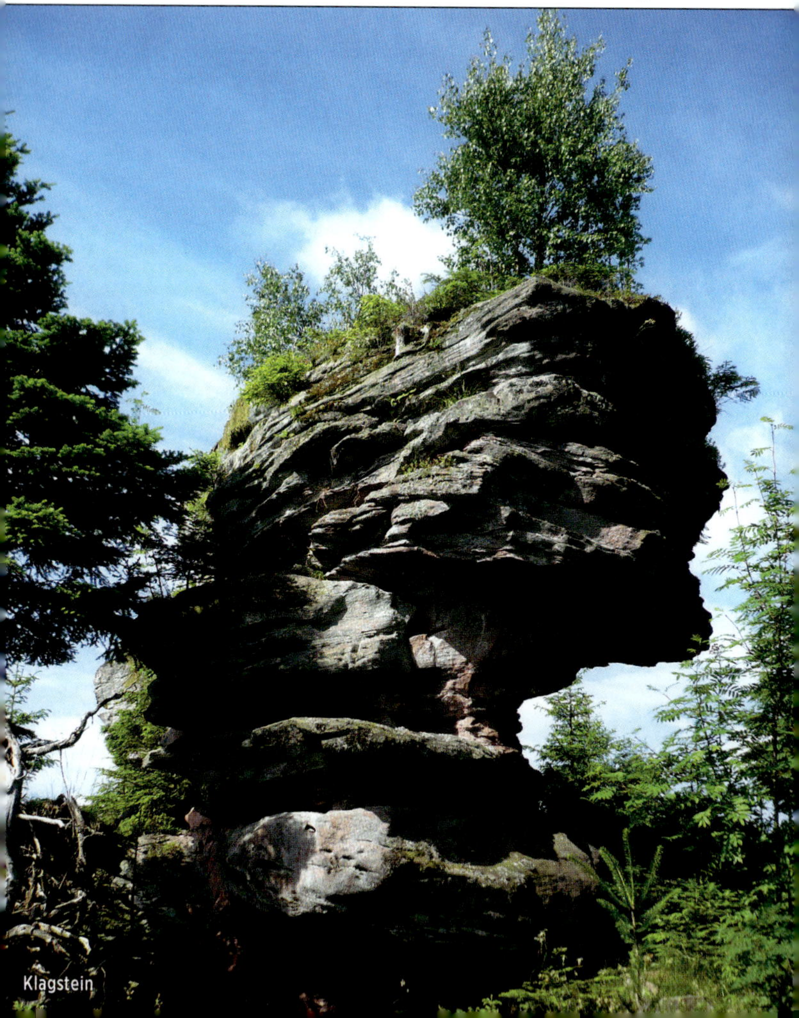
Klagstein

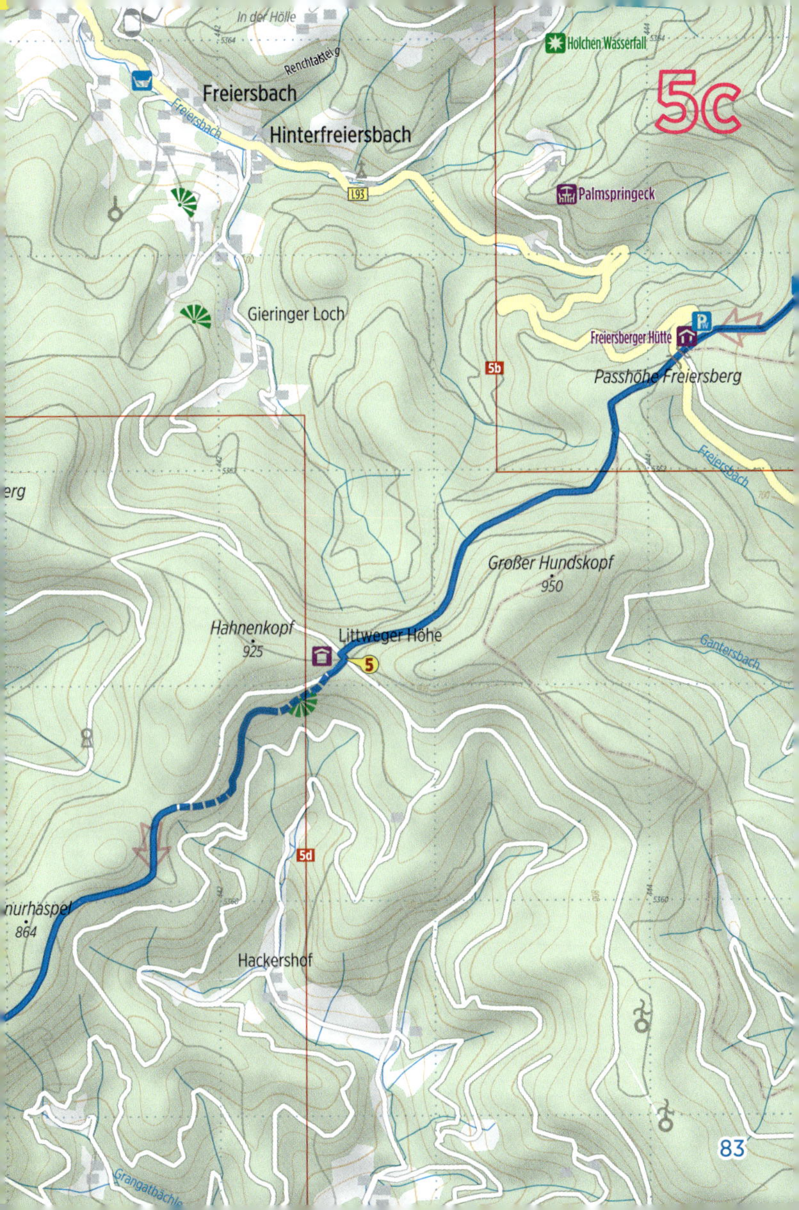

In der Hölle
Renchtalsteig
Freiersbach
Hinterfreiersbach
Freiersbach
L93
Hölchen Wasserfall
5c
Palmspringeck
Gieringer Loch
Freiersberger Hütte
Passhöhe Freiersberg
5b
Freiersbach
erg
Großer Hundskopf
950
Hahnenkopf
925
Littweger Höhe
5
Gantersbach
5d
nurhaspel
864
Hackershof
Grangatbächle

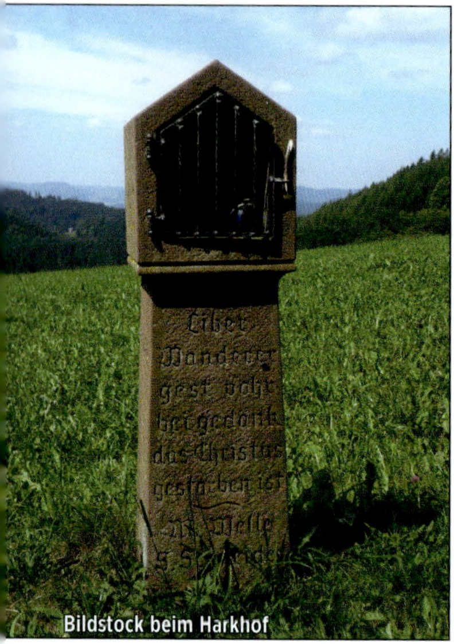
Bildstock beim Harkhof

ten in das **Hundskopfsträßle** ⤳ an den nächsten Kreuzungen immer auf dem Hundskopfsträßle bleiben bis zur Littweger Höhe.

Littweger Höhe

5 12,6 (841) Sie wechseln die Bergseite und nehmen den **Herbensattelweg**, den unteren von zwei parallelen Wegen ⤳ immer auf dem Forstweg bleiben, zunächst ansteigend, später leicht abwärts ⤳ an einer Gabelung geradeaus halten ⤳ der Forstweg geht über in einen schmäleren, steinigen Weg, der auf einen Bergrücken führt ⤳ der Wegspur folgen ⤳ unten nach links auf einen Forstweg und diesem immer geradeaus folgen bis zum Waldrand ⤳ schräg links in den **Harksattel**, dort rechts hinunter zum Hof.

6 17,0 (691) Beim **Harkhof** sind Sie am Ende der Etappe angelangt.

Hark (Oberharmersbach)

Harkhof, Hark 1, ✆ 07837/835, Di-So 11-20 Uhr, @ vyq261

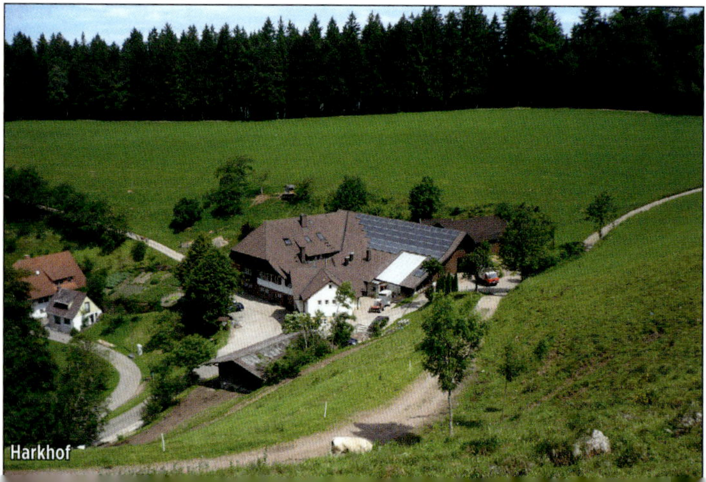
Harkhof

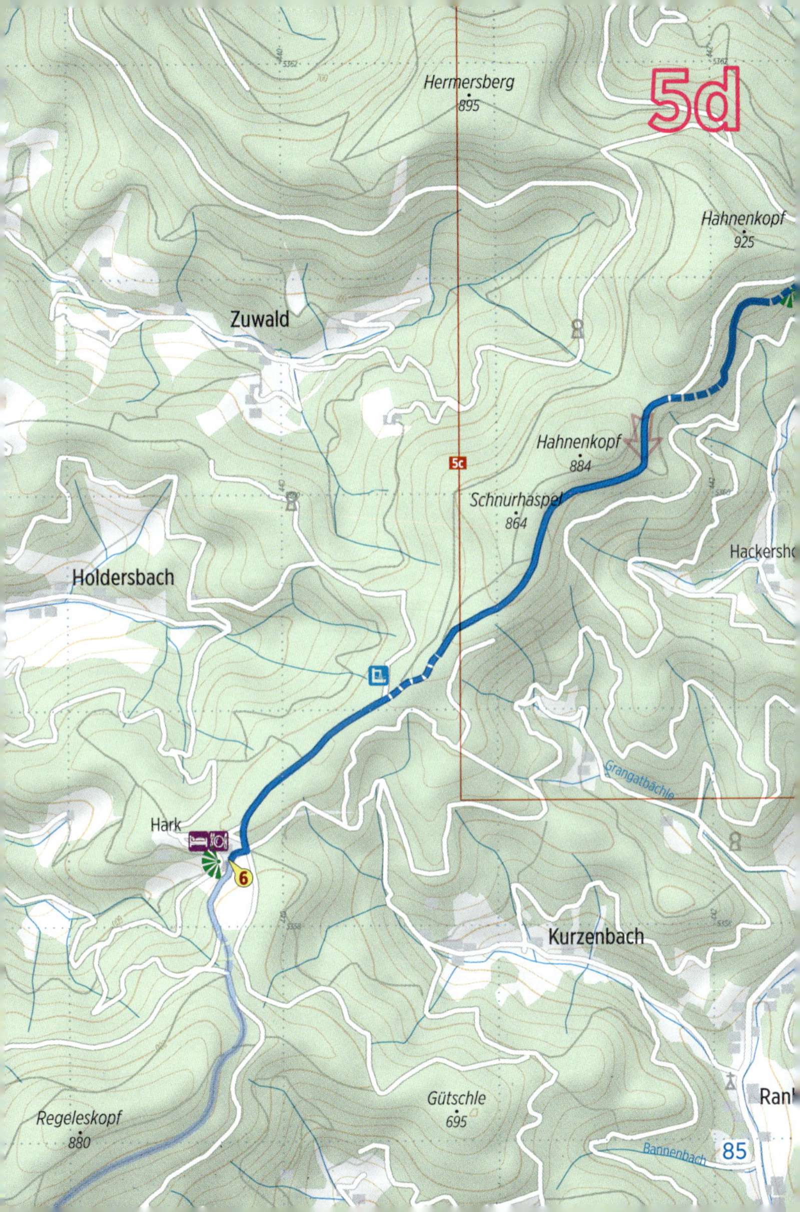

5d
Hermersberg
895
Hahnenkopf
925
Zuwald
Hahnenkopf
884
5c
Schnurhaspel
864
Holdersbach
Hackersho
Grangatbächle
Hark
6
Kurzenbach
Gütschle
695
Regeleskopf
880
Ran
Bannenbach
85

Etappe 6 — 15,1 km

Hark - Hausach

Start: Hark, Harkhof (N 48,3751° O 8,1863°)
Ziel: Hausach, Bahnhof
Aufstieg: 349 m — *Hartbelag:* 8 %
Abstieg: 794 m — *Wanderwege:* 37 %
Gehzeit: 4 - 4,5 Std. — *Wanderpfade:* 55 %

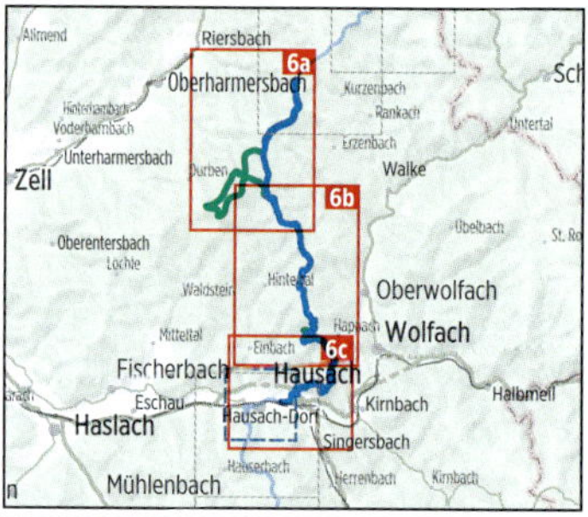

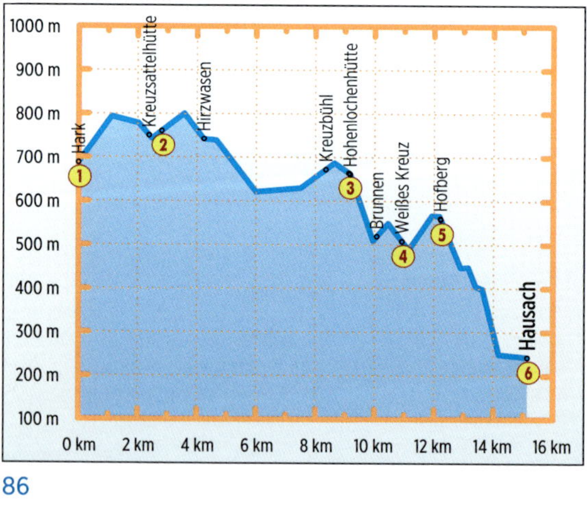

Ins Kinzigtal!

Charakteristik:

Vom Harkhof bis hinunter nach Hausach verläuft der Westweg auf dem Bergrücken westlich des Wolftals. Diese Strecke lässt allerdings einen der höchsten Berge des Kinzigtals, den 945 Meter hohen Brandenkopf, rechts liegen. Deshalb gibt es neben der direkten Verbindung auch noch eine Westweg-Variante, die den Brandenkopf-Turm und das benachbarte Wanderheim einbindet. Oben bietet sich von der Aussichtsplattform des Turms ein schöner Rundblick über das Kinzigtal bis in das Rheintal.

Beim Hirzwasen trifft die Variante wieder

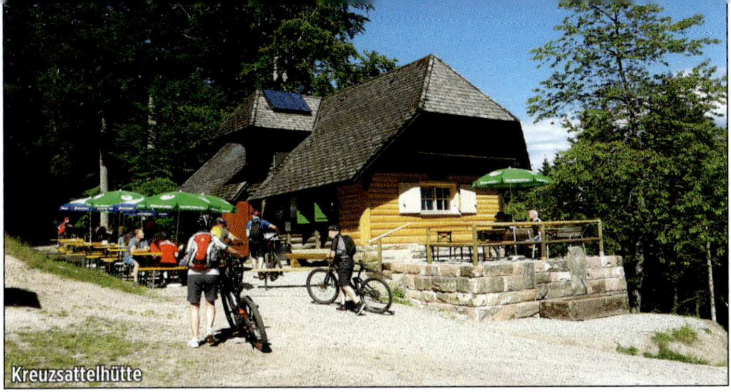
Kreuzsattelhütte

auf den Westweg. Bis zur Hohenlochenhütte beeinflusst der Windpark Hohenlochen mit seinen vier Windrädern die traditionelle Wegeführung. Der Weg weicht vielfach auf die östliche Flanke aus. Hinter der Hohenlochenhütte öffnet sich der Wald. Schmucke Bauernhäuser liegen inmitten der grünen Wiesen, die sich vom Tal bis zum Wald hinauf ziehen. Vom exponiert liegenden Spitzfelsen führt der Weg in engen Spitzkehren hinunter zur Kinzig. Über den eleganten Kinzigsteg erreicht der Westweg das Etappenziel Hausach.

Hark (Oberharmersbach)

1 0,0 (691) Vom **Harkhof** steigen Sie hinauf in den Harksattel, dort treffen Sie auf den direkten Weg, der am Harkhof vorbei führt ⇝ rechts über den Wiesenweg bis zum Waldrand, dort nach links ⇝ nach Eintritt in den Wald schräg links hinauf ⇝ bei der nächsten Gabelung schräg rechts ⇝ einen Forstweg überqueren ⇝ beim nächsten breiten Forstweg nach links ⇝ nach 50 m schräg rechts ⇝ den Weg entlang, zuletzt steil eine Böschung hinauf ⇝ auf dem breiten Forstweg nach links bergab bis zur Kreuzsattelhütte.

Kreuzsattel (Oberharmersbach)

Kreuzsattelhütte, Kreuzsattel, Mai-Okt., So/Fei ab 10 Uhr bis Einbruch der Dunkelheit, @ dgw388

Das steinerne Kreuz am Parkplatz des Kreuzsattels markiert die frühere Grenze zwischen den Territorien des ehemals freien Reichstales Harmersbach und des Fürstentums zu Fürstenberg.

Bei der Hütte wandern Sie geradeaus rechts am Spielplatz vorbei und folgen dem Sträßchen.

2 2,8 (761) Im Rechtsknick des Sträßchens am Wegweiser **Reiherskopf** geradeaus.

VARIANTE: An dieser Kreuzung zweigt rechts die Westweg-Variante über den Brandenkopf (945 m ü. NN) ab. Diese führt über die Steiglehütte hinauf auf den Brandenkopf, den bekanntesten und beliebtesten Aussichtsberg hoch über dem Kinzigtal. Direkt neben dem Wanderheim steht der 32 m hohe Aussichtsturm, der 1929 erbaut wurde.

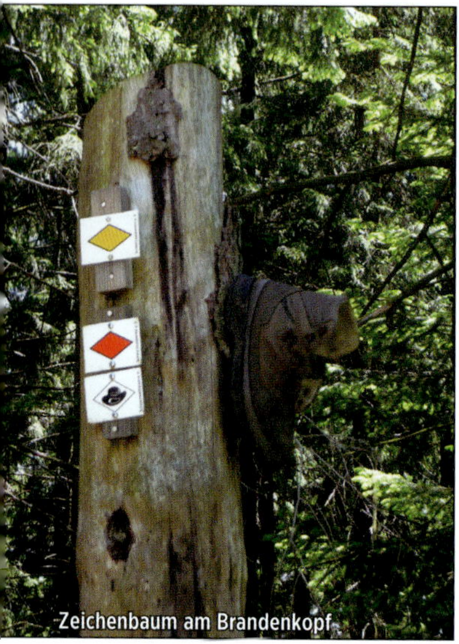

Zeichenbaum am Brandenkopf

Variante über den Brandenkopf

Vom Trennungspunkt der beiden Routen wandern Sie 80 m auf der Straße weiter ⁓ schräg rechts in einen Forstweg abbiegen ⁓ um den Bergrücken herum, leicht abfallend ⁓ bei der nächsten Gabelung geradeaus halten, der Weg steigt nun leicht an ⁓ unterhalb der Straße nach links und auf den Parkplatz bei der **Steiglehütte** ⁓ vom Parkplatz dem **Fahrlehenkopfweg** folgen ⁓ immer geradeaus bis kurz vor das Windrad ⁓ scharf links abbiegen ⁓ nach 100 m links auf den Forstweg und geradewegs zum Gipfel des Brandenkopfes.

Brandenkopf (Oberharmersbach)

Brandenkopfturm. Der 32 m hohe Steinturm (1929) auf dem Brandenkopf bietet einen Rundumblick über den Schwarzwald bis in die Rheinebene und zum Pfälzer Bergland.

Wanderheim Brandenkopf, Brandenkopf 1, 07831/6149, April-Okt., Mi-Mo 10-20 Uhr, @ wte172

Hinter dem Turm rechts auf einem steinigen Pfad den nach Süden führenden Bergrücken hinab bis um nächsten Forstweg, dem **Oberen Brandenkopfweg**, geradeaus leitet die gelbe Raute über das Einbachtal direkt nach Hausach ⁓ an der Kreuzung schräg links auf dem Forstweg abwärts ⁓ bei der nächsten Kreuzung mit einem breiten Forstweg nach links bis zur **Bettelfrau**, dort schräg rechts in den **Hirzwasenweg** ⁓ nach 150 m rechts auf dem schmalen Pfad hinab ⁓ dem Pfad, der sich später leicht verbreitert, bis zum **Hirzwasen** folgen.

Auf dem Hauptweg vom Wegweiser Reiherskopf geradeaus in den grasigen Weg hinauf ⁓ nach 100 m schräg links ⁓ immer geradeaus durch den bewaldeten Berghang ⁓ zuletzt steil hinunter zum **Hirzwasen** ⁓ geradeaus am **Hirzwasen-Kreuz** vorbei ⁓ weiter durch den Hochwald ⁓ nach einem kleinen Sattel links halten und auf die östliche Bergseite wechseln; hier trifft der Westweg auf den Windpark Hohenlochen mit seinen bis zur Hohenlochenhütte verteilten 4 Windrädern ⁓ nach dem **Ebenacker** geradeaus durch den Sattel ⁓ nach etwa 80 m links abbiegen und der neuen Wegeführung folgen ⁓ am Wegweiser **Ruhgutsch** rechts halten ⁓ an

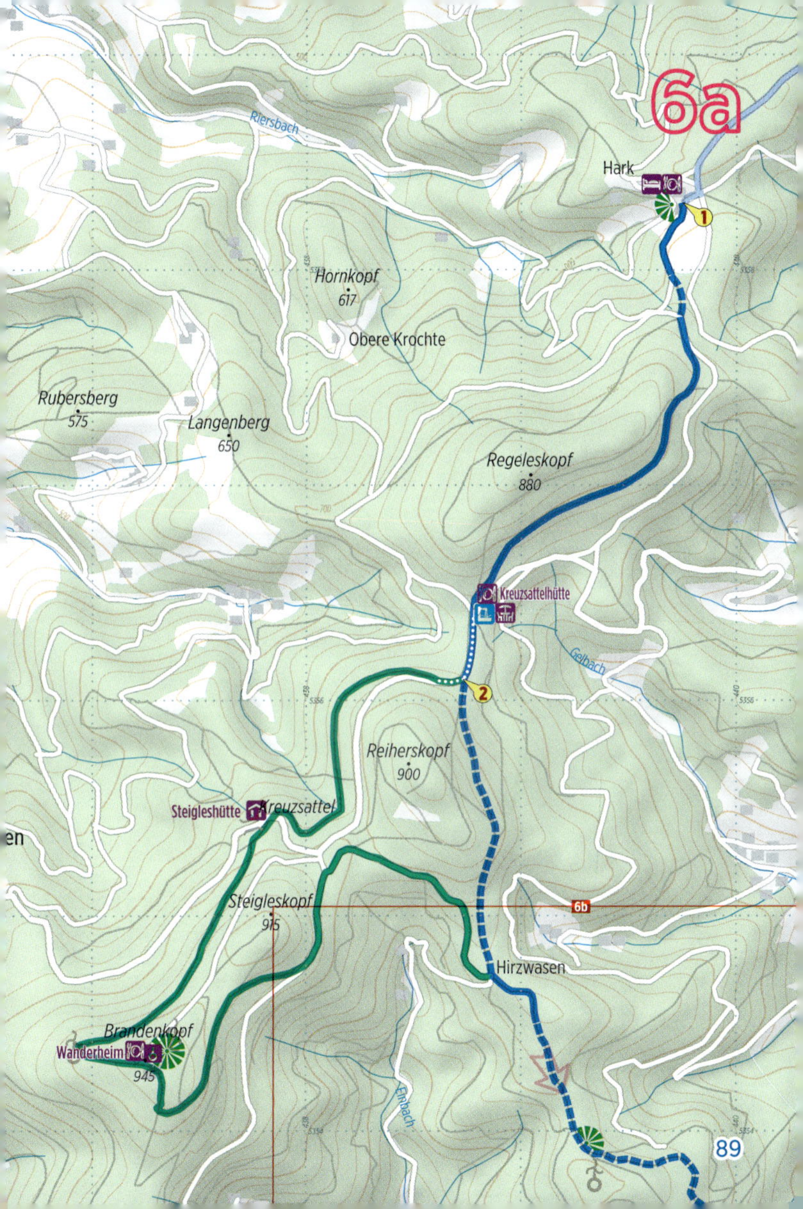

6a
Riersbach
Hark
1
Hornkopf
617
Obere Krochte
Rubersberg
575
Langenberg
650
Regeleskopf
880
Kreuzsattelhütte
Gelbach
2
Reiherskopf
900
Steigleshütte
Kreuzsattel
Steigleskopf
915
6b
Hirzwasen
Brandenkopf
Wanderheim
945
Ehlbach
89

der Kreuzung auf dem Bergrücken treffen Sie wieder auf die ursprüngliche Wegeführung Richtung Hohenlochenhütte, hier links auf einen Forstweg ⇝ über den lang gestreckten Sattel hinweg ⇝ geradeaus auf dem grasigen Weg bergauf ⇝ links um einen Zwischengipfel herum und weiter auf dem Bergrücken ⇝ der Weg knickt nach links ab ⇝ 150 m weiter zweigt ein Pfad nach links ab ⇝ vom Abzweig leicht rechts haltend weiter auf dem Pfad zur Hohenlochenhütte.

Hohenlochenhütte (640 m ü. NN). Die Hohenlochenhütte wird vom Schwarzwaldverein Wolfach betrieben. Sie liegt romantisch auf einem Felsen unterhalb des Hohenlochen in der Nähe einer Quelle. Die Hütte ist nicht bewirtschaftet, wird aber von Vereinsmitgliedern betreut, die gerne auf Spendenbasis ein warmes Getränk oder – bei ungemütlichem Wetter – einen warmen Platz am Ofen anbieten.

3 9,1 (640) Von der Hohenlochenhütte steigen Sie den steilen Hang hinunter auf die westliche Bergseite ⇝ nach der zweiten engen Spitzkehre verbreitert sich der Weg ⇝ nach 150 m halten Sie sich rechts ⇝ einen Forstweg überqueren und zum Waldrand ⇝ schräg rechts nach unten durch die Wiesen bis zur nächsten Kreuzung, hier scharf links.

TIPP Für einen Besuch vom Käppelehof folgen Sie dem Fahrweg weiter geradeaus. Das nur 250 m entfernte Gasthaus bietet einen sehr schönen Blick ins Tal.

Osterbach (Hausach)

Gasthaus Käppelehof, Osterbach 7, 07831/459, Mi-So ab 11 Uhr, @ qya587

Durch die Wiesen in den Wald hinein ⇝ einen Forstweg überqueren und auf dem schmalen Pfad weiter ⇝ nach 80 m links abbiegen ⇝ der Pfad geht über in einen breiteren Weg

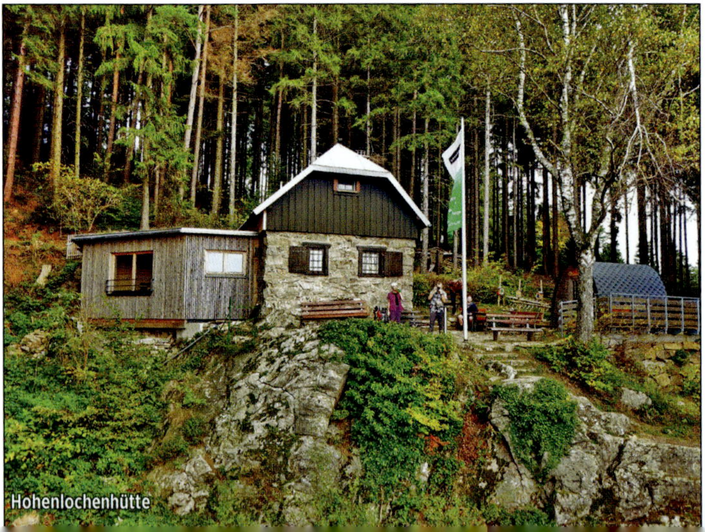
Hohenlochenhütte

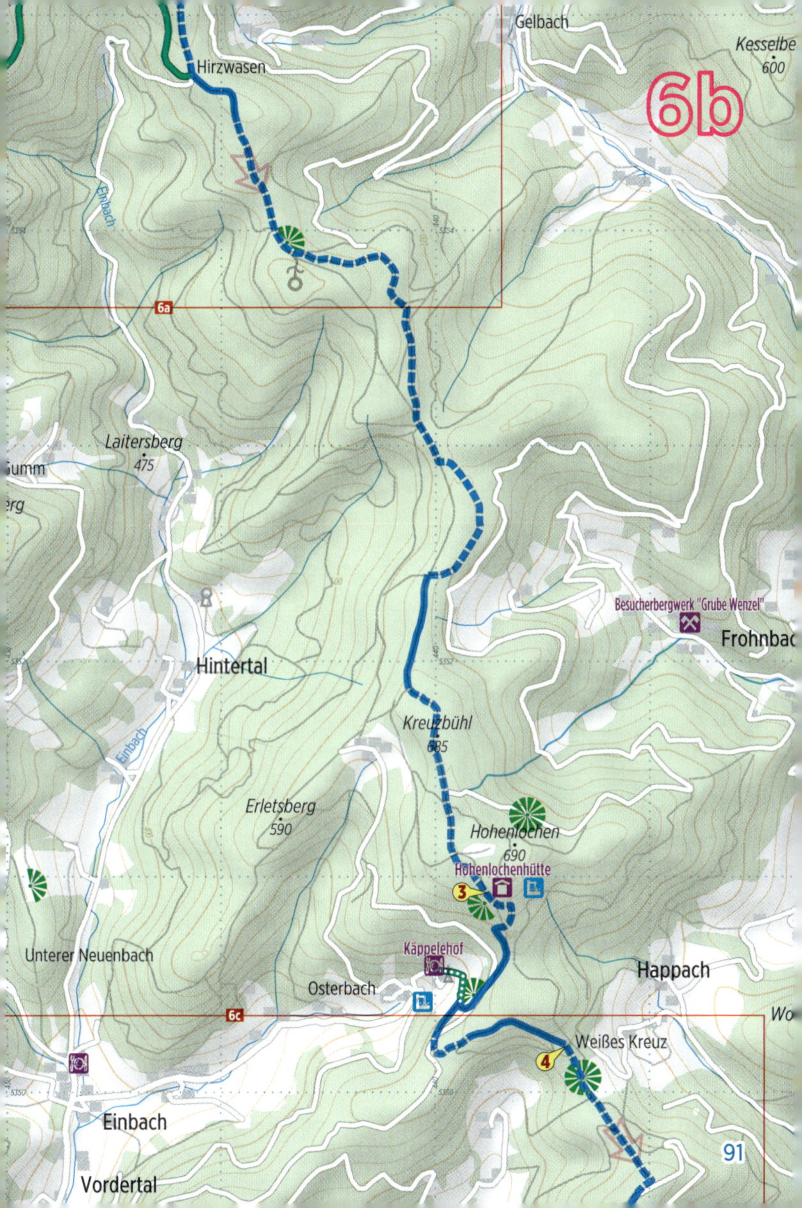

6b
Gelbach
Kesselbe
600
Hirzwasen
Einbach
6a
Laitersberg
475
Gumm
Hintertal
Einbach
Besucherbergwerk "Grube Wenzel"
Frohnbac
Kreuzbühl
685
Erletsberg
590
Hohenlochen
690
Hohenlochenhütte
3
Unterer Neuenbach
Käppelehof
Osterbach
Happach
6c
Weißes Kreuz
4
Wo
Einbach
Vordertal

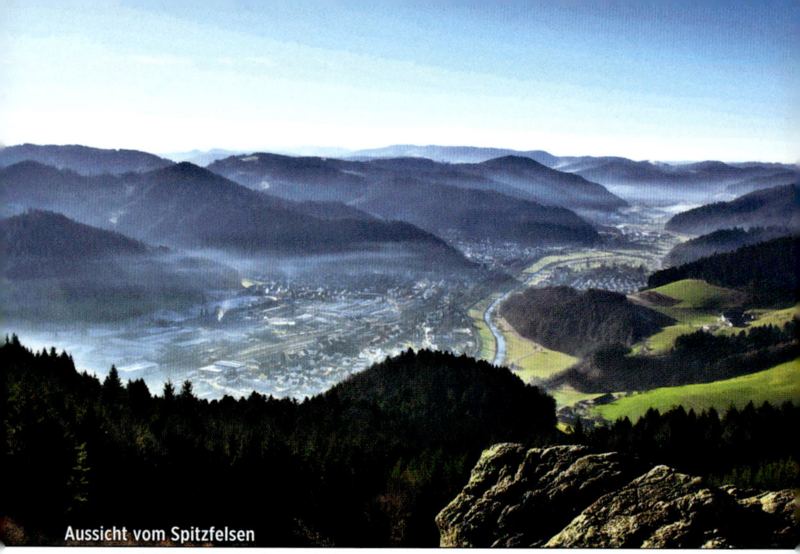

Aussicht vom Spitzfelsen

⇝ nach 600 m bei einer Gabelung geradeaus in den Pfad in Richtung Weißes Kreuz.

4 10,9 (509) Beim **Weißen Kreuz** zweigen Sie nach rechts ab und wandern aussichtsreich am Waldrand entlang ⇝ geradeaus im Wald den steilen Bergrücken empor ⇝ oben rechts abknicken und weiter auf einem schmalen Bergkamm entlang ⇝ auf dem Forstweg weiter aufwärts bis zum Spitzfelsen.

Spitzfelsen (577 m ü. NN). Der Spitzfelsen liegt exponiert auf der Bergkuppe zwischen Wolfach und Hausach. Er bietet nach drei Seiten eine schöne Sicht ins mittlere Kinzigtal.

5 12,2 (559) Unmittelbar vor dem Spitzfelsen biegen Sie rechts auf den kleinen Pfad ab ⇝ oberhalb des Drachenstartplatzes in den Wald ⇝ an einem Aussichtspunkt vorbei ⇝ einen Forstweg überqueren ⇝ der Pfad mündet unten in einen Forstweg ⇝ beim Wasserbehälter an der nächsten Kreuzung nach rechts ⇝ nach 300 m in einer Rechtskurve links abbiegen ⇝ den steilen Forstweg hinunter ⇝ über einen kleinen Sattel hinweg ein kurzes Stück bergauf ⇝ oben mündet der Weg in einen Pfad, der in engen Zick-Zack-Kurven den Hang hinunter zieht ⇝ am Ende des Pfades nach rechts auf einen breiteren Weg ⇝ nach etwa 50 m am Ausgang einer Kehre schräg links in den Pfad am Waldrand ⇝ auf einen Feldweg 10 m nach rechts und weiter am Waldrand hinunter ⇝ unten über eine kleine Brücke und dann nach rechts über den elegant geschwungenen **Kinzigsteg** ⇝ auf dem **Kinzigdamm** nach rechts und gleich wieder links unter der Brücke der Ortsumfahrung

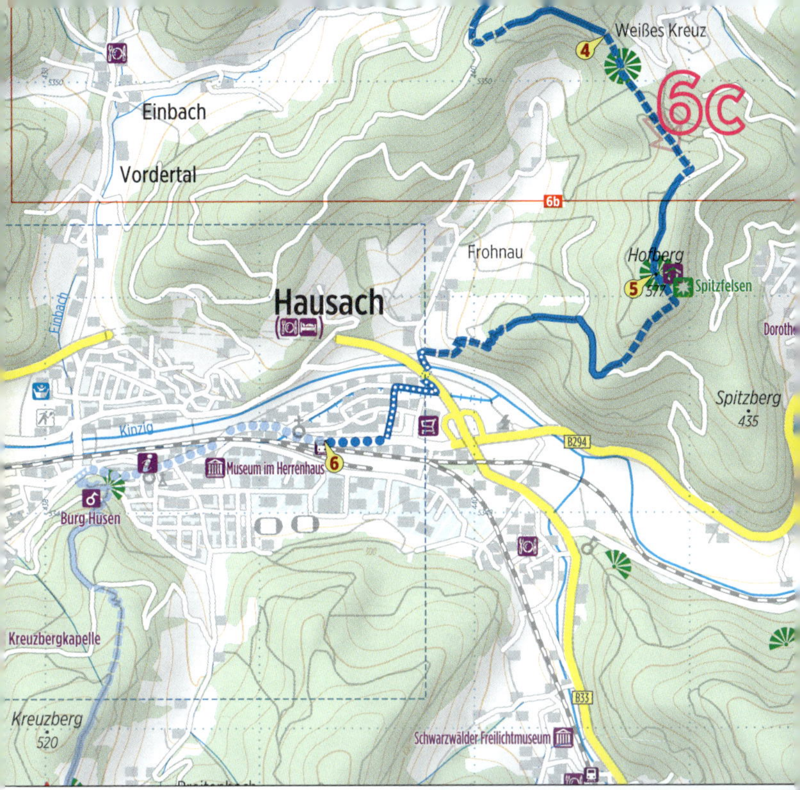

Hausach entlang ⤳ vor dem Kanal nach rechts ⤳ bei der nächsten Kanalbrücke nach links in die **Römerstraße** ⤳ an der **Eisenbahnstraße** nach rechts.

6 15,1 (243) Am **Bahnhof Hausach** sind Sie am Ende der Etappe angelangt.

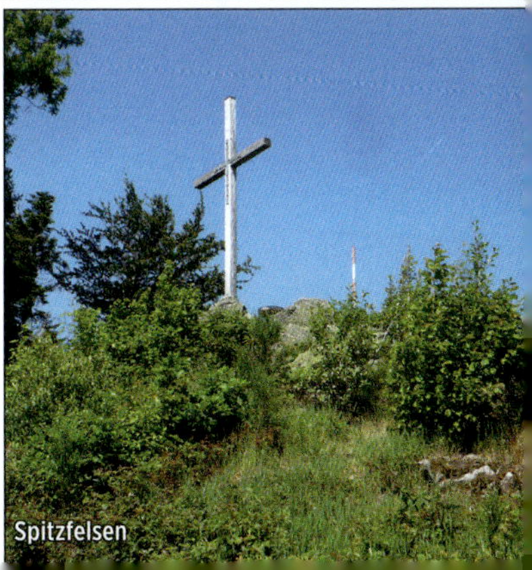

Spitzfelsen

Ortsinformationen

Hausach

Vorwahl: 07831

- **Kultur- und Tourismusbüro**, Hauptstr. 34, 7975, bol615
- **Bergbaufreilichtmuseum Erzpoche**, Hausach-Dorf Bühlhof, 7975 Das Freilichtmuseum zeigt unter anderem einen Schmelzofen, eine Erzwäsche sowie eine Erzpoche, ein mit Wasserkraft betriebenes Gerät, das zum Zerkleinern der Erze diente. nba458
- **Museum im Herrenhaus**, Gustav-Rivinius-Pl., bei der Stadthalle, 7975, 1483 Das Museum in einem Barockbau aus dem Jahr 1760 widmet sich der Zeit, als die Schwarzwaldbahn gebaut wurde. kuq882
- **Dorfkirche**, Dorfstr. 17, Hausach-Dorf. Die ursprüngliche Hausacher Dorfkirche (11. Jh.) ist das älteste Bauwerk der Stadt und die Keimzelle des Ortes. Die heutige Kirche stammt aus dem Jahr 1515. Sehenswert sind die Reste von mittelalterlichen Fresken sowie eine überlebensgroße Christophorusfigur.
- **St. Mauritius**, Hauptstr. 25 Die Stadtkirche ist im neugotischen Stil erbaut und wurde 1894 geweiht.
- **St. Sixt**, Klösterle 1. Die Klosterkapelle stammt aus dem 13. Jh.
- **Kreuzbergkapelle**. Die oberhalb von Hausach gelegene Kapelle aus dem 16. Jh. war früher ein vielbesuchter Wallfahrtsort.
- **Kinzigtalbad Ortenau**, Schanze 4, 9698780, aut146

Die Stadt Hausach entstand als Mittelpunkt mehrerer Streusiedlungen. Ende des 11. Jahrhunderts wurde im heutigen Hausach-Dorf eine zentra-

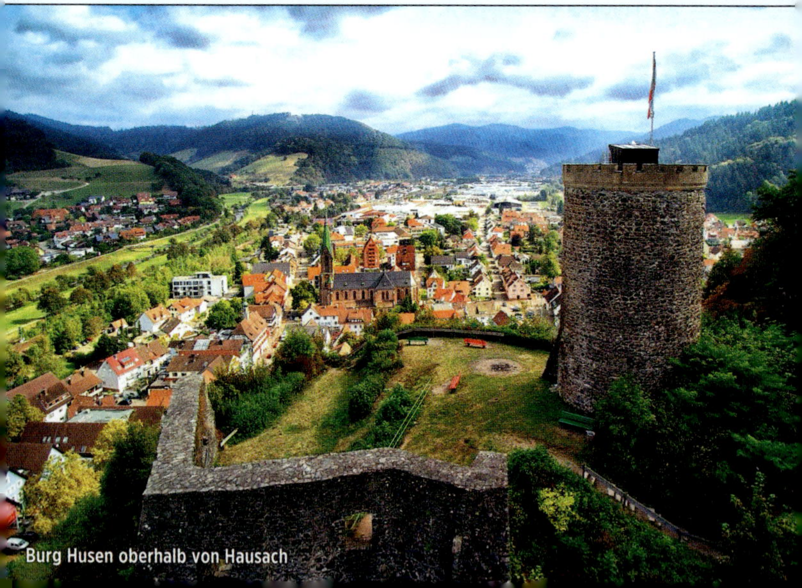

Burg Husen oberhalb von Hausach

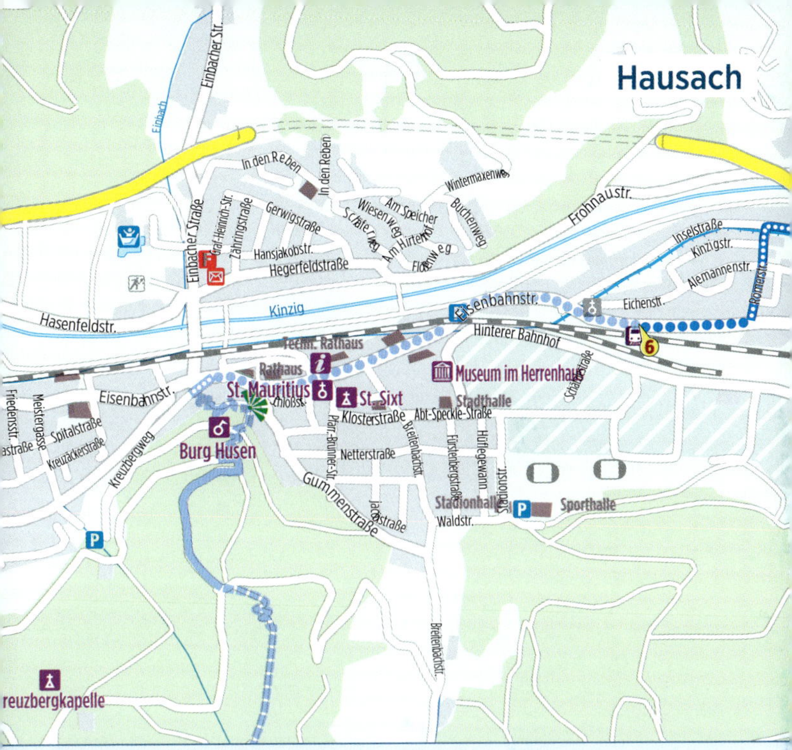

le Dorfkirche gebaut. Nachdem die Zähringer im 13. Jahrhundert die Burg Husen zum Schutz der Silberbergwerke errichtet hatten, siedelten sich an ihrem Fuße die ersten Einwohner an. Lange Zeit stand Hausach im Schatten der fürstenbergischen Verwaltungsstädte Wolfach und Haslach. Der Aufschwung begann 1866 mit dem Bau der Schwarzwaldbahn von Offenburg durch das Kinzig- und Gutachtal hinauf nach Villingen und weiter zum Bodensee. Da in Hausach zugleich die Strecke durch das Obere Kinzigtal nach Freudenstadt abzweigt, wird die Stadt zur Eisenbahnerstadt. In den vergangenen Jahren konnte sich Hausach dank einer aufstrebenden und innovativen Industrie zu einem bedeutenden Zentrum des Kinzigtals entwickeln.

Etappe 7 21,3 km

Hausach - Wilhelmshöhe

Start: Hausach, Bahnhof (N 48,2852° O 8,1819°)
Ziel: Wilhelmshöhe
Aufstieg: 1.176 m *Hartbelag:* 10 %
Abstieg: 442 m *Wanderwege:* 43 %
Gehzeit: 6,5 - 7,5 Std. *Wanderpfade:* 47 %

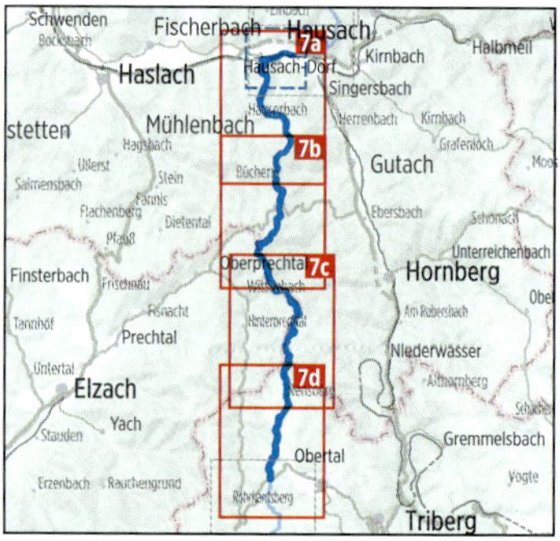

Schweißtreibend!

Charakteristik:

Die Strecke von Hausach zur Wilhelmshöhe zählt zu den anstrengendsten Etappen des gesamten Westweges. Steile, sich lang hinziehende Steigungen zehren an den Kräften der Wanderer. Als erste Herausforderung warten die 550 steilen Höhenmeter von Hausach bis hinauf auf den Farrenkopf, später folgt der Anstieg entlang der Prechtaler Schanzen und schließlich der steile Hohlweg vom Fährlefelsen hinauf zum Karlstein. Danach jedoch bleibt der Weg auf dem Bergrücken zwischen Elz- und Gutachtal. Die letzten sieben Kilometer führen im sanften Auf und Ab zur Wilhelmshöhe.

Hausach

1 0,0 (243) Vom **Bahnhof Hausach** wandern Sie auf der nördlichen Seite der **Eisenbahnstraße** Richtung Stadtmitte ~ beim hölzernen Portal **Kinzigtaltor** schräg rechts auf den Kinzigdamm ~ nach 20 m links die Treppen hinunter und unter der Eisenbahnunterführung hindurch ~ der **Hauptstraße** folgen bis zur Katholischen **Pfarrkirche** im Zentrum des Ortes.

2 0,9 (240) Von der Kirche kommend der Hauptstraße auf der Bergseite vorbei am Rathaus folgen ~ bei der Straßenkreuzung Richtung Fischerbach schräg links hinauf in den **Kreuzbergweg** ~ nach 30 m beim Vereinsbrunnen im spitzen Winkel nach links in den Pfad ~ im Zick-Zack am **Schlossquell** und dem großen Kreuz vorbei hinauf zur Burg Husen.

Burg Husen, Sommermonate tägl. 8-20 Uhr. Die Burg Husen wurde um 1220

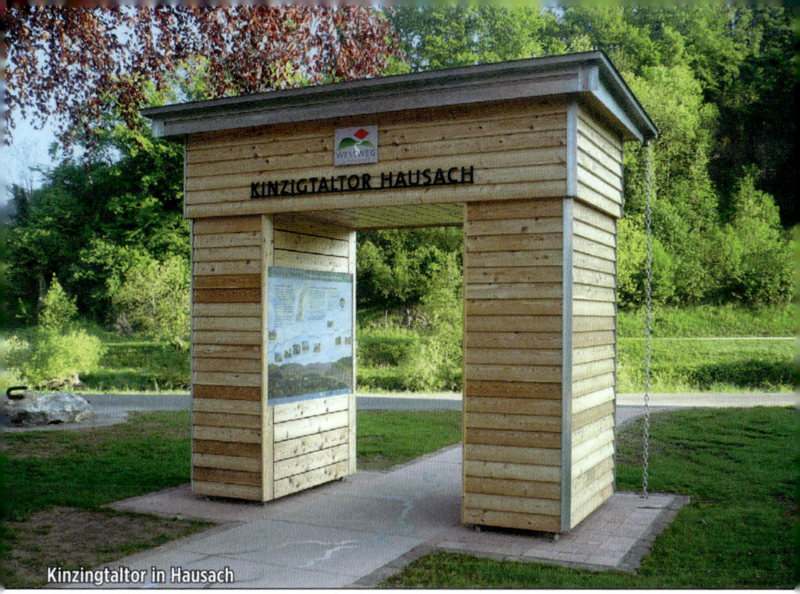

Kinzingtaltor in Hausach

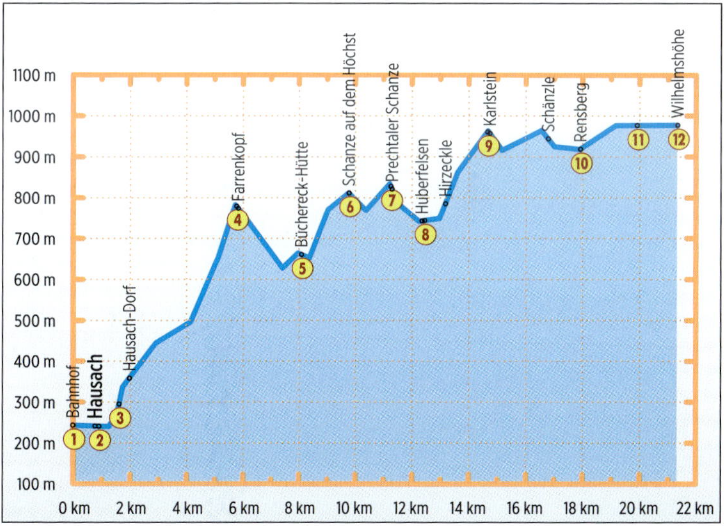

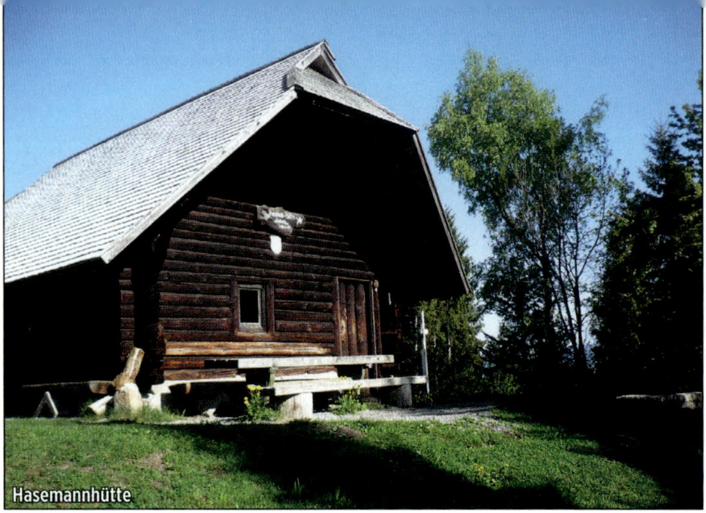

von den Zähringern erbaut, um die Silberbergwerke des mittleren Kinzigtals zu schützen. In den Wirren des Dreißigjährigen Krieges wurde die Burg 1643 von Weimarer Truppen zerstört.

3 1,6 (275) Hinter der Burg folgen Sie dem schmalen Pfad in den Wald hinauf ⇝ links auf den breiten Forstweg ⇝ am Kohlenmeiler vorbei ⇝ bei **Schmids Wandereckle** geradeaus in den schmalen Pfad ⇝ im Zick-Zack den steilen Berg hinauf ⇝ einen Forstweg überqueren ⇝ nach 100 m links und gleich wieder rechts auf den parallel verlaufenden Forstweg ⇝ aus dem Wald hinaus ⇝ auf der Kreuzung oberhalb des Fuggishofes rechts und gleich wieder links auf den schmalen Pfad in den Wald ⇝ dem Pfad folgen bis zum **Haseneckle** ⇝ in einem kleinen Sattel geradeaus auf den Pfad steil den Berg hinauf ⇝ der Pfad geht in einen Forstweg über ⇝ bei der nächsten Kreuzung auf dem Bergrücken links ⇝ immer dem **Bergrücken** folgen ⇝ an einem Aussichtspunkt ins Kinzigtal vorbei ⇝ an einer kleinen Lichtung schräg links in den Pfad ⇝ nach einer Rechtskurve sehr steil den Bergrücken hinauf ⇝ geradeaus auf einen Forstweg ⇝ weiter auf dem Bergrücken entlang ⇝ etwa 50 m nach dem Wegweiser **Zinowald** geht der Weg in einen Pfad über ⇝ beim Grenzstein schräg links halten ⇝ nach einem steilen Anstieg durch Laubwald links in den Tannenwald abbiegen ⇝ rechts halten und dann gerade den Berg hinauf zur **Hasemannhütte** auf dem Farrenkopf.

Farrenkopf

4 5,8 (789) Auf dem südlichen Bergrücken vom Farrenkopf steil den steinigen Weg hinab ⇝ einen Forstweg überqueren ⇝ vor der kleinen Erhebung des Goldenbühls links um den

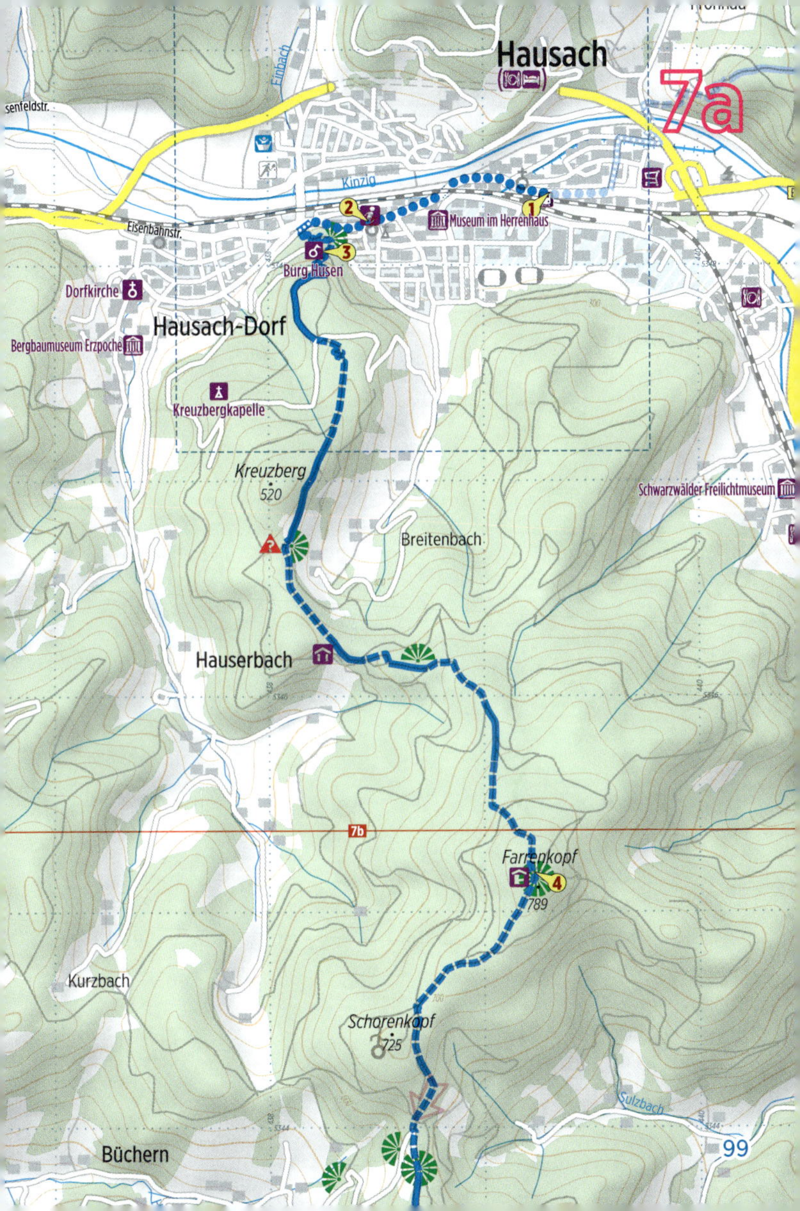

Hausach
7a
senfeldstr.
Einbach
Kinzig
Eisenbahnstr.
Museum im Herrenhaus
Burg Husen
Dorfkirche
Hausach-Dorf
Bergbaumuseum Erzpoche
Kreuzbergkapelle
Kreuzberg
520
Breitenbach
Schwarzwälder Freilichtmuseum
Hauserbach
7b
Farrenkopf
789
Kurzbach
Schorenkopf
725
Sulzbach
Büchern

Berg herum ⇝ in einem Sattel dem Pfad geradeaus folgen ⇝ den querenden Forstweg, der zum Windrad führt, kreuzen ⇝ nach etwa 400 m für 50 m einem kleinen Fahrweg folgen, dann wieder links hinunter ⇝ im Sattel unterhalb des Schorenkopfs auf dem Forstweg bleiben, vorbei am Windrad, danach schräg links aufwärts ⇝ vorbei an der **Schanze zum Büchereck** bis zur **Büchereck-Hütte**.

5 8,1 (660) Von der Büchereck-Hütte weiter auf dem Bergrücken entlang ⇝ beim **Büchereck** die Straße überqueren und in den **Büchereckweg** ⇝ nach 80 m schräg links den Berg hinauf ⇝ an einer Dreieckskreuzung rechts halten und etwa 100 m auf einem breiteren Weg hangparallel ⇝ bei einer großflächigen Kreuzung schräg links in den leicht abwärts führenden Weg ⇝ der Forstweg geht über in einen Pfad ⇝ rechts um die **Schanze auf dem Höchst** herum.

Prechtaler Schanzen. Die Prechtaler Schanzen (Schanze auf dem Höchst, Hirschlachschanze und Prechtaler Schanze) sind Teil einer Verteidigungsanlage, die die Württemberger im 17. und 18. Jh. gegen die immer wieder einfallenden französischen Truppen angelegt haben. Praktische militärische Bedeutung erlangten die Schanzen aber nie. Die Schanzen bestehen aus lang gestreckten Wällen und Gräben auf den Bergrücken sowie befestigten Stützpunkten mit einem Blockhaus oder einem hölzernen Turm. Die Schanze auf dem Höchst sollte die alte Straße von Hornberg über Gutach nach Elzach sichern.

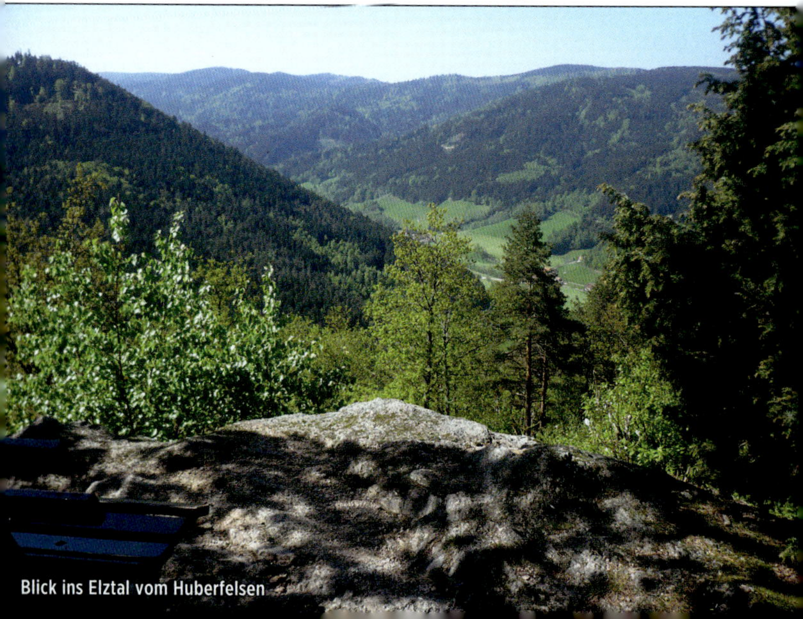

Blick ins Elztal vom Huberfelsen

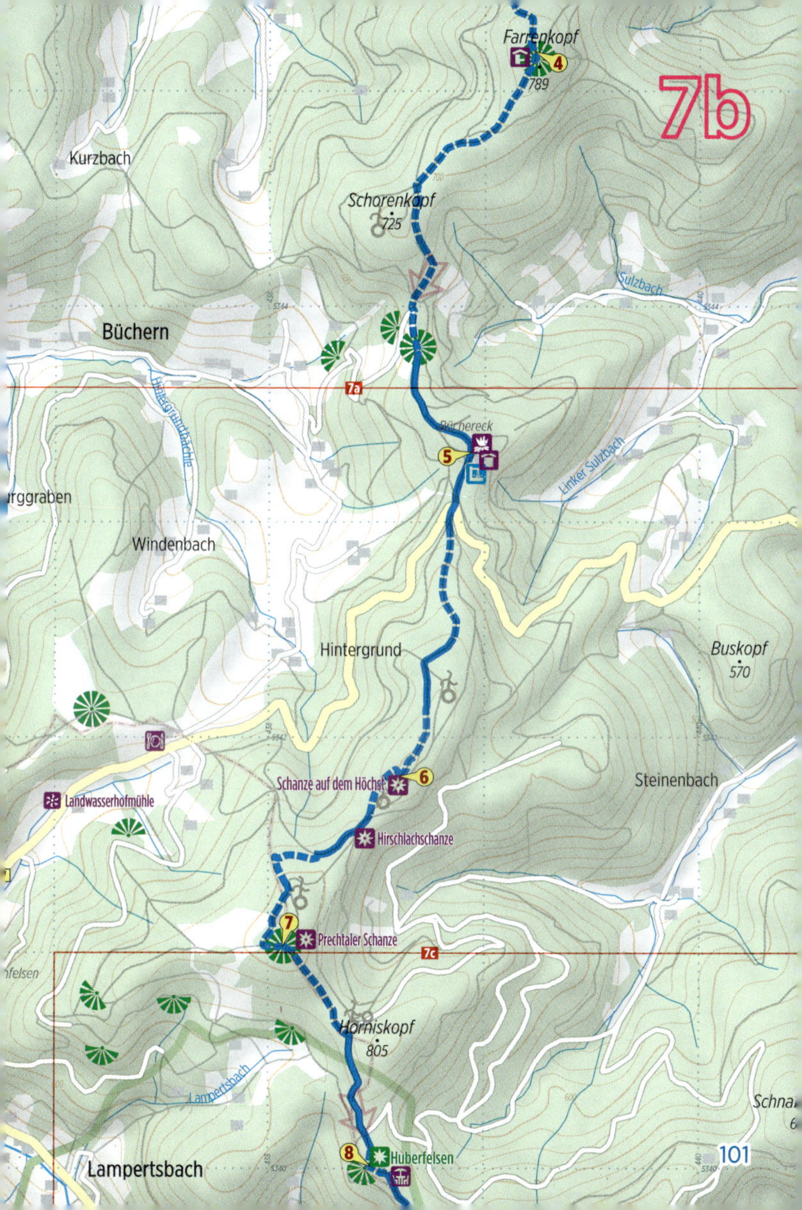

7b
Farrenkopf
789
Kurzbach
Schorenkopf
725
Sulzbach
Büchern
7a
Büchereck
Linker Sulzbach
Hintergrundbächle
rggraben
Windenbach
Hintergrund
Buskopf
570
Landwasserhofmühle
Schanze auf dem Höchst
Steinenbach
Hirschlachschanze
Prechtaler Schanze
7c
Horniskopf
805
Lampertsbach
Huberfelsen
Lampertsbach

6 9,8 (811) Nach der Schanze steigen Sie rechts im Zickzack bis zum breiten Forstweg links unterhalb des Windrades hinab ⤳ nach ca. 200 m an der Gabelung den rechten Weg bis zum Füllbrunnen nehmen ⤳ dort links im Zickzack bergauf ⤳ rechts halten, dann nach einem Stück am Waldrand links durch den Wald bis zur Prechtaler Schanze aufsteigen ⤳ oben am Wegweiser **Prechtaler Schanze** links bergauf.

7 11,3 (826) Wenig später halten Sie sich rechts und steigen auf dem südlichen Bergrücken steil hinab durch den Haselnusswald ⤳ am Ende des steinigen Weges rechts auf den Forstweg ⤳ in einem kleinen Sattel geradeaus ⤳ nach 100 m rechts auf den steilen Pfad hinauf zum Huberfelsen.

Huberfelsen. Wie ein Schiffsbug erhebt sich der Huberfelsen aus dem Wald zwischen Elz- und Gutachtal. Er ist nach dem Triberger Obervogt Theodor Huber (1756-1816) benannt, der als „Wohltäter aller Armen" galt. Schöner Blick ins Elztal und über den Mittleren Schwarzwald.

8 12,4 (743) Auf der Elztalseite wandern Sie um den Felsen herum ⤳ beim Rastplatz nach rechts auf den Forstweg ⤳ am **Fährlefelsen** vorbei ⤳ beim **Hirzeckle** geradeaus den Weg auf dem kleinen Kamm nehmen und nach 10 m rechts in den Wald ⤳ am Ende einer steilen ausgewaschenen Rinne rechts halten ⤳ weiter steil den Berg hinauf ⤳ an einer Felsgruppe vorbei ⤳ bei der Kreuzung geradeaus auf dem Forstweg bergan ⤳ nach etwa 500 m an einer Dreieckskreuzung nach links ⤳ nach 30 m rechts in den Pfad ⤳ durch hohen Tannenwald zum Karlstein.

Karlstein (968 m ü. NN). Der Karlstein war bis 1810 der höchste Berg Württembergs. Der früher Hauenstein genannte Berg wurde 1770 umgetauft, nachdem Herzog Karl Eugen von Württemberg den Berg bestiegen hatte. Von der Granitformation hat man einen schönen Blick nach Süden.

9 14,7 (968) Vom Karlstein den stufigen Weg hinab und an einer Kreuzung geradeaus ⤳ aus dem Wald hinaus und zur Gaststätte.

Schöne Aussicht, Schöne Aussicht 1, 78132 Niederwasser (Hornberg), ✆ 07833/93690, ⏲ tägl. 7.30-10 Uhr, 12-14 Uhr, 14.30-17 Uhr Kaffee und Kuchen, 18-20.30 Uhr, @ nmr132

Bei der Gaststätte biegen Sie rechts kurz in die Straße ein ⤳ rechts am Waldrand entlang und nach 50 m wieder in den Wald hinein ⤳ an einer kleinen Waldwiese rechts am Waldrand entlang ⤳ einen Forstweg überqueren ⤳ dem Weg parallel zur Straße folgen ⤳ beim Wegweiser **Vogelloch** nach rechts auf den Forstweg ⤳ zunächst bergauf, dann wieder bergab ⤳ am Waldrand hinter den Häusern der **Absetze** entlang ⤳ einen Forstweg queren und unmittelbar danach rechts für 20 m im Wald hinauf ⤳ links in den schmaler werdenden Weg ⤳ hinab zur Straße und nach 50 m links in den steinigen Weg ⤳ auf der Straße nach rechts zum Rensberg.

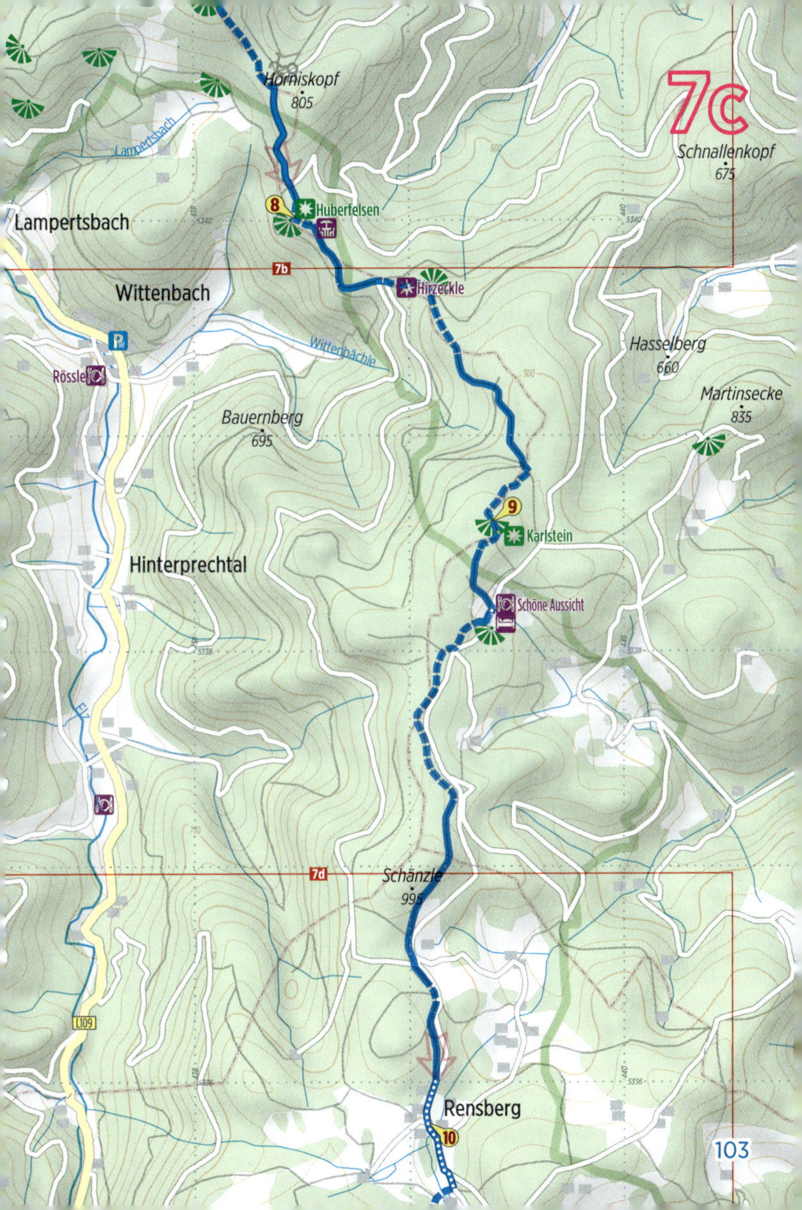

7c
Horniskopf
805
Schnallenkopf
675
Lampertsbach
Huberfelsen
8
Lampertsbach
Wittenbach
7b
Hirzeckle
Wittenbächle
Rössle
Hasselberg
660
Martinsecke
835
Bauernberg
695
9
Karlstein
Hinterprechtal
Schöne Aussicht
Elz
7d
Schänzle
995
L109
Rensberg
10

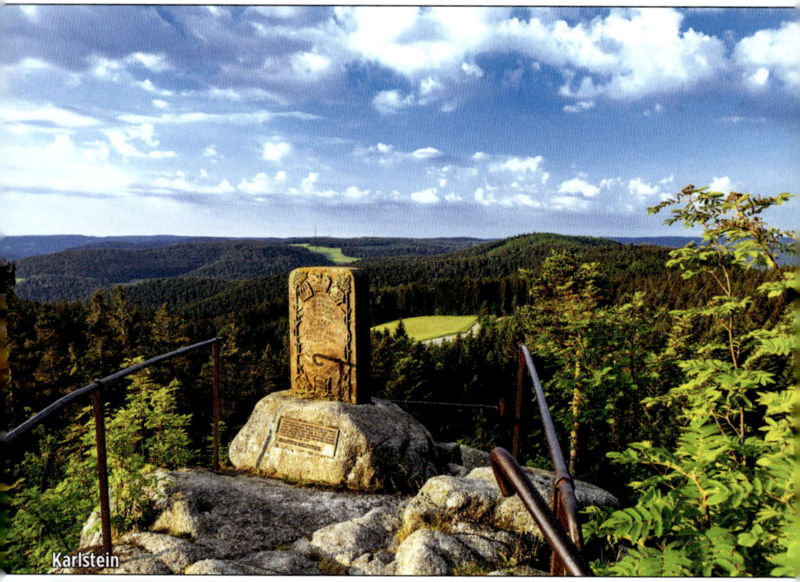

Rensberg (Schonach im Schwarzwald)

10 17,9 (923) Sie kommen am geschlossenen Gasthaus Zum Karlstein vorbei ⇝ nach 300 m schräg rechts ⇝ vor dem **Erwin-Schweizer-Heim** nach rechts ⇝ vorbei am Fischteich und steil den Wiesenpfad hinauf ⇝ bei den Überresten des Herrenwälder Hofes (steinerner Torbogen) geradeaus ⇝ am oberen Ende der Lichtung nach links in den **Herrenwaldweg** ⇝ in einer kleinen Senke geradeaus in den **Silberbergweg** und vorbei an der ehemaligen **Vesperstube**.

11 19,9 (976) Hinter dem Haus steigen Sie links den asphaltierten Wiesenweg hinauf ⇝ auf der Kuppe rechts halten ⇝ beim Bauernhof **Gummele** geradeaus ⇝ am Waldrand entlang durch zwei kleine Wäldchen ⇝ schließlich der Stromleitung folgen bis zum Gasthof.

12 21,3 (977) Beim Gasthaus auf der Wilhelmshöhe ist das Ende der Etappe erreicht.

Wilhelmshöhe (Schonach im Schwarzwald)

Gasthaus Wilhelmshöhe, Lukas-Kuner-Weg 1, ✆ 07722/3293, Fr-Di 12-21 Uhr, @ rlq726

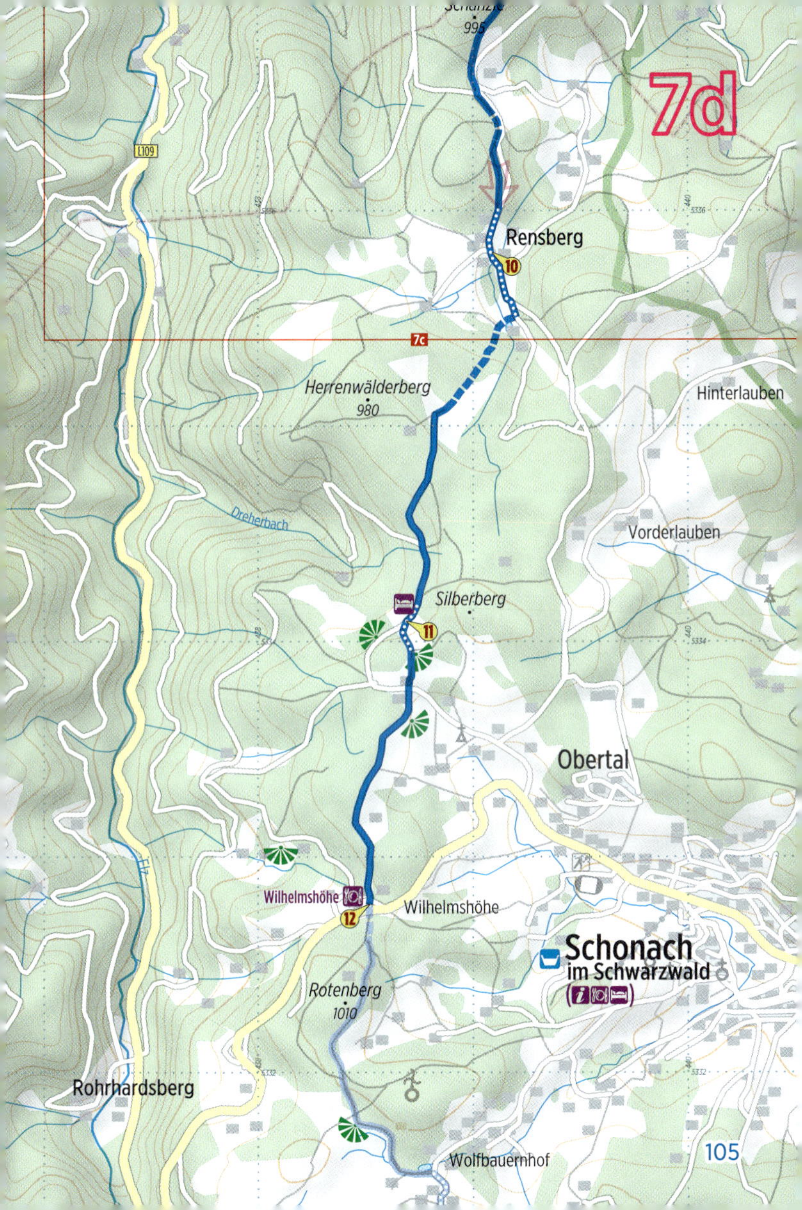

7d
Schanze
995
L109
Rensberg
10
7c
Herrenwälderberg
980
Hinterlauben
Dreherbach
Vorderlauben
Silberberg
11
Obertal
Wilhelmshöhe
12
Wilhelmshöhe
Schonach
im Schwarzwald
Rotenberg
1010
Elz
Rohrhardsberg
Wolfbauernhof

Etappe 8 22,1 km

Wilhelmshöhe - Kalte Herberge

Start: Wilhelmshöhe (N 48,1453° O 8,1734°)
Ziel: Kalte Herberge

Aufstieg:	514 m	*Hartbelag:*	23 %
Abstieg:	460 m	*Wanderwege:*	56 %
Gehzeit:	5,5 - 6,5 Std.	*Wanderpfade:*	21 %

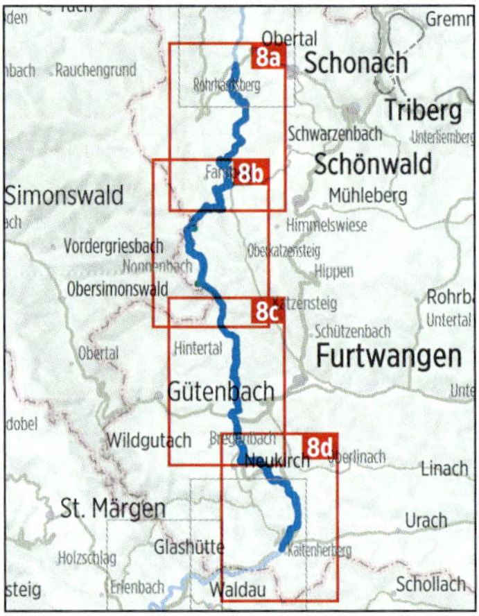

Auf der Europäischen Wasserscheide!

Charakteristik:

Die achte Etappe führt über die sanft gewellten Bergkämme des Mittleren Schwarzwaldes. Geringe Höhenunterschiede und abwechslungsreiche Landschaft mit Hochmooren, Wald und Wiesen warten auf den Wanderer. Bei der Martinskapelle trifft der Westweg auf die Europäische Wasserscheide zwischen Donau und Rhein. Steil fallen die Hänge nach den Rheinzuflüssen Elz und Gutach hin ab, sanft dagegen fließen die Bergkuppen nach Osten zur Donau. Auf dem Brend rückt erstmals

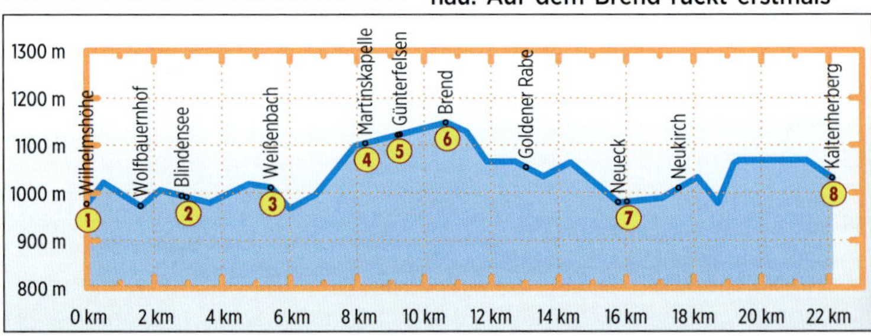

der Feldberg, der höchste Punkt des Westwegs, in Sichtweite, bei gutem Wetter sind sogar die Alpen zu sehen. Parallel zur Schwarzwaldhochstraße erreicht der Westweg schließlich das Etappenziel Kalte Herberge.

Rohrhardsberg (Schonach im Schwarzwald)

1 0,0 (977) Ausgehend vom **Gasthof Wilhelmshöhe** überqueren Sie die Straße und kommen durch das mächtige **Felsenportal** auf den Bohlensteg ⤳ am Ende des Steges rechts, dann nach 20 m schräg links den oberen Weg nehmen ⤳ am Ende einer Waldwiese rechts ein kurzes Stück durch den Wald zum nächsten Waldrand ⤳ geradeaus über eine Kuppe hinweg ⤳ an einem kleinen Waldteich vorbei.

Wolfbauernhof

Beim Löschteich des Wolfbauernhofes rechts auf die **Turntalstraße** abbiegen ⤳ am Wolfbauernhof vorbei dem Sträßchen folgen ⤳ nach 1 km am Waldeck vor den Bauernhöfen links auf den Pfad zum Blindensee ⤳ in das Hochmoor hinein und auf den Bohlensteg bis zum Blindensee.

Der **Blindensee** ist ein verwunschener Hochmoorsee, der über keinen natürlichen Abfluss verfügt. Der Name kommt nicht – wie man vermuten könnte – von dem dunklen, unergründlichen Moorwasser, sondern vom nahe gelegenen Blindenhof, zu dem der See auch heute noch gehört. Der Hof selbst ist im 17. Jh. nach seinem erblindeten Besitzer benannt worden.

2 3,0 (1.004) Vom Blindensee wandern Sie auf dem Bohlensteg weiter ⤳ am

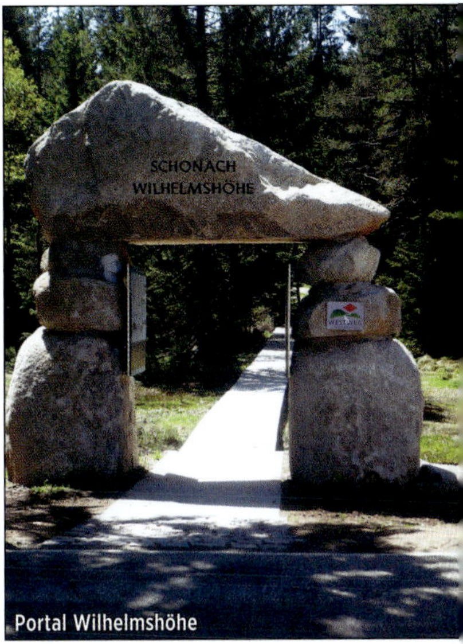

Portal Wilhelmshöhe

Ende geradeaus am Waldrand entlang ⤳ an der Kreuzung rechts ⤳ auf dem Sträßchen durch den Bauernhof hindurch ⤳ bei der nächsten Straßenkreuzung an einem Wegkreuz links ⤳ nach etwa 100 m in der Linkskurve rechts auf einen grasigen Pfad ⤳ gleich wieder rechts in den Wald hinein ⤳ bei der nächsten Kreuzung links ⤳ am Waldrand links halten ⤳ nach 200 m in den Wald hinein ⤳ auf dem Sträßchen links.

3 5,4 (1.011) Beim Wanderparkplatz auf der **Weißenbacher Höhe** nehmen Sie rechts den Weg am Waldrand hinunter ⤳ eine Kreuzung überqueren, rechts geht es zu einem Café.

Hofcafe näbbe duss, Farnberg 3, 78141 Schönwald im Schwarzwald,

✆ 07722/8665955, ⏲ Mo, Do, Fr 14-18 Uhr, Sa, So 11-18 Uhr, @ ggg673

100 m hinter der Elzbrücke zweigen Sie im spitzen Winkel nach links ab ⤳ dem Forstweg talaufwärts folgen ⤳ nach 800 m bei der nächsten Kreuzung im spitzen Winkel nach rechts in den **Brücklerainweg** ⤳ an der **Elzquelle** vorbei ⤳ dem Hauptweg durch eine lang gezogene Rechtskurve folgen ⤳ bei der nächsten Kreuzung links die Wegkehre hinauf ⤳ dem Forstweg folgen ⤳ am Waldrand geradeaus ⤳ beim ehemaligen Gasthaus nach links und gleich wieder rechts.

Kolmenhof (Furtwangen im Schwarzwald)

Vorwahl: 07723

Martinskapelle. Die Ursprünge der Martinskapelle reichen bis in das 9. Jh. zurück.

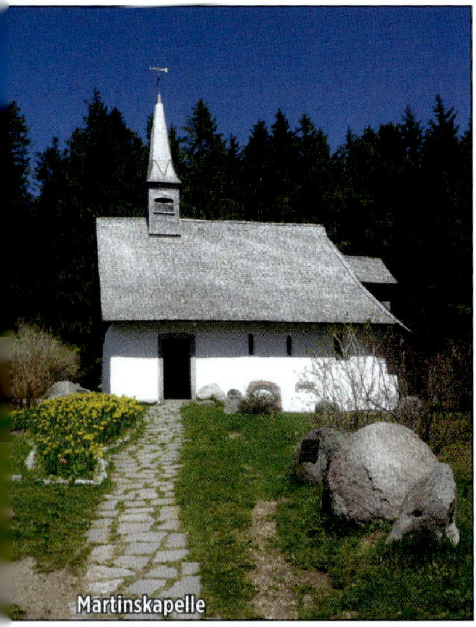

Martinskapelle

Grabungen belegen, dass bereits um 800 an dieser Stelle ein Quellheiligtum gestanden hat. Im Mittelalter wurde die Kapelle auf den alten Fundamenten neu errichtet. Sie ist im Besitz des Kolmenhofes.

Bregquelle/Donauquelle

Höhengasthaus Kolmenhof an der Donauquelle, Neuweg 11, ✆ 93100, ⏲ Mo, Di, Fr 15-20 Uhr, Sa, So 12-20 Uhr, @ bcs268

AUSFLUG: Zur Breg- oder Donauquelle gelangen Sie, wenn Sie dem Sträßchen an der Martinskapelle vorbei 100 m bis zum Gasthof Kolmenhof folgen. Von dort führt ein Weg rechts zur Quelle.

Der Streit um die Donauquelle

Der Streit zwischen Donaueschingen und Furtwangen um die Donauquelle ist mittlerweile mehr als 500 Jahre alt. Nach allgemeiner Auffassung entsteht die Donau im Garten des Fürstenbergischen Schlosses in Donaueschingen durch den Zusammenfluss der Quellflüsse Breg und Brigach. Ob allerdings die dort gefasste Quelle des Donaubaches, einer wasserreichen Karst-Aufstoßquelle, als Donauquelle zu bewerten ist, wie dies Anfang des 16. Jahrhunderts die Fürsten von Fürstenberg behaupteten, kann mit einiger Berechtigung in Frage gestellt werden. Die geographische Quelle befindet sich zweifelsfrei bei der Bregquelle unterhalb der Martinskapelle. Denn die Breg ist im Vergleich zur Brigach der wasserreichere und mündungsfernere Quellfluss der Donau.

4 8,3 (1.1096) Auf der Europäischen Wasserscheide nehmen Sie den südlichen Forstweg am Waldrand

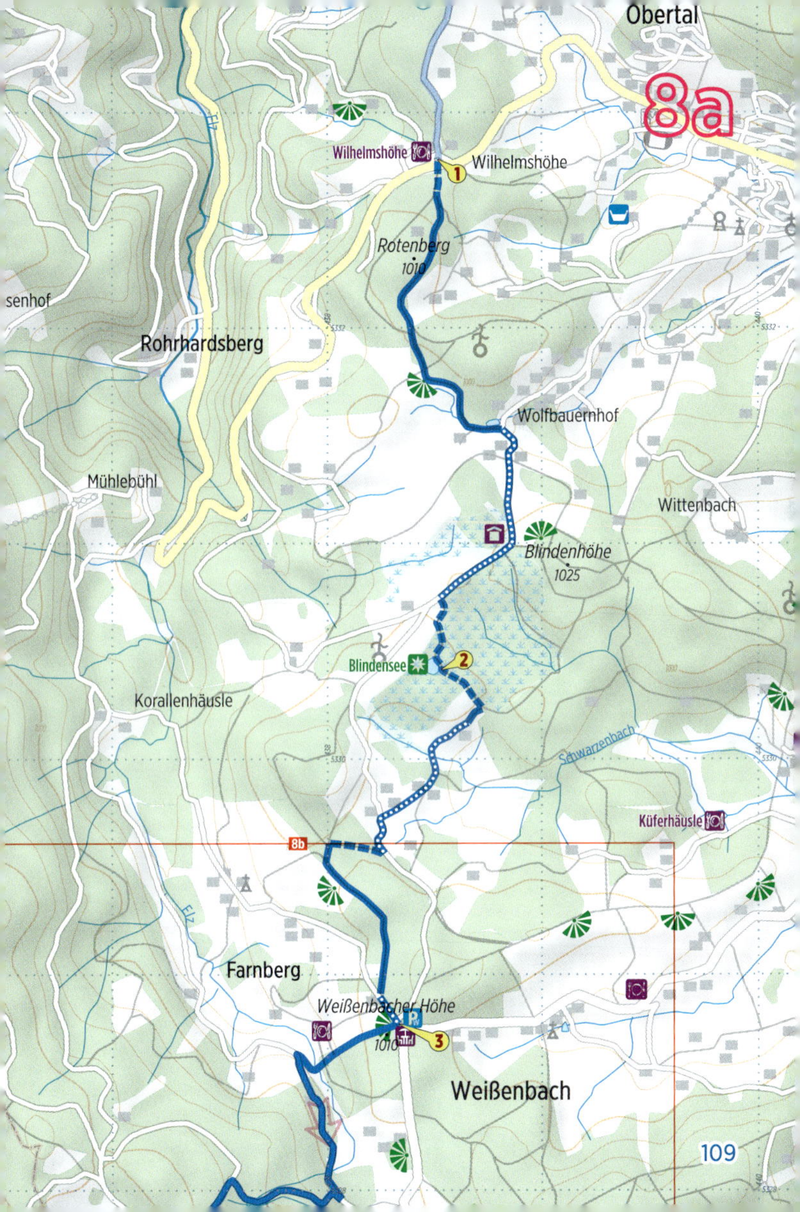
Obertal
8a
Wilhelmshöhe
Wilhelmshöhe
1
Rotenberg
1010
senhof
Rohrhardsberg
Wolfbauernhof
Mühlebühl
Wittenbach
Blindenhöhe
1025
Blindensee
2
Korallenhäusle
Schwarzenbach
Küferhäusle
8b
Farnberg
Weißenbacher Höhe
1010
3
Weißenbach
Elz

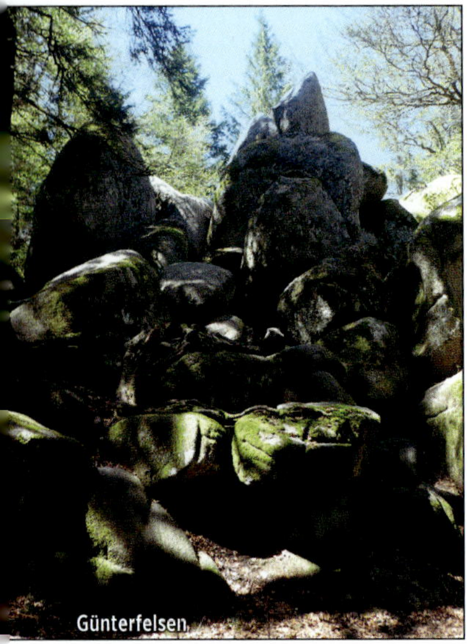

Günterfelsen

entlang ⇝ beim **Kolmenkreuz** geradeaus ⇝ nach etwa 200 m in einer Linkskurve rechts auf den aufgeschütteten Weg ⇝ nach 100 m links in einen unbefestigten Weg zum Günterfelsen.

Günterfelsen (1.137 m ü. NN). Der Günterfelsen gleicht einem mächtigen Steinhaufen. Entstanden sind die Granitblöcke durch die Wollsackverwitterung, bei der durch physikalische und chemische Prozesse kantengerundete, Wollsack ähnliche Gesteinsblöcke entstehen.

5 9,2 (1.137) Beim Günterfelsen gehen Sie links den steilen Pfad hinab ⇝ auf der Forststraße rechts ⇝ der Forststraße folgen bis zum Naturfreundehaus Brend.

VARIANTE: Der schönste Aufstieg zum Brendturm führt schräg rechts über den Parkplatz des Naturfreundehauses zum Waldrand (Schilder Fernskiweg), links am Waldrand entlang und dann auf direktem Weg zum Turm.

Brend (Furtwangen im Schwarzwald)

Vorwahl: 07723

Brend. Der Brend (1.149 m ü. NN) ist der höchste Punkt der Europäischen Wasserscheide zwischen Rhein und Donau. Vom Turm bietet sich ein guter Rundblick auf Feldberg, Kandel, Vogesen und Schwäbische Alb. Bei guter Sicht sind die Alpen zu sehen. Deutlich zu erkennen sind die unterschiedlichen Erosionsmuster der Rhein- und der Donauzuflüsse. Zum Rhein fallen die Täler steil und unnahbar ab, die Donauseite ist geprägt von flachen Hochtälern und Wannen. Der Turm stand Pate für ein Modell für eine elektrische Spielzeugeisenbahn der Firma Faller.

Gasthaus Brend, Auf dem Brend 7, ✆ 504870, 🕒 Mi 17-21 Uhr, Do-Mo 11-21 Uhr, @ ops456

NFH Brend, Auf dem Brend 5, ✆ 803, 🕒 Mi-So 11.30-21.30 Uhr, @ xfb428

6 10,7 (1.149) Etwa 20 m nach dem Abzweig der Fahrstraße zum Brend gehen Sie links in den Wald ⇝ zwischen den Bäumen hindurch parallel zur Straße ⇝ bei einer Waldwiese rechts am Waldrand entlang ⇝ schräg links auf die **Brendstraße** ⇝ der Straße folgen bis zum **Alte Eck** ⇝ nach links Richtung Furtwangen abbiegen ⇝ noch im Wald vor dem Hotel rechts vom Sträßchen abbiegen.

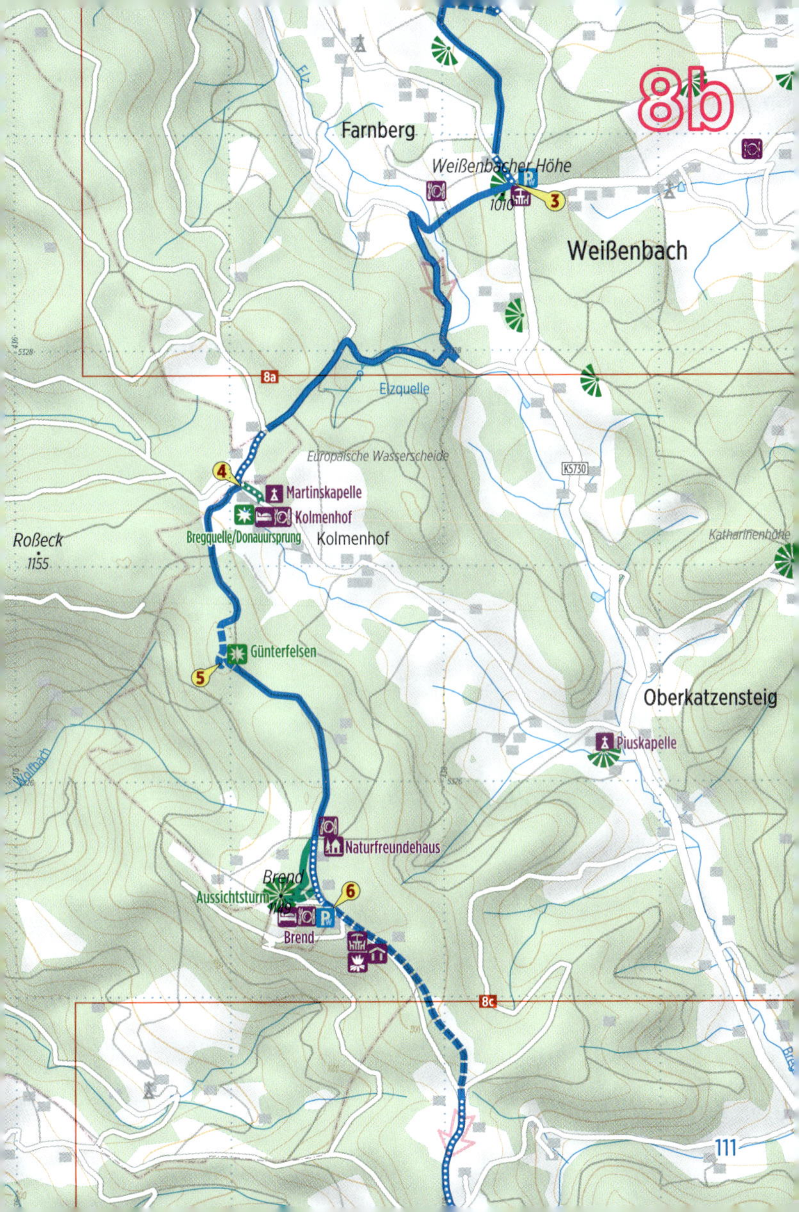
8b
Farnberg
Weißenbacher Höhe
1010
3
Weißenbach
Elz
8a
Elzquelle
Europäische Wasserscheide
K5730
4
Martinskapelle
Kolmenhof
Bregquelle/Donauursprung
Kolmenhof
Roßeck
1155
Katharinenhöhe
Günterfelsen
5
Oberkatzensteig
Piuskapelle
Wolfbach
Naturfreundehaus
Brend
6
Aussichtsturm
1149
Brend
8c

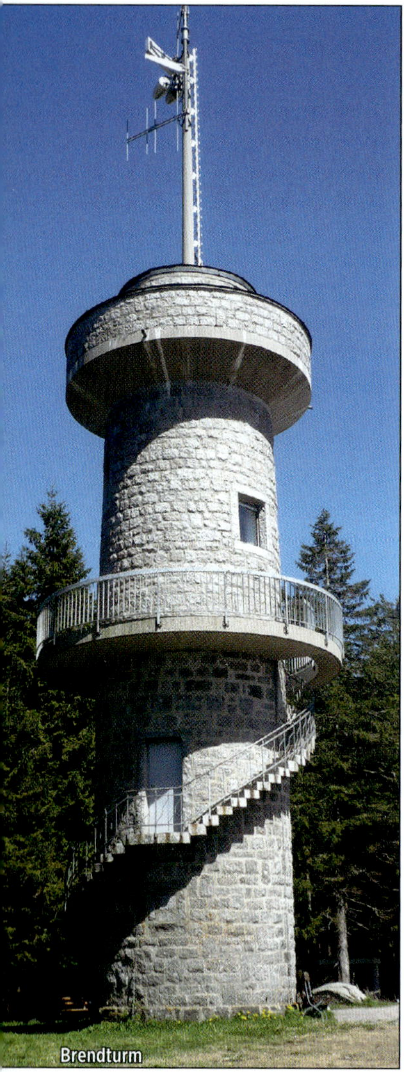
Brendturm

Raben (Furtwangen im Schwarzwald)

Hotel-Restaurant Goldener Rabe, Raben 7, ✆ 07723/7397, @ vga241

Am Ende des Pfades rechts in das Sträßchen einbiegen ⤳ links am Bauernhof vorbei ⤳ am Waldrand entlang ⤳ im Wald rechts halten und dem breiten Forstweg folgen ⤳ bei einer Kreuzung in einer Rechtskurve nach links abbiegen ⤳ nach 100 m rechts in den Weg zum Waldrand ⤳ durch ein Waldstück hindurch ⤳ hinab in einen Sattel ⤳ für 200 m einem Sträßchen folgen ⤳ am Waldrand rechts in den Wiesenweg ⤳ einen Bach überqueren und durch die Straßenunterführung ⤳ nach der Unterführung links hinauf.

Neueck (Furtwangen im Schwarzwald)

Landgasthof Zum Hirschen, Oberbregenbach 1, ✆ 07723/7412, Mo, Di, Do 17-21 Uhr, Fr, Sa 15-21 Uhr, So 10-20 Uhr, @ uxl452

7 16,0 (987) Dem asphaltierten Weg unterhalb der Schwarzwaldhochstraße folgen ⤳ die Straße nach Neukirch überqueren ⤳ auf den Parallelweg oberhalb der Straße wechseln ⤳ nach 300 m schräg rechts in den Forstweg ⤳ vor dem Waldrand links halten ⤳ an einigen Häusern vorbei ⤳ im Wald auf dem ansteigenden Weg bleiben ⤳ auf der Wiese bis zur Straße nach Neukirch ⤳ die Straße schräg links überqueren, ⚠ gefährliche Querung im Kurvenbereich! ⤳ über die Brücke hinüber, dann vor dem Wald links halten ⤳ über die Skipiste hinweg ⤳ den ausgewaschenen Forstweg hinab ⤳ unter der hohen Brücke der

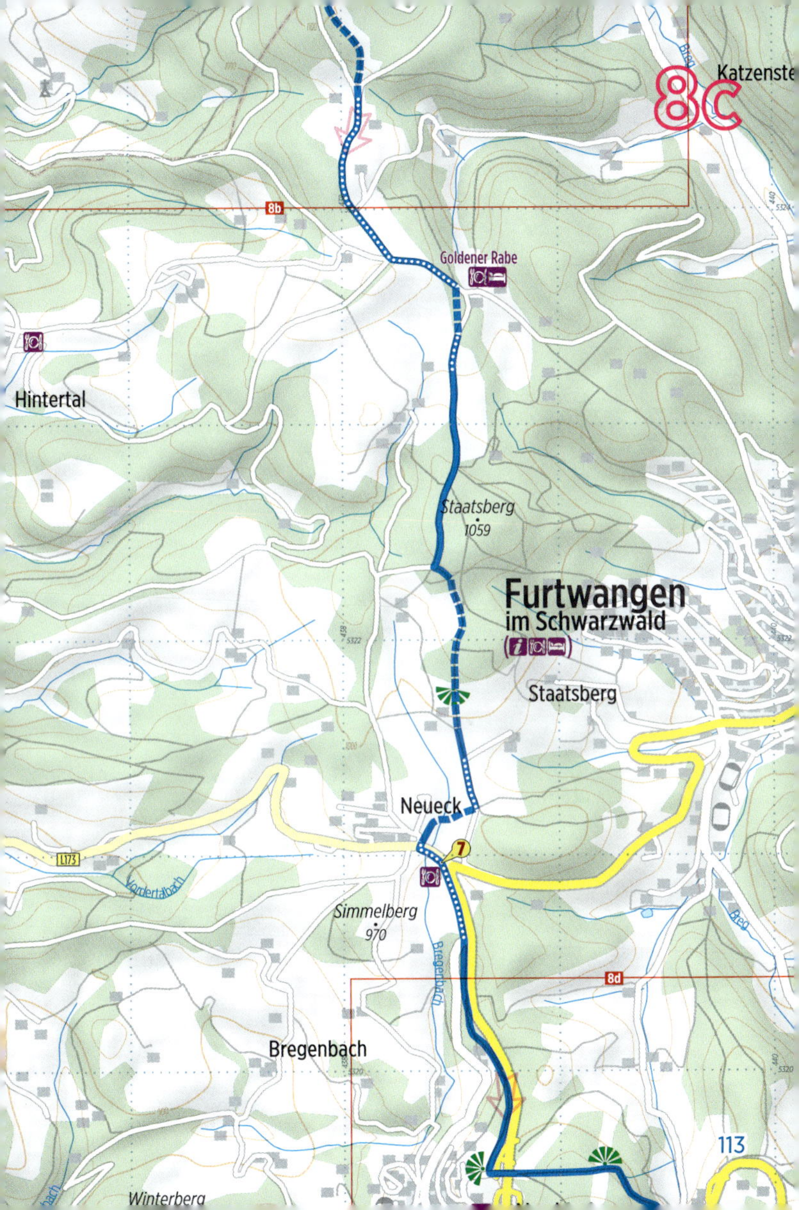

8c
Katzenste
8b
Goldener Rabe
Hintertal
Staatsberg
1059
Furtwangen
im Schwarzwald
Staatsberg
Neueck
7
L173
Vordertalbach
Simmelberg
970
Bregenbach
Breg
8d
Bregenbach
113
Winterberg

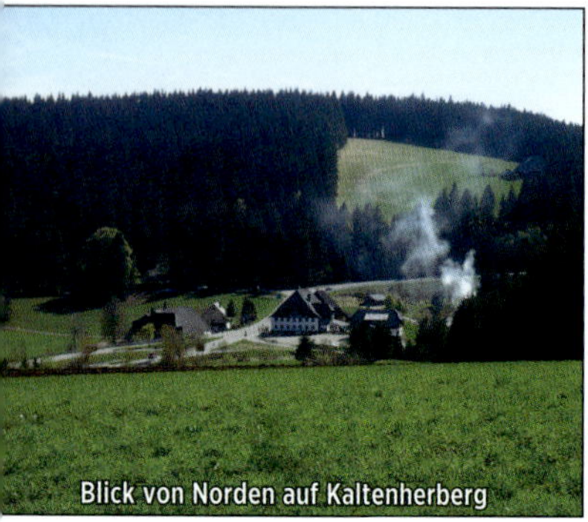

Blick von Norden auf Kaltenherberg

Schwarzwaldhochstraße hindurch ⇝ beim Bauernhaus links über den Bach und steil durch die Wiesen hinauf ⇝ rechts in den Hohlweg und für 300 m steil bergauf ⇝ an der verzweigten Kreuzung links ⇝ vor der Bank rechts halten ⇝ bei der **Heubacher Höhe** am Waldrand entlang ⇝ kurzer Abstieg über einen asphaltierten Weg ⇝ nach 150 m links in einen kleinen Pfad in der Böschung der Schwarzwaldhochstraße ⇝ am Ende des Pfades nach rechts in einen Forstweg ⇝ dem Weg erst um einen Kopf herum folgen und dann unterhalb der Straße zum **Hohlen Bildstöckle** ⇝ geradeaus dem Weg parallel zur Straße folgen ⇝ nach etwa 1 km in einer Senke geradeaus ⇝ nach 20 m rechts und gleich wieder links ⇝ steil den grasigen Pfad hinauf ⇝ am Waldrand entlang ⇝ links auf den Forstweg ⇝ durch die Wiesen hinunter zur Straße ⇝ auf der Straße rechts zur Kalten Herberge.

8 22,1 (1.029) Beim **Gasthaus Kalte Herberge** sind Sie am Ende der Etappe angekommen.

Kaltenherberg (Vöhrenbach)

Kalte Herberge. Die Kalte Herberge (1.029 m ü. NN) liegt an einem der ältesten Übergänge über den Schwarzwald. Die „Villinger Straße" verband die Rheinebene mit der Baar. Die Herberge bot den Fuhrleuten Unterkunft, Verpflegung und Schutz. Im 19. Jh. entwickelte sich die Kalte Herberge zu einem Umschlagplatz für Uhren, denn die wichtigsten Produktionsstätten lagen in einem Umkreis von ca. fünf Wegstunden. Um den Namen der Kalten Herberge ranken sich verschiedene Geschichten. Dass es hier selbst im Juni so kalt sein kann, dass einst ein Handwerker auf der Ofenbank erfroren ist, mag wohl eher ein Märchen sein. Wahrscheinlicher kommt der Name von dem altschwarzwälder Begriff „verkalten". Das bedeutet „verstecken". In den Kellergewölben des Gasthauses sollen die Bauern und Bürger der Umgebung in unruhigen Zeiten Wertgegenstände eingelagert haben.

Höhengasthaus Kalte Herberge, Urachtalstr. 50, ✆ 07723/7389, Mo, Mi-Sa ab 15 Uhr, So ganztags, @ nmt742

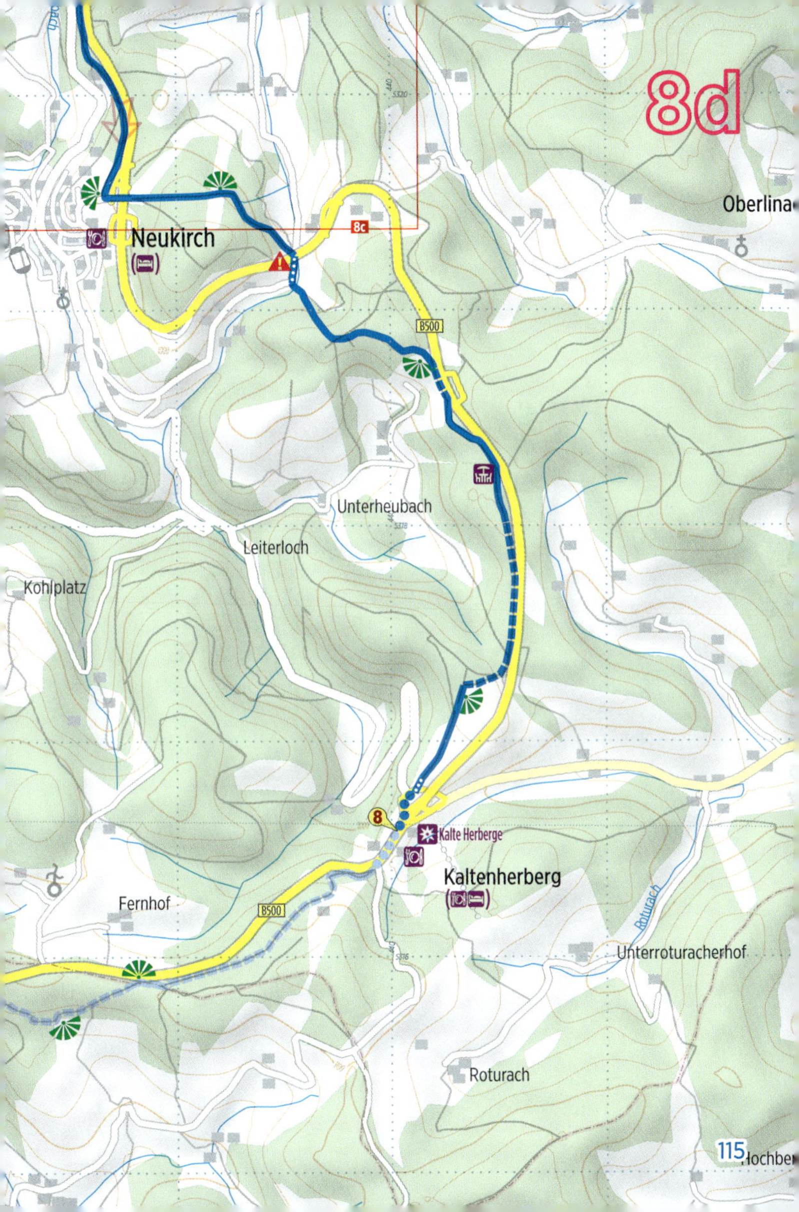
8d
Oberlina
8c
Neukirch
B500
Unterheubach
Leiterloch
Kohlplatz
8
Kalte Herberge
Kaltenherberg
Fernhof
B500
Roturach
Unterroturacherhof
Roturach
115
Hochber

Etappe 9 20,2 km

Kalte Herberge - Titisee

Start: Kalte Herberge (N 47,9997° O 8,1960°)
Ziel: Titisee, Kurhaus
Aufstieg: 356 m
Abstieg: 532 m
Gehzeit: 5,5 - 6,5 Std.
Hartbelag: 29 %
Wanderwege: 37 %
Wanderpfade: 34 %

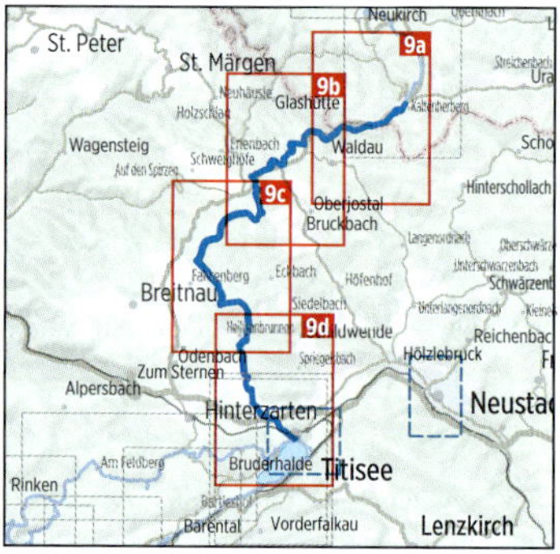

Dem Feldberg entgegen!

Charakteristik:

Die unspektakuläre Etappe wartet immer wieder mit kleinen Überraschungen auf: hübsche Waldränder, von denen der Blick über Wiesen und Matten in die Ferne schweift, moderne und ältere Windräder, atemberaubende Tiefblicke in die Seitentäler des Rheines und urige Hütten.

Und mit jeder Aussicht rückt der Feldberg ein Stückchen näher. Mit

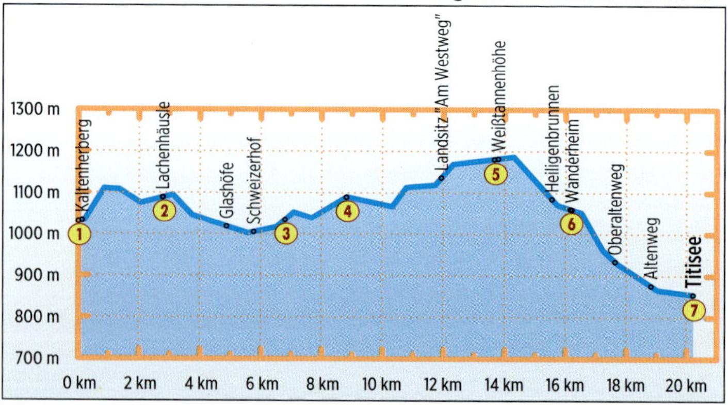

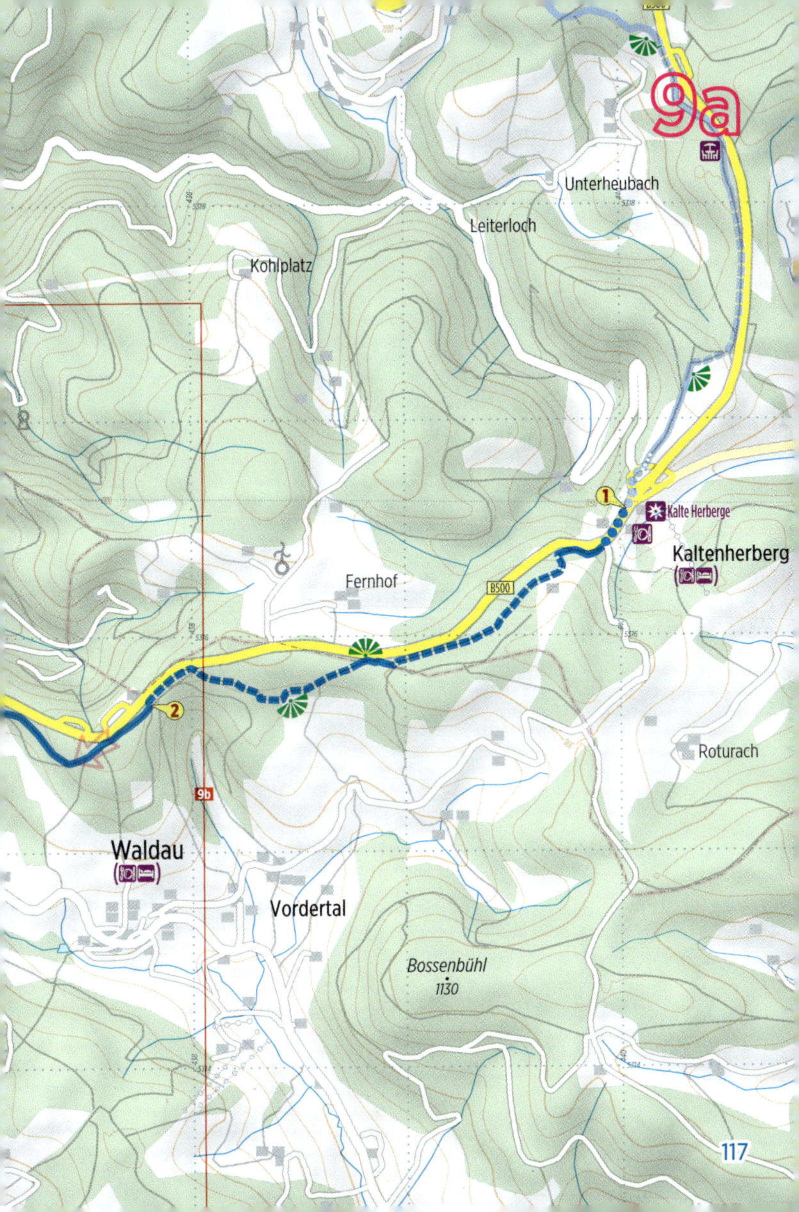

9a
Unterheubach
Leiterloch
Kohlplatz
Kalte Herberge
Kaltenherberg
Fernhof
B500
1
2
Roturach
9b
Waldau
Vordertal
Bossenbühl
1130

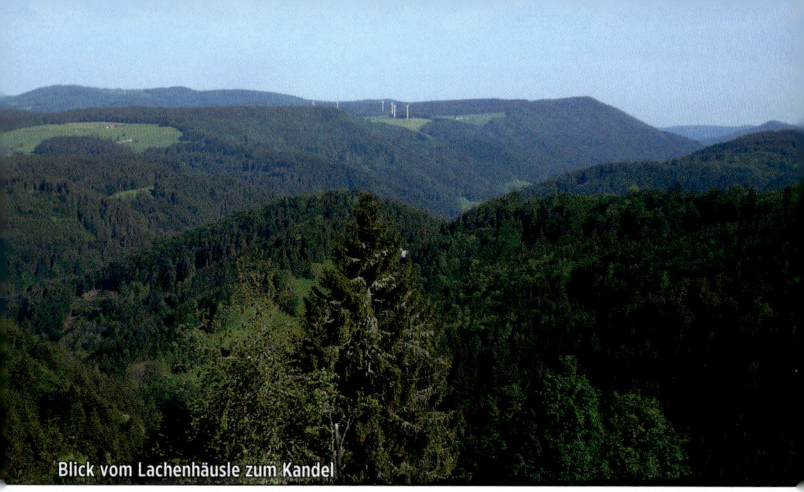

Blick vom Lachenhäusle zum Kandel

der Weißtannenhöhe liegt der unscheinbarste und unbekannteste der 1.000er-Gipfel am Weg. Beim Abstieg nach Titisee scheint er bereits zum Greifen nah. Am Ende wartet mit dem Titisee der größte natürliche See des Schwarzwaldes.

Kaltenherberg (Vöhrenbach)

1 0,0 (1.029) Vom **Gasthaus Kalte Herberge** folgen Sie für 250 m der B 500 in Richtung Hinterzarten ⇝ in der Rechtskurve schräg rechts den steinigen Weg hinauf ⇝ aus dem Wald hinaus und links am Waldrand entlang ⇝ am Brunnen vorbei und wieder in den Wald hinein ⇝ ein Sträßchen überqueren und weiterhin dem Pfad folgen ⇝ bei der nächsten Kreuzung nach rechts zur **Fernhöhe**, dort schräg links durch den Wald hinunter ⇝ an der oberen Ecke der Wiese wieder rechts in den Wald hinein ⇝ nach 100 m rechts und gleich wieder links ⇝ dem mit Wurzeln durchsetzten Pfad bis zur B 500 folgen ⇝ neben der Fahrbahn bis zur Haltestelle Lachenhäusle.

Lachenhäusle

2 2,8 (1.078) Vor dem Lachenhäusle gehen Sie schräg links auf den Forstweg oberhalb der Straße ⇝ am Wasserreservoir vorbei ⇝ durch eine Linkskurve und bei der nächsten Verzweigung rechts halten ⇝ den von links einmündenden Pfad ignorieren, dann nach 80 m in der Rechtskurve geradeaus auf den Pfad ⇝ ⚠ die B 500 überqueren und in das Sträßchen **Ruheckle** ⇝ am Waldrand entlang ⇝ ein kleines Waldstück durchqueren ⇝ 100 m hinter dem Waldaustritt rechts in die Straße **Glashöfe** einbiegen ⇝ hinter dem kleinen Wäldchen nach links in den Forstweg ⇝ den Bach überqueren ⇝ nach 50 m im Wald rechts und gleich wieder links ⇝ am Waldrand schräg rechts über den Wiesenweg

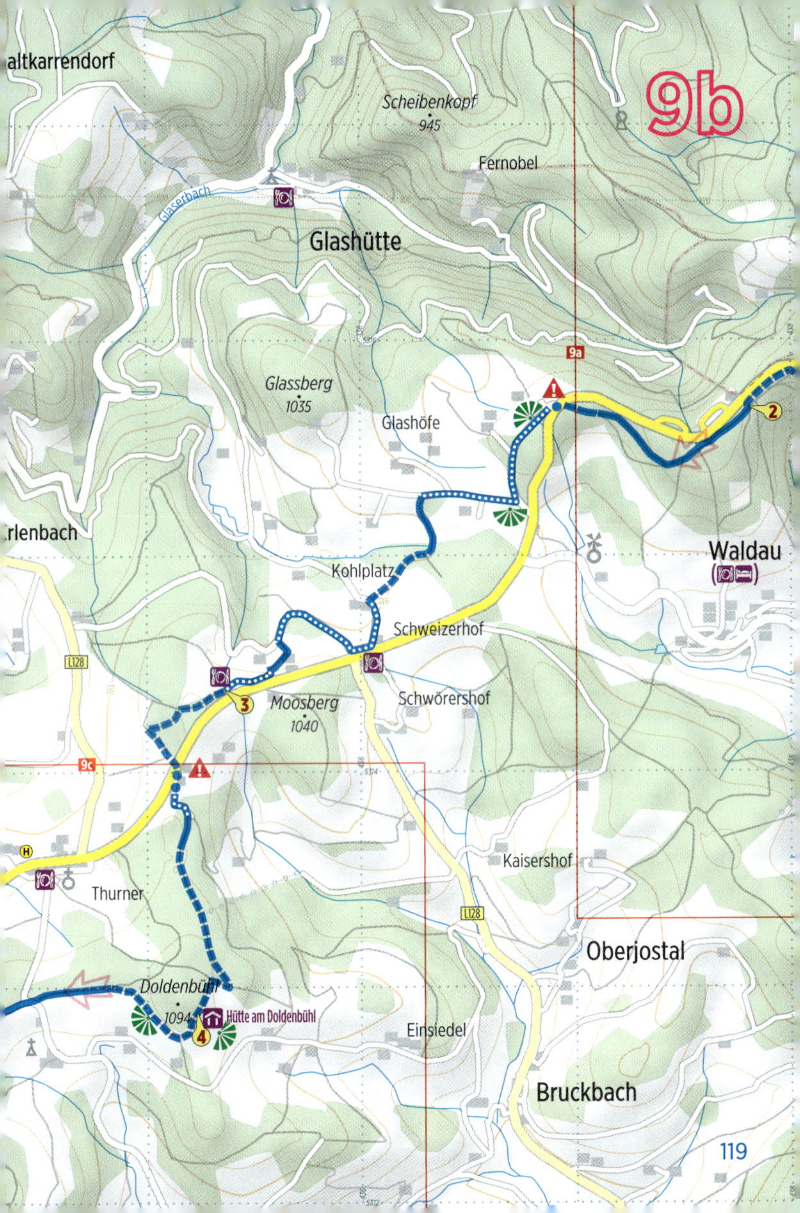
9b
altkarrendorf
Scheibenkopf
945
Fernobel
Glaserbach
Glashütte
9a
Glassberg
1035
Glashöfe
rlenbach
Waldau
Kohlplatz
Schweizerhof
L128
Schwörershof
Moosberg
1040
9c
Thurner
Kaisershof
L128
Oberjostal
Doldenbühl
1094
Hütte am Doldenbühl
Einsiedel
Bruckbach

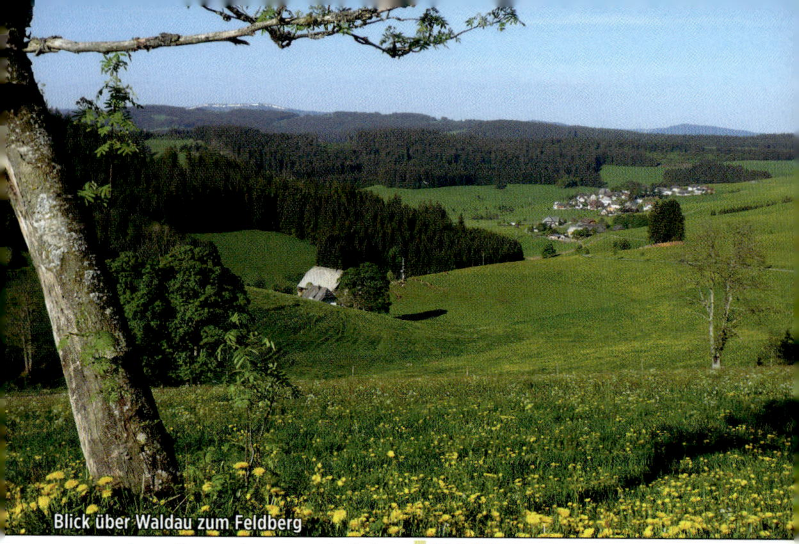

Blick über Waldau zum Feldberg

⇝ vor dem Bauernhaus nach links das Sträßchen hinauf ⇝ vor der Straßenunterführung nach rechts.

TIPP Durch die Unterführung gelangen Sie zum idyllisch gelegenen Gasthaus Schweizerhof.

Gasthaus Schweizerhof, Jostalstr. 128, 79822 Titisee-Neustadt, Ortsteil Waldau, ✆ 07669/91040, Mi-So 11.30-13.45 Uhr und 17.30-20.30 Uhr, @ ttm272

Es geht ein kurzes Stück unterhalb der B 500, dann nach rechts in den **Lehwaldweg** ⇝ um ein Waldstück herum ⇝ nach 100 m links den Wiesenweg hinauf ⇝ nach 70 m rechts abknicken ⇝ vor dem Bauernhof scharf links das Sträßchen hoch ⇝ geradeaus zum Gasthaus.

Gasthaus Zum Kreuz, Hohlengraben 1, 79274 St. Märgen, ✆ 07669/91010, Fr-Di 11.30-14.30 Uhr und 17.30-22 Uhr, @ qrd583

3 6,8 (1.041) Sie überqueren den Parkplatz beim Gasthaus und gehen schräg rechts am Waldrand den Wiesenweg hinauf ⇝ im Wald an den Schanzen auf dem Hohlen Graben vorbei zum Waldrand.

Türkenlouis-Schanze auf dem Hohlen Graben. Die Türkenlouis-Schanze ist Teil einer Verteidigungslinie, die bereits im Dreißigjährigen Krieg angelegt wurde. Sie sollte helfen, die mittelalterliche Straße, die hier in einem Hohlweg, dem Hohlen Graben, verläuft, gegen die Schweden zu verteidigen. Um 1700 ließ der Markgraf Ludwig Wilhelm von Baden, der „Türkenlouis", ein 160 km langes Schanzensystem von Bad Säckingen nach Pforzheim bauen, bei dem die Schanzen auf dem Hohlen Graben einen entscheidenden Platz einnahmen.

Am Waldrand biegen Sie links ab und wandern an den deutlichen Überresten der Schanzen vorbei geradeaus

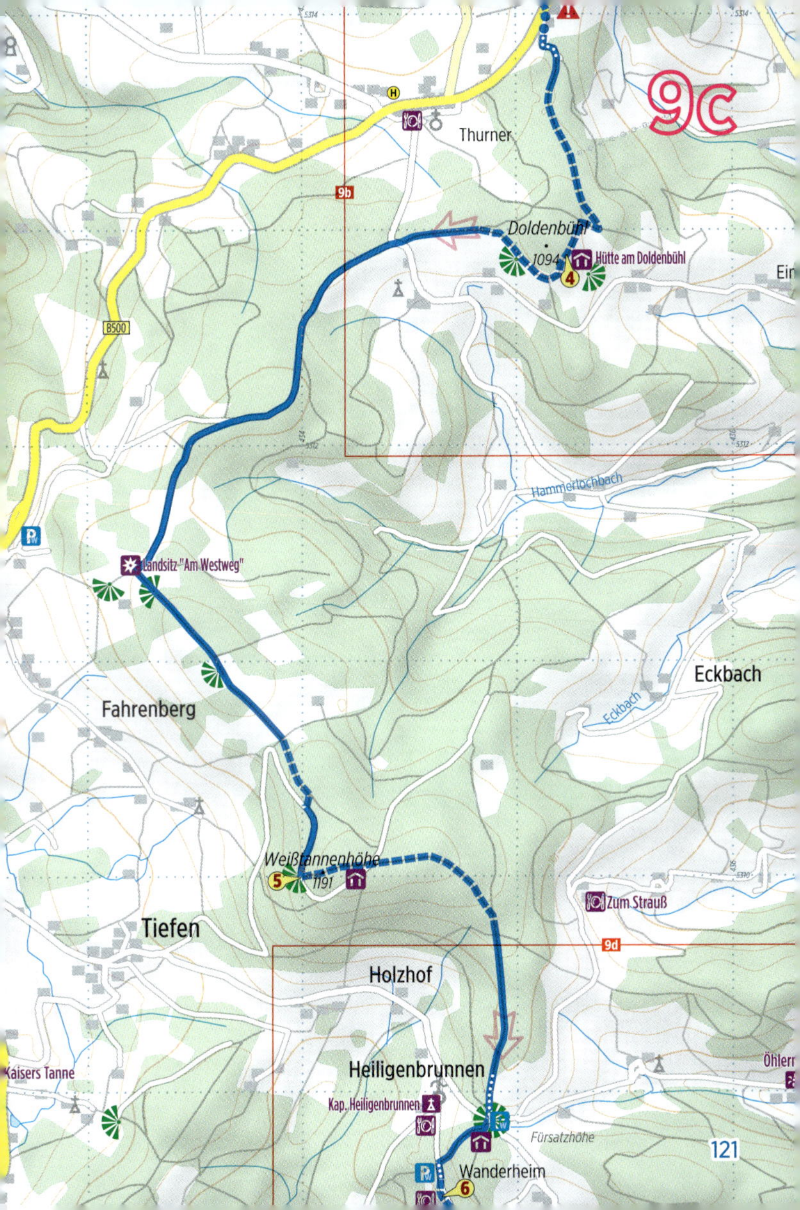
9c
Thurner
9b
Doldenbühl
1094
Hütte am Doldenbühl
4
B500
Landsitz "Am Westweg"
Hammerlochbach
Eckbach
Eckbach
Fahrenberg
Weißtannenhöhe
5
1191
Zum Strauß
Tiefen
9d
Holzhof
Heiligenbrunnen
Kaisers Tanne
Kap. Heiligenbrunnen
Fürsatzhöhe
Wanderheim
6

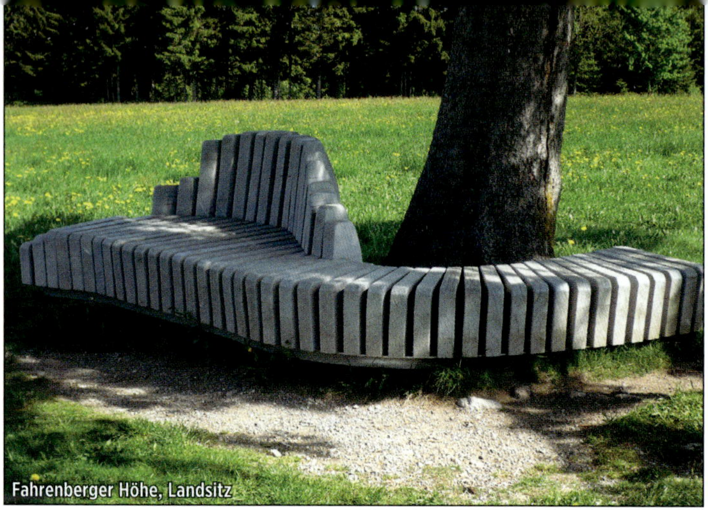

Fahrenberger Höhe, Landsitz

zur B 500 ⤳ ⚠ beim **Süßen Häusle** die Straße überqueren und vor dem Haus rechts auf das Sträßchen ⤳ geradeaus dem Sträßchen folgen in den Wald hinein.

TIPP Geradeaus am Waldrand entlang gelangen Sie nach Thurner (Gasthaus, Bushaltestelle).

Thurner (St. Märgen)

Thurner Wirtshaus, Thurner 1, 07669/210, Mo, Di und Fr-So/Fei 12-22 Uhr, @ erq822

Im Wald nach 100 m schräg rechts auf den Forstweg ⤳ der Weg verjüngt sich zum Pfad ⤳ einen kleinen Bach und danach die Skipiste überqueren ⤳ am Waldrand scharf rechts ⤳ nach 100 m links zur Hütte am **Doldenbühl**.

4 8,8 (1.089) Sie wandern geradeaus an der Hütte vorbei und für 1,4 km am Waldrand entlang ⤳ das Sträßchen zum Thurner überqueren ⤳ bei Eintritt in den Wald schräg rechts den Forstweg hinauf ⤳ an der nächsten Kreuzung weiter geradeaus ⤳ nach etwa 600 m vor einer Waldlichtung schräg links ⤳ bei der nächsten Kreuzung links und gleich wieder rechts ⤳ aus dem Wald hinaus und auf dem Forstweg bis zur **Fahrenberger Höhe** ⤳ dem geschotterten Forstweg über den Bergrücken der **Fahrenhalde** folgen ⤳ auf dem Rücken geradeaus ⤳ in einem kleinen Sattel geradeaus in den Wald hinein ⤳ nach etwa 300 m knickt der Weg links ab auf den darunter verlaufenden Forstweg ⤳ nach 400 m in einer lang gestreckten Linkskurve nach links steil den Berg hinauf zum Aussichtspunkt **Blick auf Breitnau**.

5 13,7 (1.181) Dem Pfad über den gestreckten Rücken der **Weißtannenhöhe** folgen ⤳ einen Forstweg überqueren ⤳ am höchsten Punkt im Wald schräg nach rechts einen steilen Pfad

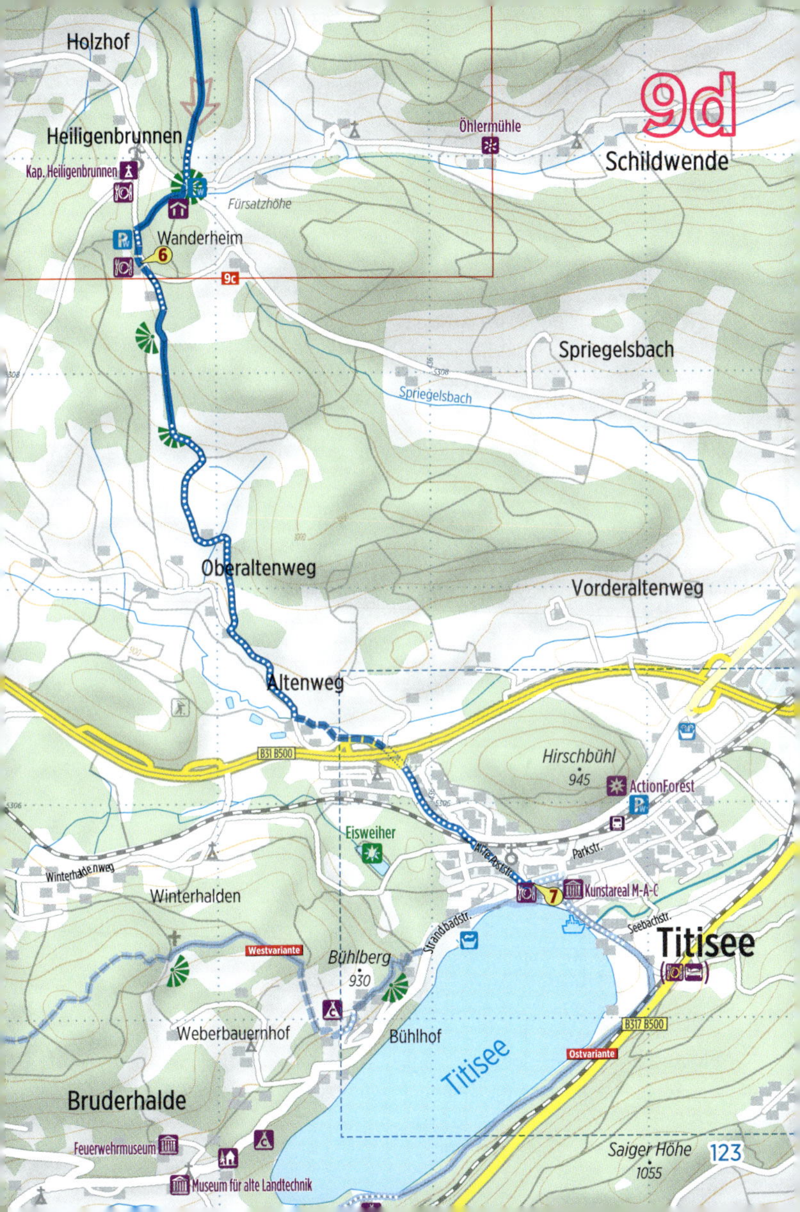

9d
Holzhof
Heiligenbrunnen
Kap. Heiligenbrunnen
Fürsatzhöhe
Wanderheim
6
9c
Öhlermühle
Schildwende
Spriegelsbach
Spriegelsbach
Oberaltenweg
Vorderaltenweg
Altenweg
B31 B500
Hirschbühl
945
ActionForest
Eisweiher
Parkstr.
Alte Poststr.
Winterhaldenweg
Winterhalden
Kunstareal M-A-C
7
Seebachstr.
Strandbadstr.
Titisee
Westvariante
Bühlberg
930
Weberbauernhof
Bühlhof
B317 B500
Ostvariante
Titisee
Bruderhalde
Feuerwehrmuseum
Museum für alte Landtechnik
Saiger Höhe
1055

hinab, der unten in einen Forstweg einmündet ⇝ über eine Kreuzung hinweg und weiter auf dem Forstweg ⇝ aus dem Wald hinaus ⇝ entlang der Beton-Doppelspur zur **Fürsatzhöhe**.

TIPP Wenn Sie rechts das Sträßchen hinunter gehen, gelangen Sie zum Heiligenbrunnen.

Heiligenbrunnen (Titisee-Neustadt)

Vorwahl: 07652

Kapelle Heiligenbrunnen. Der Legende nach soll sich die heilige Notburga, die Schutzheilige für alle Schwangeren und Gebärenden, einst nach langer Wanderung hier niedergelassen haben. Da sie durstig war, klopfte sie mit ihrem Stab auf einen Stein und sofort begann eine Quelle zu sprudeln. Noch heute ist die Quelle das Ziel vieler Frauen aus der Umgebung. Die Kapelle ist etwa 450 Jahre alt und im Besitz der Wirtsfamilie.

Öhlermühle, Schildwende 18, ✆ 07651/5483 Das Mahlwerk mit Steingang und Walzenstuhl der 1772 erbauten Mühle kann Korn mahlen und Öl pressen. @ hhv527

Heiligenbrunnen, Heiligenbrunnenstr. 36, ✆ 381, tägl. 8-22 Uhr, @ duy228

Wanderheim Berghäusle, Am Berg 2, ✆ 982065, Mo, Fr, Sa, So/Fei 11-21 Uhr, @ agu257

Auf der Fürsatzhöhe gehen Sie vor der Hütte nach rechts in den Wald hinab ⇝ unten am Sträßchen nach links ⇝ hinter dem Parkplatz nach rechts in den Pfad zum **Wanderheim Berghäusle**.

6 16,2 (1.042) Vom Wanderheim nehmen Sie schräg rechts den Pfad hinauf zum Sträßchen ⇝ hinter den Häusern bis zum Ende der Straße ⇝ geradeaus durch den Wald hindurch ⇝ am Waldrand den steinigen Weg hinunter ⇝ der Weg mündet auf einen asphaltierten Weg ⇝ dem Sträßchen durch die Wiesen am **Geigershof** vorbei folgen ⇝ links in die Talstraße **Oberaltenweg** einbiegen.

Oberaltenweg

Sie wandern oberhalb des Golfplatzes entlang ⇝ vor der Brücke über das Altenwegbächle nach links in den Pfad abbiegen ⇝ am Bach entlang ⇝ über die Brücke und unter der Brücke der Bundesstraße hindurch bis zum Ortsrand von Titisee ⇝ parallel zur Straße Richtung Ortsmitte ⇝ beim Informationsbereich die Straße überqueren ⇝ durch die Eisenbahnunterführung ⇝ nach links abbiegen ⇝ an der Kirche vorbei ⇝ am Ende der **Alten Poststraße** nach links in die **Strandbadstraße**.

7 20,2 (854) Nach etwa 50 m endet die Etappe beim **Kurhaus**.

Titisee s. S.126

Hier müssen Sie nun wählen, ob Sie lieber die West- oder die Ostvariante des Westweges wandern möchten – beide Möglichkeiten verlaufen von Titisee nach Basel. Die Etappen 10 bis 13 führen Sie über die Westvariante, ab der Etappe 14 finden Sie die Ostvariante beschrieben.

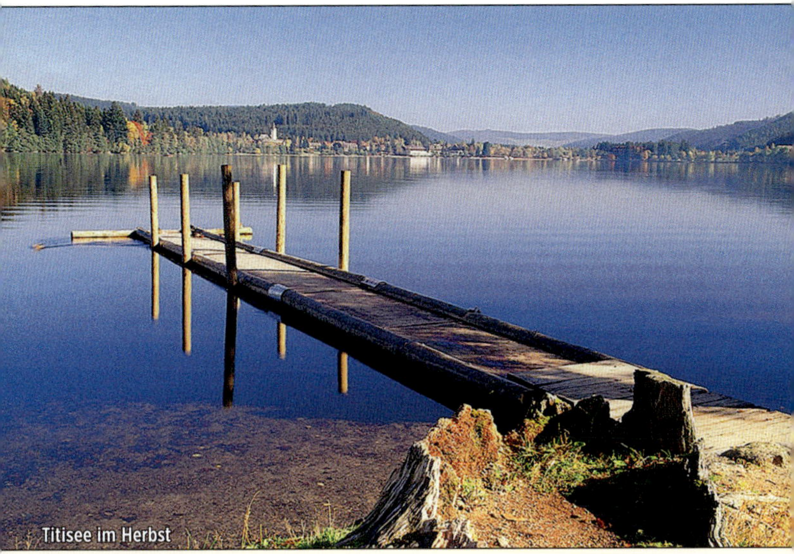

Titisee im Herbst

Der Titisee

Der Titisee liegt auf einer Höhe von 845 Metern ü. NN und ist mit einer Länge von 2 Kilometer und einer Breite von 750 Meter der größte natürliche See des Schwarzwaldes. Gespeist wird der 45 Meter tiefe See durch den Seebach, der im Feldsee entspringt. Den natürlichen Ausfluss des Titisees bildet die Gutach, die sich wenige Kilometer weiter südlich in die wütende Ach, die Wutach, wandelt und die spektakuläre Wutachschlucht hervorbringt. Der Titisee ist in der letzten Eiszeit durch den Feldberggletscher entstanden, dessen Moränen den See begrenzen. Erste urkundliche Erwähnungen des Titisees finden sich schon 1050. Dort wird er zunächst als „Titinsee“ bezeichnet. Nach einer Legende soll aber auch der römische Feldherr Titus dem See seinen Namen gegeben haben. Ihm gefiel es an seinen Ufern so gut, dass er ihm seinen Namen vermachte. Der Titisee lockt jedes Jahr Tausende von Touristen aus aller Welt an. Nicht nur im Sommer zum Baden, Boot fahren oder Spazierengehen, sondern auch im Winter. Da die Oberfläche durch den Wind in ständiger Bewegung gehalten wird, dauert es sehr lang, bis die Oberfläche gefriert und tragfähig genug für einen Ausflug auf dem Eis ist.

Titisee (Titisee-Neustadt)

Vorwahl: 07651

Tourist-Information, Strandbadstr. 4, 07652/12060, @ xqc437

Bootsbetrieb Drubba, Seestr. 37, 9812948. Bootsrundfahrten und Mietboote. @ kpt471

Bootsbetrieb Schweizer, Seestr. 33, 8214. Bootsrundfahrten; Elektro-, Ruder- und Tretbootverleih. @ irj288

Kunstareal M-A-C, Seestr. 21/1, 2040552 In der Märklin World Titisee werden Modelleisenbahnen und andere Ausstellungsobjekte der Firma Märklin aus über 150 Jahren Produktion präsentiert. Die Kunstgalerie zeigt Gemälde von Hans-Jörg Franz und Werke von wechselnden Künstlern. Ein Adventure-Minigolfplatz und das Café-Restaurant im Kunstareal M-A-C vereinen Kunst, Kultur, Spiel und Spaß. @ ryo267

ActionForest, Neustädter Str. 41, 9331170. Kletterparcours mit verschiedenen Schwierigkeitsgraden; Kletterbäume, Brücken, Kistenklettern, etc. @ dii426

Zäpfle Bähnle, Seestr. 11, 0175/7238971 Von der Gaststätte Pferdestall aus führt die gemütliche Rundfahrt durch den Schwarzwald. Dauer: ca. 1 Std. @ aeb358

Eisweiher. Einst speiste der Eisweiher den Sägebach der Hofsäge des Bärenhofs. Schon im frühen 20. Jh. gewann man von hier das Eis zur Kühlung der Getränke der Brauerei Ganter in Titisee. Immerhin ist der Eisweiher das erste Gewässer um Titisee, das im Winter zufriert.

Strandbad Titisee, Strandbadstr. 1, 2060. Große Liegewiese, Stand-Up-Paddling und Kajak-Verleih, ohne Wasseraufsicht. @ lxn877

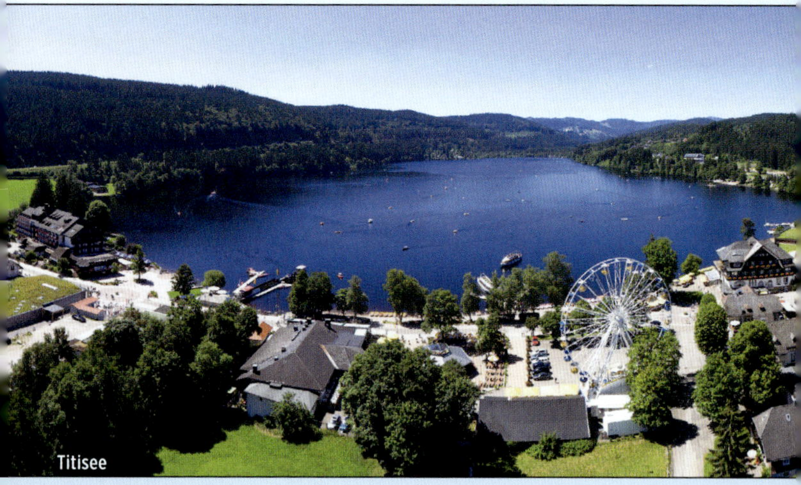

Titisee

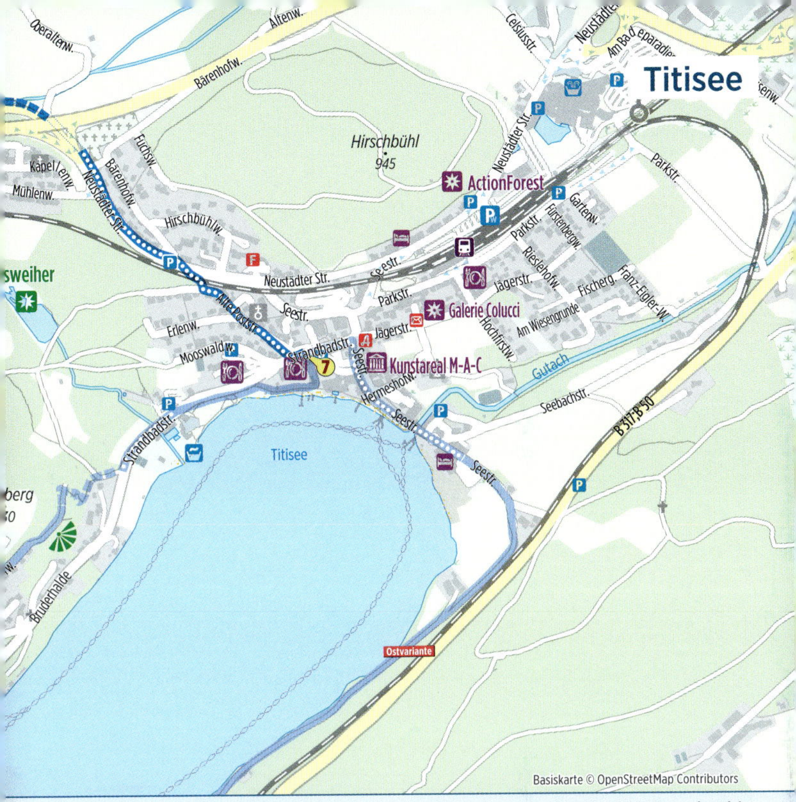

Badeparadies Schwarzwald, Am Badeparadies 1, ✆ 9360333 Es erwarten Sie u. a. eine Palmenoase, 23 Hightech-Rutschen und eine Saunawelt. @ xdl268

Der Ort Titisee gilt, ebenso wie Hinterzarten, als heilklimatischer Kurort – und dementsprechend viele Touristen sind hier oft anzutreffen. Spätestens in der Flaniermeile zum Titisee hinunter werden Sie merken, dass der größte Natursee des Schwarzwaldes ein äußerst beliebtes Ausflugsziel darstellt. Und das zu Recht: Der 1,3 Quadratkilometer große klare Gletschersee auf 850 Meter Seehöhe bildet nicht nur eine wunderschöne Kulisse für gemütliche Spaziergänge, sondern lädt auch zum Tretbootfahren, Segeln und Schwimmen ein.

Etappe 10 — 25,5 km

Titisee - Notschrei (Westvariante)

Start: Titisee, Kurhaus (N 47,9008° O 8,1499°)
Ziel: Notschrei
Aufstieg: 860 m
Abstieg: 588 m
Gehzeit: 8 - 9 Std.
Hartbelag: 5 %
Wanderwege: 54 %
Wanderpfade: 41 %

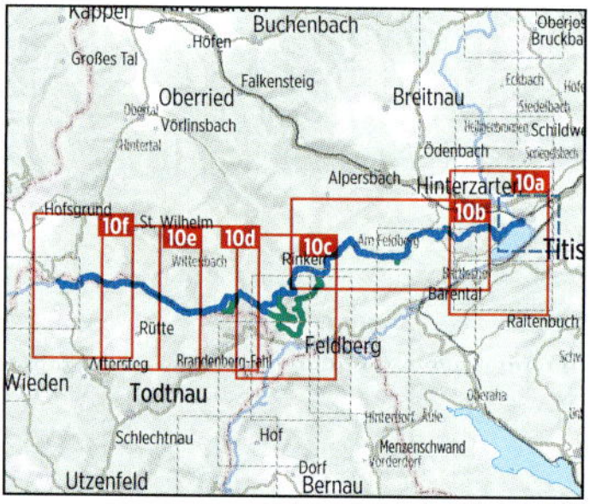

Auf den Höchsten!

Charakteristik:

Der Feldberg ist zweifellos der Höhepunkt des Westweges. Den ganzen Tag bewegt sich der Wanderer auf dem Feldbergmassiv. Zum Auftakt verläuft der Weg über die Moräne des ehemaligen Feldberggletschers nach Oberzarten. Der hier beginnende Emil Thoma-Weg stellt wohl einen der schönsten Aufstiege

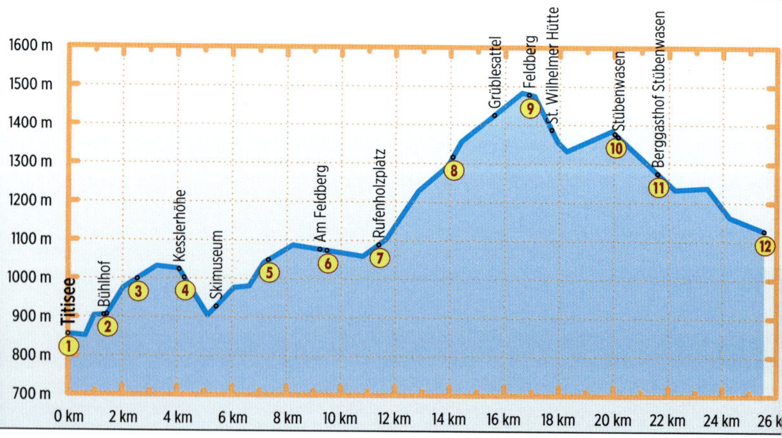

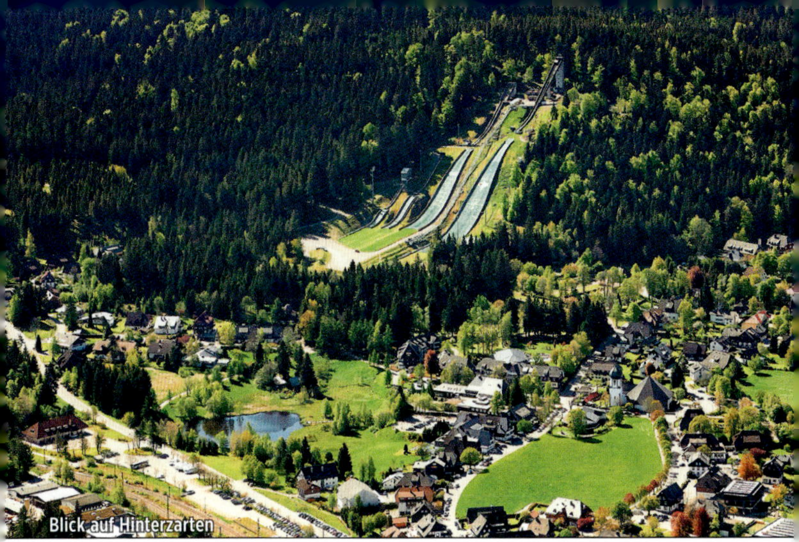

Blick auf Hinterzarten

auf den Feldberg dar. Durch wilde Bergwälder und über alpine Pfade steigt der Wanderer in den Grüblesattel zwischen Seebuck und Feldberg und von dort auf den höchsten Gipfel des Schwarzwaldes.

Auf dem kahlen Rücken des Feldbergs, der wie eine Insel aus der Umgebung aufragt, erwarten den Wanderer herrliche Ausblicke und eine einmalige subalpine Landschaft. Über die westlichen Ausläufer des Feldbergmassivs verlässt der Westweg den Höchsten. Über den aussichtsreichen Rücken des Stübenwasens wird das Ziel Notschrei erreicht.

Titisee

1 0,0 (854) Beim **Kurhaus Titisee** überqueren Sie die Straße und folgen dem geschotterten Weg zum See ~ rechts am Seeufer entlang ~ vor Erreichen der Strandbadstraße links durch ein Tor in den **Kurpark** ~ beim Strandbad den Kurpark verlassen und die Straße überqueren ~ entlang der Straße aus dem Ort hinaus ~ vor dem Ortsschild **Bruderhalde** rechts in den steinigen Weg ~ am Zaun entlang und dann im steilen Zick-Zack den Hang hinauf ~ oben links in einen Forstweg.

AUSSICHT: Wenige Meter unterhalb des Weges liegt ein Aussichtsfelsen mit Blick auf See und den Ort Titisee.

Hinter den Häusern vom **Bühlhof** entlang ~ bei der Kreuzung unterhalb des Campingplatzes das Sträßchen hinunter.

2 1,4 (906) Nach knapp 100 m biegen Sie rechts in einen Pfad ab ~ immer am Zaun des Campingplatzes entlang ~ im Wald links weiter den Berg hinauf ~ am Rande einer Lichtung entlang ~ im Wald links halten.

3 2,5 (999) Beim **Bankenhansenkreuz** am Rand einer Waldlichtung gehen Sie rechts in den Wald hinein ⇝ dem Weg über den Bergrücken folgen ⇝ an einer kleinen Lichtung bei einer Bank rechts halten ⇝ 60 m nach der nächsten Bank rechts auf schmalem Pfad am Hang entlang ⇝ in einem kleinen Sattel geradeaus ⇝ über die **Kesslerhöhe** ⇝ hinter dem mächtigen Turm der Adlerschanze vorbei zum **Scheibenfelsen**.

- **Adler-Skistadion**, Adlerschanze 1, 79854 Hinterzarten, ✆ 07652/981880. Die Adlerschanze ist die größte der vier Sprungschanzen in Hinterzarten. Der Skiclub Hinterzarten errichtete 1924 die erste Adlerschanze. Zuletzt wurde die Schanze 2004/05 erweitert. Sie lässt Sprünge bis zu einer Weite von 115 m zu. Die Schanze steht auch für Sommerskispringen zur Verfügung. @ mwy317

4 4,3 (989) Vor dem Scheibenfelsen zweigen Sie links ab in den Pfad ⇝ bei den Häusern den Querweg Freiburg – Bodensee kreuzen ⇝ links am Zaun entlang ⇝ den **Hermann Dischler-Pfad** im steilen Zick-Zack hinunter ⇝ im **Rodelhang** links zum **Kesslerhof** in Hinterzarten.

Hinterzarten

Vorwahl: 07652

- **Hochschwarzwald Tourismus**, Freiburger Str. 1, ✆ 12060, @ svb453
- **Schwarzwälder Skimuseum**, Erlenbrucker Str. 35, im Hugenhof, ✆ 982192 Im 300 Jahre alten Hugenhof ist die Entwicklung des Skilaufens, von der Ski-Herstellung über Skimode, Medaillen, bis hin zu erfolgreichen Sportlern, dargestellt. @ poy577
- **Maria in der Zarten**, Vincenz-Zahn-Weg 1, ✆ 253 Achteckige, moderne Glas-Bauweise mit Barockaltären, Turm und Chor stammen von einer Vorgängerkirche. @ vcw557
- **Hinterzartener Hochmoor** Das größte Moor des Schwarzwaldes dehnt sich auf gut 70 ha aus. Auf einem knapp 4 km langen Rundwanderweg lassen sich die Flora und Fauna des Moores erkunden. @ pjf222
- **Naturerlebnispfad**, Freiburger Str. Spielerische Aktionen lassen Sie auf 3,5 km die Natur mit allen Sinnen aktiv erkunden und erleben. Start ist beim Kurhaus. @ bit668

Der Luftkurort Hinterzarten ist vor allem Skisprung-Fans ein Begriff. Denn bereits 1923 wurde hier die erste Sprungschanze errichtet und bis heute zu einem Schanzenzenturm mit insgesamt vier Skisprungschanzen ausgebaut. Skispringer und Nordische Kombinierer verschiedenster Nationen trainieren in Hinterzarten im Sommer wie im Winter – und seit 1982 findet hier auch jährlich das sogenannte „Sommerspringen" statt. Bekannt wurde vor allem die Adlerschanze zur aktiven Zeit des Skispringers Georg Thoma, der hier auf seiner Heimatschanze in den 1960er Jahren nur selten geschlagen wurde.

Der Tourismus prägt jedoch nicht nur im Winter das Orts- und Landschaftsbild, auch im Sommer bieten zahlreiche Wanderwege ideale Bedingungen für Ruhe und Erholung im Höhenluftkurort Hinterzarten.

Beim Kesslerhof folgen Sie rechts der Straße hinab ⇝ nach 150 m im

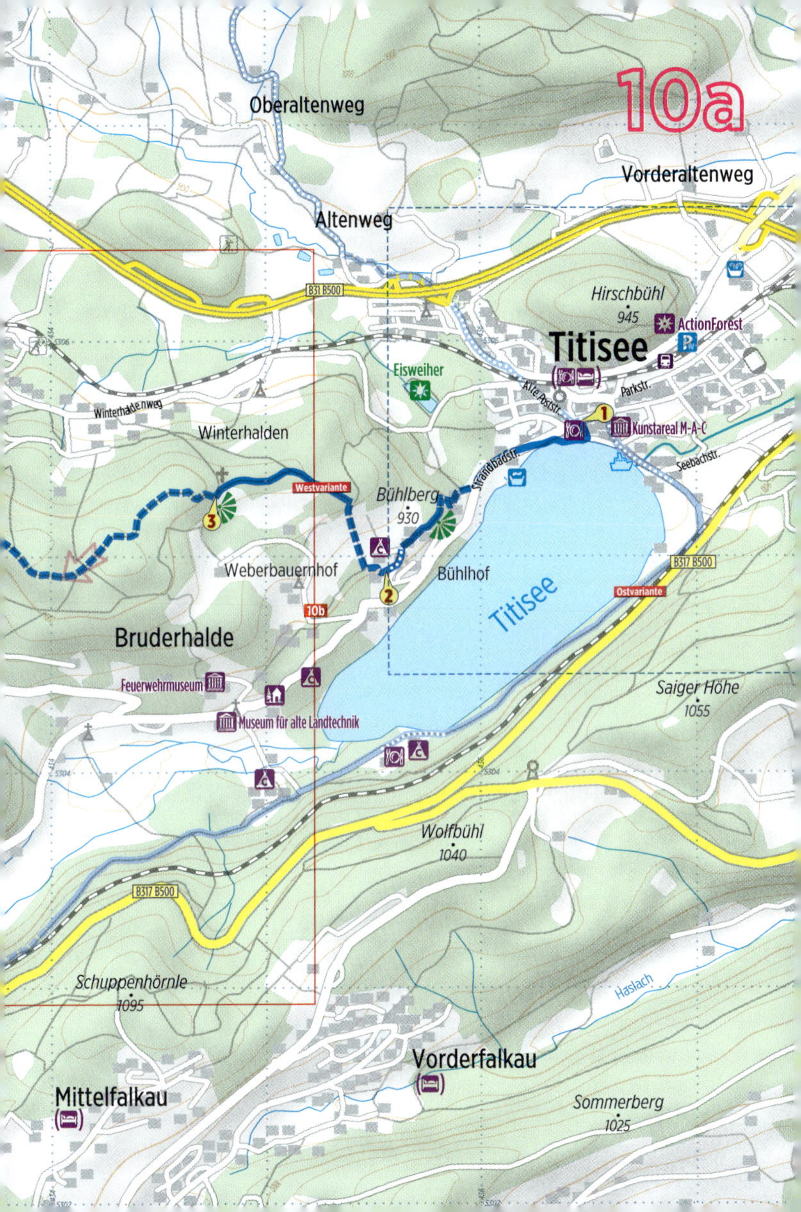

10a
Oberaltenweg
Vorderaltenweg
Altenweg
B31 B500
Hirschbühl
945
ActionForest
Titisee
Eisweiher
Alte Poststr.
Parkstr.
Winterhaldenweg
Winterhalden
Kunstareal M-A-C
Seebachstr.
Strandbadstr.
Westvariante
Bühlberg
930
Weberbauernhof
Bühlhof
Titisee
B317 B500
Ostvariante
10b
Bruderhalde
Feuerwehrmuseum
Museum für alte Landtechnik
Saiger Höhe
1055
Wolfbühl
1040
B317 B500
Schuppenhörnle
1095
Haslach
Vorderfalkau
Mittelfalkau
Sommerberg
1025

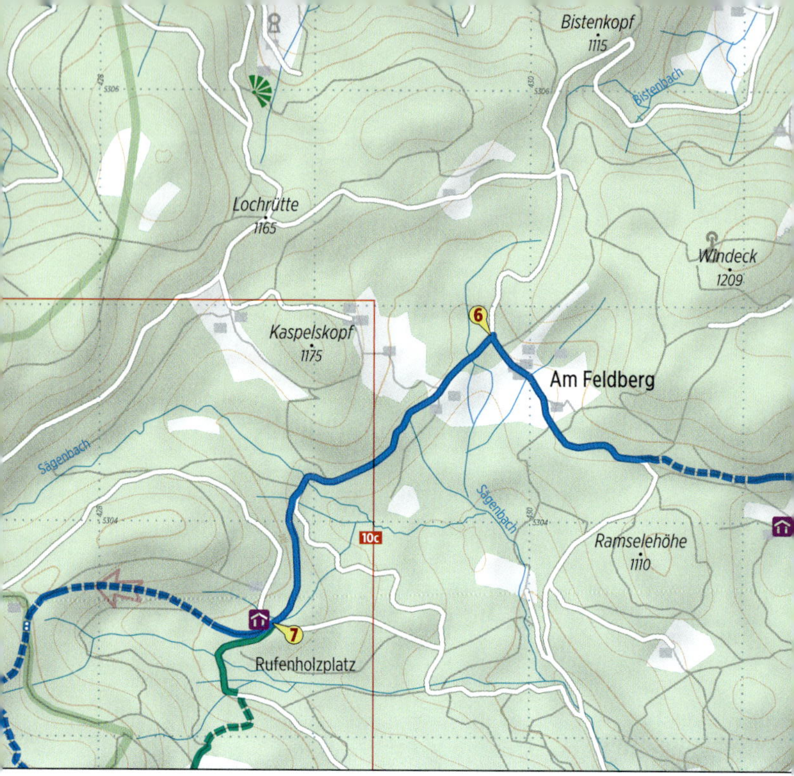

spitzen Winkel nach links in die Straße **Am Kesslerberg** ~ links am Hotel Sonnenberg vorbei und dem Pfad folgen ~ an einem kleinen Weiher vorbei rechts an den Wiesen des Zartenbach-Tales entlang ~ im Wald bei den großen Felsen geradeaus und weiter bergauf ~ der Pfad geht in einen Forstweg über.

5 7,3 (1.058) Nach etwa 300 m gehen Sie am Wegweiser **Stuckwald** geradeaus weiter.

AUSFLUG An dieser Kreuzung zweigt der Weg zum romantisch gelegenen Matthisleweiher ab (ca. 500 m). Dieser kleine Moorsee ist nur zu Fuß zu erreichen, die Bänke am Ufer eignen sich bestens für eine Rast.

An der nächsten Gabelung rechts halten ~ beim größeren Forstweg rechts, dann nach 20 m links und gleich wieder rechts in den schmaler werdenden Weg hinein ~ beim nächsten breiten Forstweg links ~ nach etwa 200 m schräg rechts in den schmaleren Weg ~ der Weg

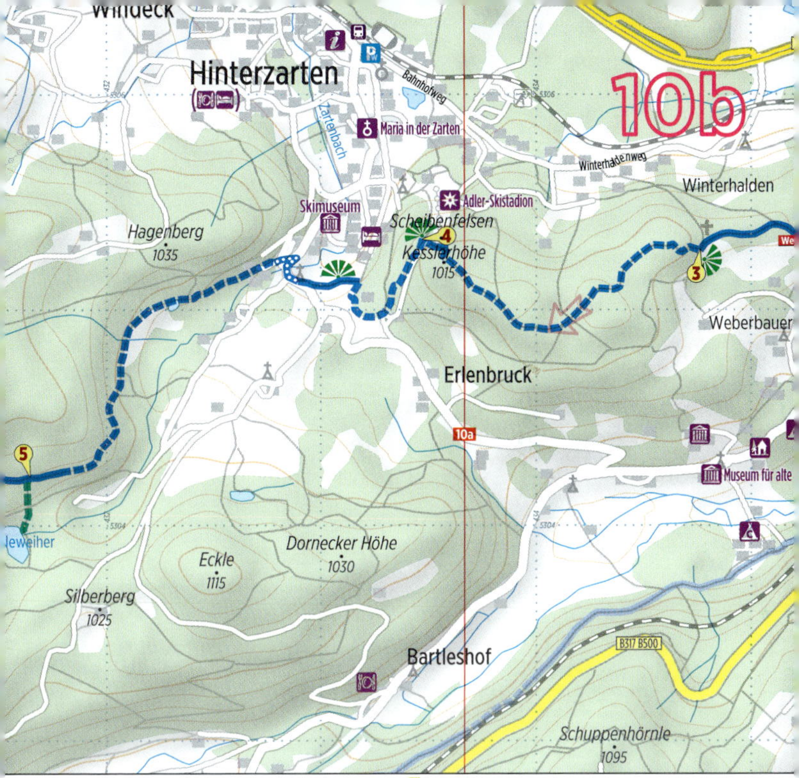

verjüngt sich zum Pfad ⤳ am Ende des Pfades links für 100 m den breiten Forstweg hinab ⤳ unten rechts auf die Forststraße, der Sie auf eine Lichtung folgen ⤳ weiter bis zu den Häusern des Weilers **Am Feldberg**.

6 9,5 (1.073) Beim Eintritt in den Wald biegen Sie links ab in die **Rufenhofstraße** ⤳ der Forststraße folgen ⤳ hinter der Brücke über den Sägenbach an einer Verzweigung den oberen Weg nehmen.

7 11,4 (1.088) Am **Rufenholzplatz** links am Unterstand vorbei in den **Rufenlochweg.**

VARIANTE Halblinks über den Seehäusleweg zweigt eine ausgeschilderte Variante ab, die einiges zu bieten hat: Sie führt an der malerisch gelegenen Einkehrmöglichkeit, dem Ramartihof, vorbei und an das Ufer des Feldsees, der sich unterhalb des gleichnamigen Gipfels befindet. In Feldberg-Ort haben Sie erneut Möglichkeiten zur Einkehr, bevor es dann zum Bismarckdenkmal hinauf geht. Dort lässt

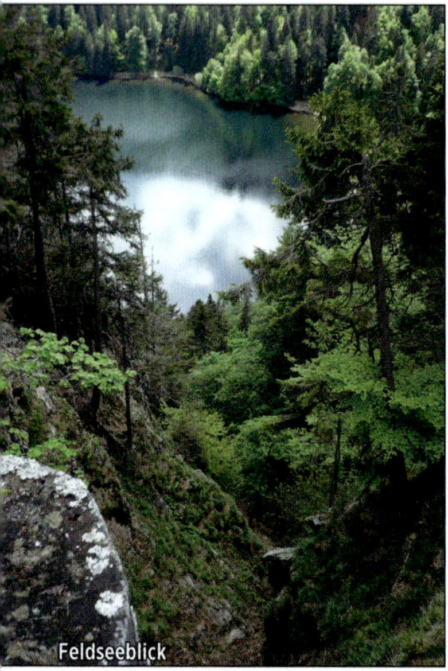

sich eine herrliche Aussicht genießen, ehe Sie wenig später am Grüblesattel wieder auf die Hauptroute treffen.

Raimartihof (Feldberg)

Feldsee. Wie ein Auge liegt der 32 m tiefe Feldsee inmitten eines Felskessels, der 400 m steil zum Feldberg ansteigt, umgeben von dichten, grünen Wäldern. In der Tiefe des klaren, kalten, zart grün schimmernden Wassers liegen zahlreiche Baumriesen. Im Feldsee haben sich Tier- und Pflanzenarten als eiszeitliche Relikte erhalten. Und wegen des sehr seltenen Unterwasserfarns ist das Baden verboten.

Raimartihof, Raimartihofweg 12, 07676/226, SB-Kiosk tägl. geöffnet, Gasthaus Di-Do 10-17 Uhr, Fr-So 10-18 Uhr, ary171

Feldberg-Ort (Feldberg)

Vorwahl: 07676

Tourist-Information Feldberg, Dr.-Pilet-Spur 4, 07652/12060, nqr772

Schwarzwälder Schinkenmuseum, Im Feldbergturm, 07721/51059 Eine interaktive, multimediale und mitreißende Ausstellung präsentiert die Geschichte der traditionellen Schinkenherstellung im Schwarzwald. olj665

Feldbergturm, Seebuck, 9409110. Vom ehem. Sendeturm auf dem höchsten Gipfel des Schwarzwaldes bietet sich ein weiter Panoramablick - bei gutem Wetter kann man sogar den Mont Blanc sehen. Das Trauzimmer in der 11. Etage gilt als das höchste Trauzimmer in Deutschland. Den Feldbergturm erreicht man bequem mit der Feldbergbahn oder zu Fuß in ca. 40 Min. Gehzeit. olh873

Bismarckdenkmal, Auf dem Seebuck. Das 1896 eingeweihte Denkmal wurde zu Ehren des „Eisernen Kanzlers" Otto von Bismarck auf dem Seebuck errichtet und ist seither ein Wahrzeichen des Feldbergs.

Feldbergbahn, Dr. Pilet Spur 17, 9409110. Bei der Bergstation auf 1.450 m beginnen zahlreiche Wanderrouten durch das Naturschutzgebiet Feldberg. kux468

Fundorena, Dr. -Pilet-Spur 11, 18690. Trampolinpark, Indoor Hochseilpark, Boulder Arena, Outdoor Kletterwald u.v.m. pvn762

Kletterwald, Dr.-Pilet-Spur 11, 18692, wbo443

Wichtelpfad im Auerhuhnwald, Köpfleweg 25. Liebevoll gestalteter, etwa 2,2 km langer Rundweg, spy261

Haus der Natur, Dr.-Pilet-Spur 4, 933630 Interaktive Dauer- und

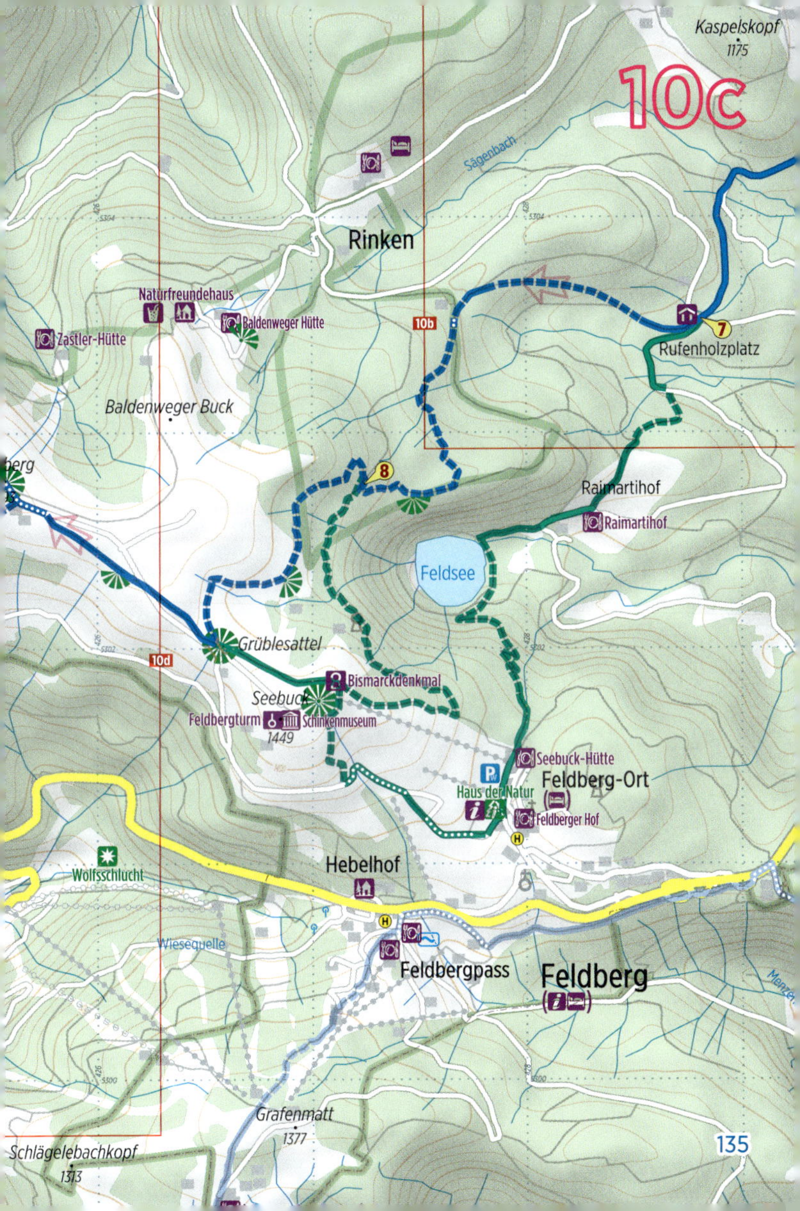

Kaspelskopf
1175
10c
Sägenbach
Rinken
Naturfreundehaus
Baldenweger Hütte
Zastler-Hütte
10b
Rufenholzplatz
7
Baldenweger Buck
8
Raimartihof
Raimartihof
Feldsee
Grüblesattel
10d
Bismarckdenkmal
Seebuck
Feldbergturm
Schinkenmuseum
1449
Seebuck-Hütte
Feldberg-Ort
Haus der Natur
Feldberger Hof
Wolfsschlucht
Hebelhof
Wiesequelle
Feldbergpass
Feldberg
Grafenmatt
1377
Schlägelebachkopf
1313

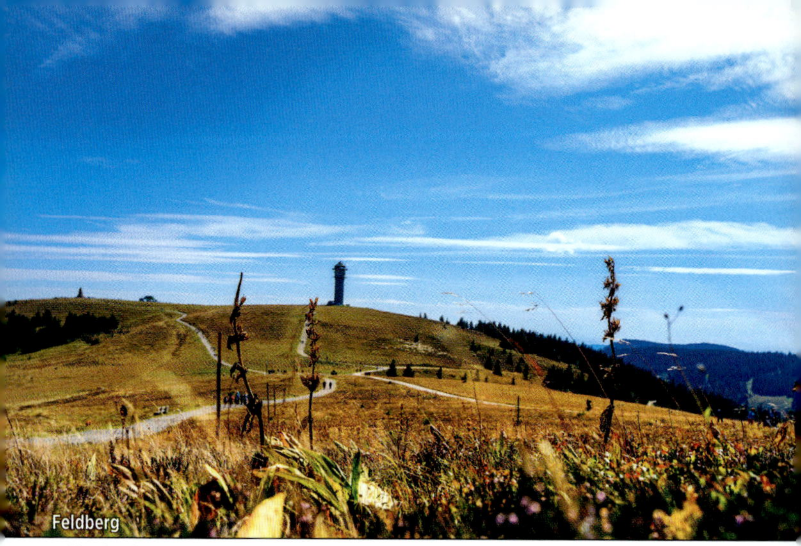

Wechselausstellungen beschäftigen sich mit der Symbiose zwischen Mensch und Natur. Highlights sind eine virtuelle Ballonfahrt und 3D-Schau und informative Führungen durch das Naturschutzgebiet Feldberg. @ flt457

Seebuck Hütte, Dr.-Pilet-Spur 8, ✆ 9333930, ⏲ Di-So 10-17 Uhr, @ xfs385

Siner Zit, Dr.-Pilet-Spur 1b, ✆ 18603, ⏲ tägl. 11-20 Uhr, @ isv266

Auf der Hauptroute wandern Sie in der nächsten Linkskurve schräg rechts den Pfad hinauf ⇝ der Weg geht in einen Forstweg über ⇝ an der Gabelung unterhalb einer Forststraße links halten ⇝ hinauf zur Forststraße und nach 20 m beim Schild Naturschutzgebiet schräg rechts den Pfad hinauf ⇝ nun immer dem steinigen, wurzeligen und alpinen Pfad durch den wilden, windzerzausten Bergwald folgen ⇝ über einen Bach und mehrere kurze Holzstege bis auf den Rücken hoch über dem Feldsee (s. S. 134) ⇝ weiter auf dem Pfad bergauf ⇝ vor einer Holzbank rechts.

8 14,1 (1.315) In einem kleinen Sattel gehen Sie an einer Kreuzung geradeaus.

VARIANTE Nach links zweigt der Felsensteig ab, der reizvoll durch die steilen Karwände des Feldsees führt. Oberhalb von Feldberg-Ort gelangen Sie dann über einen steilen Pfad am Waldrand hinauf auf den Seebuck und weiter zum Grüblesattel, wo Sie wieder auf die Hauptroute treffen.

Weiter auf dem alpinen Pfad durch den wilden Bergwald hinauf ⇝ zwei Bäche überqueren ⇝ über einen kleinen Felsabsatz aus dem Wald hinaus ⇝ dem Pfad bis zum **Grüblesattel** folgen.

TIPP Wenn Sie bis hierher der Hauptroute gefolgt sind, dann besteht hier eine weitere Möglichkeit, auf den Seebuck bzw. nach

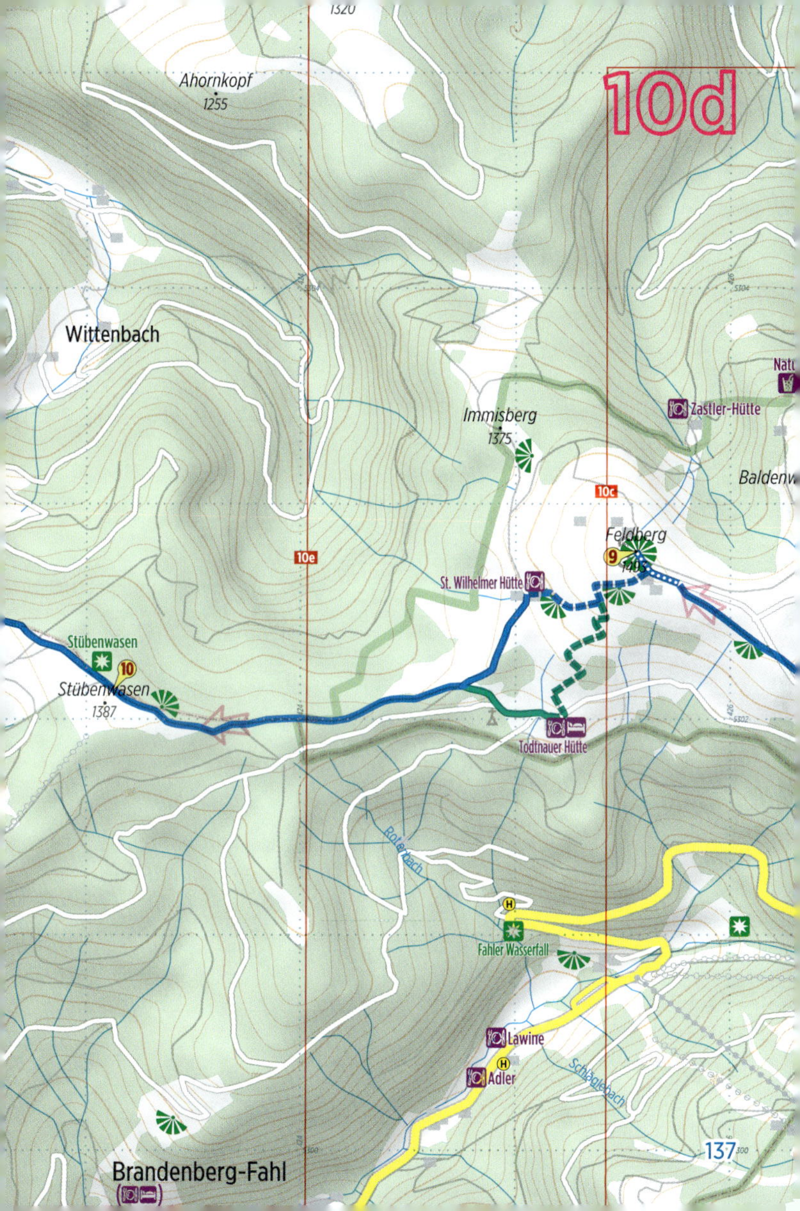
10d
Ahornkopf
1255
Wittenbach
Immisberg
1375
Zastler-Hütte
Baldenw
10c
Feldberg
9
10e
St. Wilhelmer Hütte
Stübenwasen
10
Stübenwasen
1387
Todtnauer Hütte
Rotenbach
Fahler Wasserfall
Lawine
Adler
Schläglebach
137
Brandenberg-Fahl

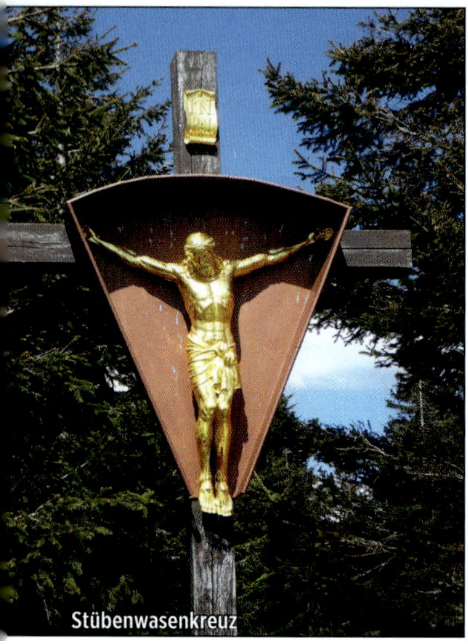
Stübenwasenkreuz

Feldberg-Ort zu gelangen. Nach etwa 600 m ist das Bismarckdenkmal erreicht, dort eröffnet sich eine herrliche Aussicht auf den Feldsee. Außerdem besteht die Möglichkeit, zu Fuß oder mit der Seilbahn nach Feldberg-Ort zu kommen. Nähere Informationen zu Feldberg-Ort finden Sie auf S. 134

Im Grüblesattel rechts auf den breiten geschotterten Weg steil den Berg hinauf ⤳ die Fahrstraße zum Feldberggipfel kreuzen ⤳ weiter den geschotterten Weg entlang ⤳ vor dem Funkmast links auf das Feldbergsträßchen ⤳ vor der Oberen Wetterwarte rechts zum Feldberggipfel.

Feldberggipfel (Feldberg)

9 16,9 (1.493) Vom Feldberggipfel wandern Sie 100 m zurück und wenden sich dann vor dem Funkturm nach rechts in den Westhang ⤳ nach 400 m rechts den Pfad hinab.

TIPP Geradeaus gelangen Sie zur Todtnauer Hütte, wo Sie nicht nur einkehren sondern auch übernachten können. Von dort führt ein Forstweg nach rechts wieder zurück zum Westweg.

Todtnauer Hütte, Todtnauerhüttenweg 2, 79868 Feldberg, ✆ 07676/373, ⏲ Di-So. 10-17 Uhr, @ svl534

Die Hauptroute folgt dem Pfad über Stufen bis zur St. Wilhelmer Hütte.

St. Wilhelmer Hütte, 79868 Feldberg, ✆ 07676/342, ⏲ Do-Mo 10-17 Uhr, @ nps814

Auf dem Fahrweg von der Hütte hinab ⤳ am Waldrand entlang ⤳ im Sattel geradeaus ⤳ nun immer auf dem Bergrücken bleiben, bis nach 1,8 km der unscheinbare Gipfel des Stübenwasen erreicht ist.

Stübenwasen (Todtnau)

Der lang gestreckte Rücken des auf 1.386 Meter über NN gelegenen Stübenwasen bildet den Kamm zwischen St. Wilhelmer Tal im Norden und Wiesental im Süden und ist zugleich der höchste Punkt zwischen Feldberg und Schauinsland. Charakteristisch für den fünfthöchsten Berg des Schwarzwaldes ist der kahle, mit Borstgras, Heidelbeeren und Heidekraut bestandene Rücken, der im Süden sanft nach Todtnauberg abfällt.

10 20,0 (1.385) Sie wandern auf dem Rücken des Stübenwasens weiter geradeaus bis zum Berggasthof Stübenwasen.

Berggasthof Stübenwasen, Stübenwasen 1, 79674 Todtnau, ✆ 07671/334, ⏲ Fr-Di 10-20 Uhr, @ yee515

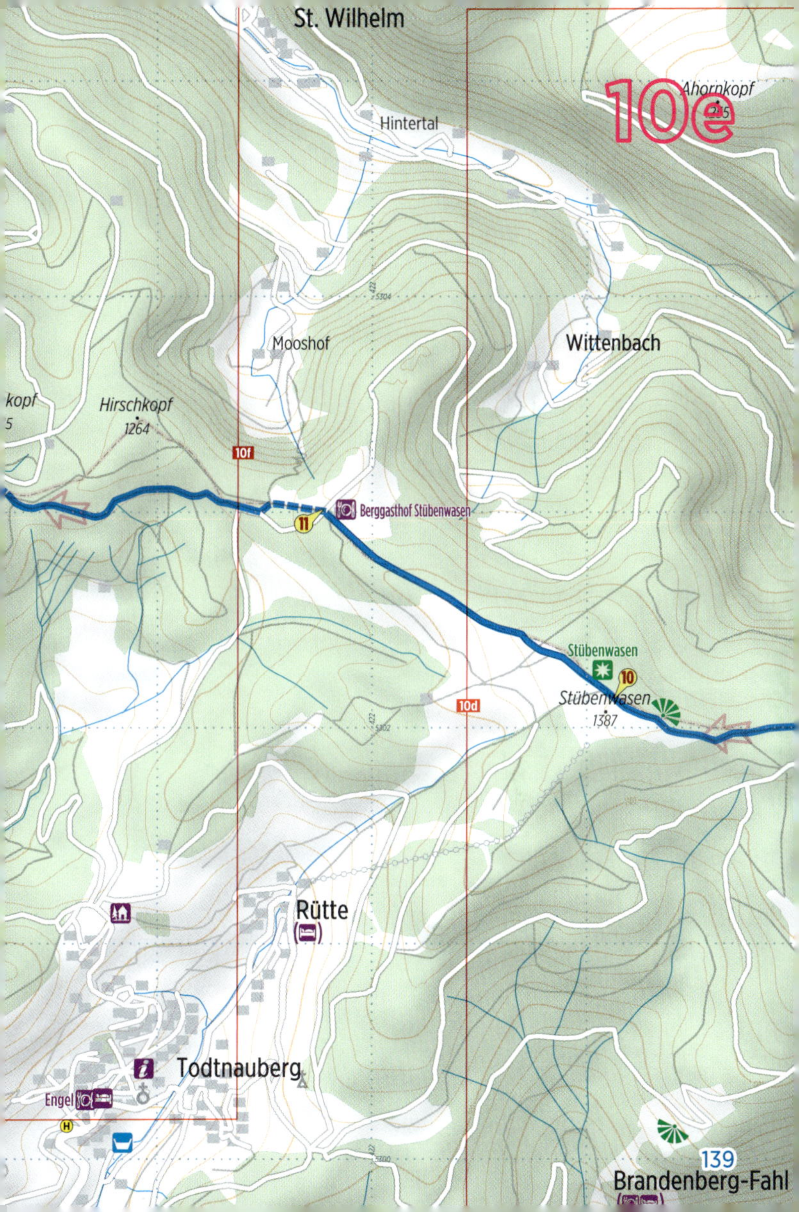
St. Wilhelm
10e
Ahornkopf
Hintertal
Mooshof
Wittenbach
Hirschkopf
1264
10f
11
Berggasthof Stübenwasen
Stübenwasen
10
Stübenwasen
1387
10d
Rütte
Todtnauberg
Engel
139
Brandenberg-Fahl

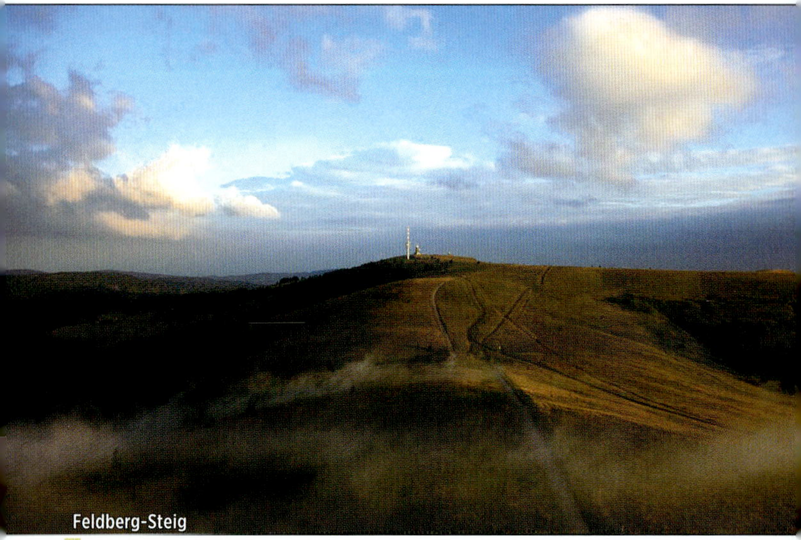

Feldberg-Steig

11 21,6 (1.275) Beim Gasthaus die Forststraße überqueren und weiter am Waldrand entlang ⇝ nach der Linkskurve rechts auf die Forststraße ⇝ immer geradeaus ⇝ in einem kleinen Sattel geradeaus in eine Art Hohlweg ⇝ unten auf dem Forstweg links ⇝ vor der Lichtung nach links in den Pfad ⇝ über die Lichtung beim Biathlon-Leistungszentrum hinweg ⇝ nach rechts auf den Höhenweg abbiegen ⇝ nach etwas mehr als 500 m links hinab zum Parkplatz am Notschreipass, dort nach rechts ⇝ links am Hotel vorbei, dann rechts neben der Straße weiter.

12 25,5 (1.120) Auf der Passhöhe Notschrei sind Sie am Ende der Etappe angekommen..

Passhöhe Notschrei (Todtnau)

Waldhotel am Notschrei, Notschrei-Passhöhe 2, ✆ 07602/94200, @ nvt175

Der Notschrei liegt 1.120 Meter über NN und verbindet Todtnau im Wiesental mit Oberried im Dreisamtal. Die Straße über den Pass wurde 1848 fertiggestellt. Der Name „Notschrei" stammt vom Hilferuf der Wiesentäler Gemeinden, die – von Hunger und Armut geplagt – eine bessere Verbindung nach Freiburg forderten, um ihre Waren absetzen zu können. Ihr „Notschrei" wurde vom Großherzogtum Baden erst erhört, als die Wiesentäler offen ihre Sympathie mit der Badischen Revolution bekundeten.

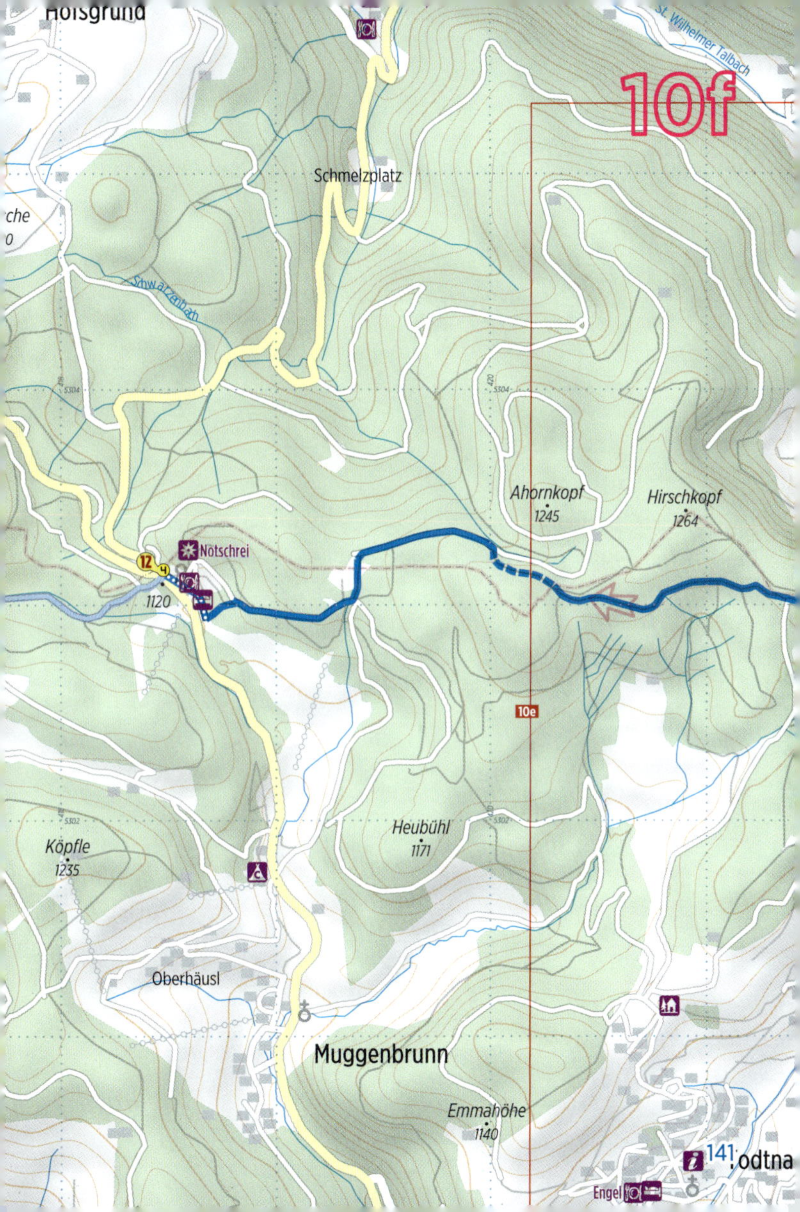
St. Wilhelmer Talbach
10f
Schmelzplatz
Schwarzenbach
Notschrei
12
4
1120
Ahornkopf
1245
Hirschkopf
1264
10e
Heubühl
1171
Köpfle
1235
Oberhäusl
Muggenbrunn
Emmahöhe
1140
141
Engel

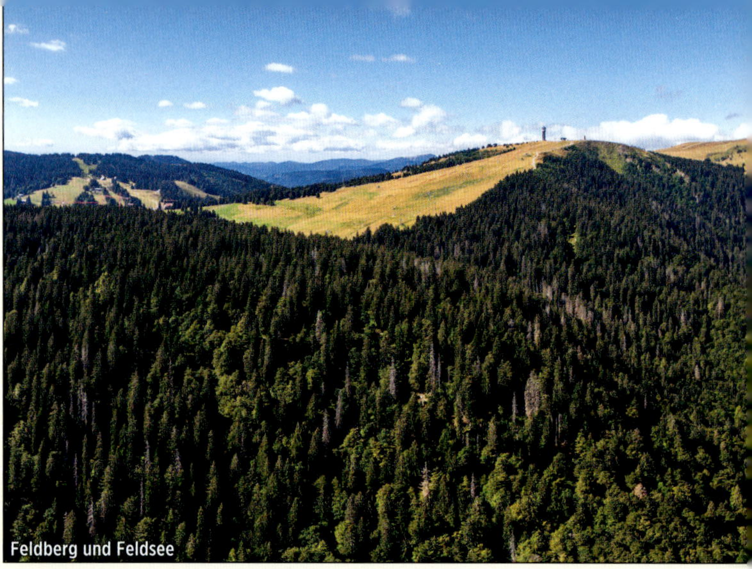

Feldberg und Feldsee

Feldberg (1.493 Meter ü. NN)

Der Feldberg ist der „Höchste" im Schwarzwald – und damit zugleich der höchste Berg der deutschen Mittelgebirge. Der kahle Gipfel mit seinen charakteristischen Türmen der Wetter- und Funkstationen ist von weither deutlich zu erkennen. Auch liegt hier bis in den Frühsommer hinein noch Schnee. Oftmals ragt der Berg als weiße Insel aus dem dunklen Schwarzwald empor. Der Eintrag im Gästebuch des Hotels Feldberger Hof von 1891 „Mit norwegischen Schneeschuhen auf dem Feldberg" von Konsul Dr. R. Pilet ist Zeugnis für den Feldberg als „Heimat des Skisports" in Mitteleuropa.
Der Name stammt vom mittelhochdeutschen „Velt", das „große unbewaldete Fläche" bedeutet. Die Kahlheit ist aber bis auf wenige Ausnahmen von Menschen gemacht. Wie in anderen Gebieten des Schwarzwaldes auch, lag die Ursache in der intensiven Viehhaltung im Mittelalter. Kühe, Schafe und Ziegen fraßen die nachwachsenden jungen Baumtriebe und hielten so die Landschaft offen.
Trotz der intensiven touristischen Nutzung der vergangenen 100 Jahre ist der Feldberg ein Rückzugsgebiet für viele seltene Tiere und Pflanzen geblieben. Im Feldberggebiet liegt mit einer Fläche von 4.200 Hektar das größte, älteste und höchstgelegene Naturschutzgebiet in Baden-Württemberg. In den verschiedensten Landschaftsformen wie Hochmooren, Heide- und Magerwiesen,

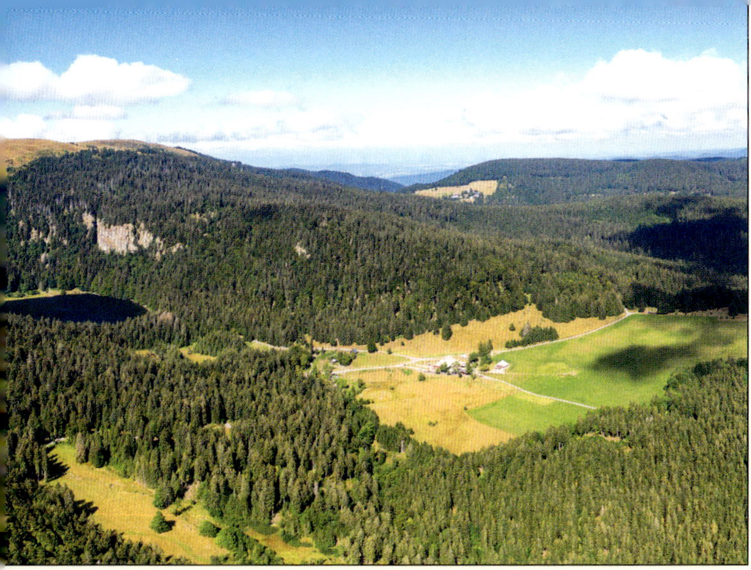

Berg- und Bannwäldern findet man beispielsweise Pflanzen, die sonst nur in den Alpen anzutreffen sind, wie Alpentroddelblume, Sumpfenzian, Zwerg-Glockenblume und den Schweizer Löwenzahn.

Das Feldbergmassiv beherbergt eines der größten Vorkommen an Auerwild im Schwarzwald. Außerdem leben hier zahlreiche Gämsen. Erst seit etwa 60 Jahren sind die Bergziegen im Schwarzwald wieder heimisch. Sie finden am Feldberg mit seinen steilen, unzugänglichen Hängen gute Lebensbedingungen. Die scheuen Kletterer ziehen in Rudeln von 15 bis 30 Tieren umher.

Das Feldberg-Klima erinnert in den Durchschnittswerten an Südnorwegen. Praktisch das ganze Jahr über – außer im Juni, Juli und August – kann es schneien. Schnelle Wetterumschwünge sind keine Seltenheit. Durch das extreme Wetter und die kurze Vegetationsperiode wächst die Gras- und Heidedecke nur sehr langsam. Die zahlreichen Besucher am Feldberg führten deshalb Ende des 20. Jahrhunderts zu großen Erosionsproblemen im Gipfelgebiet – auch wenn die meisten Gäste es nur bis zum dem Gipfel vorgelagerten Seebuck mit Feldbergturm, Bismarckdenkmal und Feldseeblick schaffen, der auch mit einer Seilbahn gut zu erreichen ist. Erst durch eine rigorose Besucherlenkung gelang es, das Problem in den Griff zu bekommen. Heute wacht der Feldberg-Ranger auf die Einhaltung der Wegeregeln und erläutert den Gästen gerne die sensiblen Zusammenhänge der Natur. Im „Haus der Natur“ gegenüber des Feldberger Hofs sind die Lebensräume am Feldberg anschaulich dargestellt.

Etappe 11 18,6 km

Notschrei - Haldenhof (Westvariante)

Start: Notschrei (N 47,8764° O 7,9098°)
Ziel: Haldenhof
Aufstieg: 546 m *Hartbelag:* 0 %
Abstieg: 735 m *Wanderwege:* 53 %
Gehzeit: 6 - 7 Std. *Wanderpfade:* 47 %

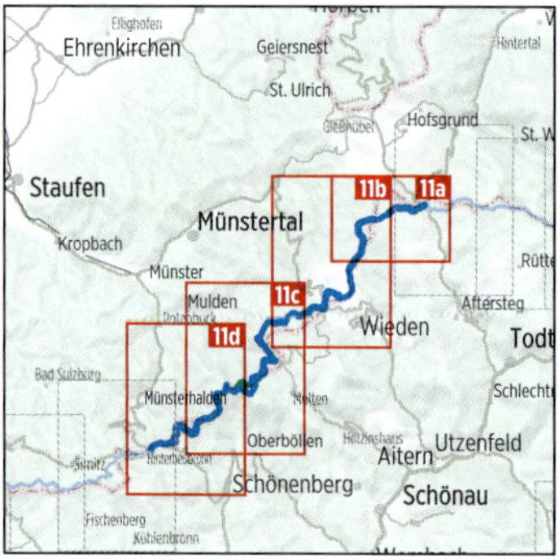

Über den Belchen!

Charakteristik:

Der Belchen gilt als der schönste Wander- und Aussichtsberg des Südschwarzwalds. Nicht nur der Aussicht wegen, sondern auch aufgrund der unberührten Natur. Vom Notschrei nähert sich der Wanderer langsam durch Wald und über weite Wiesen der steilen Nordseite des Belchens.
Aufstieg und Abstieg führen über alpine Pfade, die Trittsicherheit erfordern. Der Abstieg durch den Steilhang der Hohen Kelch gilt sogar als eine der schwierigsten Passagen des gesamten Westweges. Oben auf dem Belchen erwartet den Wanderer

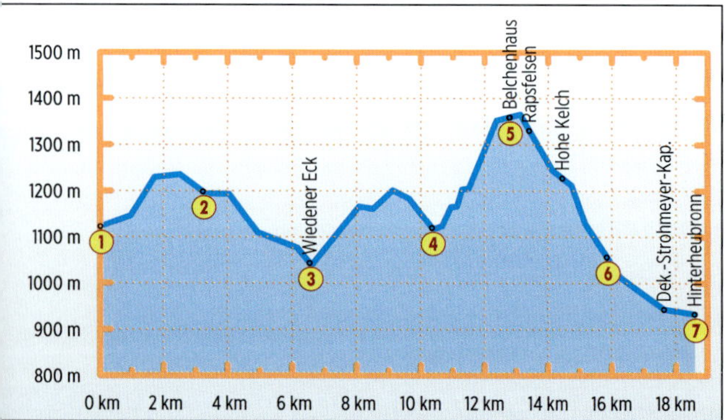

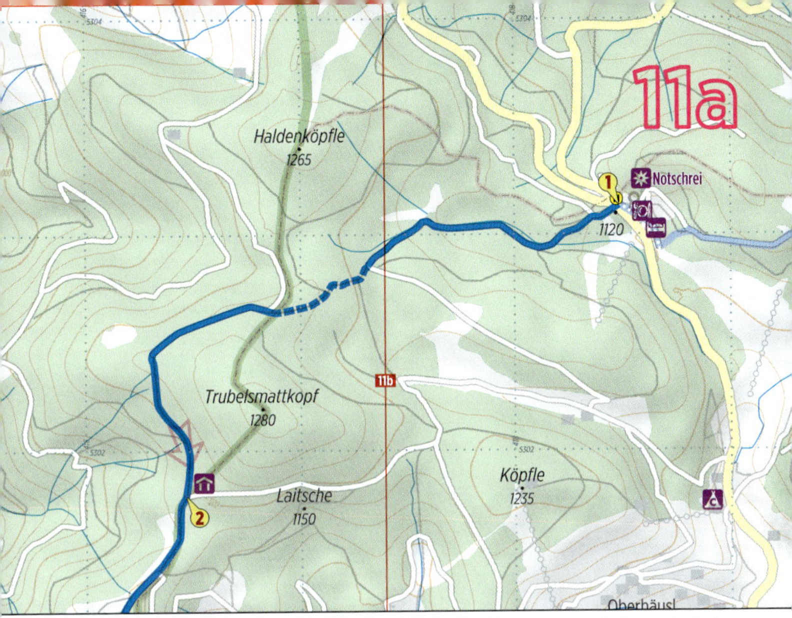

eine unglaublich schöne, einzigartige Landschaft und herrliche Panorama-Ausblicke hinab ins Kleine Wiesental und über den gesamten Südschwarzwald bis hin zu den Alpen.

Tipp: Im Haldenhof steht nur eine begrenzte Anzahl Betten zur Verfügung. Weichen Sie eventuell in das unterhalb liegende Dorf Neuenweg aus. Vom Belchen gibt es eine direkte Abstiegsmöglichkeit über den südlichen Grat. Am nächsten Tag wandern Sie am romantisch gelegenen Nonnenmattweiher vorbei direkt zum Parkplatz Kreuzweg.

Passhöhe Notschrei

1 0,0 (1.125) Von der Passhöhe Notschrei gehen Sie noch vor der großen Straßenkreuzung links in den **Notschreiweg** ~ bei der nächsten Kreuzung geradeaus ~ das idyllische **Langenbachtal** entlang ~ nach einer steileren Passage bei einem Knick des Forstweges nach links geradeaus weiter ~ einen Wanderpfad überqueren ~ bei einem Forstweg links und gleich wieder rechts ~ nach 100 m auf einen Forstweg einmünden ~ dem Forstweg folgen, zunächst leicht abwärts ~ nach einem Brunnen geradeaus weiter.

2 3,2 (1.194) Bei einem Unterstand gehen Sie geradeaus in den nun schmaler werdenden Weg ~ am Rand einer lang gestreckten Lichtung entlang ~ an der Gabelung am Waldrand links halten ~ geradewegs über eine Lichtung, dann wieder in den Wald ~

am Waldrand dem Weg links bergab folgen ⤳ am Hang unterhalb des Waldrandes entlang ⤳ durch ein kurzes Waldstück und hinunter auf dem Forstweg bis zur Straße.

Wiedener Eck (Wieden)

Berghotel Wiedener Eck, Oberwieden 15, ✆ 07673/9090, ⏲ tägl. ab 18 Uhr, @ ibm725

3 6,5 (1.042) Am Wiedener Eck überqueren Sie die Straße und gehen in den Forstweg schräg rechts direkt am Waldrand hinauf.

TIPP: Vom Wiedener Eck bis zum Krinneabgang ist der Verlauf des Westweges identisch mit dem des Premiumwanderweges Belchensteig.

Unter einem Skilift hindurch und in den Wald hinein ⤳ dort, wo der Weg ein Stück eben verläuft, schräg links den Pfad hinauf ⤳ einen Forstweg überqueren ⤳ eine Skipiste kreuzen und 100 m weiter unter dem Skilift hindurch ⤳ auf dem Pfad hinauf zu einem Forstweg, dort rechts und nach 150 m schräg links weiter in den Pfad ⤳ nun für etwa 1 km dem Pfad um den Bergrücken herum folgen, zwei Waldwege kreuzen und an einem Brünnele vorbei ⤳ am Ende des Pfades nach links auf einen Forstweg, der sich nach 250 m zum Pfad verjüngt ⤳ durch den steilen Hang hinab zur **Krinne.**

4 10,3 (1.119) In der Krinne steigen Sie etwa 10 m rechts hinab und dann gleich wieder schräg links den Forstweg hinauf ⤳ um einen Bergrücken herum ⤳ in einer Geröllrinne geht der Weg in einen Pfad über ⤳ im Zick-Zack auf einem alpinen Pfad in der Nordseite des Belchens nach oben ⤳ bei Austritt aus dem Wald unterhalb des Gipfels geradeaus.

VARIANTE: Der schnellste Weg zum Gipfel (400 m) zweigt hier rechts und gleich wieder links ab. Vom Gipfel entweder nach Süden zum Belchenhaus oder ein Stück

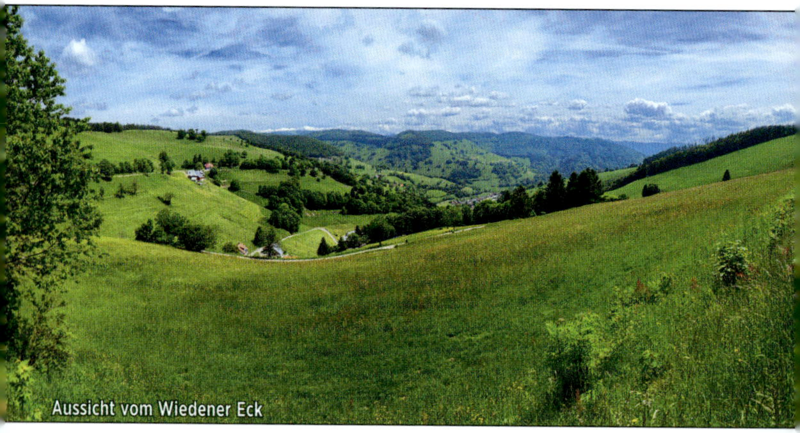

Aussicht vom Wiedener Eck

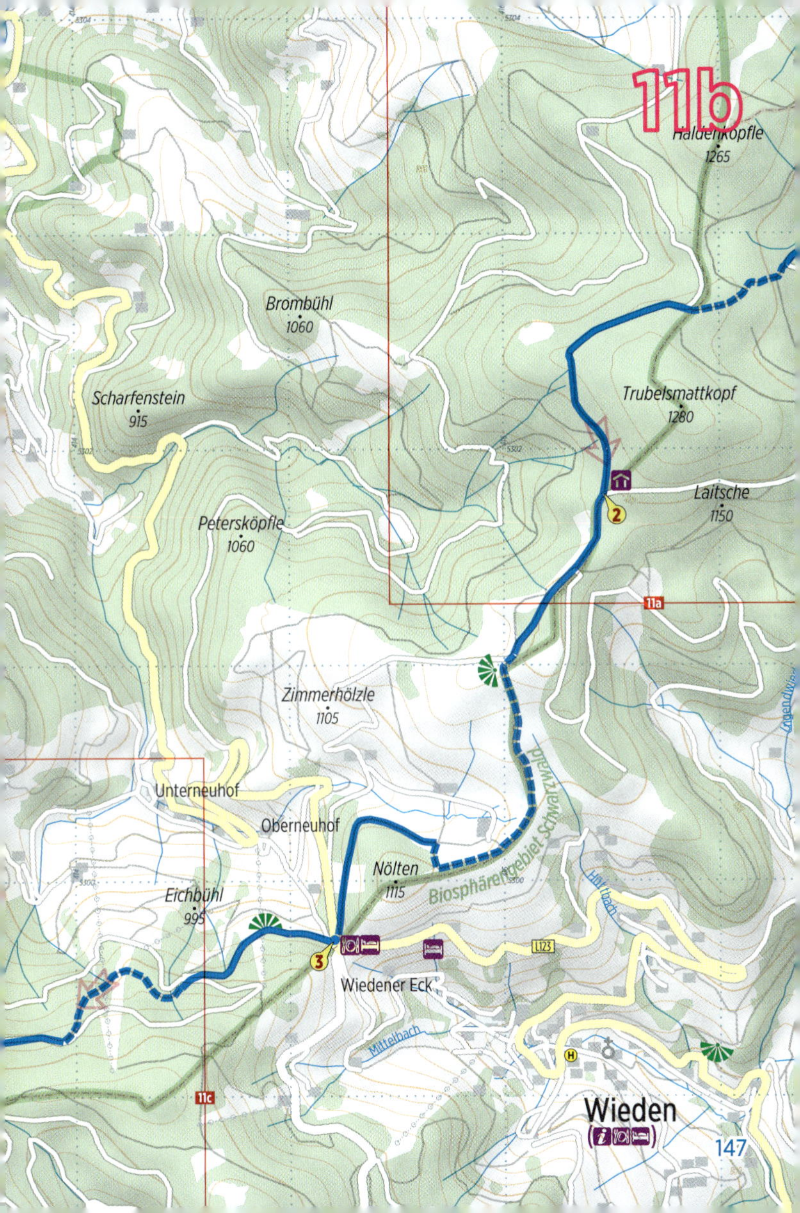
11b
Haldenköpfle
1265
Brombühl
1060
Trubelsmattkopf
1280
Scharfenstein
915
Laitsche
1150
Petersköpfle
1060
2
11a
Zimmerhölzle
1105
Unterneuhof
Oberneuhof
Nölten
1115
Biosphärengebiet Schwarzwald
Eichbühl
995
3
L123
Wiedener Eck
Mittelbach
11c
Wieden

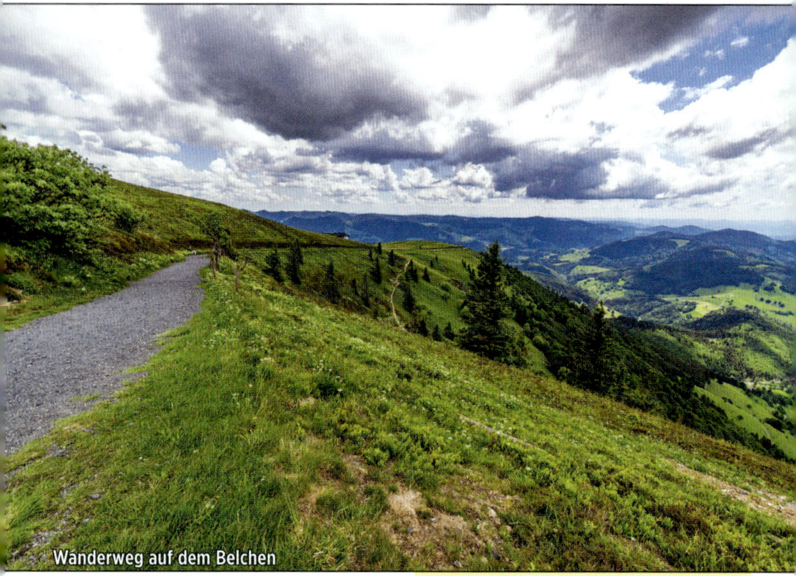

Wanderweg auf dem Belchen

nach Norden absteigen und nach links auf dem Belchen-Rundweg bis in den Bergwald auf der Südseite.

Vom Waldrand hangparallel und aussichtsreich auf dem schmalen Pfad zur Bergstation der Gondelbahn und zum Belchenhaus.

Belchen (Schönenberg)

- **Belchen-Seilbahn**, Belchen 1, 07673/888280, @ gdd422
- **Belchenhaus**, Belchen 1, 07673/888280, tägl. ab 10 Uhr, @ gct338

5 12,8 (1.360) Vom Belchenhaus schräg links den zweiten Weg nach oben nehmen.

Der Belchen

Der Belchen (1.414 Meter ü. NN) ist der vierthöchste Berg des Schwarzwaldes. Markant erhebt sich die kahle, rundliche Bergkuppe über dem Rheintal. In Kombination mit dem Gipfel der Hohen Kelch ist der Belchen in der Regel eindeutig zu identifizieren. Auf der subalpinen Insel haben sich zahlreiche Pflanzen erhalten, die sonst nur in den Alpen zu finden sind. Dazu zählen die Schweizer Glockenblume, der Schweizer Löwenzahn, die Alpenheckenrose oder die Silberdistel. Bemerkenswert ist der kleine lockere Bergwald unterhalb des Gipfels, durch den auch der Westweg führt. Auf der geschützten

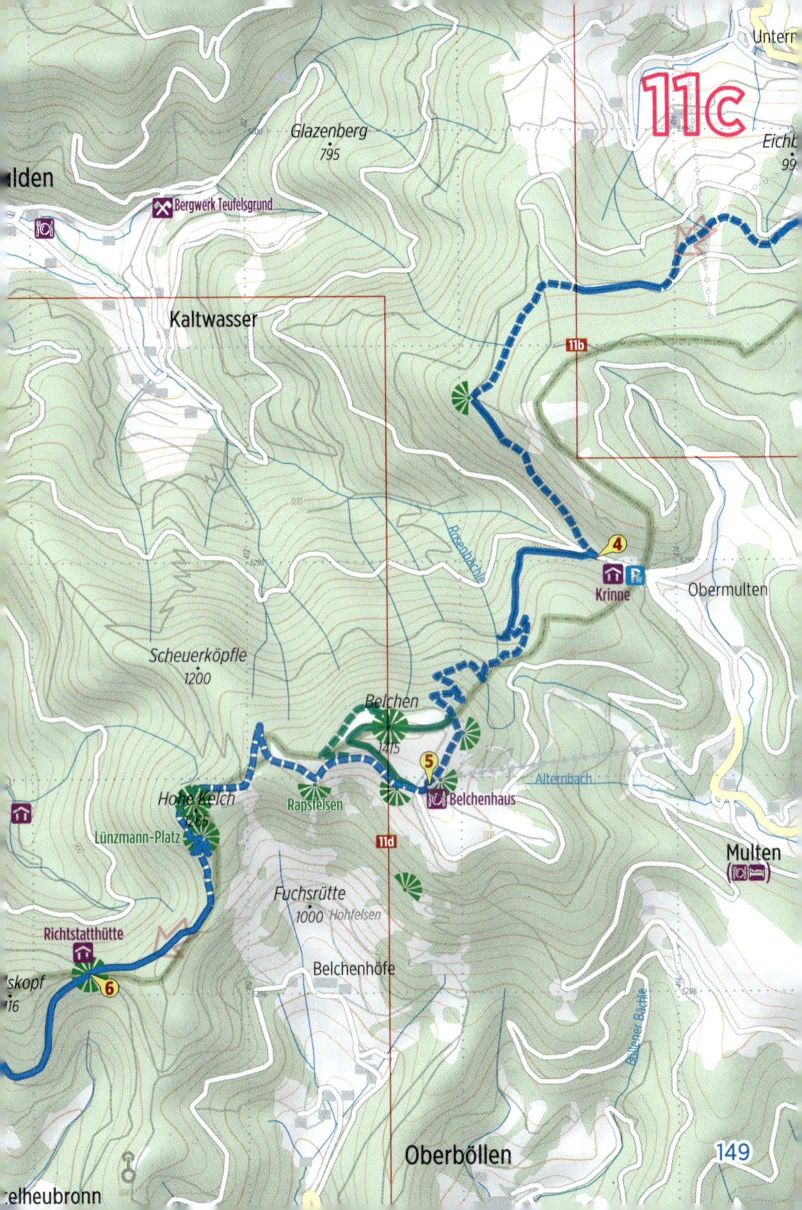
11c
Glazenberg
795
Bergwerk Teufelsgrund
Kaltwasser
11b
Rosenbächle
4
Krinne
Obermulten
Scheuerköpfle
1200
Belchen
1415
5
Belchenhaus
Alternbach
Hohe Kelch
1265
Rapsfelsen
Lünzmann-Platz
11d
Multen
Fuchsrütte
1000
Hohfelsen
Richtstatthütte
6
Belchenhöfe
Böllener Bächle
Oberböllen

Südseite haben sich viele buschige Mehlbeeren und Ebereschen sowie andere Laub- und Nadelbäume angesiedelt. Am Belchen leben viele seltene Schmetterlings-, Käfer- und Vogelarten. Sogar der vom Aussterben bedrohte Kolkrabe dreht hier seine Runden. Auch Zitronengirlitz, Wanderfalke, Auer- und Haselhühner sind am Belchen zu finden. Ebenso lebt hier der Badische Riesenregenwurm „Lumbricus badensis", der bis zu 60 Zentimeter lang werden kann. Der Name Belchen kommt aus dem Keltischen und bedeutet so viel wie „Der Strahlende". Zusammen mit dem Elsässer Belchen (Ballon d'Alsace) und dem Schweizer Belchen bildet er das sogenannte Belchendreieck, von dem eine magische Kraft ausgehen soll. Ursprung dieser Theorie ist die direkte Ost-West-Linie des Schwarzwälder und des Elsässer Belchens.

Seit Herbst 2018 kann man auf dem Premiumwanderweg Belchensteig das Gebiet rund um den Belchen näher kennenlernen. Die Rundtour wurde im Jahr 2020 zu Deutschlands schönstem Wanderweg gewählt.

Nach 50 m links in den hangparellelen Weg auf der Belchen-Südseite abbiegen ⇝ an der Gabelung am Beginn des Bergwaldes geradeaus ⇝ vorbei am Rapsfelsen auf die Westseite des Berges ⇝ an der Nordwestkante im spitzen Winkel nach links hinunter

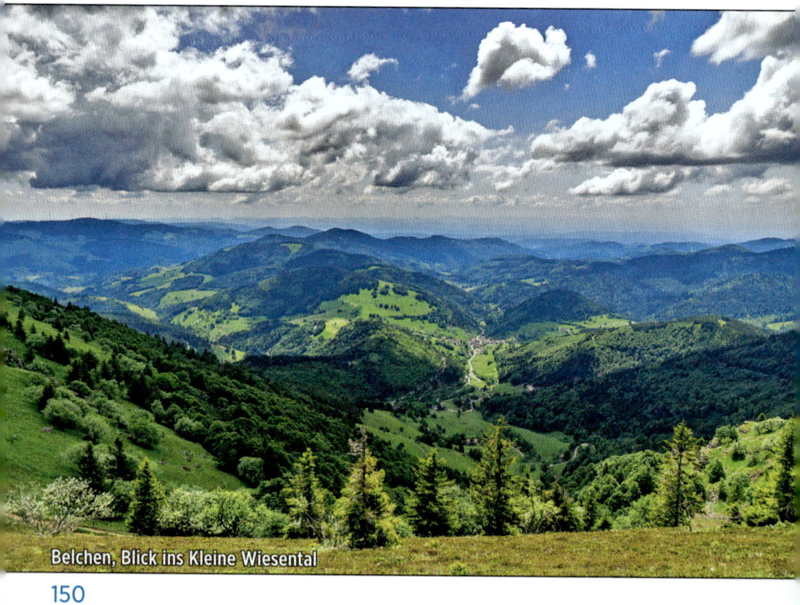

Belchen, Blick ins Kleine Wiesental

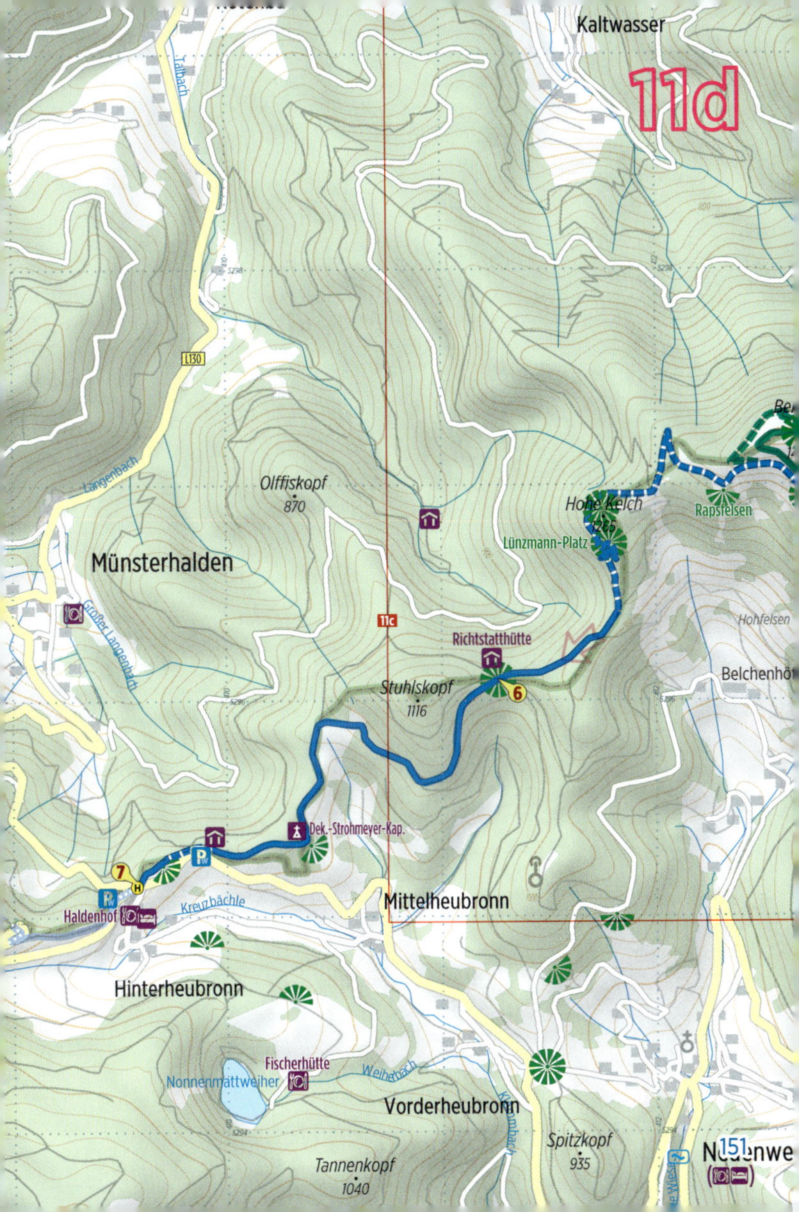

11d
Kaltwasser
Talbach
L130
Langenbach
Olffiskopf
870
Münsterhalden
Großer Langenbach
Hohe Kelch
1265
Lünzmann-Platz
Rapsfelsen
Hohfelsen
Belchenhö
11c
Richtstatthütte
Stuhlskopf
1116
6
Dek.-Strohmeyer-Kap.
7
Haldenhof
Kreuzbächle
Mittelheubronn
Hinterheubronn
Fischerhütte
Nonnenmattweiher
Weihebach
Vorderheubronn
Klemmbach
Spitzkopf
935
Tannenkopf
1040
151

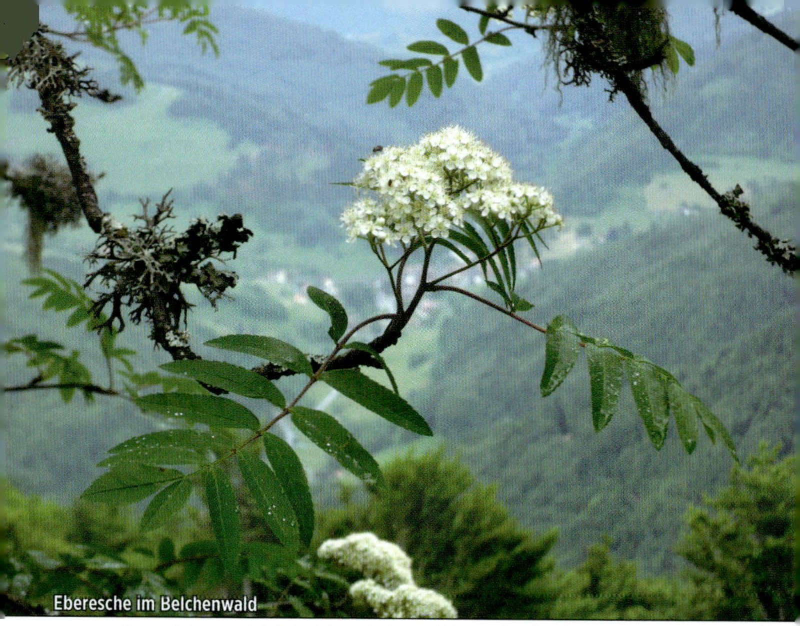

Eberesche im Belchenwald

⤳ geradeaus bis zum **Hohkelchsattel** ⤳ vom Sattel schräg rechts nach unten ⤳ auf alpinem steilem Pfad durch die gebirgige Westseite der Hohen Kelch ⤳ am Aussichtspunkt **Lünzmann-Platz** vorbei und schließlich auf den Bergrücken, der von der Hohen Kelch herunterzieht ⤳ dort rechts auf einen Forstweg ⤳ nach etwa 150 m in einem kleinen Sattel rechts auf die nördliche Kammseite ⤳ den Weg hinab bis zur Hütte an der **Richstatt**.

6 15,8 (1.053) An der Kreuzung bei der Hütte wechseln Sie auf die südliche Kammseite ⤳ um den Bergrücken herum und aus dem Wald hinaus ⤳ bei den nächsten beiden kleinen Bergsätteln am Waldrand bleiben ⤳ hinter der **Dekan-Strohmeyer-Kapelle** in den Wald hinein ⤳ hinunter zum **Heubronner Eck** ⤳ über den Sattel geradeaus hinweg ⤳ den steilen grasigen Weg hinauf ⤳ unterhalb des Hauses entlang und direkt zum Haldenhof hinab.

7 18,6 (931) Das Ende der Etappe ist beim Haldenhof erreicht.

Haldenhof (Neuenweg)

Berggasthof Haldenhof, Haldenhof 1, ✆ 07673/284, Mi-Mo 11.30-21 Uhr, @ nni841

Etappe 12 **19,9 km**

Haldenhof - Kandern (Westvariante)

Start: Haldenhof (N 47,8033° O 7,7926°)
Ziel: Kandern, Blumenplatz
Aufstieg: 444 m *Hartbelag:* 7 %
Abstieg: 1.022 m *Wanderwege:* 35 %
Gehzeit: 5,5 - 6,5 Std. *Wanderpfade:* 58 %

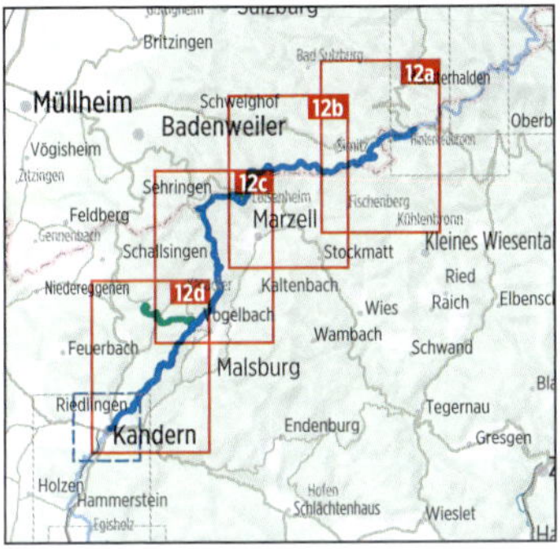

Über den Blauen!

Charakteristik:

Auf dieser Etappe steht der letzte 1.000er-Gipfel auf dem Programm. Der Blauen erhebt sich hoch über der Rheinebene, die über 1.000 Meter tiefer liegt. Zunächst aber führt der Westweg auf dem dicht bewaldeten Verbindungskamm zwischen Belchen und Blauen entlang. Beim Müllheimer Egerten beginnt der kurze, zuletzt steile Aufstieg zum Blauenturm.

Vom Blauen lässt sich im Dunst bereits das Endziel Basel erahnen. Das Markgräfler Land mit seinen Obstwiesen und Weinbergen liegt dem Wanderer wie ein buntes Mosaik zu Füßen.

Auf den letzten 10 Kilometern vom Blauen hinab nach Kandern verabschiedet sich der Westweg vom Schwarzwald. Bis zum Hexenplatz geht es noch „hochschwarzwaldmäßig" steil und auf Pfaden bergab, dann führt er über breite Forstwege durch den Laub- und Nadelwald und schließlich beginnen beim Parkplatz Lindenbückle die lieblichen Obstwiesen des Markgräfler Landes. In Kandern herrscht bereits eine südliche Atmosphäre. Beim Blick zurück liegen der Blauen und der „wilde" Schwarzwald bereits in weiter Ferne.

Haldenhof

1 0,0 (931) Vom Haldenhof folgen Sie der Straße etwa 150 m hinauf ⤳ in der Linkskurve schräg rechts auf den grasigen Wiesenweg ⤳ oben auf der Straße nach rechts ⤳ die Kehre auf schmalem Pfad abkürzen und dann die Straße überqueren ⤳ im Steilhang kurz vor Erreichen eines moosbewachsenen Felsens im spitzen Winkel nach links oben abknicken ⤳ aus dem Wald hinaus und auf dem Wiesenpfad zum **Waldparkplatz Kreuzweg**.

2 1,4 (1.075) Am Parkplatz gehen Sie rechts neben der Straße in den Waldweg hinein ⤳ der Pfad mündet nach 600 m auf einen Forstweg, diesem etwa für 20 m folgen, dann links parallel zum Weg auf ein kurzes Stück Pfad ⤳ am Ende des Pfades bei der Gabelung der Forstwege den unteren nehmen und diesem bis zum **Spähnplatz** folgen ⤳ über die Kreuzung hinweg und unmittelbar am Beginn des Höhenweges rechts auf den Pfad ⤳ auf dem Pfad bleiben, der kurz den Höhenweg tangiert, bis zum **Stühle**.

3 4,3 (1.054) Bei der **Stühle-Hütte** biegen Sie rechts ab ⤳ 20 m den Forstweg hinab, dann schräg links in den Pfad ⤳ nun für 3,5 km dem Pfad durch die nördliche Seite des Bergkammes folgen.

4 7,7 (930) Beim **Müllheimer Egerten** überqueren Sie die Straße ⤳ rechts für wenige Meter in den **Stockbergweg** ⤳ gleich darauf scharf links auf den schmalen Pfad und auf diesem südlich um den Stockberg herum ⤳ etwa 150 m nach einer Bank mit Blick auf den Blauen nach links auf einen Forstweg ⤳ 100 m leicht abwärts ⤳ schräg links den Weg hinauf in den **Stockbergsattel**.

AUSFLUG Vom Sattel führt ein Pfad direkt auf den Stockberg. Dort stand im 12. und 13. Jh. die höchstgelegene Burg Baden-Württembergs. Heute sind nur noch ein

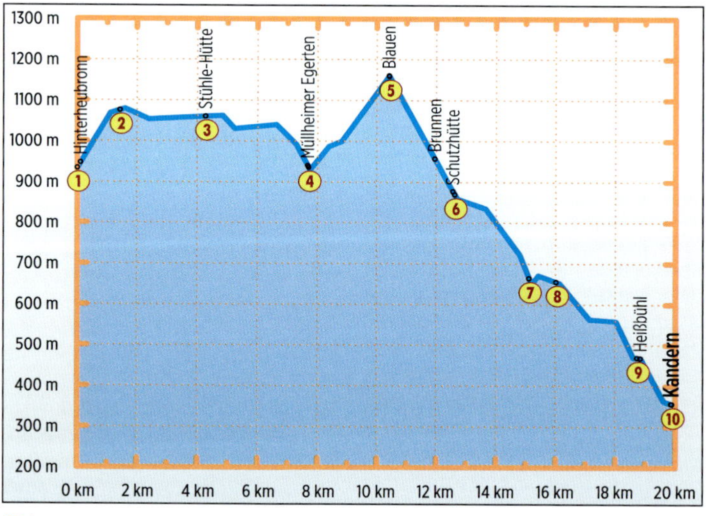

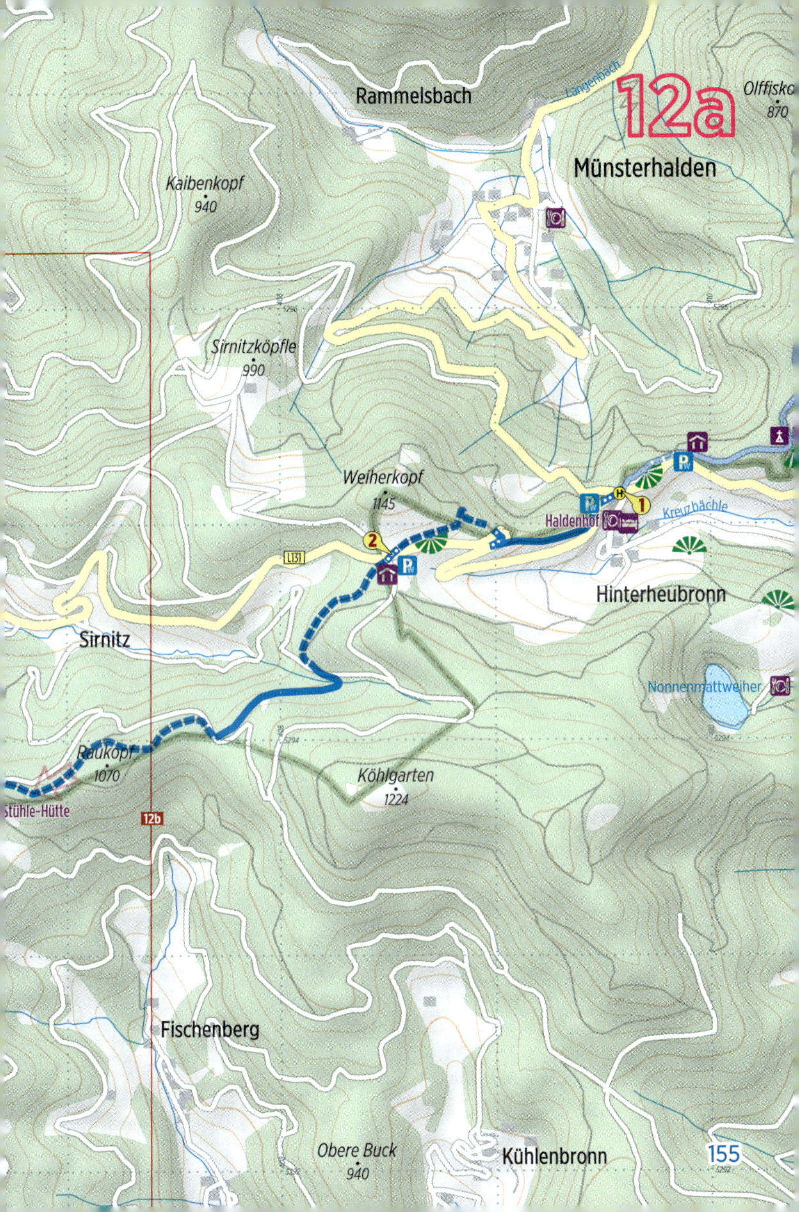

12a
Rammelsbach
Münsterhalden
Olffisko
870
Langenbach
Kaibenkopf
940
Sirnitzköpfle
990
Weiherkopf
1145
Haldenhof
Kreuzbächle
L131
Hinterheubronn
Sirnitz
Nonnenmattweiher
Raukopf
1070
Stühle-Hütte
12b
Köhlgarten
1224
Fischenberg
Obere Buck
940
Kühlenbronn
155

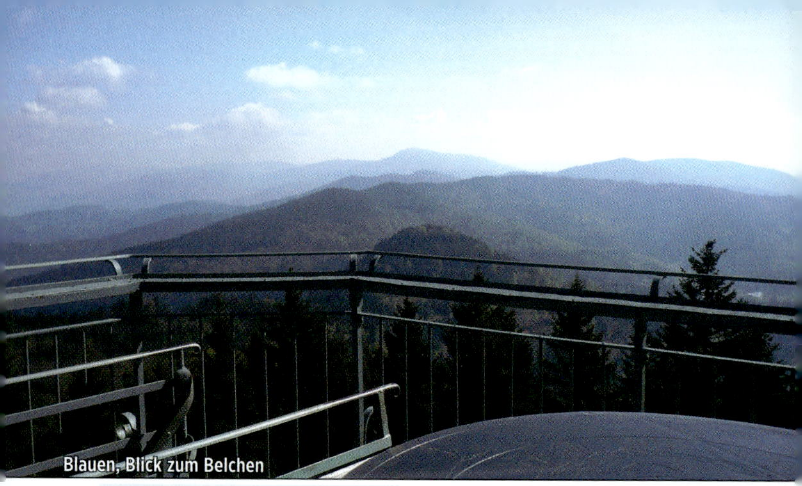
Blauen, Blick zum Belchen

Ringwall, ein Graben sowie Mauerreste erhalten.

Am Stockbergsattel links halten ⇝ immer geradeaus der Wegspur folgen ⇝ am **Fischersbrunnsattel** links ⇝ nach 20 m rechts der Strecke des Berglaufes folgen ⇝ durch die steile Nordflanke des Blauen auf steinigem Pfad aufwärts ⇝ oben auf der **Blauenstraße** nach links ⇝ nach 50 m links auf einen Pfad und steil hinauf zum Blauenturm.

Blauen (1.164 m ü. NN). Weit vorgeschoben gegen das Rheintal liegt der Blauen mit seinem mächtigen Fernsehturm, der dem Berg ein unverkennbares Profil gibt. Der benachbarte eiserne Blauenturm wurde 1895 vom Schwarzwaldverein erbaut. Von der Plattform bietet sich ein grandioser Rundblick bis zu den Vogesen, dem Schweizer Jura und den Alpen. Besonders beeindruckend ist der Blick in das fast 1.000 m tiefer liegende Rheintal.

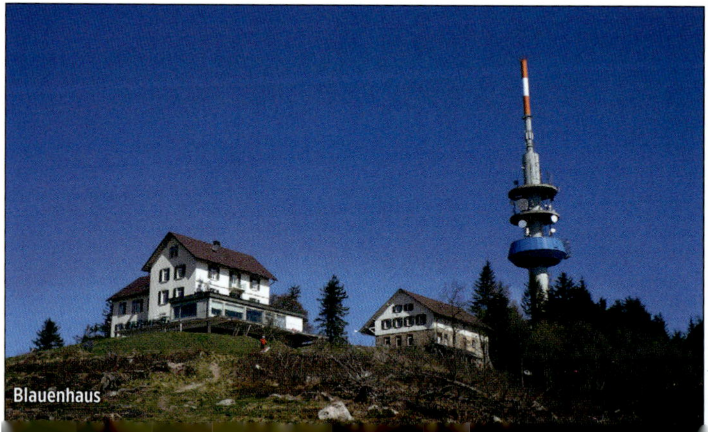
Blauenhaus

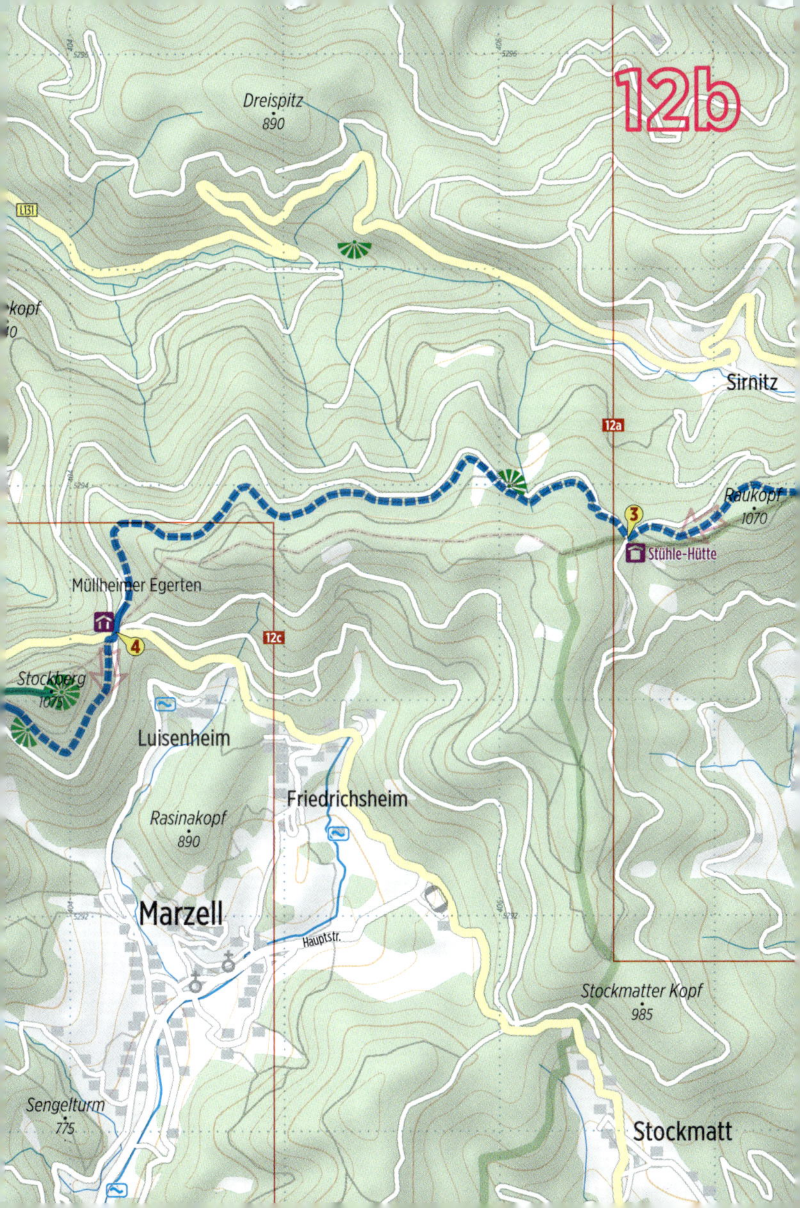
12b
Dreispitz
890
L131
Sirnitz
12a
Raukopf
1070
3
Stühle-Hütte
Müllheimer Egerten
4
12c
Stockberg
1075
Luisenheim
Friedrichsheim
Rasinakopf
890
Marzell
Hauptstr.
Stockmatter Kopf
985
Sengelturm
775
Stockmatt

5 10,4 (1.164) Vom Blauenturm kommen Sie auf dem geschotterten Weg zum Blauenhaus .

Hochblauen (Schliengen)

Berghotel Hochblauen, Hochblauen 1, ✆ 07632/2199920. Bis zum Abschluss der Umbauarbeiten Ende 2023 gibt es einen Kiosk (Mi-So 11-18 Uhr). @ ihv515

Links am Berghotel vorbei die Treppenstufen hinunter ⇝ schräg links auf den Pfad, der zum Waldrand führt ⇝ immer dem Pfad entlang des Bergrückens folgen ⇝ einen Forstweg überqueren ⇝ bei einer kleinen Waldlichtung beim Wegweiser **Hägi** schräg rechts den Pfad hinab und weiter bis zur Hütte am Hexenplatz.

Hexenplatz. Ob hier wirklich einmal Hexen getanzt haben, weiß niemand mehr. Sicher ist, dass in der Mitte des Platzes ein siebeneckiger Stein mit mysteriösen Zahlen steht.

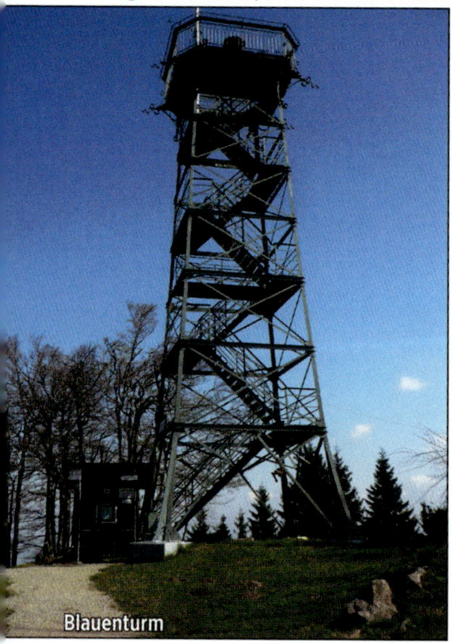

Blauenturm

6 12,6 (867) Am Hexenplatz wandern Sie rechts (südwestlich) hinab in den **Hexenplatz-Talweg** ⇝ nach 50 m am **Unteren Hexenplatz** links ⇝ in einem kleinen Sattel geradeaus dem **Hexenplatzweg** auf der östlichen Bergseite folgen ⇝ nach etwa 1 km an einer großen Dreieckskreuzung schräg rechts halten, auf die westliche Bergseite wechseln ⇝ auf dem breiten Forstweg bis zum Waldrand beim **Parkplatz Lindenbückle**.

AUSFLUG: Vom Lindenbückle können Sie einen Abstecher zum malerisch hoch über dem Markgräfler Land gelegenen Barockschloss Bürgeln machen (2,5 km).

Bürgeln (Schliengen)

Barockschloss Bürgeln, ✆ 07626/237, Schlossführungen März-Mitte Nov., tägl. um 11, 12, 14, 15, 16 Uhr, Mitte Nov.-Feb., Sa, So 14, 15, 16 Uhr. Auf rund 700 m Höhe liegt die heute zweigeschossige Dreiflügelanlage. Ursprünglich im 12. Jh. von den Herren von Kaltenbach als Burg erbaut, gelangte das Anwesen später in den Besitz des Benediktinerordens und wurde mehrmals durch Krieg und Brand zerstört. Das heutige schlichte Schloss ist von einem kleinen Park umgeben und wird von einer Bürgergemeinschaft betreut. @ vss428

Schloss Restaurant, Schloss Bürgeln, ✆ 07635/293, Do, Fr 12.30-17 Uhr, Sa 11-21 Uhr, So 11-20 Uhr, @ kow646

7 15,1 (664) Beim Parkplatz Lindenbückle wenden Sie sich kurz nach rechts und gleich wieder nach links ⇝ Sie wandern links am Haus Lindenbück-

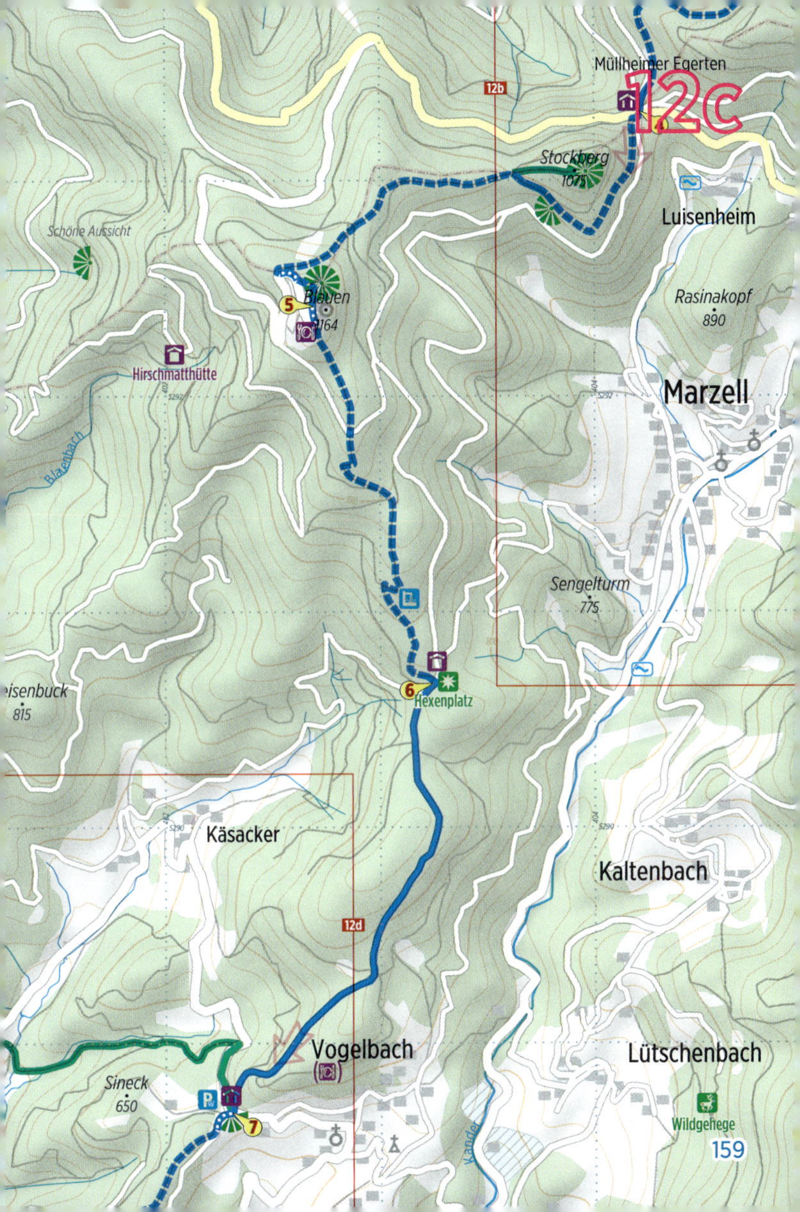

Müllheimer Egerten
12c
12b
Stockberg
1075
Luisenheim
Schöne Aussicht
5
Blauen
1164
Rasinakopf
890
Hirschmatthütte
Marzell
Blauenbach
Sengelturm
775
6
Hexenplatz
eisenbuck
815
Käsacker
Kaltenbach
12d
Vogelbach
Lütschenbach
Sineck
650
7
Wildgehege
Kander

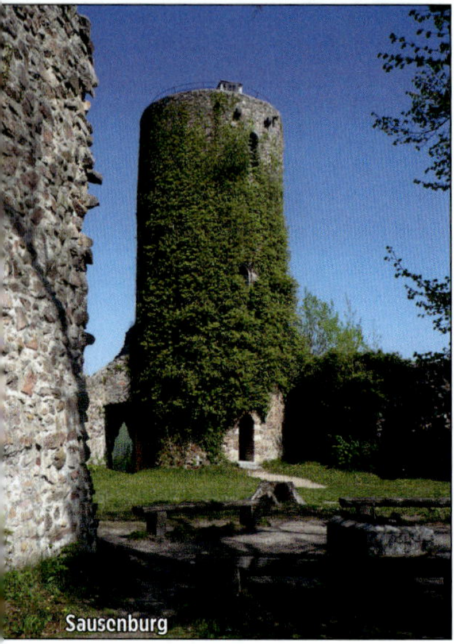

le vorbei ⤳ nach 50 m rechts den oberen Weg nehmen ⤳ dem Weg entlang des Bergrückens folgen ⤳ bei einer Sitzgruppe links ⤳ steil den Berg hinauf zur Sausenburg.

Sausenburg. Die Sausenburg wurde zwischen 1232 und 1246 von Markgraf Hermann dem Jüngeren von Hachberg erbaut. Vorbild war die Zähringer Burg bei Freiburg. 1678 im Holländischen Krieg wird die Burg – ebenso wie die Burg Badenweiler und die Burg Rötteln – von den Franzosen zerstört.

8 16,0 (655) Von der Sausenburg folgen Sie dem Fahrweg hinab ⤳ in einem kleinen Sattel geradeaus und immer dem breiten Forstweg folgen ⤳ bei der **Langenebene-Hütte** geradeaus ⤳ über den Sattel hinweg ⤳ am Ende geradeaus den leicht ansteigenden **Mohrensattelweg** nehmen ⤳ nach 200 m geradeaus ⤳ dem Hauptweg entlang des Bergrückens folgen ⤳ im **Mohrensattel** am Beginn der Waldwiese geradeaus ⤳ am Ende der Wiese schräg links den Forstweg hinab ⤳ nach dem Ausgang aus dem Wald durch Wiesen mit Obstbäumen über einen Sattel geradeaus hinweg ⤳ am Waldrand links ⤳ nach 100 m schräg rechts auf den Pfad abbiegen.

Heißbühl

9 18,7 (464) Sie kommen auf dem schmalen Pfad aus dem Wald hinaus und wandern durch die Wiesen ⤳ am Ende des Pfades dem asphaltierten Weg folgen ⤳ beim nächsten Sträßchen links hinab ⤳ am Ortseingang von **Kandern** geradeaus ⤳ beim Friedhof links halten und auf der **Ochsengasse** weiter ⤳ an der Hauptstraße rechts ⤳ geradeaus der Straße folgen bis zum Blumenplatz.

10 19,9 (351) Am **Blumenplatz** in Kandern endet die Etappe.

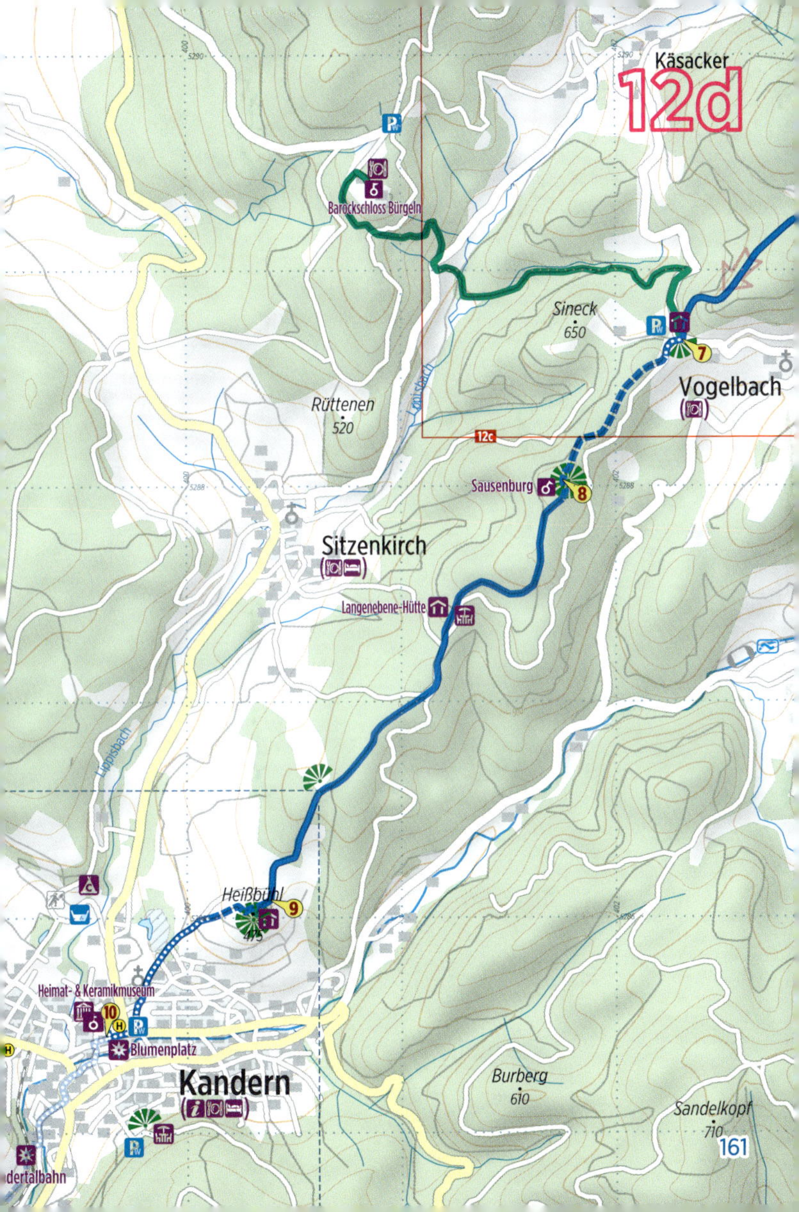

Käsacker
12d
Barockschloss Bürgeln
Sineck
650
Vogelbach
Rüttenen
520
Lippisbach
12c
Sausenburg
Sitzenkirch
Langenebene-Hütte
Lippisbach
Heißbühl
475
Heimat- & Keramikmuseum
Blumenplatz
Kandern
Burberg
610
Sandelkopf
710
dertalbahn

Ortsinformationen

Kandern

Vorwahl: 07626

Tourist-Information Kandern, Hauptstr. 18, ✆ 972356, @ rpj643

Heimat- und Keramikmuseum, Ziegelstr. 30, ✆ 9729955, ✆ 972356 Das Heimat- und Keramikmuseum zeigt die ganze Bandbreite der Kanderner Töpferkunst. Außerdem ist eine Kopie der berühmten „Goldenen Sau von Kandern" zu sehen, einem 1,5 l fassenden Trinkgefäß des Markgrafen Georg Friedrich. @ xce738

Evangelische Stadtkirche, Ziegelstr. 13. Die Evangelische Stadtkirche wurde zwischen 1825 und 1827 von dem Weinbrennerschüler J. J. Christoph Arnold erbaut. Das Kruzifix, das 1722 von den Eisenschmelzern und Hammerschmieden gestiftet wurde, sowie die Orgel von Franz Josef Merklin stammen noch aus der alten Kirche.

Blumenplatz, in der Ortsmitte. Der Blumenplatz gilt als eine der schönsten klassizistischen Platzanlagen Süddeutschlands. Alljährlich im Sept. findet hier der Keramikmarkt statt.

Kandertalbahn, ✆ 972356. Die historische Dampfeisenbahn, liebevoll „s'Chanderli" genannt, fährt von Haltingen durch das liebliche Kandertal nach Kandern, Strecke: 13 km, Fahrzeiten: Mai bis Mitte Okt. jeden Sonntag. @ qfm876

Freibad Kandern, Schwimmbadweg 1, ✆ 7525, @ iph661

Die Töpferstadt Kandern liegt am Fuße des Schwarzwaldes inmitten des lieblichen mittleren Kandertals. Lichte Laubwälder und mit Obstbäumen bestandene Wiesen prägen das Landschaftsbild. Der Name Kandern leitet sich vom Keltischen „canter" her, was soviel bedeutet wie klar, hell und frisch und sich auf den Bach, der dem Städtchen seinen Namen gab, bezieht.

Seine lange Geschichte verdankt Kandern den reichen Tonvorkommen. Die Kelten und später vor allem die Römer bauten den Ton gewerbsmäßig ab und verarbeiteten ihn. Daraus entwickelte sich eine

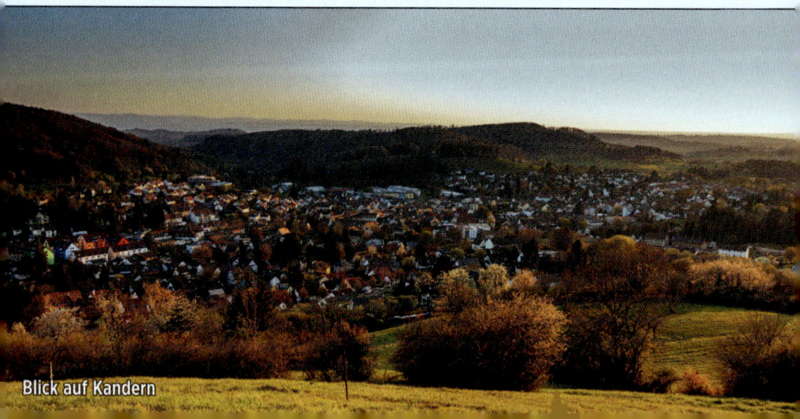

Blick auf Kandern

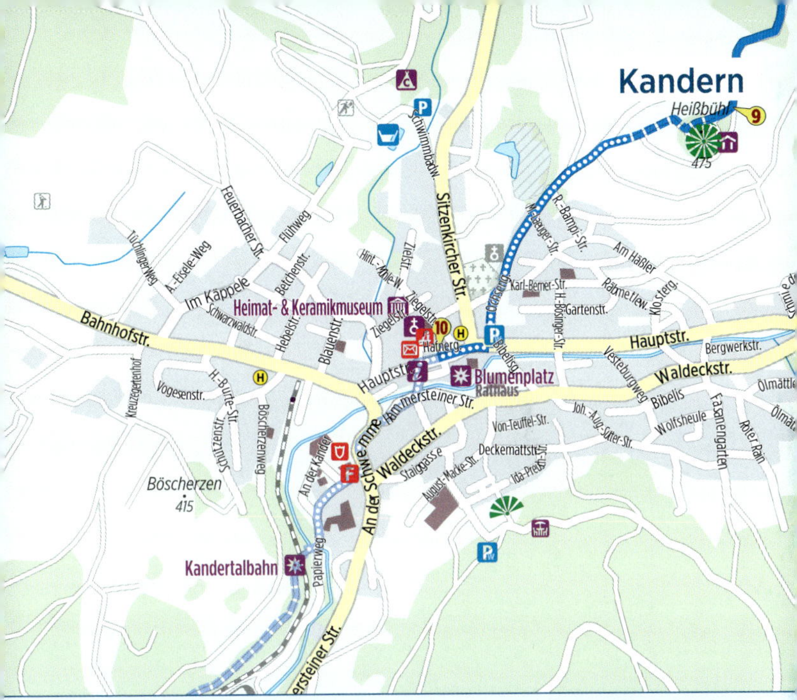

lange Tradition der Töpferkultur. Neben den Hafnern, die Gebrauchsgeschirr herstellten, etablierten sich auch zahlreiche Kunsttöpfer. Im September findet jedes Jahr auf dem Blumenplatz ein großer Töpfermarkt mit Ausstellern aus ganz Deutschland und dem Ausland statt.

Kandern findet seine erste urkundliche Erwähnung bereits im Jahre 733 in einer Urkunde des Klosters St. Martin in Tours. Historiker gehen davon aus, dass die Bohnerzvorkommen auf der Gemarkung Veranlassung für die Gründung Kanderns waren. Im Mittelalter war der Eisenabbau und die -verarbeitung Grundlage für einen gewissen Wohlstand.

Mit wenig Industrie ausgestattet, hat sich Kandern mittlerweile einen guten Ruf im sanften Tourismus und in der Gastronomie erworben. Der Maler August Macke, der sich mehrfach in Kandern aufhielt, schwärmte jedenfalls von der Töpferstadt: „Du glaubst gar nicht, wie wohl ich mich hier fühle. Alle sind hier so gut. Solch eine kleine Stadt ist etwas Herrliches.“"

Etappe 13 — 26,2 km

Kandern - Basel (Westvariante)

Start: Kandern, Blumenplatz (N 47,7145° O 7,6618°)
Ziel: Basel, Badischer Bahnhof
Aufstieg: 555 m | *Hartbelag:* 37 %
Abstieg: 649 m | *Wanderwege:* 46 %
Gehzeit: 7 - 8 Std. | *Wanderpfade:* 16 %

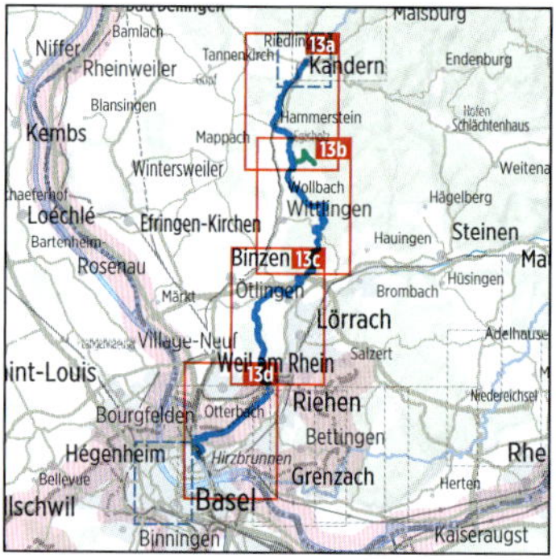

Durchs Markgräfler Land!

Charakteristik:

Mit der Schlussetappe verabschiedet sich der Westweg endgültig vom Schwarzwald. Die sanft gewellte Landschaft des Markgräfler Landes auf der Strecke nach Basel steht im krassen Gegensatz zu den vorangegangenen Höhenetappen. Lichte Laubwälder, zahlreiche Wiesen und Obstbäume sowie Weinberge geben die liebliche Kulisse für eine abwechslungsreiche und entspannte Wanderung in die Schweiz.

Höhepunkte sind die Wolfsschlucht, die Burgruine Rötteln sowie die Wanderung über den aussichtsreichen Tüllinger Berg, von dem das Ziel Basel bereits zu sehen ist. Zuletzt folgt der Westweg dem Lauf

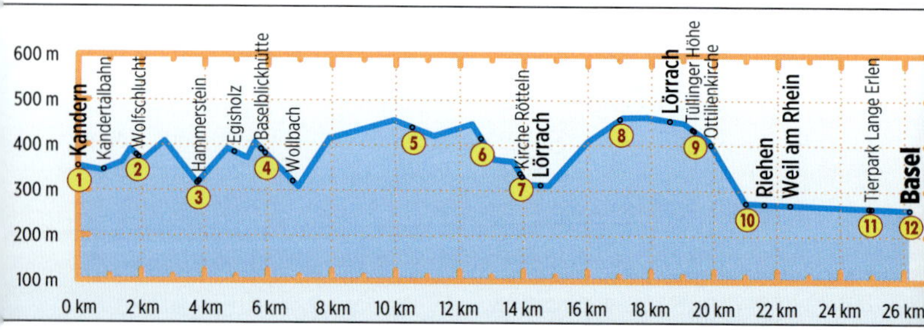

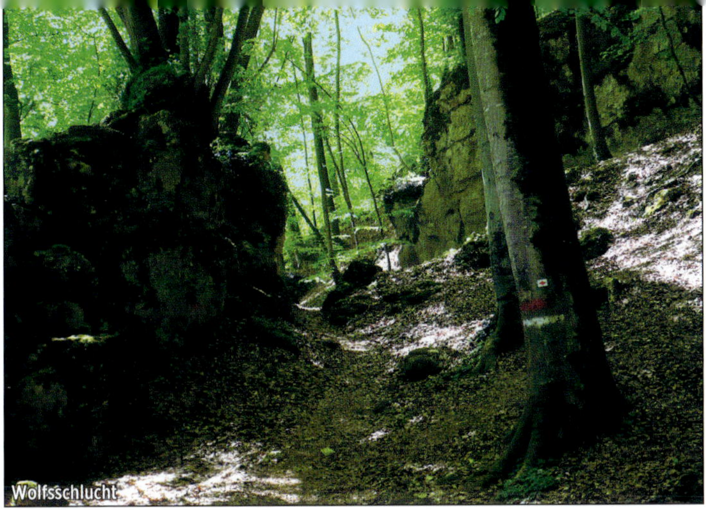
Wolfsschlucht

des Flüsschen Wiese bis nach Basel zum Badischen Bahnhof.

Kandern

1 0,0 (351) Vom **Blumenplatz** in Kandern gehen Sie geradeaus die **Hauptstraße** entlang bis zum **Marktplatz** ⇝ vor dem Verkehrsamt links in die Straße **An der Fischermühle** abbiegen ⇝ an der Fischermühle rechts halten ⇝ direkt nach der Kanderbrücke rechts in die **Hammersteiner Straße** ⇝ nach 100 m an der großen Kreuzung links auf die Straße einbiegen ⇝ vor dem Lebensmittelmarkt links ⇝ nach 20 m rechts in den **Papierweg** ⇝ vorbei am Geburtshaus von Johann August Sutter bis zur Kanderbrücke ⇝ gleich nach der Brücke nach rechts ⇝ die Treppenstufen hinauf und die Gleise der Kandertalbahn überqueren ⇝ vor der Wiese links weiter im Hang entlang ⇝ immer dem steinigen, schmalen Pfad in der steilen Kanderhalde folgen ⇝ vor dem Pavillon nach rechts den Forstweg hinauf ⇝ am Waldrand nach links ⇝ nach wenigen Metern schräg links zum Eingang in die Wolfsschlucht.

Wolfsschlucht. Ob in der Wolfsschlucht wirklich einmal Wölfe gefangen wurden, wie die Legende erzählt? Die bizarren Felsformationen regen die Phantasie an. Geologisch betrachtet, ist die Wolfsschlucht eine Abspaltung von Felsen im steilen Hang des Kandertals. Meterhohe Felsabbrüche, kleine Höhlen, Felsvertiefungen und enge Durchlässe prägen die Wolfsschlucht.

2 1,8 (370) Die Wolfsschlucht auf dem engen Pfad durchqueren ⇝ beim Ausstieg aus der Schlucht im Zick-Zack nach oben ⇝ dem hangparallelen Pfad folgen ⇝ in einer engen Talkehre den breiten Forstweg überqueren ⇝ auf einem Bergrücken bergauf ⇝ am Ende des Pfades nach links auf einen Forstweg ⇝ nach etwa 300 m in

einer Rechtskurve links auf den Pfad abbiegen ⁓ an der **Teufelskanzel** im Zick-Zack den steilen Hang hinab ⁓ auf dem breiten Talweg nach rechts ⁓ nach etwa 200 m schräg links in den Pfad ⁓ unmittelbar vor dem Waldausgang nach links die Treppenstufen hinauf ⁓ über mehrere Stufen hinab zum Ortsrand von Hammerstein ⁓ links um das Bauernhaus herum zur **Holzener Straße** ⁓ links über die Brücke und die Bahngleise.

Hammerstein (Kandern)

3 3,8 (316) Hinter dem Gasthaus Bahnhöfli biegen Sie rechts ab in die Straße **Im Dörfli** ⁓ links in den **Kammlenweg** ⁓ die **Kandertalstraße** überqueren ⁓ nach links in den **Rebstallweg** ⁓ nach 50 m rechts in den Feldweg ⁓ durch Obstwiesen immer geradeaus das kleine Tal hinauf ⁓ am Waldrand rechts halten ⁓ an der nächsten Kreuzung rechts ⁓ auf dem Sträßchen nach rechts zum Ortsrand von Egisholz.

Egisholz (Kandern)

Bei der Linde wenden Sie sich nach links ⁓ an der Kreuzung in Egisholz geradeaus ⁓ an der großen Linde am Ortsausgang geradeaus ⁓ der **Egisholzer Straße** für 250 m folgen ⁓ in einer Rechtskurve nach links den asphaltierten Feldweg hinauf.

TIPP: In Sichtweite des Abzweigs liegt der Rüttehof, wo Sie sich im Hofladen mit regionalen Produkten eindecken oder in der Landgaststätte stärken können.

Rüttehof, Rüttehof 1, 79400 Egisholz, ✆ 07626/8885. Hofladen Mi, Do, Sa 9-13 Uhr, Sa 9-18 Uhr, Frühstücksstüble Mi-So 8.30-13 Uhr, @ wnb433

Am Waldrand entlang ⁓ dem Weg zwischen Wald und Weinreben folgen ⁓ an der nächsten Kreuzung schräg links am Waldrand den asphaltierten Weg hinauf bis zur **Baselblickhütte**.

4 5,9 (383) An der Hütte biegen Sie rechts in den abwärts führenden Feldweg ein.

AUSFLUG: Wenn Sie hier scharf links abzweigen, kommen Sie auf dem Oberen Buchholenweg nach Egerten.

Egerten (Kandern)

Vorwahl: 07626

Max-Böhlen-Museum, Wollbacher Str. 24-30, ✆ 7650, Mo-Mi n. t. V., Do-Sa ab 18 Uhr, So ab 11 Uhr. Das im Jägerhaus untergebrachte Museum zeigt einen Querschnitt des Berner Malers Max Böhlen, der in Egerten lebte und arbeitete. @ pay444

Jägerhaus, Wollbacher Str. 28, ✆ 8715, Fr, Sa ab 18.30 Uhr, So ab 12 Uhr, @ tcy748

Kreiterhof Egerten, Wollbacher Str. 1, Egerten, ✆ 591, Di-Do ab 15 Uhr, Fr-So/Fei ab 11 Uhr, @ aen541

Links und gleich wieder rechts in den Wiesenweg ⁓ unten rechts in den Feldweg ⁓ an der Kreuzung schräg links das Sträßchen hinab ⁓ einen kleinen Bach überqueren und links am Friedhof vorbei.

Wollbach (Kandern)

Vorwahl: 07626

Pfaffenkeller, Rathausstr. 9, ✆ 9774290, Mi-Sa 18-23 Uhr, So 12-15 und 18-21 Uhr, @ acc784

Bei der **Ortsverwaltung Wollbach** nach rechts und gleich wieder links in die **Rathausstraße** ⁓ an der Evan-

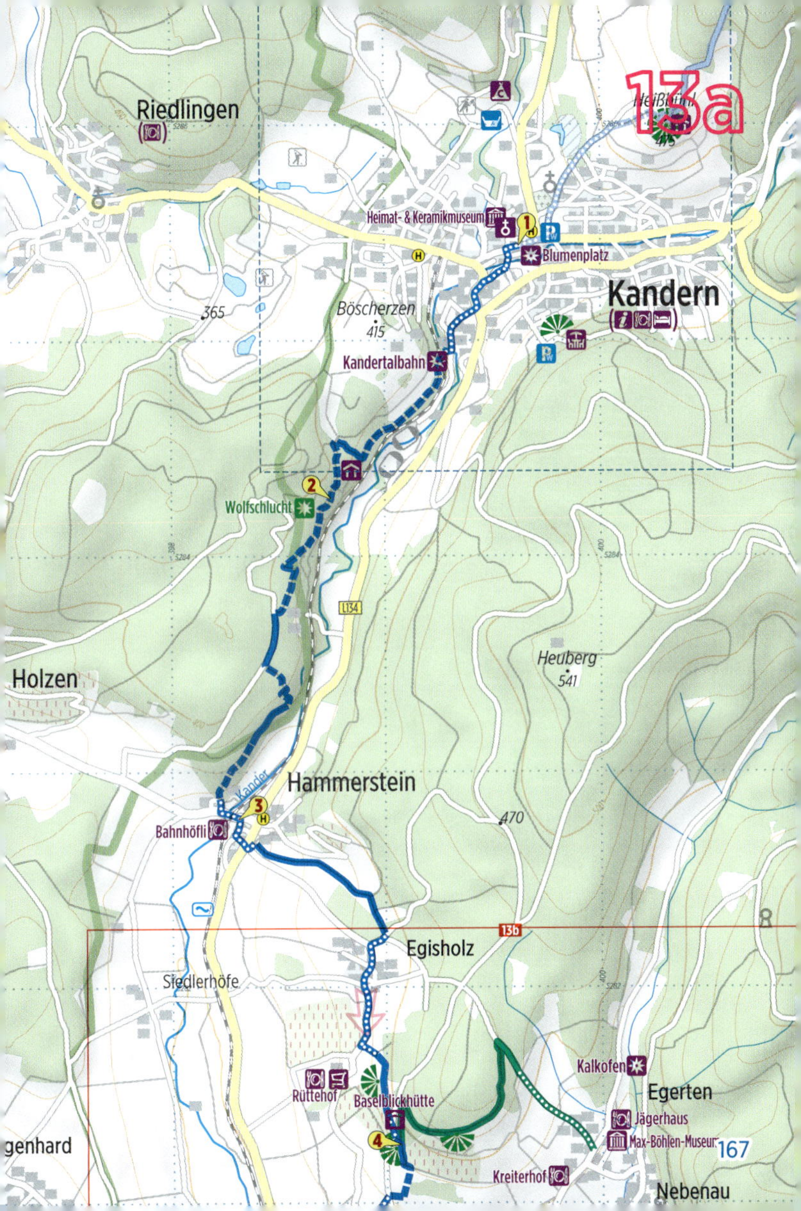

13a
Riedlingen
Heimat- & Keramikmuseum
Blumenplatz
Kandern
Böscherzen
415
365
Kandertalbahn
Wolfschlucht
L134
Heuberg
541
Holzen
Hammerstein
Kander
Bahnhöfli
470
13b
Egisholz
Siedlerhöfe
Rüttehof
Baselblickhütte
Kalkofen
Egerten
Jägerhaus
Max-Böhlen-Museum
Kreiterhof
Nebenau
genhard

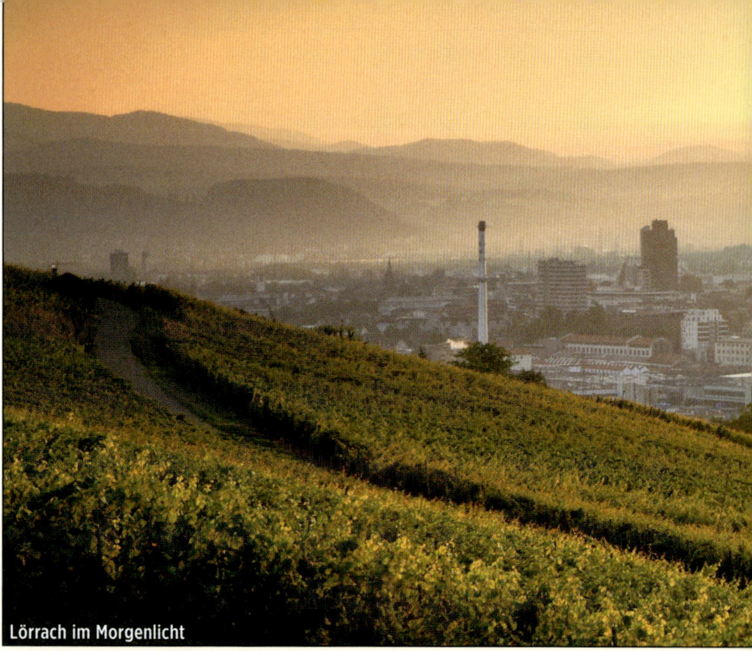

Lörrach im Morgenlicht

Das Markgräfler Land

Die „Toskana Deutschlands“: So wird das Markgräfler Land am Fuße des Schwarzwaldes oft beschrieben. Sanfte Hügel, Weinberge, blühende Streuobstwiesen und abwechslungsreiche Laubwälder geben der Landschaft zwischen Freiburg und Basel ihr typisches Gesicht. Der Tüllinger Berg, kurz vor dem Ziel in Basel, ist der landschaftliche Übergang vom Wiesental in das Markgräfler Land. Zahlreiche geschichtsträchtige Städtchen und kleine Winzergemeinden mit hübschen Fachwerkhäusern, aber auch die Thermalbäder in Bad Bellingen und Badenweiler liegen in einer der wärmsten Regionen Deutschlands.

Kulinarisch gesehen steht das Markgräfler Land in Deutschland ganz weit oben: Weingüter und Winzergenossenschaften laden auf eine Weinprobe ein, edle Restaurants und urige Dorfgaststätten bieten eine reiche Auswahl an einheimischen Speisen und eine breite Palette an Weinen wie sonst kaum irgendwo. Qualität und Frische werden groß geschrieben. Und dazu gibt es einen der ausgezeichneten Markgräfler Weine, zum Beispiel einen Gutedel oder Spätburgunder.

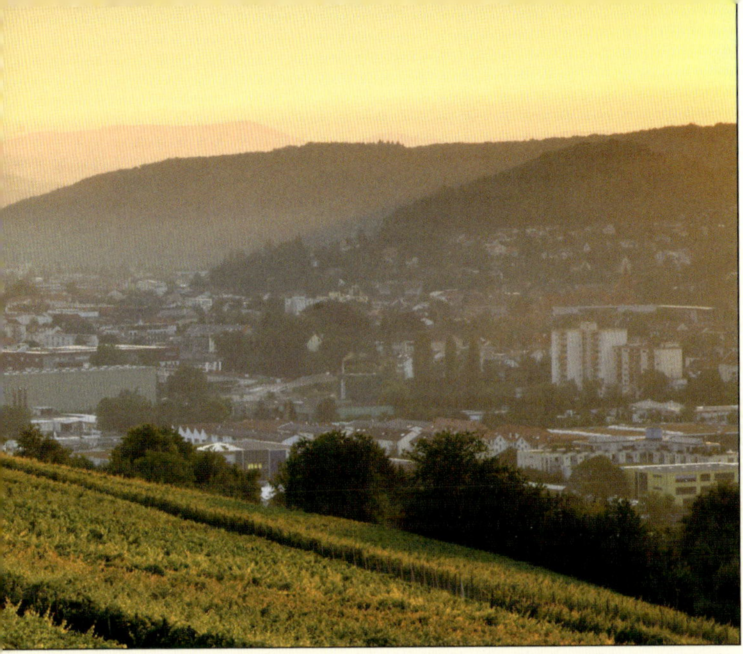

Besonders dem Gutedel, dem typischen Wein des Markgräfler Landes, der lange Zeit als einfacher Schankwein galt, haben die heimischen Winzer zu neuer Größe verholfen. Jung, spritzig und süffig: So kommt der Gutedel heute daher. Nicht nur als Begleiter zu leichtem Salat, frischem Ziegenkäse, Spargel oder Fisch eignet sich der eher säurearme Weißwein, die zarten Mandel- und Nussaromen sind eine Klasse für sich. Fast jeder zweite Rebstock trägt heute die großen, hellen Trauben.

„Des Markgrafen Landes" gibt es seit 1444. Damals schenkte Graf Johann von Freiburg dem Markgrafen Rudolf IV die Herrschaft über Badenweiler, Rötteln und Sausenburg. Heute beschreibt der Name die gesamte Vorbergzone des Schwarzwaldes zwischen Staufen (südlich von Freiburg) und Weil am Rhein. Quer durch das Markgräfler Land verläuft auf einer Route von über 81 Kilometern von Weil am Rhein bis Freiburg-St. Georgen der Wanderweg „Markgräfler Wiiwegli"

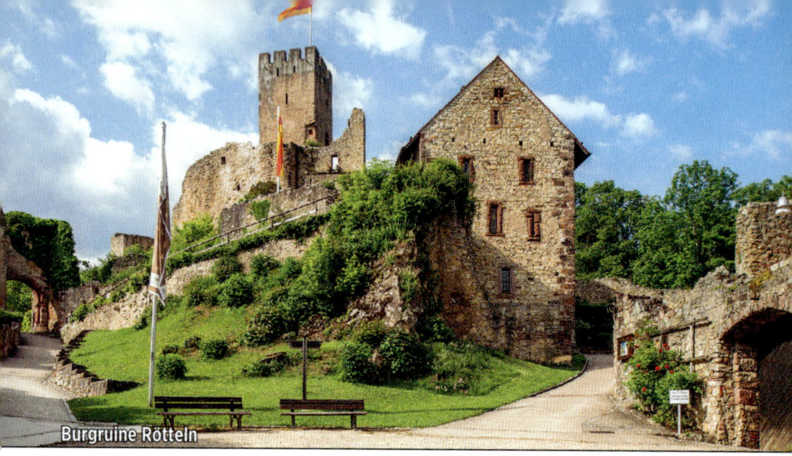

Burgruine Rötteln

gelischen Kirche vorbei ⇝ am Ende der Rathausstraße links in die **Nebenauer Straße** und gleich wieder rechts in den **Röttler Weg** ⇝ bei der Schreinerei rechts halten ⇝ danach links abbiegen ⇝ im Bogen rechts um die kleine Häusergruppe herum ⇝ am Waldrand links in den oberen Weg, den **Steinbüchsleweg** ⇝ hinter dem Sendemast nach rechts ⇝ immer geradeaus dem breiter werdenden Forstweg folgen ⇝ am Ende einer Sturmwurflichtung nach rechts ⇝ leicht bergauf und am Ende einer Rechtskurve beim Wegweiser **Eichholen** geradeaus ⇝ nach 200 m auf die **Hohe Straße** einschwenken ⇝ der Hohen Straße 100 m folgen ⇝ bei der zweiten Einmündung schräg links in das **Kleeplatzsträßchen** ⇝ dem Forstweg folgen bis zum **Wanderparkplatz Kleeplatz**.

5 10,5 (443) Beim Parkplatz überqueren Sie die Kreisstraße 6344 ⇝ hinter dem südlichen **Waldparkplatz Stern** nach links abbiegen ⇝ etwa 150 m bergab ⇝ rechts auf den **Flachslandweg**, der parallel zum Hang zur Burg Rötteln führt ⇝ immer auf dem Flachslandweg bleiben ⇝ bei einem kleinen Kahlschlag geradeaus und dann links halten ⇝ am Ende des Flachslandweges links auf den Forstweg ⇝ beim Rastplatz vor der Burg schräg rechts den geschotterten Weg nehmen ⇝ durch das Obere Burgtor in die Burgruine.

Burgruine Rötteln, 79541 Lörrach, ✆ 07621/56494, Mitte März-Mitte Nov., tägl. 10-18 Uhr, Mitte Nov.-Mitte März, Sa, So/Fei 11-16 Uhr. Die Burgruine Rötteln zählt mit einer Ausdehnung von 300 m zu den größten Burganlagen Süddeutschlands. Sie liegt auf einem Bergvorsprung hoch über dem Wiesental. Die gut erhaltene Burg mit ihren zwei mächtigen Türmen ist Wahrzeichen der Stadt Lörrach. Die erste urkundliche Erwähnung der Burg datiert auf das Jahr 1259. Erbauer war das regionale Adelsgeschlecht der Herren zu Rötteln. Der Markgraf

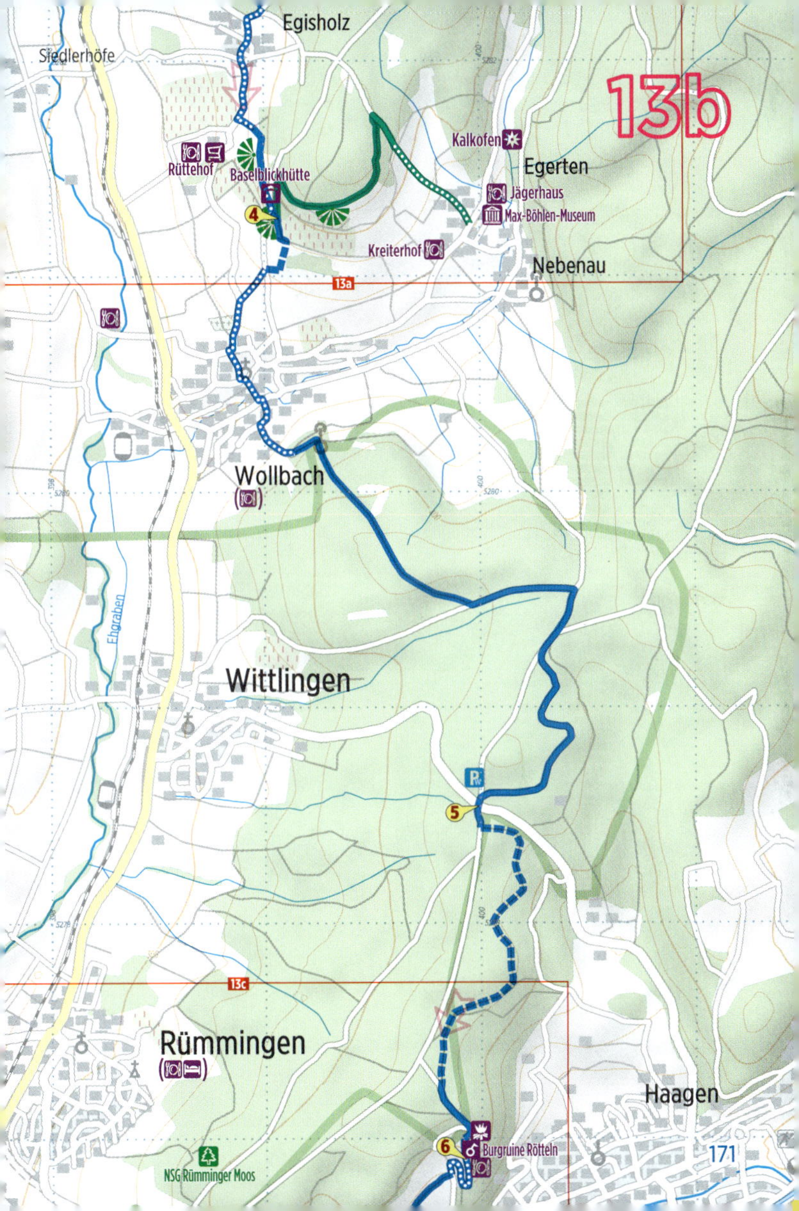

13b
Egisholz
Siedlerhöfe
Rüttehof
Baselblickhütte
Kalkofen
Egerten
Jägerhaus
Max-Böhlen-Museum
Kreiterhof
Nebenau
13a
Wollbach
Ehgraben
Wittlingen
13c
Rümmingen
Haagen
Burgruine Rötteln
NSG Rümminger Moos
171

von Hachberg-Sausenburg übernahm 1316 die Burg. 1356 erschütterte das Baseler Erdbeben auch die Burg und richtete große Schäden an. In der Folgezeit ließ der Markgraf die Anlage zu ihrer heutigen Größe ausbauen. Die wechselnden Besatzer im Dreißigjährigen Krieg hinterließen große Schäden. Schließlich brannte im Jahr 1678 während des Holländischen Krieges ein französisches Heer die Burg nieder. 1884 begann der Badische Schwarzwaldverein sich um die Ruine zu kümmern, seit 1925 übernimmt diese Aufgabe der Verein Röttelnbund e. V. Die Anlage unterteilt sich in Vorburg und eine Oberburg, die durch eine Zugbrücke miteinander verbunden sind. Die Oberburg mit dem staufischen Bergfried „Grüner Turm" ist der älteste Teil der Burg Rötteln. Heute wird die Burg zunehmend

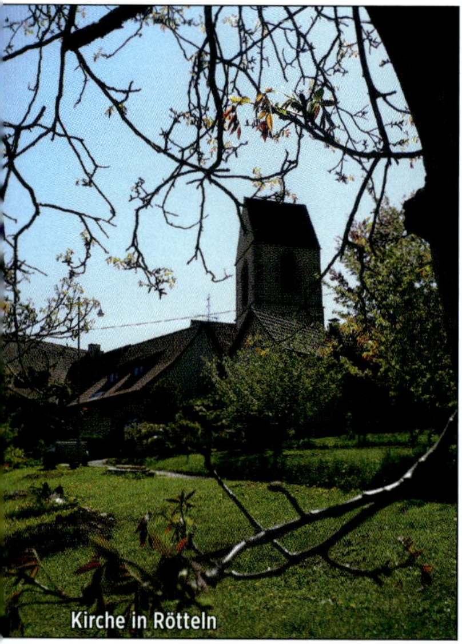
Kirche in Rötteln

für kulturelle Veranstaltungen genutzt. Die Burgfestspiele sowie das Jazzfestival locken jedes Jahr zahlreiche Besucher an. Die Vorburg mit Restaurant und Biergarten ist frei zugänglich, die Oberburg kann besichtigt werden. Herrlicher Blick vom Bergfried über das Untere Wiesental. @ yms472

6 12,7 (414) Durch das **Untertor** verlassen Sie die Burg Rötteln und folgen dem Sträßchen hinab bis zum **Felsportal** am Parkplatz, dort nach links ⁓ hinter dem Parkplatz nach rechts in den Feldweg ⁓ nach einer kurzen Asphaltpassage geradeaus in den grasigen Weg ⁓ an den Kleingärten entlang ⁓ unter den Hochspannungsleitungen geradeaus das Sträßchen hinauf ⁓ hinter der Kuppe bergab ⁓ links unter der Autobahn 98 hindurch.

TIPP: Schräg rechts führt ein Sträßchen zur Kirche Rötteln hinauf.

Kirche Rötteln, Rötteln 7. Die Kirche Rötteln liegt markant auf einem kleinen Hügel hoch über dem Wiesental. Sie wurde erstmals 751 urkundlich erwähnt. Nach dem Basler Erdbeben, das auch die Kirche zerstörte, wurde sie 1401 vom Badischen Markgrafen Rudolf wieder aufgebaut.

7 13,9 (337) Hinter der Autobahnunterführung gehen Sie geradeaus weiter ⁓ vor dem Haus Nr. 10 nach links bergab ⁓ dem **Friedrich-Holdermann-Weg** folgen ⁓ unten rechts parallel zum Hang.

Tumringen

Im Ort überqueren Sie die Freiburger Straße und gehen schräg links in die **Burgstraße** ⁓ bei den Fach-

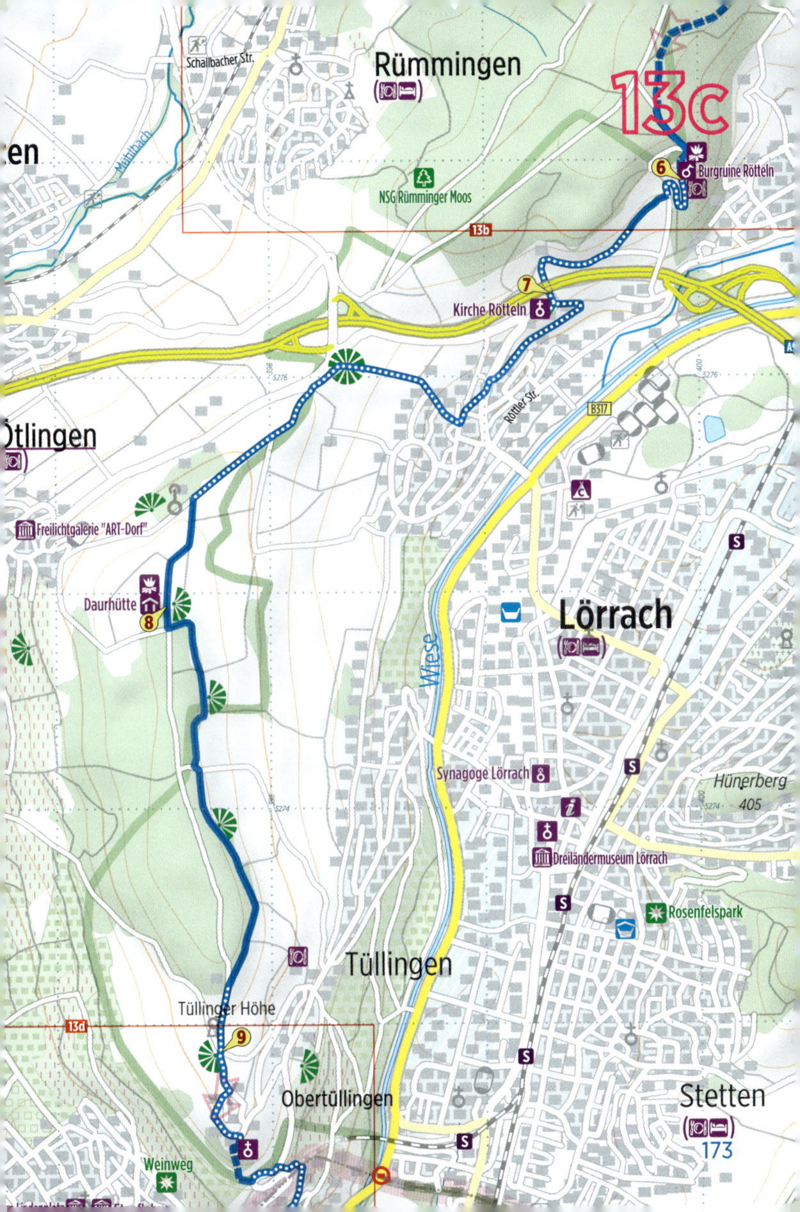

Rümmingen
13c
Schallbacher Str.
Mühlbach
NSG Rümminger Moos
Burgruine Rötteln
6
13b
7
Kirche Rötteln
Rötteler Str.
B317
Ötlingen
Freilichtgalerie "ART-Dorf"
Daurhütte
8
Lörrach
Wiese
Synagoge Lörrach
Hünerberg
405
Dreiländermuseum Lörrach
Rosenfelspark
Tüllingen
Tüllinger Höhe
13d
9
Obertüllingen
Weinweg
Stetten
173

werkhäusern links bis zur Ortsmitte Tumringen ⇝ rechts die **Luckestraße** hinauf ⇝ nach dem Ortsausgang links halten ⇝ beim Wasserbehälter links ⇝ beim Parkplatz schräg links auf dem asphaltierten Weg in sanften Kurven den Hügel hinauf ⇝ dem Sträßchen geradeaus folgen ⇝ nach der Unterquerung der Stromleitungen am Rande eines kleinen Wäldchens links in einen Feldweg ⇝ in einer kleinen Senke schräg rechts ⇝ eine Obstbaum-Allee entlang bis zur Daurhütte.

Daurhütte. Die Hütte erinnert an den südbadischen Maler Albert Hermann Daur, der 1921 in Ötlingen am Fuße des Tüllinger Berges starb.

8 17,0 (459) Bei der Daurhütte geradeaus auf dem breiten Forstweg in den Wald hinein ⇝ nach 50 m links abbiegen Richtung Weiherle-Brünnle ⇝ am Waldeck rechts ⇝ nun für 2 km immer am Waldrand entlang, mal im Wald, mal außerhalb ⇝ auf dem Asphaltsträßchen nach links den Bergrücken entlang bis zur Tüllinger Höhe.

Tüllinger Höhe

9 19,4 (423) Am Sendemast auf der Tüllinger Höhe rechts vorbei ⇝ bei der Bushaltestelle rechts den asphaltierten Weg hinunter ⇝ unten links halten ⇝ in Obertüllingen rechts zur Ottilienkirche abbiegen.

Obertüllingen (Lörrach)

Ottilienkirche, Kirchweg. Die Kirche gilt als einer der „Mythischen Orte am Oberrhein". Auf einem Fresko in der Kirche sind die drei Frauen Ottilia, Chrischona und Margarete am Grab Christi abgebildet. 1173 wurde die Kirche erstmals erwähnt. Von der Terrasse bietet sich ein herrlicher Blick auf Basel. @ upb366

Rechts an der Ottilienkirche vorbei ⇝ den steilen, von Stufen durchsetzten Weg hinab ⇝ beim nächsten Feldweg links abbiegen ⇝ die Straße überqueren ⇝ 20 m links und dann rechts das kleine Sträßchen hinunter ⇝ rechts halten ⇝ an der T-Kreuzung

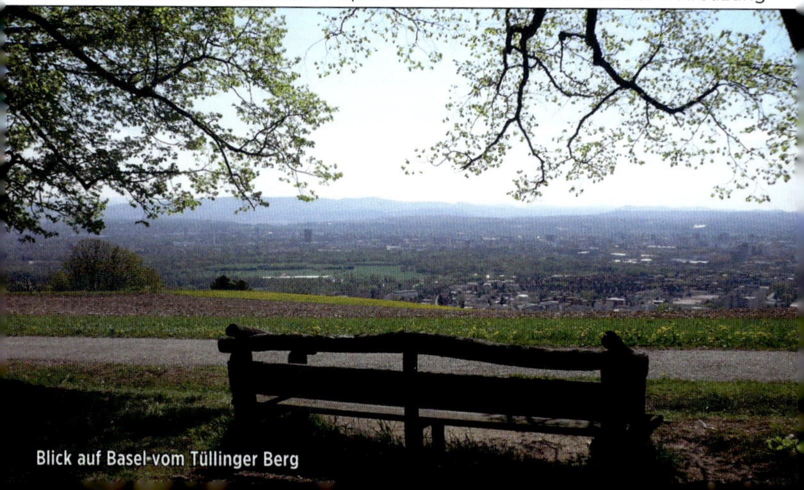

Blick auf Basel vom Tüllinger Berg

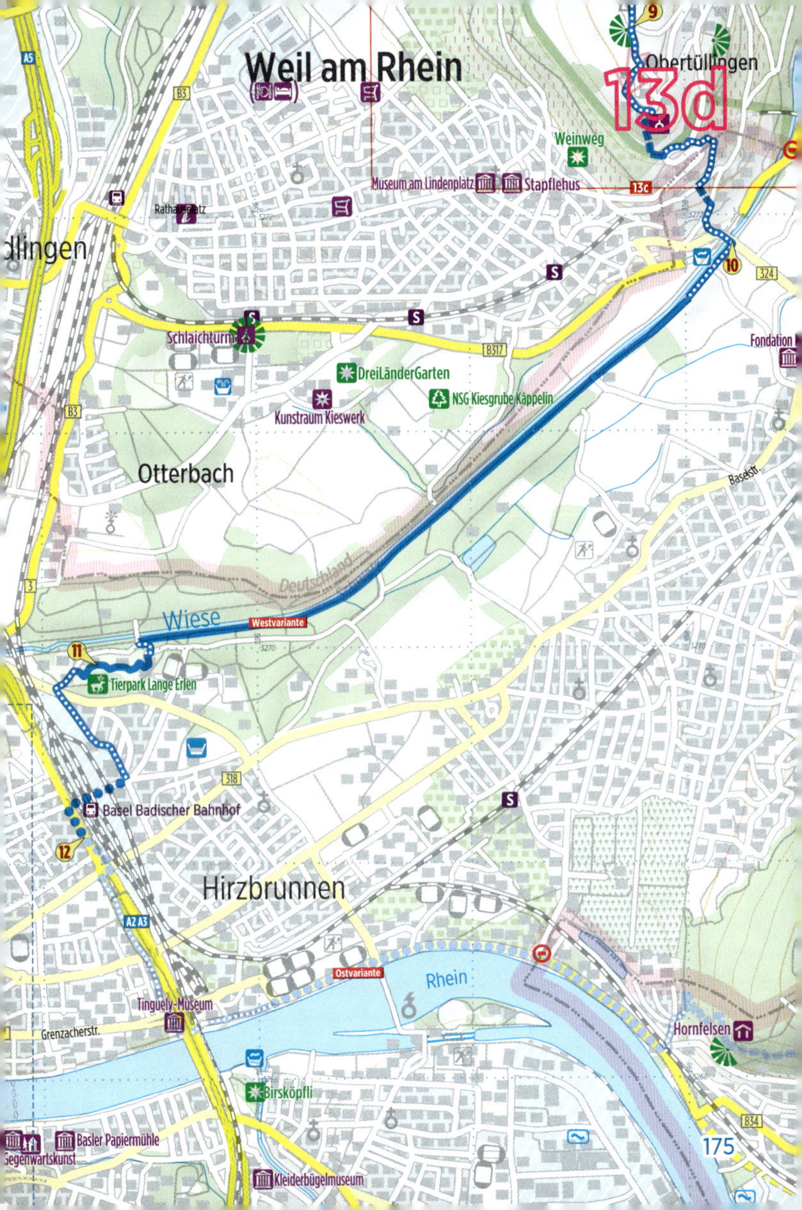
Weil am Rhein
Obertüllingen
13d
Weinweg
Museum am Lindenplatz
Stapflehus
13c
Rathausplatz
llingen
A5
B3
324
B317
Schlaichturm
DreiLänderGarten
NSG Kiesgrube Käppelin
Kunstraum Kieswerk
Fondation
Otterbach
Baselstr.
Deutschland
Wiese
Westvariante
Tierpark Lange Erlen
318
Basel Badischer Bahnhof
Hirzbrunnen
A2 A3
Ostvariante
Rhein
Tinguely-Museum
Grenzacherstr.
Hornfelsen
Birsköpfli
B34
Basler Papiermühle
Gegenwartskunst
Kleiderbügelmuseum

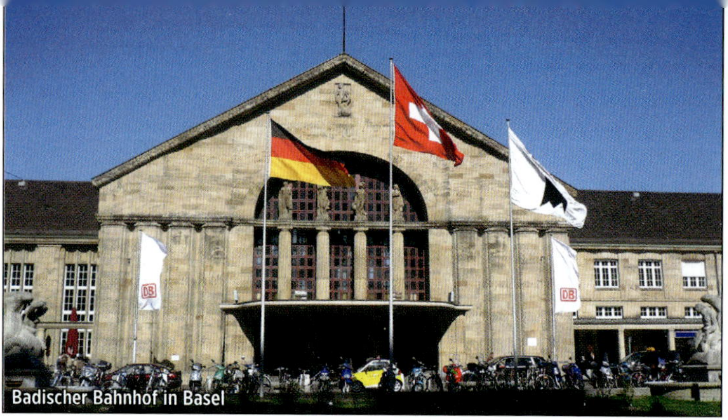

Badischer Bahnhof in Basel

rechts ⤳ die Grenze zur Schweiz überschreiten.

TIPP In der Schweiz ist der Westweg nicht mehr ganz so zuverlässig mit der roten Raute markiert. Es gelten auch noch die gelbe Raute sowie die kleinen Wegweiser mit der Aufschrift „Wanderweg".

Hinter der Grenze schräg links den **Petrisweg** hinunter ⤳ bei der nächsten Kreuzung schräg rechts ⤳ nach 30 m links in den schmalen Pfad ⤳ an der Hecke steil bergab ⤳ eine kleine Treppe hinab und nach rechts auf den **Ritterweg** ⤳ an einem Brunnen vorbei ⤳ nach 40 m links in das **Bruckwegli** ⤳ die Stufen hinunter und links über die **Wiesebrücke**.

10 21,0 (272) Hinter der Brücke biegen Sie rechts ab auf den asphaltierten Weg entlang der Wiese ⤳ nun für 3,5 km immer auf dem **Wiesedamm** entlang ⤳ vorbei am Erlensteg, Weihersteg und Eisernen Steg ⤳ unter der alten Eisenbahnbrücke hindurch ⤳ beim **Erlenparksteg** nach links abbiegen ⤳ vor dem Erlenpark nach links und gleich wieder nach rechts in den Tierpark Lange Erlen hinein.

Tierpark Lange Erlen, Erlenparkweg 110, ✆ 0616814344 Der Erlenpark ist ein kleiner, frei zugänglicher Tierpark. Zu sehen sind Hirsche, Vögel, Affen und allerlei heimische Tierarten. @ yjb838

TIPP Sollte der Tierpark bereits geschlossen sein, gehen Sie nach rechts entlang des Erlenparkweges zur Fasanenstraße.

11 24,9 (263) Im Tierpark halten Sie sich rechts und folgen der gelben Raute und dem Schild Wanderweg ⤳ am westlichen Eingang links in den **Erlenparkweg** ⤳ unter der ehemaligen Eisenbahnbrücke hindurch ⤳ die Fasanenstrasse überqueren ⤳ schräg rechts in die Straße **Im Surinam** ⤳ hinter einer ehemaligen Eisenbahnbrücke rechts halten ⤳ an der breiten **Maulbeerstrasse** nach rechts unter den Gleisen des Badischen Bahnhofs hindurch ⤳ vor der Schwarzwaldallee nach links zum Badischen Bahnhof.

12 26,2 (262) Der **Badische Bahnhof** Basel markiert das Ende der Westvariante des Westweges.

Basel (CH)

Tourist-Information Barfüsserplatz, Steinenberg 14, ☎ 0612686868, @ dfn588

Basler Personenschifffahrt, Westquaistr. 62, ☎ 0616399500. Die Schiffe verkehren auf der Strecke Basel – Weil am Rhein – Huningue – Augst – Kaiseraugst – Rheinfelden. Fahrradmitnahme möglich. @ nji484

Antikenmuseum und Sammlung Ludwig, St. Alban-Graben 5, ☎ 0612011212 Griechische, ägyptische und römische Kunstwerke, hauptsächlich aus der Epoche 4.000 v. Chr. bis ins 4. Jh. n. Chr. @ hda874

Historisches Museum Basel – Barfüsserkirche, Barfüsserpl. 7, ☎ 0612058600 Von der Prähistorie bis heute: Objekte der kirchl. und weltl. Kunst des Mittelalters und der Renaissance, Münsterschatz und Münzkabinett sowie der Stadtgeschichte. Die Kirche der Franziskaner gilt als das bedeutendste architektonische Werk des Ordens nördlich der Alpen. Die heutige dreischiffige Pfeilerbasilika entstand Anfang des 14. Jhs. @ mbo425

Kunsthalle Basel, Steinenberg 7, ☎ 0612069900 Renommierter Veranstaltungsort für Wechselausstellungen zeitgenössischer Kunst. @ qym353

Kunstmuseum Basel, St.-Alban-Graben 16, ☎ 0612066262 Die größte Kunstsammlung der Schweiz zeigt Alte Meister wie Witz oder Holbein, aber auch Malerei des 19. Jhs. oder moderne Kunst von Cézanne über Picasso bis heute. Im Kupferstichkabinett sind Zeichnungen und Grafiken vom 15.-20. Jh. ausgestellt. Weltweit größte Sammlung von Arbeiten der Holbein-Familie. @ dje862

Naturhistorisches Museum, Augustinerg. 2, ☎ 0612665500 Erdgeschichte, Fossilien- und Mineralienausstellung, ausgestorbene und lebende Säugetiere, Dinosauriersaal. @ jch164

Skulpturhalle Basel, Mittlere Str. 17, ☎ 0612602500 Sammlung von Abgüssen antiker Plastiken, vollständige Zusammenführung der gesamten Bauplastik des Athener Parthenons. @ ver284

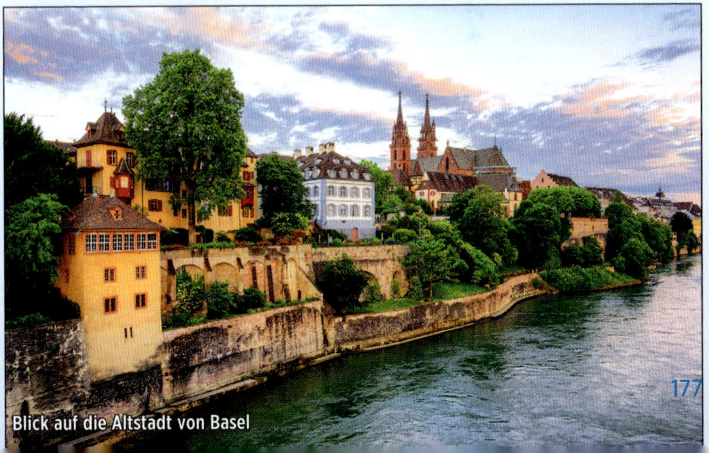

Blick auf die Altstadt von Basel

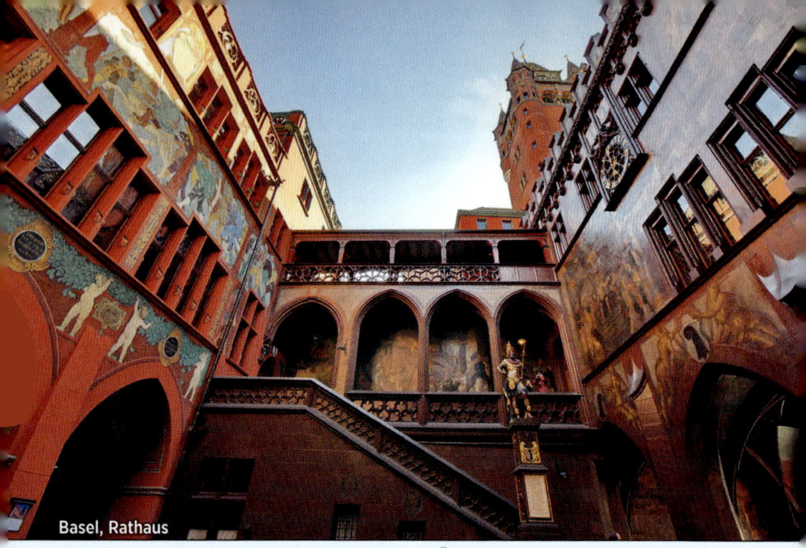
Basel, Rathaus

- **Basler Papiermühle**, St. Alban-Tal 37, ☎ 0612259090 Die papierhistorische Sammlung schildert die Arbeitsweise von Buchdruck und Buchbinderei, in den Werkstätten wird vor den Augen der Besucher produziert. Es kann auch selber geschöpft und gedruckt werden. @ yaj673
- **Jüdisches Museum der Schweiz**, Kornhausg. 8, ☎ 0612619514 Rituelle Gegenstände, hebräische Drucke und Objekte des 1. Zionistenkongresses. @ ldp526
- **Museum der Kulturen**, Münsterpl. 20, ☎ 0612665600 Gezeigt werden Objekte aus aller Welt um das Verständnis für andere Kulturen zu fördern. Die Sammlung beinhaltet mehr als 340.000 Objekte sowie ca. 50.000 historische und etwa 200.000 dokumentarische Fotografien. @ wcw543
- **Museum für Gegenwartskunst**, St.-Alban-Rheinweg 60, ☎ 0612066262 Teil der Emanuel-Hoffmann-Stiftung und der Öffentlichen Kunstsammlung Basel. @ cek237
- **SAM Schweizerisches Architekturmuseum**, Steinenberg 7, ☎ 0612611413 Wechselnde Ausstellungen zu aktuellen architektonischen Themen. @ fpl442
- **Verkehrsdrehscheibe Schweiz - Basler Hafenmuseum**, Westquaistr. 2, ☎ 0616314265 Geschichte und Entwicklung der Rheinschifffahrt zwischen Basel und der Nordsee im Verbund mit den Verkehrsträgern Schiene, Straße und Luft. @ icb171
- **Anatomisches Museum**, Pestalozzistr. 20, ☎ 0612073535 Originalpräparate des menschlichen Körpers und Sonderausstellungen zu verschiedenen Gebieten der Anatomie. @ ppl661
- **Cartoonmuseum**, St.-Alban-Vorstadt 28, ☎ 0612263360 Karikaturen, Cartoons und Comics in Wechselausstellungen. @ poh643

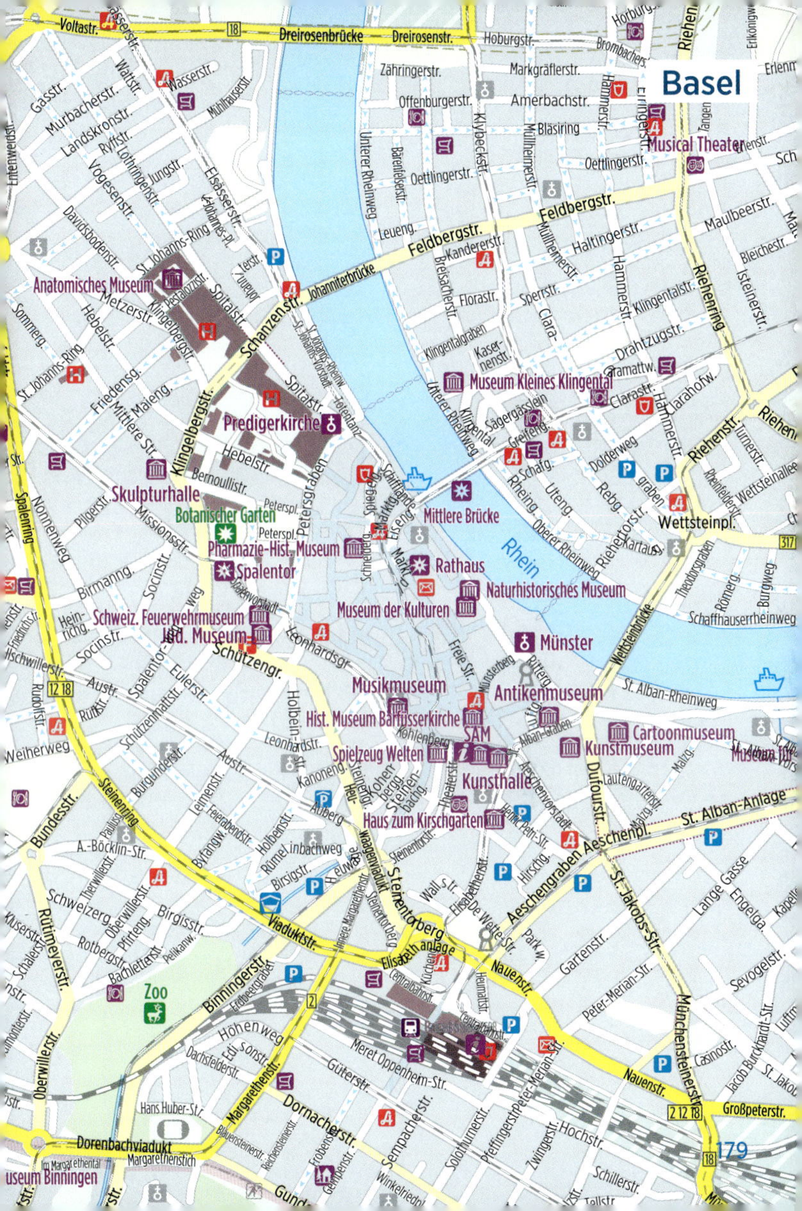
Basel
Voltastr.
Dreirosenbrücke
Dreirosenstr.
Hoburgstr.
Horburgstr.
Riehenstr.
Zähringerstr.
Markgräflerstr.
Offenburgerstr.
Amerbachstr.
Bläsiring
Musical Theater
Oettlingerstr.
Feldbergstr.
Unterer Rheinweg
Klybeckstr.
Müllheimerstr.
Hammerstr.
Haltingerstr.
Maulbeerstr.
Kandererstr.
Florastr.
Sperrstr.
Klingentalstr.
Riehenring
Drahtzugstr.
Clarastr.
Johanniterbrücke
Schanzenstr.
St. Johanns-Ring
St. Johanns-Vorstadt
Anatomisches Museum
Metzerstr.
Hebelstr.
Klingelbergstr.
Spitalstr.
Elsässerstr.
Vogesenstr.
Davidsbodenstr.
Friedensg.
Mittlere Str.
Museum Kleines Klingental
Predigerkirche
Skulpturhalle
Botanischer Garten
Petersgraben
Pharmazie-Hist. Museum
Spalentor
Mittlere Brücke
Rathaus
Rhein
Naturhistorisches Museum
Museum der Kulturen
Schweiz. Feuerwehrmuseum
Jüd. Museum
Schützengr.
Leonhardsgr.
Münster
Wettsteinpl.
Wettsteinbrücke
Schaffhauserrheinweg
St. Alban-Rheinweg
Musikmuseum
Antikenmuseum
Hist. Museum Barfüsserkirche
SAM
Cartoonmuseum
Kunstmuseum
Spielzeug Welten
Kunsthalle
Haus zum Kirschgarten
Dufourstr.
St. Alban-Anlage
Aeschengraben
Aeschenpl.
St. Jakobs-Str.
Spalenring
Steinenring
Viaduktstr.
Steinentorberg
Elisabethanlage
Nauenstr.
Zoo
Binningerstr.
Margarethenstr.
Dornacherstr.
Güterstr.
Meret Oppenheim-Str.
Peter-Merian-Str.
Münchensteinerstr.
Großpeterstr.
Dorenbachviadukt
Museum Binningen
Sempacherstr.
Hochstr.

Historisches Museum Basel – Haus zum Kirschgarten, Elisabethenstr. 27, 0612058600 Bürgerliche Wohnräume des 18. und 19. Jhs. zeigen Basler Wohnkultur und angewandte Kunst. @ gbn544

Historisches Museum Basel – Musikmuseum, Im Lohnhof 9, 0612058600 Geschichte der Musik in Basel vom 16. bis zum 21. Jh. mit einer Sammlung von 3.300 Musikinstrumenten. @ nqb777

Kleiderbügelmuseum, Birsstr. 56, 0613113131 Die Entwicklung des Kleiderbügels wird anhand von über 4.000 Ausstellungsstücken gezeigt. @ igi755

Kleines Klingental, Unterer Rheinweg 26, 0612676625 Zu sehen sind u. a. Originalskulpturen des Basler Münsters, die Geschichte des Klosters sowie periodische Ausstellungen zur regionalen Kunst- und Kulturgeschichte. @ unl185

Museum Tinguely, Paul-Sacher-Anlage 1, 0616819320 Thema: Leben und Werk des bedeutenden Eisenplastikers Jean Tinguely. @ myu342

Pharmaziemuseum der Universität Basel, Totengässlein 3, 0612074811 Alte Medikamente und Apotheken, Laborutensilien und Bilddokumentationen zeigen die Geschichte der Heilmittel und ihre Herstellung. @ ilx547

RappazMuseum, Klingental 11, 0616817121, 0612618385 Werke des Grafikers und Künstlers Rolf Rappaz und temporäre Ausstellungen zeitgenössischer, regionaler Künstler. @ pjy775

Spielzeug Welten Museum, Steinenvorstadt 1, 0612259595 In einem historischen Gebäude aus dem Jahr 1867 finden Sie Puppenhäuser, Kaufmannsläden, Teddybären und Spielzeug vom frühen 19. Jh. bis heute. @ hxh855

Münster, Münsterpl. 9, 0612729157 Von der einstigen karolingischen Kirche blieben nach dem Ungarnsturm 917 nur Teile der Krypta erhalten. Der heutige Bau ist im Wesentlichen ein spätromanischer Bau aus dem 12. Jh. Drei Jahrhunderte später entstanden auf romanischer Grundlage die beiden südlich angefügten Kreuzgänge. Der Bildersturm von 1529 vernichtete den Hochaltar, große Teile der Ausstattung und der Bauplastik. Einen einzigartigen Ausblick über Basel bieten der Georgs- und Martinsturm, die je über eine schmale Treppe mit 250 Stufen erklommen werden können. @ kfk558

Predigerkirche, Petersgraben Die ehemals für die Dominikaner errichtete Kirche entstand im 13. Jh. und wurde nach dem Erdbeben von 1356 erneuert. Geldmittel für den Bau soll der Handel mit dem Ablass von Sünden geliefert haben. Sehenswert sind die schmalen Maßwerkfenster im Chor. Die Mauern des Friedhofes auf der Nordseite der Kirche trugen bis 1805 die berühmten Totentanzfresken, deren noch erhaltene Teile im Historischen Museum verwahrt sind. Sie zeugen von den Ängsten der Pestzeit aus dem Jahr 1439. @ nek816

Keltische Siedlung Basel-Gasfabrik, Dreirosenbrücke (24) Die Siedlung (100 v. Chr.) ist eine der größten archäologisch untersuchten Fundstellen der späten Eisenzeit in der Schweiz. Sie war ein Zentrum für hochwertiges Handwerk und florierenden Fernhandel. Archaeoskope, futuristisch anmutende Fernrohre, geben

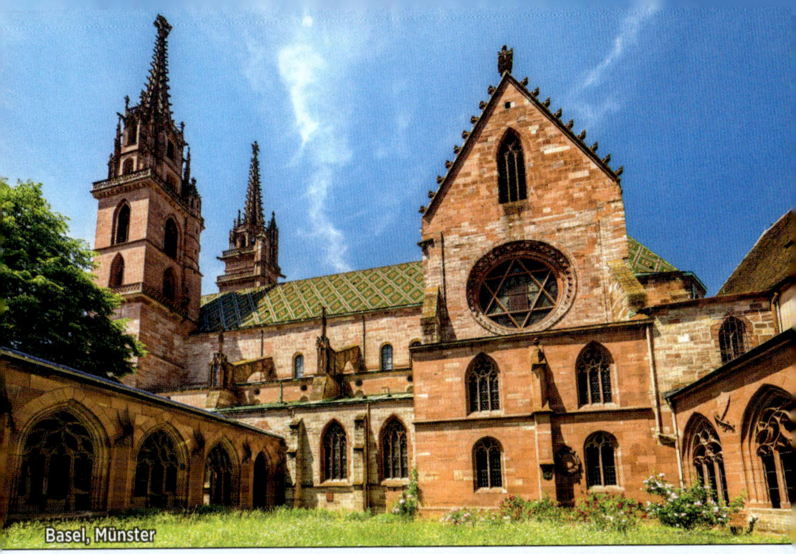

Basel, Münster

Einblicke in die keltische Vergangenheit. @ hqh528

✲ **Badischer Bahnhof**, Schwarzwaldallee 200. Der Badische Bahnhof ist neben dem Schweizer Bahnhof der wichtigste Bahnhof in Basel. Das heutige Gebäude wurde von Karl Moser entworfen und 1913 fertiggestellt. Der imposante Bau besteht aus gelblichem Keupersandstein.

✲ **Mittlere Brücke**. Über Jahrhunderte war sie die einzige Rheinbrücke bis weit stromabwärts, denn der Oberrhein hatte bis zur Regulierung im 19. Jh. kein festes Flussbett und wechselte häufig seinen Lauf. Der Vorläufer der heutigen Brücke wurde 1225 aus Holz gezimmert und ließ Basel schon früh zu einem wichtigen Handelsplatz werden.

✲ **Rathaus**, Marktpl. 9, ✆ 0612678654 Nach ihrem Eintritt in die Eidgenossenschaft wollte die Bürgerschaft mit einem würdigen Bau aufwarten und ließ 1507-13 das Rathaus im spätgotischen Stil errichten. @ qae367

✲ **Spalentor**, Spalenvorstadt. Das seit dem Abbruch der Befestigungsanlage freistehende Stadttor datiert aus dem späten 14. Jh. Das niedere Vorwerk ist mit einer Vielzahl teilweise lustiger Figuren versehen, die Originale sind im Historischen Museum.

Zoo, Binningerstr. 40, ✆ 0612953535 Der in Basel liebevoll „Zolli" genannte Landschaftsgarten bildet eine grüne Insel für 4.000 Tiere in 600 verschiedenen Arten mitten in der Stadt. Für Kinder ein doppelter Spaß, da sie im Kinderzolli den Wärtern bei der Tierpflege helfen dürfen. Berühmt wurde der Zoo durch Zuchterfolge bei Gorillas und Nashörnern. @ gev531

✲ **Birsköpfli**, Birskopfweglein. Die Naturerholungszone befindet sich direkt an der Mündung der Birs in den Rhein. Es lädt bei Schönwetter auch zum Baden ein.

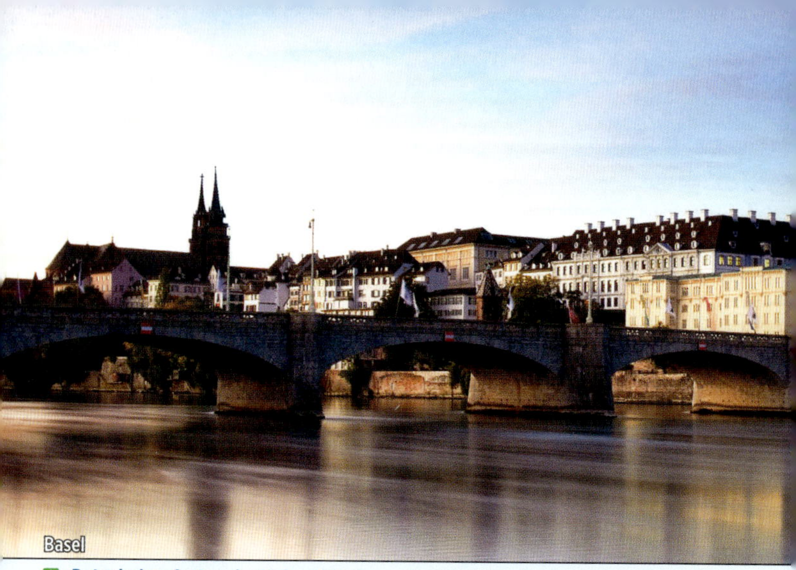

Botanischer Garten der Universität Basel, Spalengraben 8, ✆ 0612073519, ✆ 0612073500 Die Geschichte des Botanischen Gartens reicht bis ins 16 Jh. zurück. Hier gedeihen in den Gewächshäusern und in den Themengärten über 7.500 Pflanzenarten. @ lwb686

Merian Gärten, Vorder Brüglingen 5, ✆ 0613199780 Üppige Blütenpracht und Pflanzenvielfalt auf 18 ha Fläche, erster botanischer Garten Europas mit Bio-Zertifikat, Mühle aus dem 16. Jh. mit Museum, Marktstand mit saisonalen Spezialitäten, @ dag482

Gartenbad Eglisee, Hirzbrunnen 85, ✆ 0612674747, @ bmf452

Rialto Hallenbad, Birsigstr. 45, ✆ 0612055850, Wegen Sanierung bis Ende Aug. 2024 geschlossen. @ rix847

Wohl kaum eine andere Stadt dieser Größe kann so viele ausgeprägte Profile für sich beanspruchen. Basel genießt den Ruf, eine Messe- und Kongressstadt, eine Stadt der Musik, der Museen und der Gelehrten, aber auch eine Stadt der Banken zu sein. Geografisch liegt Basel im Rheinknie, wo sich der Fluss in scharfer Biegung nach Norden in die Oberrheinische Tiefebene wendet. Gleichzeitig handelt es sich um ein Dreiländereck zwischen Deutschland, Frankreich und der Schweiz. Die Lage im Zentrum der Achsen vom Schweizer Jura zu den Schwarzwaldtälern und vom industrialisierten Hochrhein zum Elsass brachte der Stadt vielfältige Impulse. Seit dem 7. Jahrhundert Bischofssitz, wurde Basel nach der Zerstörung durch die Ungarn 917 befestigt. Im Kampf zwischen Bischof und Bürgerschaft siegten um 1450 die Zünfte,

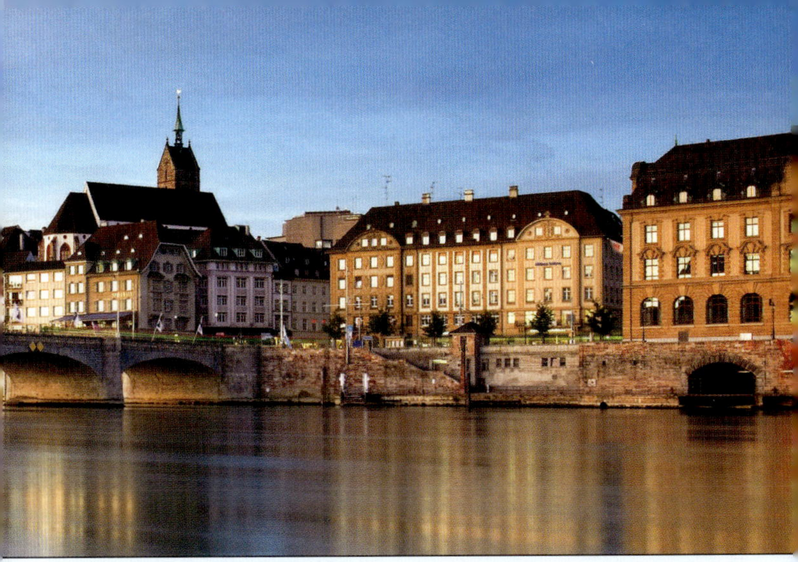

die fortan die Stadt regierten. Ihr geschichtlicher Werdegang führte die Stadt 1501 in die Eidgenossenschaft und Jahrzehnte später in die Reformation. Basel-Stadt ist der kleinste Kanton der Schweiz. Im alten Stadtkern von Basel ist der mittelalterliche und frühneuzeitliche Baucharakter mit den gotischen Häusern und prächtigen Palästen noch weitgehend erhalten.

Berühmt ist die 1460 gegründete Basler Universität, die viele namhafte Persönlichkeiten wie Paracelsus, Bernoulli, Jakob Burckhardt, Friedrich Nietzsche oder Carl Gustav Jung hervorbrachte und eine humanistische Tradition begründete. Die Stadt ist heute am Endpunkt der größten europäischen Wasserstraße eine überregionale Drehscheibe im Handel. Es begann mit dem ersten Dampfer, der 1832 aus den Niederlanden kommend, in der Stadt anlegte und damit die Entwicklung zur Moderne einleitete. Heute verfügt die Stadt in mehreren Häfen über 5 Kilometer Kailänge und ist für rund 500 Rheinschiffe Heimathafen.

Etappe 14 — 14,1 km

Titisee - Feldbergpass (Ostvariante)

Start: Titisee, Kurhaus (N 47,9008° O 8,1500°)
Ziel: Feldbergpass
Aufstieg: 525 m — *Hartbelag:* 21 %
Abstieg: 149 m — *Wanderwege:* 72 %
Gehzeit: 4 - 4,5 Std. — *Wanderpfade:* 7 %

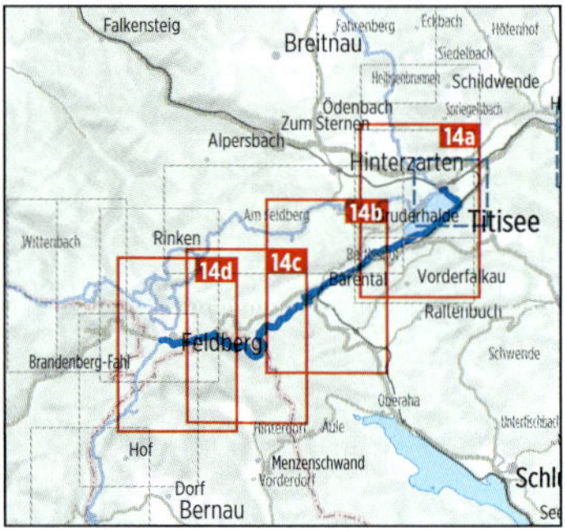

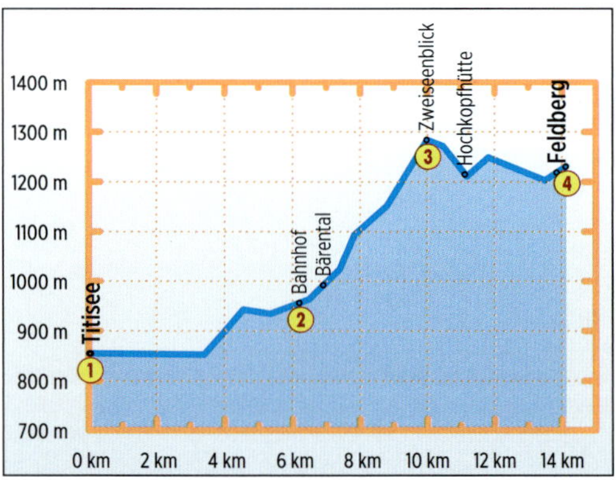

Zum Feldbergpass!

Charakteristik:

Diese Etappe ist kurz, führt fast nur bergauf und zum überwiegenden Teil auf breiten Forstwegen oder asphaltierten Wegen. Die östliche Variante des Westwegs beginnt mit der Umrundung des Titisees und steigt dann gleichmäßig zum höchsten Bahnhof Deutschlands an, dem Bahnhof Bärental. Vom Zweiseenblick bietet sich einer der schönsten Ausblicke auf den Titisee und weiter nach Osten bis zur Schwäbischen Alb. Nur 1 Kilometer weiter lässt sich in den Steilhängen des Menzenschwander Tals die volle Erosionskraft des Feldberggletschers bewundern. Das letzte Stück zum Feldbergpass führt dann unterhalb der Bundesstraße entlang.

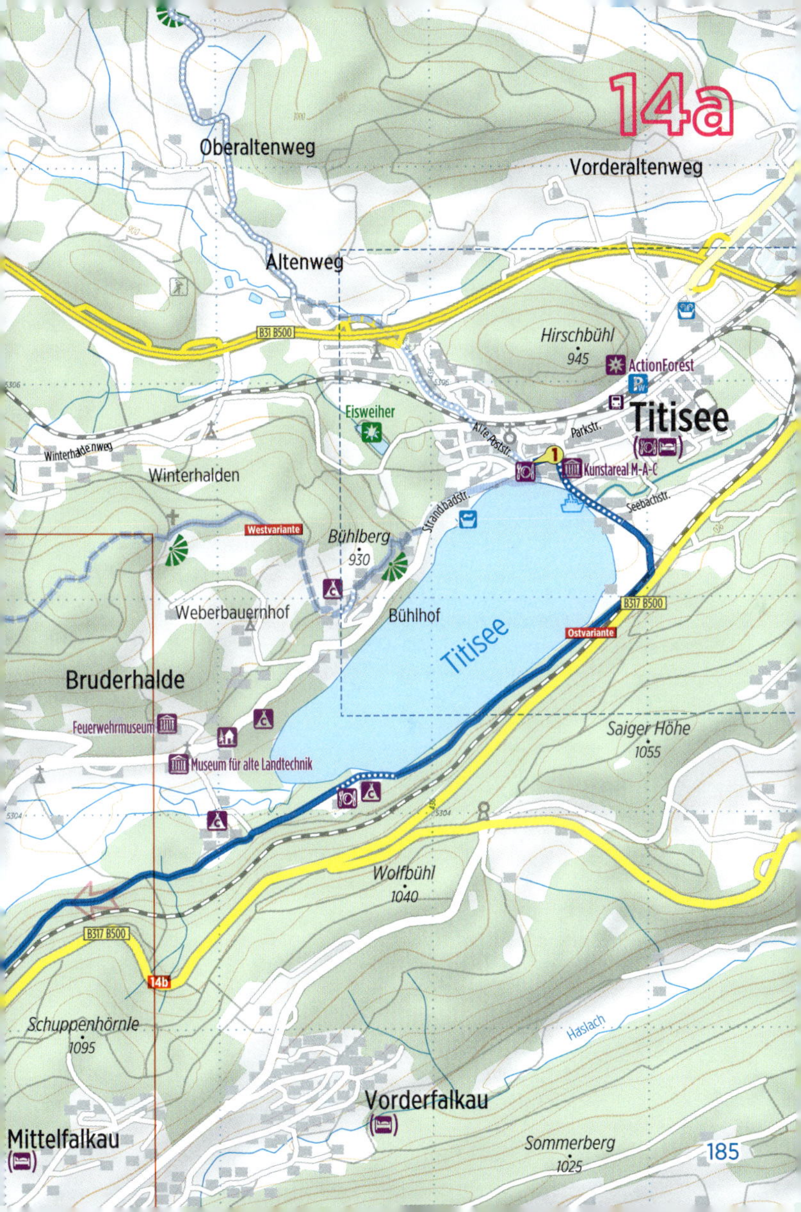
14a
Oberaltenweg
Vorderaltenweg
Altenweg
B31 B500
Hirschbühl
945
ActionForest
Titisee
Eisweiher
Alte Poststr.
Parkstr.
Winterhaldenweg
Winterhalden
Kunstareal M-A-C
Seebachstr.
Strandbadstr.
Westvariante
Bühlberg
930
Weberbauernhof
Bühlhof
B317 B500
Ostvariante
Titisee
Bruderhalde
Saiger Höhe
1055
Feuerwehrmuseum
Museum für alte Landtechnik
Wolfbühl
1040
B317 B500
14b
Schuppenhörnle
1095
Haslach
Vorderfalkau
Mittelfalkau
Sommerberg
1025

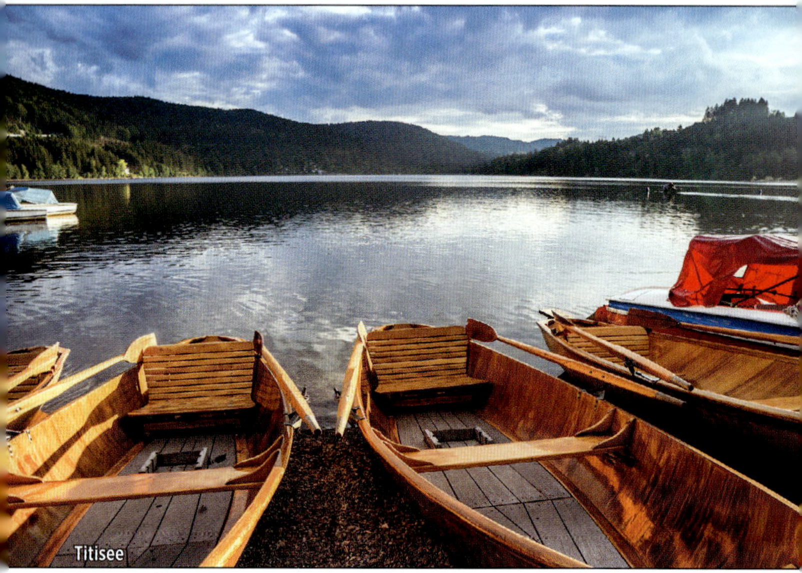

Titisee

Tipp: Da die Etappe relativ kurz ist – sie lässt sich gut in einem halben Tag erwandern – bleibt noch viel Zeit zur Erkundung des Feldbergmassives. Der Seebuck mit dem schönsten Blick auf den Feldsee, der Feldberg selber oder der anspruchsvolle Felsenweg durch die steile Karwand des Feldsees sind lohnende Wanderziele.

Titisee s. S. 124

1 0,0 (854) Vom **Kurhaus Titisee** in die Ortsmitte und dann rechts in die **Seestraße** mit zahlreichen Geschäften ~ beim Hotel Seehof rechts halten ~ nun immer am See entlang bis zum Campingplatz an der Seebachmündung.

Terrassencamping und Restaurant Sandbank, Seerundweg 9, 79822 Titisee-Neustadt, ✆ 07651/9724848, @ jku424

Weiter auf dem Zufahrtssträßchen zum Campingplatz Bankenhof am Rande des Hinterzartener Ortsteiles Bruderhalde

Bruderhalde (Hinterzarten)

Vorwahl: 07652

Museum für alte Landtechnik, Bruderhalde 31, Bankenhof, ✆ 5888, ✆ 982136 Die historische Sammlung landwirtschaftlicher Geräte, vom Holzpflug bis hin zum 20-PS-Traktor, dokumentiert das entbehrungsreiche Leben im Hochschwarzwald. @ gas221

Feuerwehrmuseum, Bruderhalde 30, ✆ 917970 Geräte und Ausrüstungsgegen-

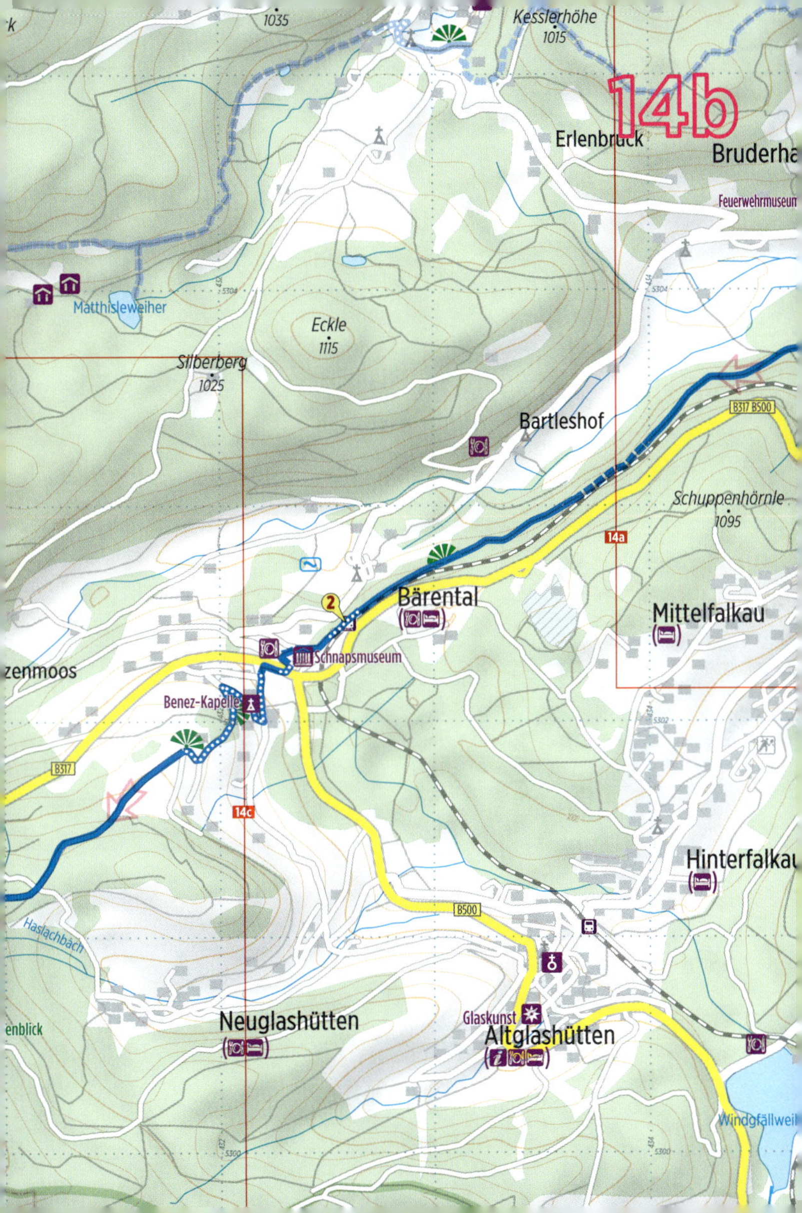

14b
Kesslerhöhe
1015
1035
Erlenbruck
Bruderha
Feuerwehrmuseum
Matthisleweiher
Eckle
1115
Silberberg
1025
Bartleshof
B317 B500
Schuppenhörnle
1095
14a
Bärental
Mittelfalkau
2
Schnapsmuseum
zenmoos
Benez-Kapelle
B317
14c
Hinterfalkau
B500
Haslachbach
Glaskunst
Neuglashütten
Altglashütten
enblick
Windgfällwei

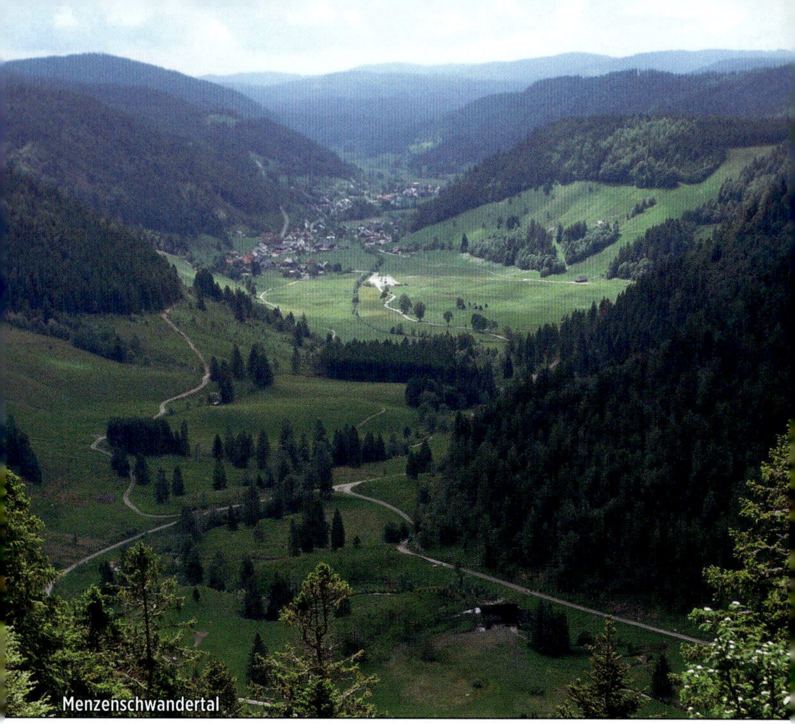
Menzenschwandertal

ständedokumentieren 150 Jahre Feuerwehrgeschichte in Baden-Württemberg. @ aya267

Vor dem Platz schräg links oberhalb der Stellplätze entlang ⇝ vor dem Jugendzeltplatz links ⇝ nun auf dem z. T. schmalen Weg immer ansteigend unterhalb der Bahnlinie bis zum **Bahnhof Bärental**.

2 6,2 (967) Beim Bahnhof schräg rechts in den **Tannenweg**.

Bärental (Feldberg)

Vorwahl: 07655

Schnapsmuseum, Bahnhofstr. 3, ✆ 341 In Erichs Schnapshäusle erleben Sie das Schnapsbrennen von früher und heute. Neben originalen, alten Utensilien um 1900 gibt es viel zu entdecken und in der Destille folgt eine Verkostung der besten Tropfen. @ cfw666

Adler Bärental, Feldbergstr. 4, ✆ 933933, Do-Mo 12-21 Uhr, @ yss551

Wälder-Genussmarkt, Feldbergstr. 5, ✆ 933310, Markt: tägl. 9-19 Uhr, Gastwirtschaft tägl. 9-21 Uhr, @ dla448

Bärental gehört zur Gemeinde Feldberg, der höchst gelegenen Gemeinde Deutschlands. Sie lebt ganzjährig vom Tourismus, die Wintersportsaison dauert von November bis April. Der Bahnhof des Ortes liegt auf einer

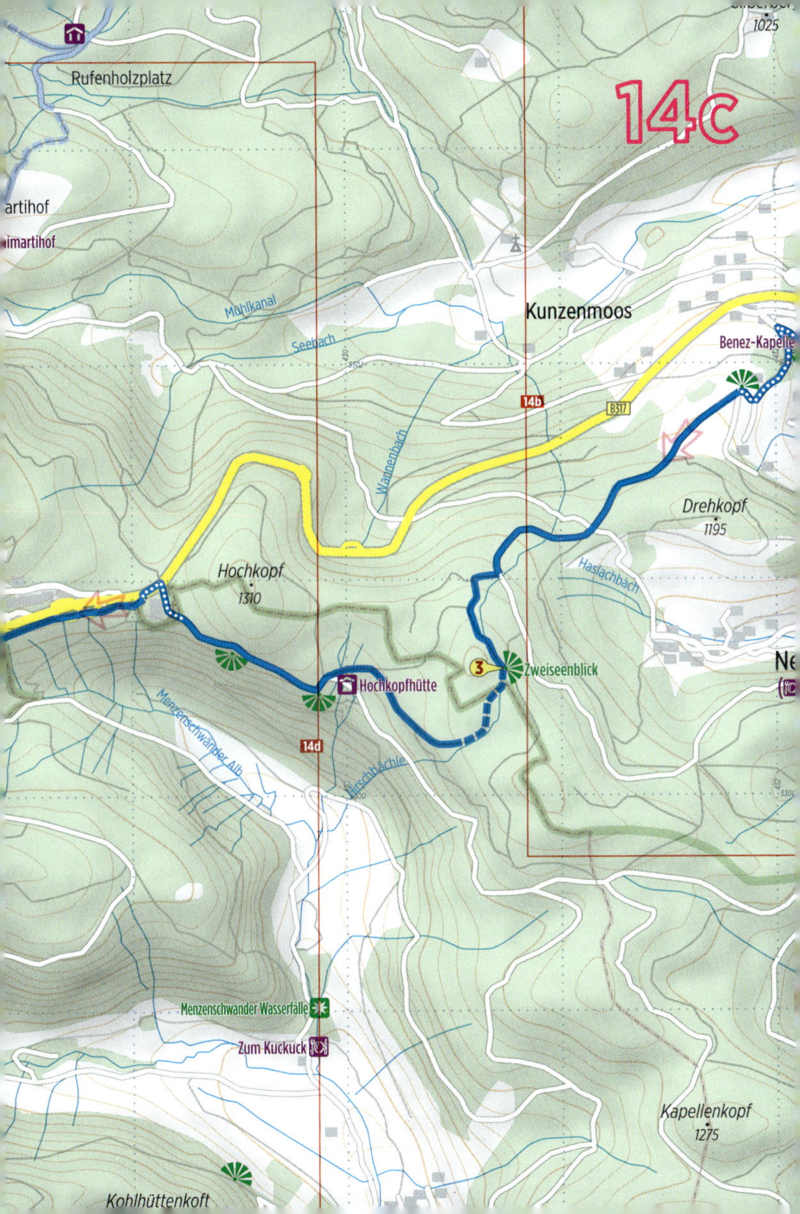
14c
1025
Rufenholzplatz
artihof
imartihof
Mühlkanal
Seebach
Kunzenmoos
Benez-Kapelle
14b
B317
Wannenbach
Drehkopf
1195
Haslachbach
Hochkopf
1310
3
Zweiseenblick
Hochkopfhütte
Menzenschwander Alb
14d
Hirschbächle
Ne
Menzenschwander Wasserfälle
Zum Kuckuck
Kapellenkopf
1275
Kohlhüttenkopf

Höhe von 967 m ü. NN und gilt somit als der höchstgelegene Bahnhof Deutschlands an einer normalspurigen Strecke. Er wurde 1926 mit der Eröffnung der Dreiseenbahn in Betrieb genommen.

Nach etwa 200 m zweigen Sie links ab, dann nach der Straßenunterführung nach rechts ⁓ oberhalb der Straße links die Treppe hinauf ⁓ links auf das Sträßchen ⁓ bei der **Benez-Kapelle** scharf rechts in die Straße **Im Dobel** ⁓ nach 300 m scharf links in den **Zweiseenblickweg** ⁓ dem Sträßchen, das in einen Forstweg übergeht, folgen bis zur Waldkreuzung **Happ**, dort geradeaus weiter auf dem breiten Forstweg entlang ⁓ nach dem Linksbogen des Weges an der Kreuzung rechts weiterhin dem Zweiseenblickweg folgen ⁓ an der nächsten Gabelung links halten ⁓ wenig später erneut links und zum Aussichtspunkt hinauf.

Zweiseenblick (1.292 m ü. NN). Von der Granitfelsengruppe eröffnet sich ein hübscher Blick auf den Titisee und nach Süden zum Schluchsee.

3 4,0 (1.283) Sie wandern durch das Hochmoor immer geradeaus zunächst über Pfade, später auf einem

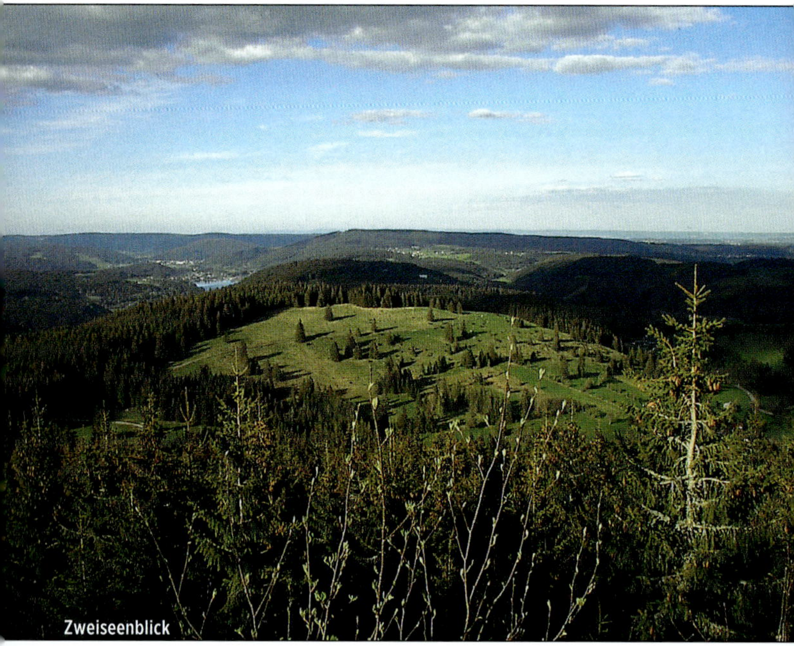

Zweiseenblick

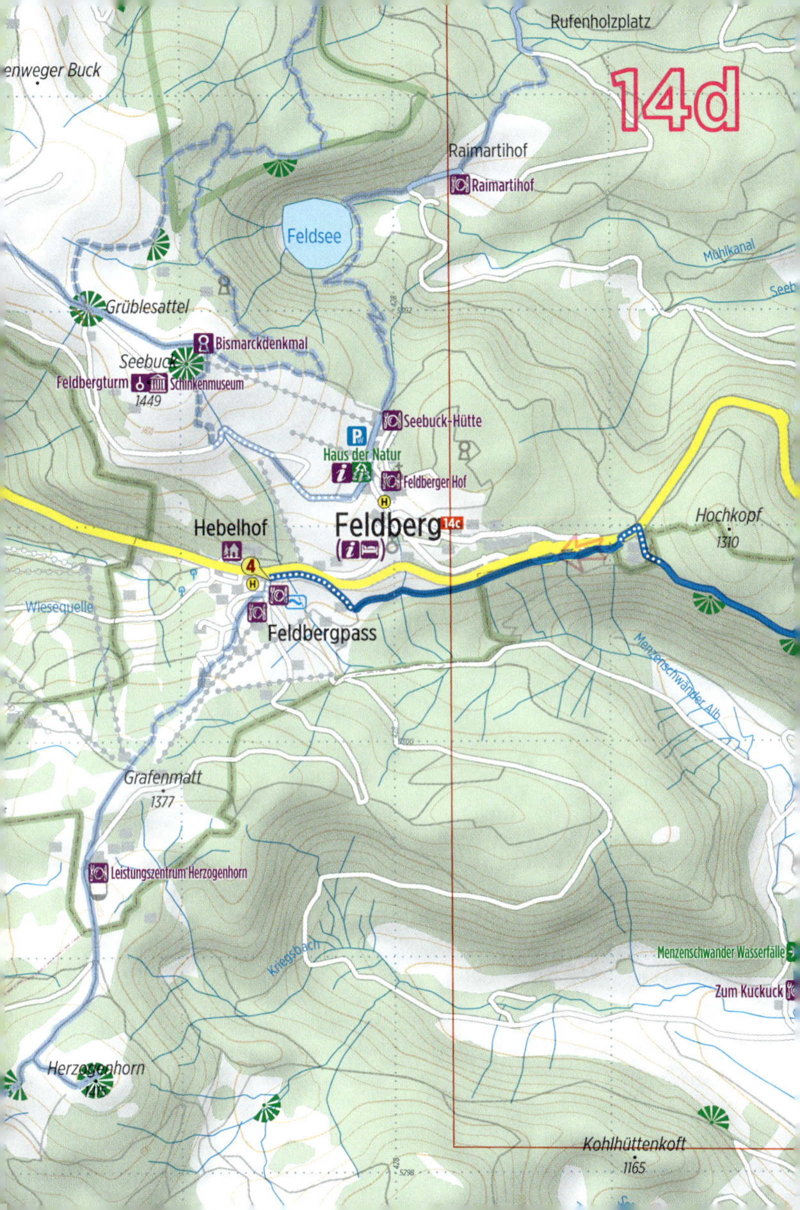

14d
Rufenholzplatz
enweger Buck
Raimartihof
Raimartihof
Feldsee
Mühlkanal
Seeb
Grüblesattel
Bismarckdenkmal
Seebuck
Feldbergturm
Schinkenmuseum
1449
Seebuck-Hütte
Haus der Natur
Feldberger Hof
Feldberg
14c
Hebelhof
Hochkopf
1310
4
Wiesequelle
Feldbergpass
Menzenschwander Alb
Grafenmatt
1377
Leistungszentrum Herzogenhorn
Kriegsbach
Menzenschwander Wasserfälle
Zum Kuckuck
Herzogenhorn
Kohlhüttenkopf
1165

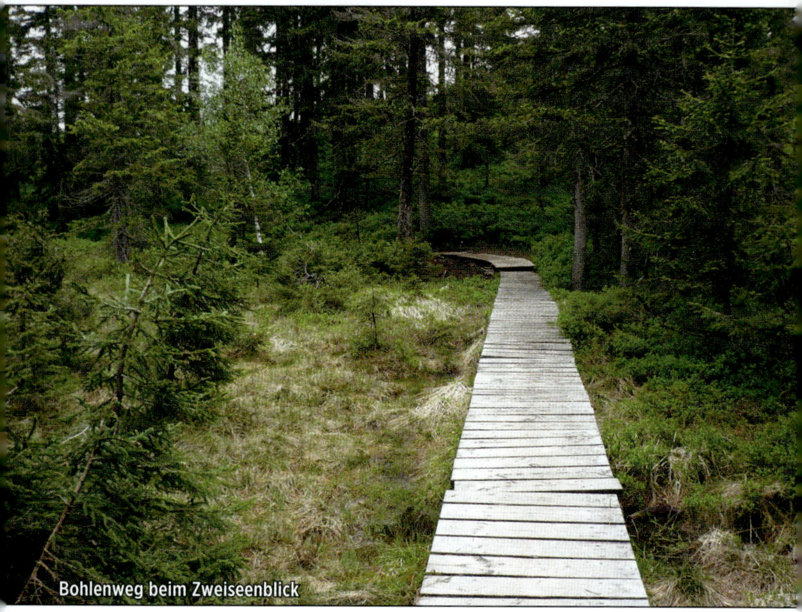
Bohlenweg beim Zweiseenblick

Forstweg zur **Hochkopfhütte** ⤳ auf dem breiten Forstweg oberhalb des Menzenschwander Tales zum **Caritashaus** ⤳ vor der Bundesstraße links ⤳ nach 100 m schräg links den Forstweg hinab und immer unterhalb der Straße vorbei an der **Menzenschwander Hütte** zum Feldbergpass.

4 14,1 (1.231) Das Etappenende ist am Feldbergpass erreicht.

Feldbergpass (Feldberg)

Vorwahl: 07676

- **Boutique Hotel Kokoschinski**, August-Euler-Pl. 1, ✆ 9333690, ⏲ tägl. 12-20 Uhr, @ jgr121
- **Berggasthaus Auerhahn**, Grafenmattweg 1, ✆ 933434, @ lwi561

Der Feldbergpass zwischen dem Feldberg im Norden und dem Grafenmatt im Süden gilt mit einer Höhe von 1.231 Metern ü. NN als der zweithöchste befahrbare Gebirgspass Deutschlands. In der Mitte des 19. Jahrhunderts wurde ein Saumweg über die Passhöhe angelegt, die Straße wurde 1885 eröffnet. Heute verbindet die Passstraße als Teil der B 317 Todtnau im Wiesental mit Titisee-Neustadt. Seit 2005 überspannt eine 32 m breite Skibrücke die Straße, um zwei neben der Straße gelegenen Skigebiete miteinander zu verbinden.

Etappe 15 17,2 km

Feldbergpass - Weißenbachsattel (Ostvariante)

Start: Feldbergpass (N 47,8561° O 8,0296°)
Ziel: Weißenbachsattel
Aufstieg: 638 m
Abstieg: 792 m
Gehzeit: 5 - 6 Std.
Hartbelag: 0 %
Wanderwege: 68 %
Wanderpfade: 31 %

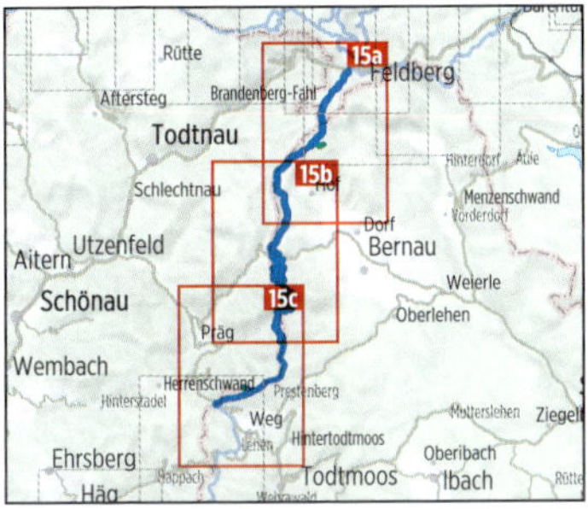

Über die Gipfel!

Charakteristik:
Gleich vier Gipfel über 1.200 Meter warten auf die Westweg-Wanderer: Grafenmatt, Herzogenhorn, Blößling und Hochkopf. Der Beginn des Abstiegs zum Rhein über den südlichen Ausläufer des Feldbergmassivs gibt sich gebirgig sowie aussichts- und abwechslungsreich. Mit Ausnahme der kahlen Gipfel führt die Strecke

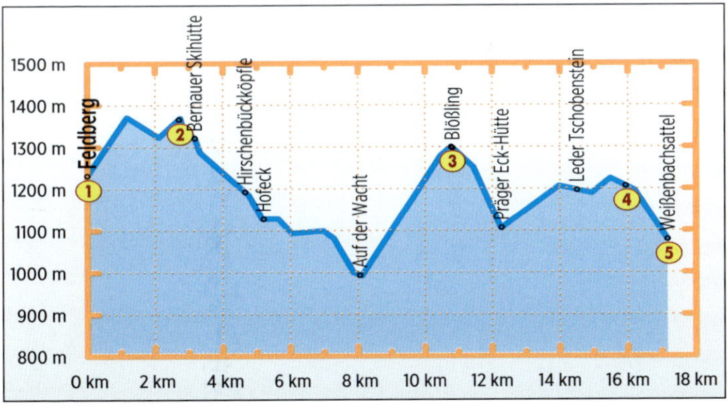

fast nur durch Wald – immer fernab der Zivilisation.

Hinter dem Herzogenhorn eröffnen sich einzigartige Naturlandschaften jenseits des Feldbergs, der Blößling oberhalb von Bernau gilt bereits als Geheimtipp, ebenso wie der Hochkopf bei Todtmoos, der durch seinen Turm aber eine gewisse Beliebtheit erreicht hat. Landschaftlicher Höhepunkt ist neben dem Ersteigen des Herzogenhorn die Teilumrundung des Präger Gletscherkessels. Vom Aussichtspunkt Roter Felsen bis zum Hochkopf folgt der Westweg dem östlichen Rand des imposanten Talkessels. Im Bereich des Hochkopfes erwartet den Wanderer eine urige, von Stürmen geprägte Waldlandschaft.

Feldbergpass (Feldberg)

1 0,0 (1.231) Auf dem Feldbergpass gehen Sie in die Glockenführe und geradeaus hinauf auf den westlichen Rücken des Herzogenhorns ~ vorbei am Leistungszentrum Herzogenhorn.

Gaststätte Leistungszentrum Herzogenhorn, Dr.-Fredy-Stober-Str. 7, 79868 Feldberg, 07676/222, tägl. 10-16 Uhr, @ ner683

Etwa 1 km später wird der Abzweig **Schwedenschanze** erreicht.

AUSFLUG: Vom Wegweiser Schwedenschanze geht es auf dem Rücken des Herzogenhorns in 10 Minuten auf den Gipfel des Berges.

Herzogenhorn (1.415 m ü. NN). Nach dem Feldberg und dem Seebuck ist das Herzogenhorn der dritthöchste Berg des Schwarzwaldes, er gilt als einer der schönsten Aussichtsberge des Schwarzwaldes.

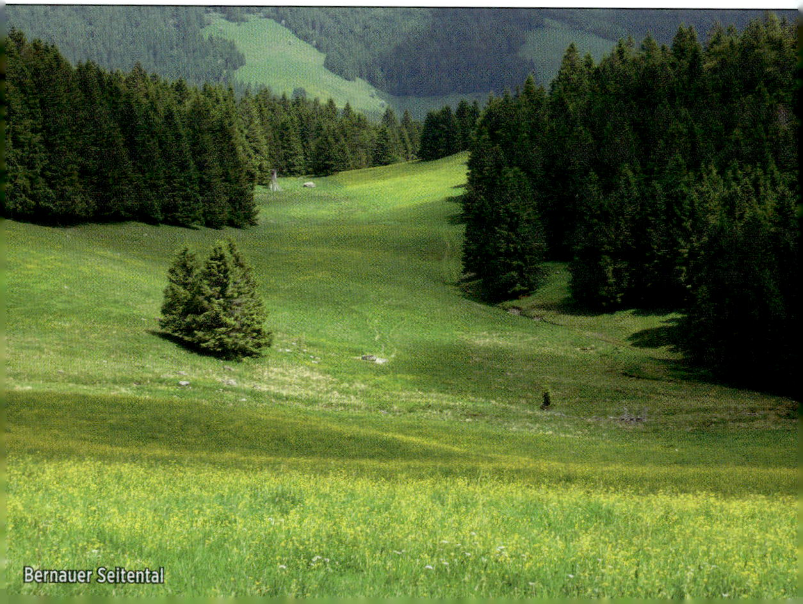

Bernauer Seitental

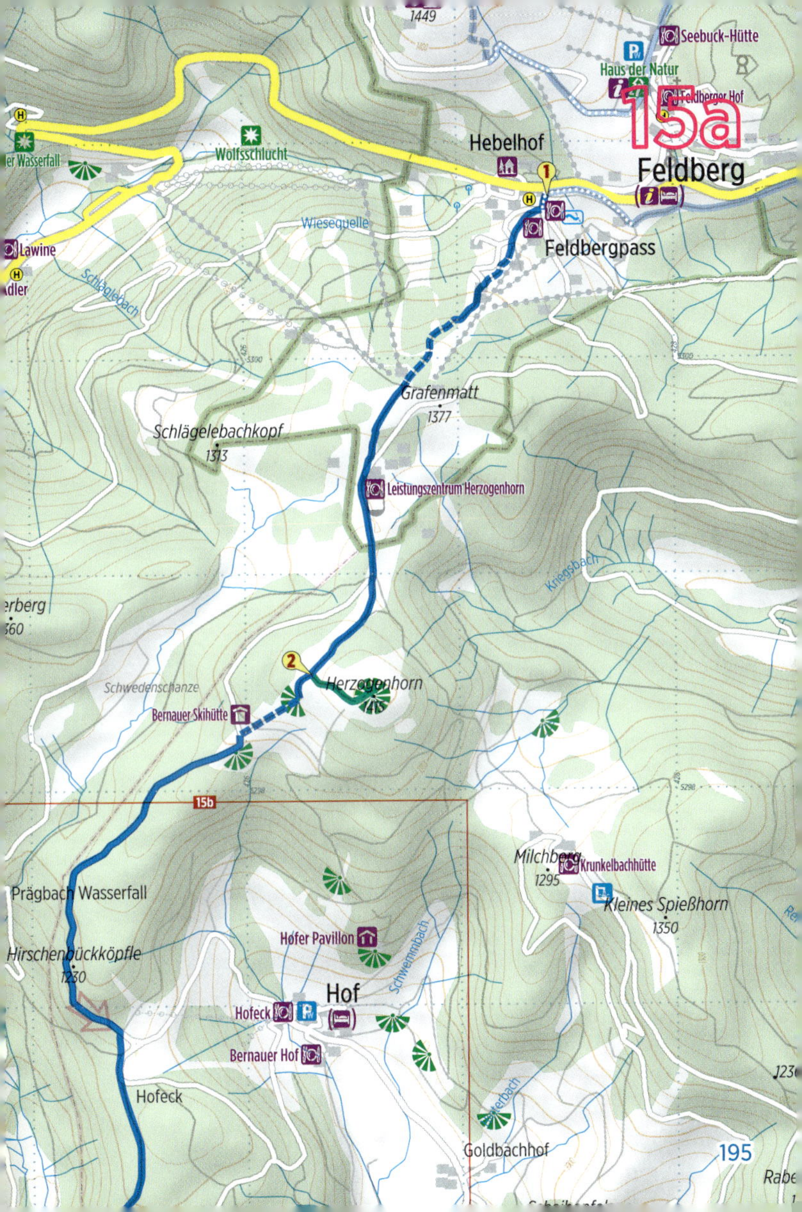
15a
Feldberg
Feldbergpass
Hebelhof
Seebuck-Hütte
Haus der Natur
Feldberger Hof
Wolfsschlucht
Wasserfall
Lawine
Adler
Wiesequelle
Schlägelebach
Grafenmatt
1377
Schlägelebachkopf
1313
Leistungszentrum Herzogenhorn
Kriegsbach
Herzogenhorn
Schwedenschanze
Bernauer Skihütte
15b
Milchberg
1295
Krunkelbachhütte
Kleines Spießhorn
1350
Prägbach Wasserfall
Hirschenbückköpfle
1230
Hofer Pavillon
Schwemmbach
Hof
Hofeck
Bernauer Hof
Hofeck
Goldbachhof
1449

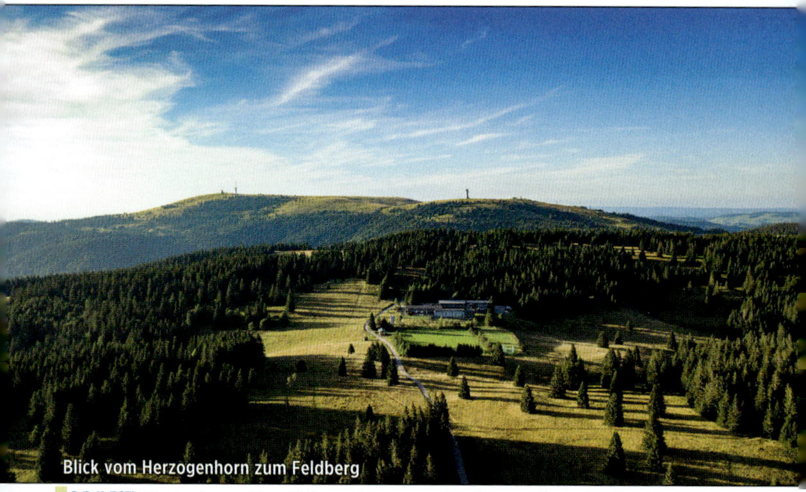
Blick vom Herzogenhorn zum Feldberg

2 2,7 (1.367) Vorbei an der **Schwedenschanze** und auf dem grasigen Weg hinab zum Forstweg ⁓ immer auf dem Bergrücken bleibend, vorbei am Hof-Eck ⁓ auf dem **Ecklewaldweg** zum Aussichtspunkt Roter Felsen und weiter zur Passhöhe Wacht.

Wacht (Bernau im Schwarzwald)

Sie überqueren die Straße und folgen dem **Blößlingweg** in drei großen Zick-Zack-Kehren in Richtung Gipfel ⁓ beim letzten Abzweig scharf rechts auf den schmalen Fußpfad und zum Gipfel hinauf.

Blößling (1.309 m ü. NN). Der Blößling ist ein weitgehend unbekannter Berggipfel oberhalb von Bernau. Hier finden Sie einen hübschen Blick in das Bernauer Hochtal und über den südlichen Schwarzwald.

3 10,8 (1.309) Sie steigen auf dem südlichen Bergrücken des Blößlings hinab ⁓ in der steilen Ostflanke in einen Pfad abbiegen ⁓ auf dem Forstweg zur **Präger Eck-Hütte** ⁓ nach rechts durch die enge Passhöhe, das Blößlingloch, auf die Seite des Präger Gletscherkessels wechseln.

Präger Gletscherkessel. Im Präger Gletscherkessel stießen in der Eiszeit sechs Gletscher zusammen und stauten sich bis zu einer Höhe von 500 m. Diese mächtigste Vereisung des Schwarzwaldes formte den Kessel mit großen Geröllhängen, kleinen Seen und einem kegelförmigen Moränenhügel. Die Weiden und Wälder sind Heimat vieler seltener und gefährdeter Tier- und Pflanzenarten.

Dem Forstweg nach Süden folgen ⁓ bei der nächsten Verzweigung den oberen Weg nehmen ⁓ nach 800 m schräg links in den Pfad auf den Bergrücken ⁓ durch den urtümlichen,

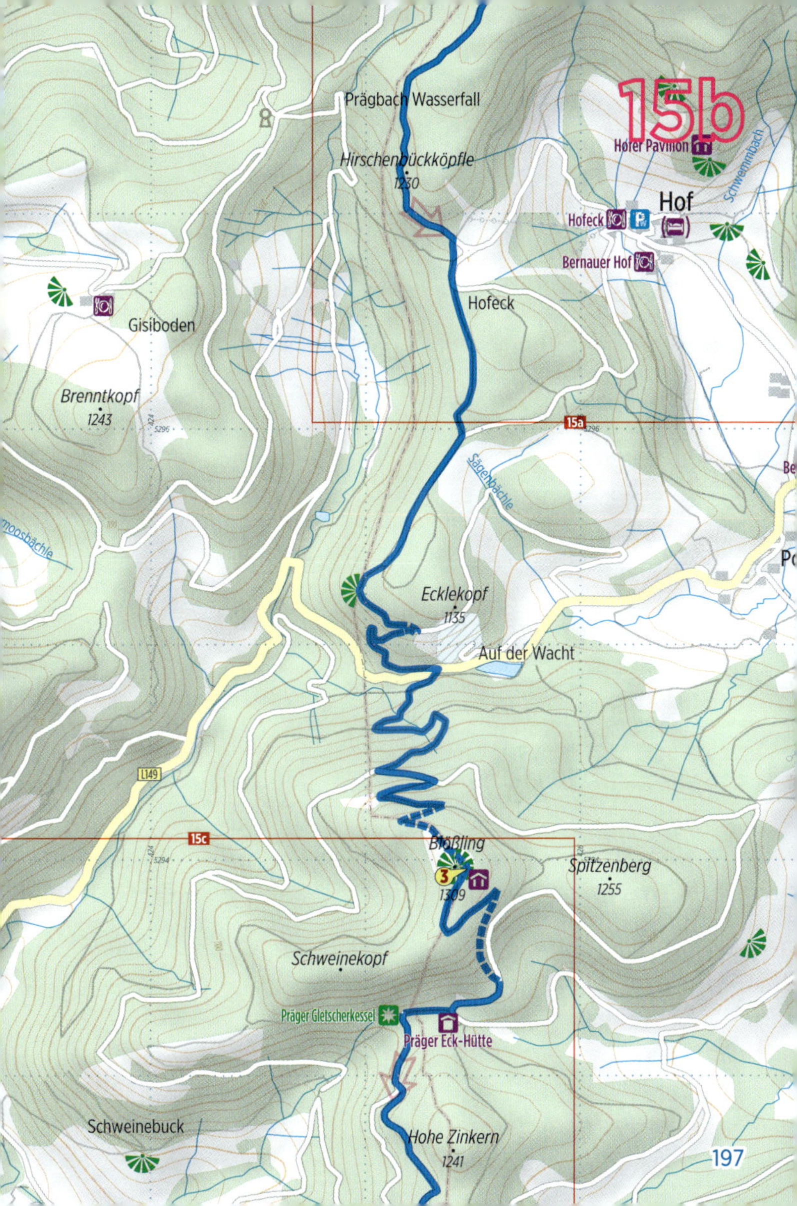

15b
Prägbach Wasserfall
Hirschenbückköpfle
1230
Hörer Pavillon
Schwemmbach
Hof
Hofeck
Bernauer Hof
Hofeck
Gisiboden
Brenntkopf
1243
15a
Sägenbächle
Ecklekopf
1135
Auf der Wacht
L149
15c
Bläßling
1309
Spitzenberg
1255
Schweinekopf
Präger Gletscherkessel
Präger Eck-Hütte
Hohe Zinkern
1241
Schweinebuck

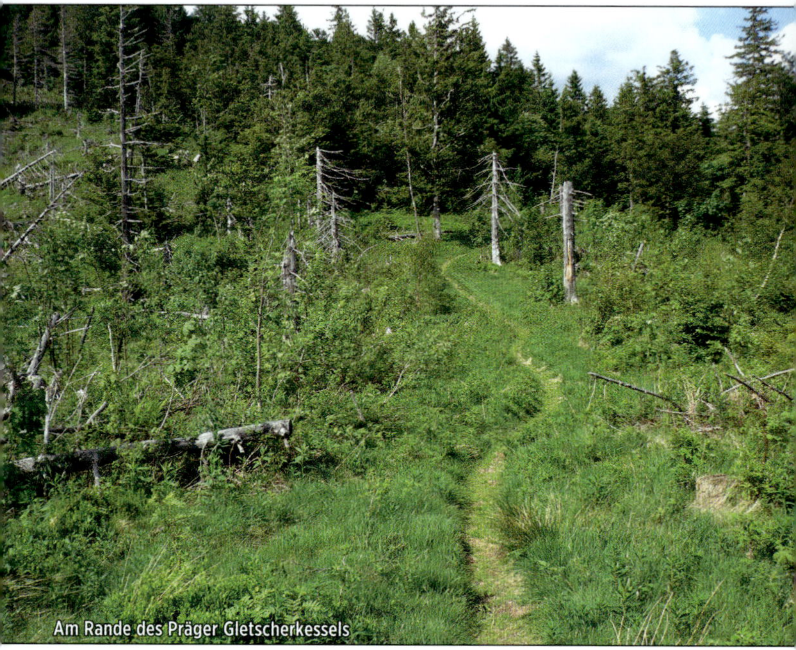
Am Rande des Präger Gletscherkessels

sturmgezeichneten Wald bis zum **Leder-Tschobenstein** ⤳ weiter entlang des Bergrückens bis zum Funkmasten am Abzweig **Am Hochkopf**.

AUSFLUG Vom Abzweig führt ein steiniger Pfad in 15 Minuten hinauf zum Hochkopf-Turm. Dort ergibt sich ein herrlicher Blick in den Präger Gletscherkessel und zum Hotzenwald.

Hochkopf (1.263 m ü. NN). Der Gipfel markiert mit einer Höhe von 1.263 m ü. NN den höchsten Punkt über dem Präger Gletscherkessel. Hier wurde 1925 ein Aussichtsturm errichtet.

4 15,9 (1.207) Die Hauptroute führt vom Abzweig zunächst 200 m den Forstweg hinab und wechselt dann nach links auf den Pfad ⤳ immer schräg am Hang dem Weg geradeaus folgen bis zum Waldrand ⤳ von dort rechts haltend zum Weißenbachsattel.

Waldhotel Auerhahn Hochkopfhaus, Hochkopf 1, 79674 Todtnau, ✆ 07674/437, @ rap682

5 17,2 (1.081) Am Weißenbachsattel ist das Ende der Etappe erreicht.

Weißenbachsattel

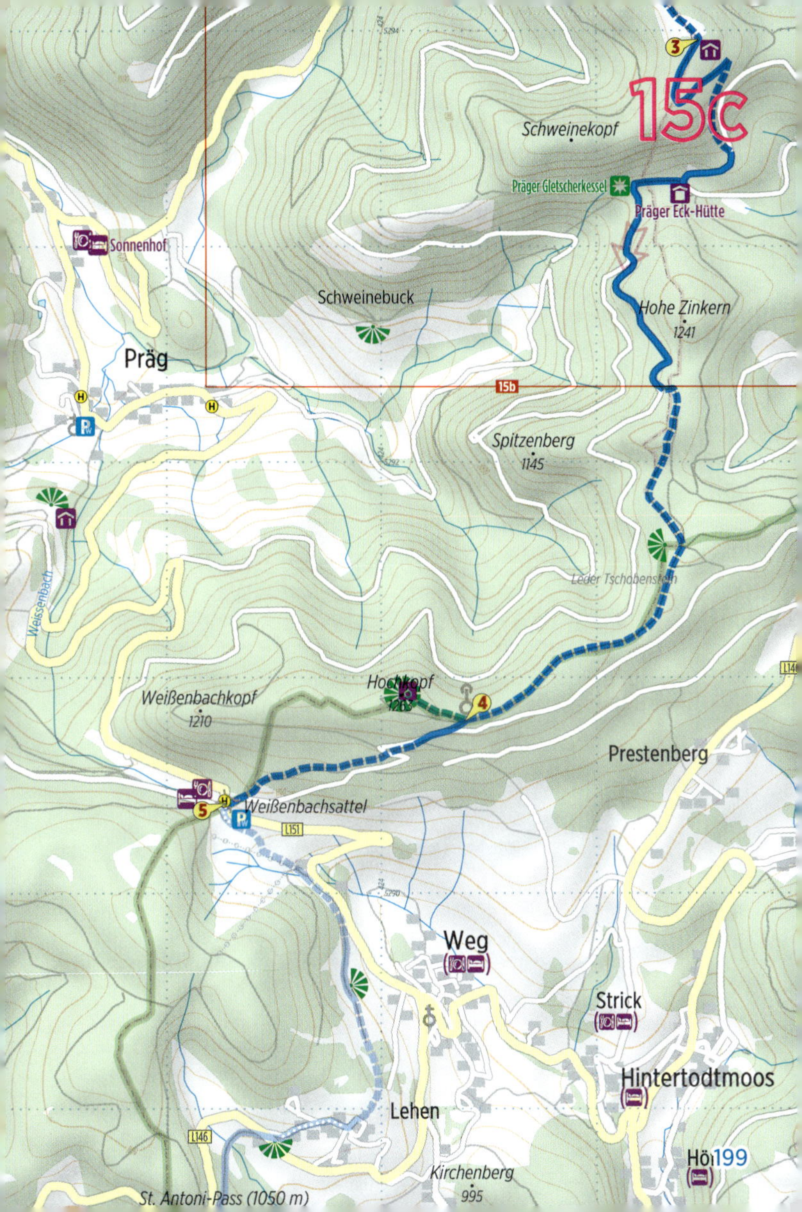
15c
Schweinekopf
Präger Gletscherkessel
Präger Eck-Hütte
Sonnenhof
Schweinebuck
Hohe Zinkern
1241
Präg
15b
Spitzenberg
1145
Leder Tschobenstein
Weissenbach
Hochkopf
1263
Weißenbachkopf
1210
Prestenberg
Weißenbachsattel
L151
L146
Weg
Strick
Hintertodtmoos
Lehen
Kirchenberg
995
St. Antoni-Pass (1050 m)
Höl

Etappe 16 21,9 km

Weißenbachsattel - Hasel (Ostvariante)

Start: Weißenbachsattel (N 47,7624° O 7,9761°)
Ziel: Hasel
Aufstieg: 334 m
Abstieg: 982 m
Gehzeit: 6 - 7 Std.
Hartbelag: 10 %
Wanderwege: 63 %
Wanderpfade: 28 %

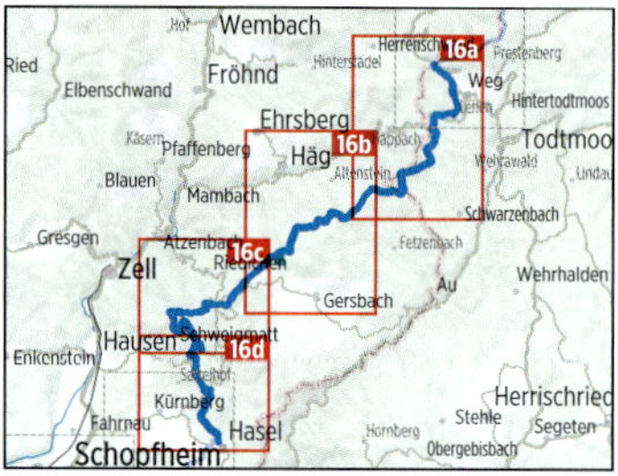

Hinab ins Tal!

Charakteristik:

Diese Etappe hat durch ihre landschaftliche Vielfalt einen besonderen Reiz: Zunächst die fast alpine Vegetation oberhalb von Todtmoos mit steilen Bergweiden, dann die weiten Wiesen und herrlichen Fernblicke auf dem Hochplateau bei Gersbach und von der Hohen Möhr,

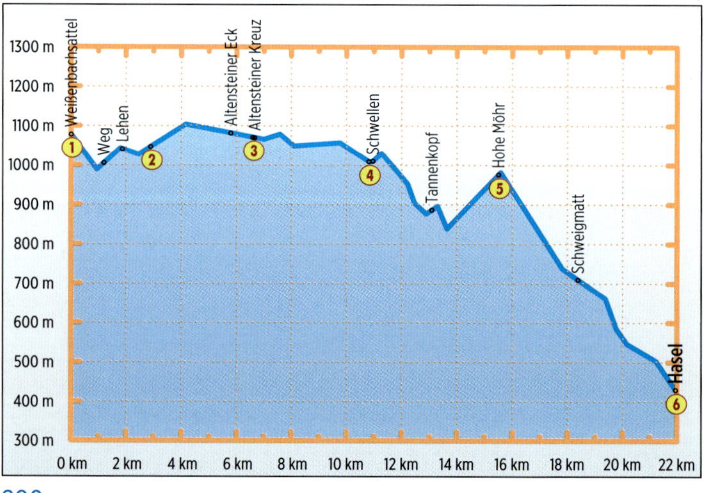

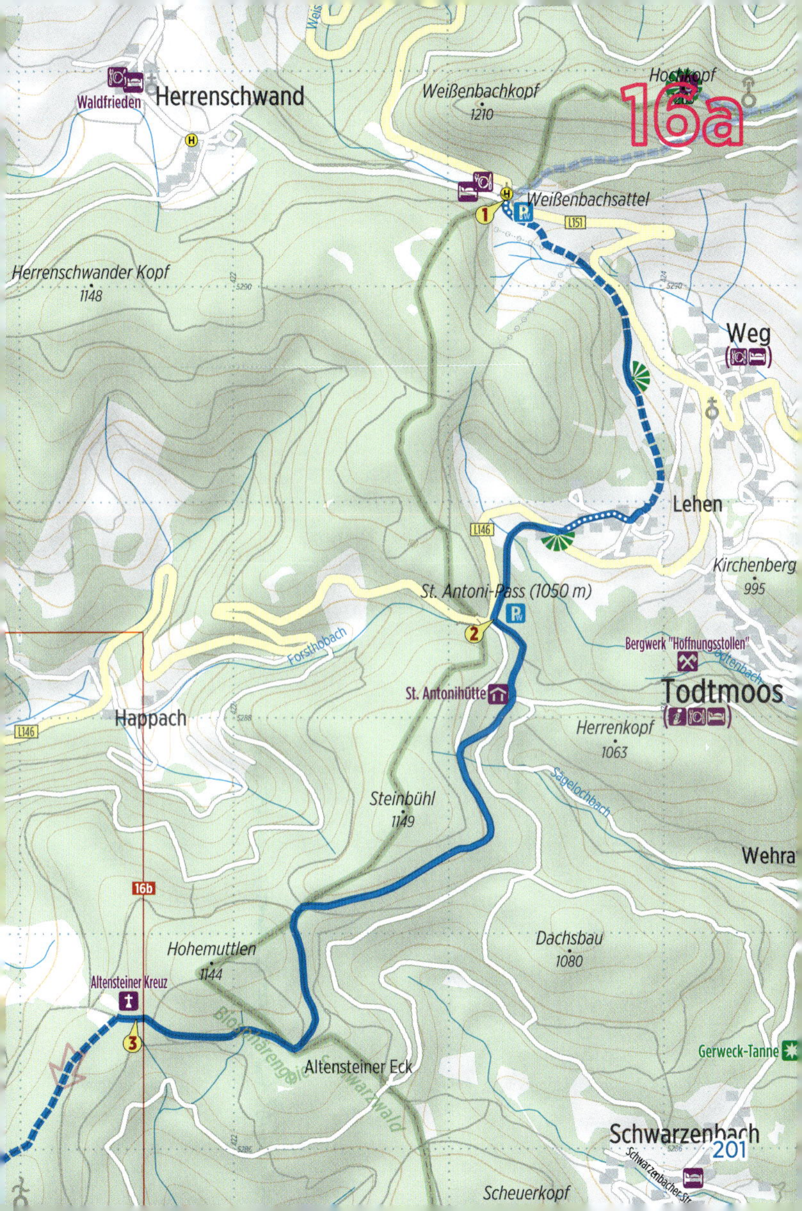

16a
Herrenschwand
Waldfrieden
Weißenbachkopf
1210
Hochkopf
Weißenbachsattel
L151
Herrenschwander Kopf
1148
Weg
Lehen
L146
Kirchenberg
995
St. Antoni-Pass (1050 m)
Forsthobach
Bergwerk "Hoffnungsstollen"
Todtmoos
St. Antonihütte
Happach
L146
Herrenkopf
1063
Sägelochbach
Steinbühl
1149
Wehra
16b
Dachsbau
1080
Hohemuttlen
1144
Altensteiner Kreuz
Altensteiner Eck
Gerweck-Tanne
Schwarzenbach
201
Schwarzenbacher Str.
Scheuerkopf

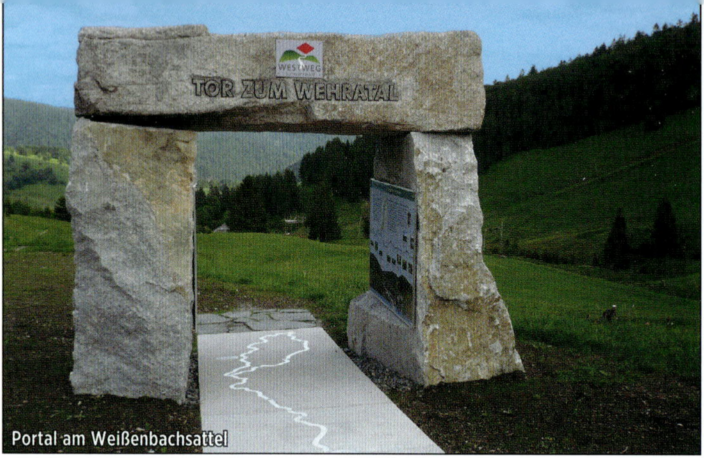

Portal am Weißenbachsattel

und schließlich dann der Abstieg nach Hasel am Rande des Dinkelberges mit seinen Obstwiesen und Feldern.

Auf einer Etappe durchlebt der Wanderer das ganze Spektrum der Landschaften – und nimmt dabei unmerklich Abschied vom Schwarzwald. Wer auf dem Turm der Hohen Möhr hinab auf den tief untenliegenden Dinkelberg und ins Wiesental schaut – im Westen zeichnen sich bereits die Türme von Basel ab – der spürt, dass sich die Wanderung auf dem Westweg ihrem Ende naht.

Weißenbachsattel

1 0,0 (1.081) Vom Weißenbachsattel gehen Sie über die Bergwiese hinab zum **Hochseil-Klettergarten** ⤳ unmittelbar vor der Straße rechts in den kleinen Pfad ⤳ oberhalb der Straße entlang ⤳ beim Feldweg nach rechts und immer sanft bergauf durch die Wiesen auf schmalem Pfad in den Todtmoser Ortsteil Lehen.

Todtmoos

Vorwahl: 07674

- **Tourist-Information**, Wehratalstr. 19, in der Wehratalhalle, ✆ 12068540, @ mmh521
- **Heimatmuseum**, Murgtalstr. 15, ✆ 8870 Das „Heimethus" Todtmoos wurde vom Förderkreis Heimatmuseum und Geschichte mit sehr viel Liebe zum Detail eingerichtet. Die Gäste wandeln beim Museumsrundgang durch die Geschichte von Todtmoos und können erleben, wie in früherer Zeit die Menschen hier lebten und arbeiteten.
- **Wallfahrtskirche Unserer Lieben Frau von Todtmoos**, ✆ 462. Die heutige Kirche auf dem Schönbühl entstand zwischen 1625 und 1632. Todtmoos gehörte in den frühen Jahren zum Kloster St. Blasien, das im 18. Jh. das Pfarrhaus erbauen ließ. 1927 wurde die Kirche erweitert und erhielt dabei auch einen neuen Turm und zwei neue Seitenschiffe.
- **Bergwerk „Hoffnungsstollen"** Die Grube Todtmoos-Mättle wurde erstmalig 1798 urkundlich erwähnt. Bis zur Stilllegung im

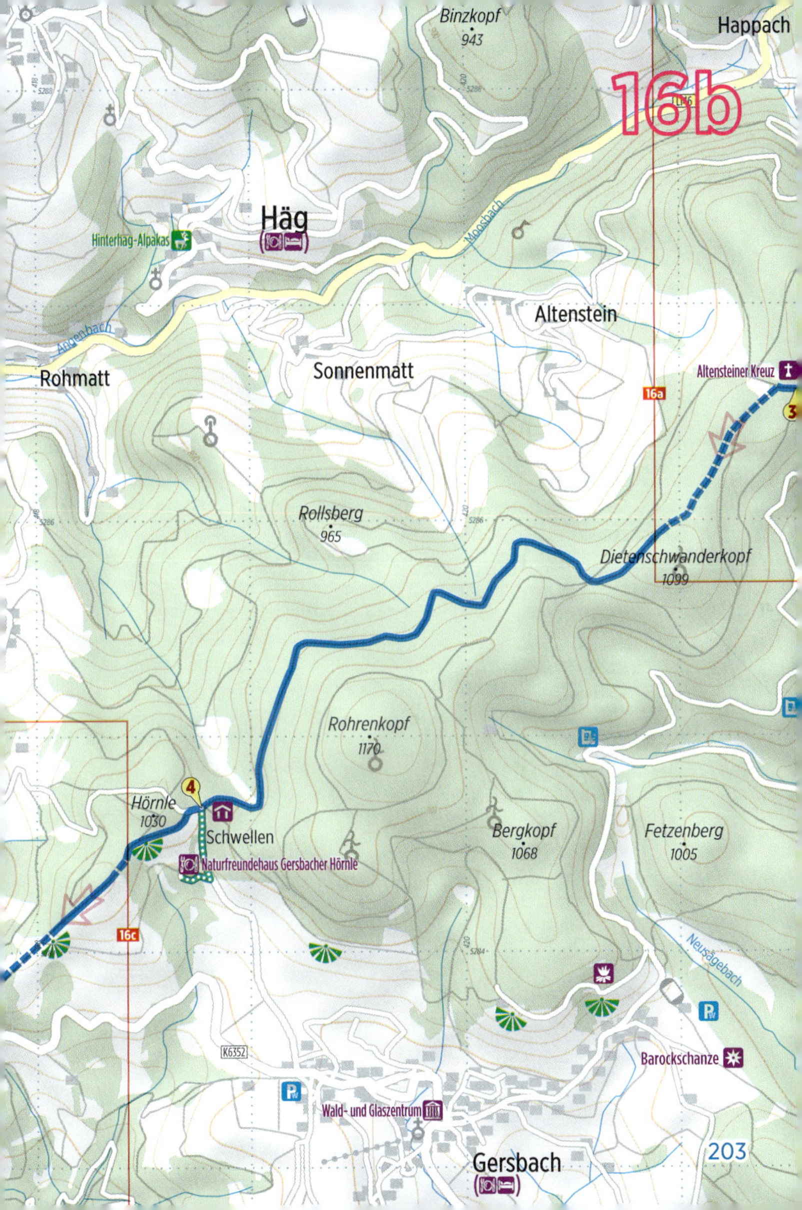
16b
Happach
Binzkopf
943
Häg
Hinterhag-Alpakas
Moosbach
Angenbach
Altenstein
Rohmatt
Sonnenmatt
Altensteiner Kreuz
16a
3
Rollsberg
965
Dietenschwanderkopf
1099
Rohrenkopf
1170
4
Hörnle
1030
Schwellen
Naturfreundehaus Gersbacher Hörnle
Bergkopf
1068
Fetzenberg
1005
16c
Neusägebach
K6352
Barockschanze
Wald- und Glaszentrum
Gersbach

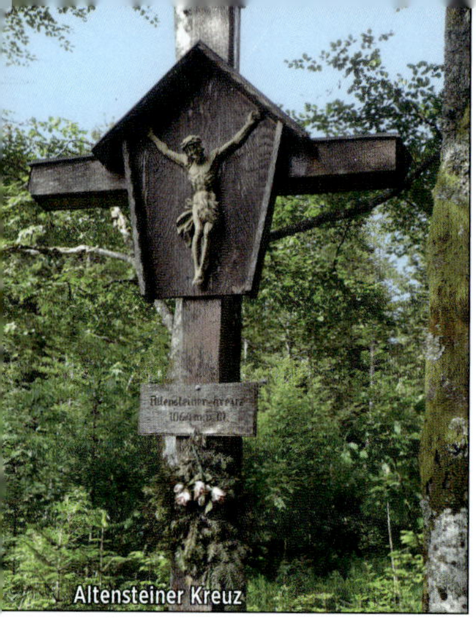
Altensteiner Kreuz

Jahr 1835 wurde in größeren Mengen Magnetkieserz im Tagebau abgebaut.

Todtmoos liegt im Oberen Wehratal am Rande des Hotzenwaldes. Im Winter hat sich Todtmoos einen festen Platz bei den Schlittenhunderennen erobert.

Sie wandern rechts auf der **Alpenblickstraße** hinter den Häusern und Höfen entlang ⤳ vor der Straße links in einen kleinen Hohlweg ⤳ die Straße überqueren, durch ein Bachtal in den Wald und rechts haltend zum Pass.

2 2,9 (1.051) Am **St.-Antoni-Pass** überqueren Sie den großen Parkplatz schräg links und folgen der leicht abfallenden **Sägenlochstraße** bis zur **St. Antonihütte** ⤳ nach der Hütte schräg rechts in den **Umrankweg**, dann an der nächsten Gabelung beim Wegweiser **Umrank** den oberen Weg nehmen ⤳ immer dem breiten Forstweg folgen ⤳ beim **Sandboden-Pass** mit markanter 2 x 3 Kreuzung auf der östlichen Bergseite bleiben ⤳ vorbei am **Altensteiner Eck** ⤳ 100 m nach Überquerung eines Baches schräg rechts bis zum Altensteiner Kreuz.

8 **Altensteiner Kreuz**

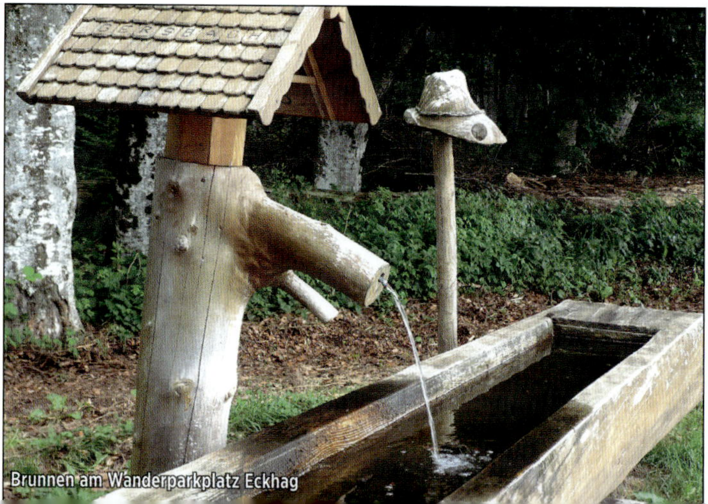
Brunnen am Wanderparkplatz Eckhag

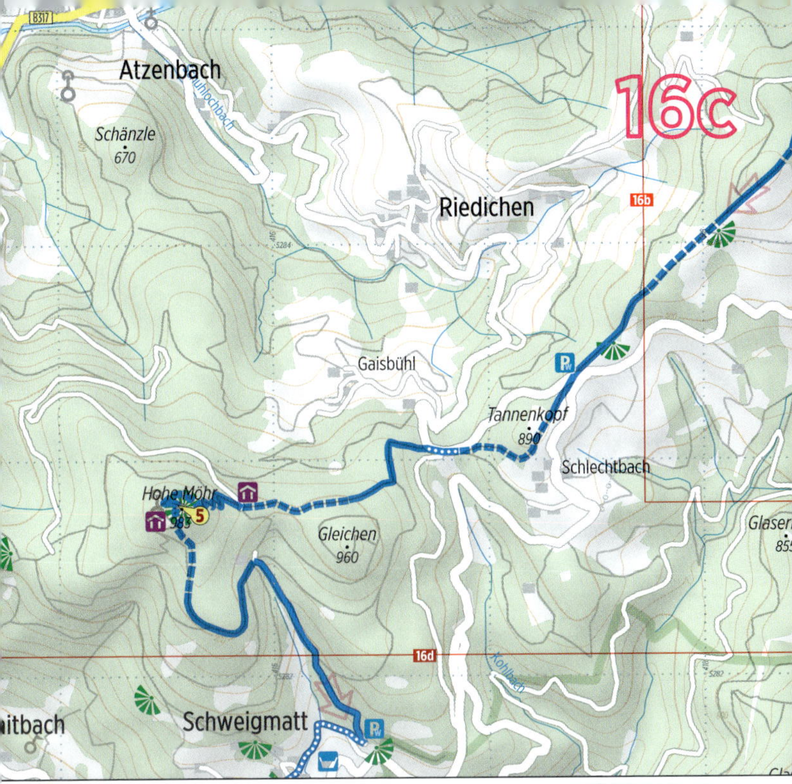

3 6,6 (1.074) Am Abzweig beim Wegkreuz gehen Sie links auf den Bergrücken ⇝ westlich um den Dietenschwander Kopf herum zu einem kleinen Sattel (**Sägbaumdumpf**) ⇝ schräg rechts den Forstweg hinab ⇝ nach 200 m schräg links aufwärts ⇝ für 2,5 km dem Forstweg folgen bis zum Waldausgang bei den **Schwellen**.

AUSFLUG Etwa 300 m die Straße hinab befindet sich das Wanderheim Gersbach, ein Naturfreundehaus.

Gersbacher Hörnle (Schopfheim)

Naturfreundehaus Gersbacher Hörnle, Zum Hörnle 4, ✆ 07620/238, ⏲ ab 11 Uhr, @ jck414

4 10,8 (1.013) Nun wandern Sie immer am Waldrand entlang mit einer kürzeren und einer längeren Waldpassage aussichtsreich über die Schwellen bis zum **Wanderparkplatz Eckhag** an der Straße oberhalb von Schlechtbach ⇝ die Straße überqueren und auf dem Wiesenweg bei der Bank in den Wald hinein ⇝ den Tannenkopf links umrunden und steil hinab zur Straße bei den **Sandwürfen** ⤳ auf der Straße rechts um die Kurve herum ⤳ nach 50 m links in einen Hohlweg ⤳ auf einem Bergrücken nach links hinauf ⤳ rechts auf einen Forstweg abbiegen ⤳ nach einer Rechtskurve schräg links im Steilhang einen Pfad

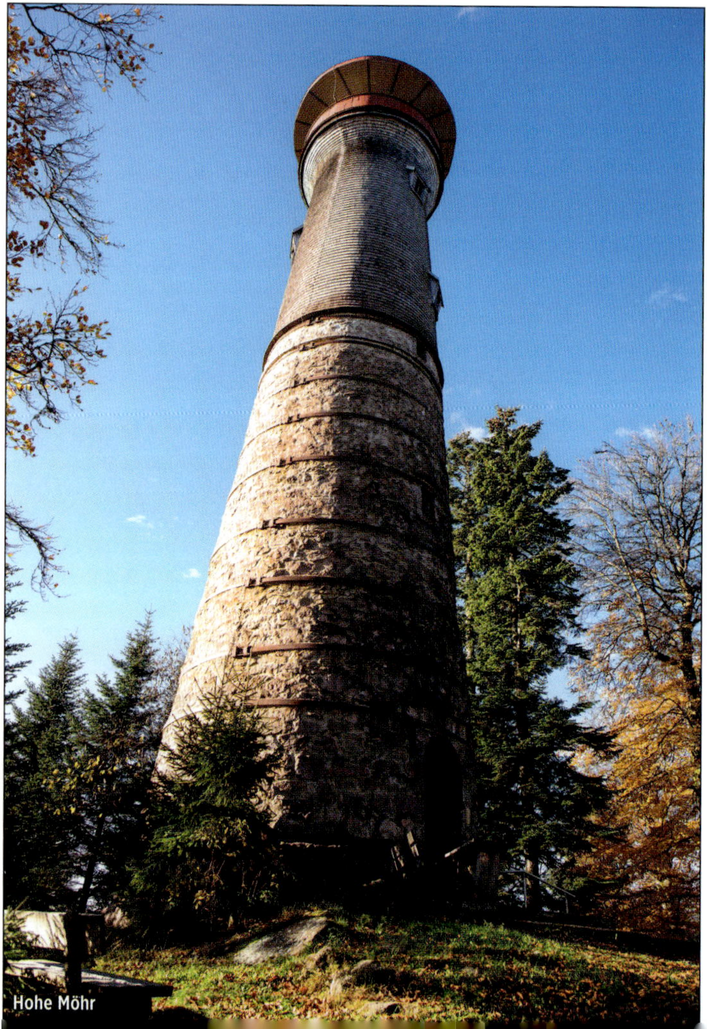

Hohe Möhr

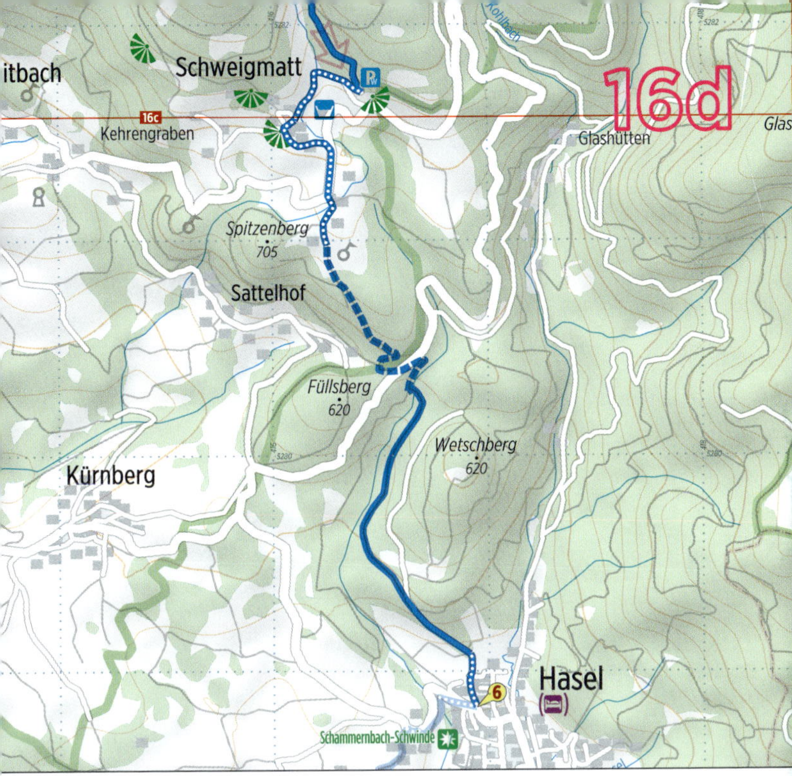

hinauf ⤳ auf dem Bergrücken bis zur Rotruhe ⤳ schräg rechts den Forstweg entlang ⤳ nach 100 m im spitzen Winkel nach links auf den Pfad ⤳ im Zick-Zack hinauf bis zum Turm der Hohen Möhr.

✻ **Hohe Möhr** (983 m ü. NN). Die Hohe Möhr liegt exponiert hoch über dem Wiesen- und dem Wehratal. Der 30 m hohe Turm wurde 1894 mit Hilfe von Steinen aus dem St. Gotthard-Gebiet erbaut. Von seiner Plattform bietet sich ein überwältigender Blick auf den 500 m tiefer gelegenen Dinkelberg und das Wiesental sowie zum Schweizer Jura und den Schweizer Alpen.

5 15,5 (983) Auf dem südlichen Bergrücken der Hohen Möhr steigen Sie zunächst auf schmalem Pfad bergab ⤳ auf der Zufahrtsstraße zur Hohen Möhr links und nun immer die Straße hinab bis zum ehemaligen **Berggasthaus Waldhaus** ⤳ in **Schweigmatt** bei den großen Bauernhäusern links halten ⤳ auf der Kreisstraße rechts hinab ⤳ in

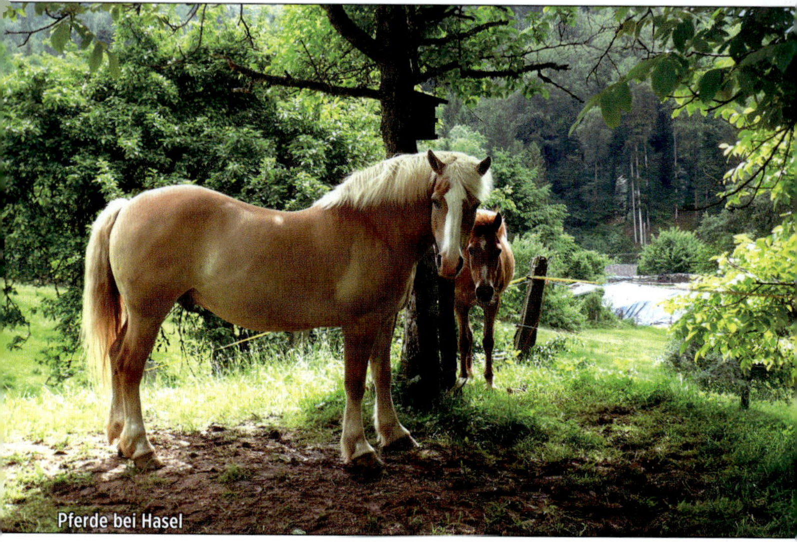

Pferde bei Hasel

der Rechtskurve beim Tannenhof geradeaus ⤳ im Hof rechts und durch die Wiesen in den Wald, dort im Zick-Zack bergab ⤳ die Straße überqueren ⤳ unten im Bachtal zunächst 150 m parallel zum Bach ⤳ den Bach überqueren und auf dem breiten Forstweg immer geradeaus nach Hasel.

6 21,9 (433) An der Ecke **Hauptstraße/ Schweigmattweg** in Hasel endet die Etappe.

Hasel

Vorwahl: 07762

Gemeinde Hasel, Hofstr. 2, am Rathaus, ✆ 806890, @ xca283

Erdmannshöhle, Wehrer Str. 25, ✆ 809901 Die Erdmannshöhle weist viele sehr alte und sehr große Tropfsteine auf. 360 m der insgesamt fast 2.350 m langen Höhle können von den Besuchern begangen werden. @ jiv725

Schammernbach-Schwinde, Stulzerbühl. Eine interessantes Schauspiel bietet sich beim Schammernbach in Gernsbach. Der Bach fließt hier auf eine Felswand zu und scheint einfach zu verschwinden. Spannungen in der Erdkruste führten zu Rissen im Gestein und boten dem kohlensäurehaltigen Wasser genügend Angriffsfläche um immer größere Spalten und Höhlen in den Muschelkalk zu fressen.

Etappe 17 — 16 km

Hasel - Minseln (Ostvariante)

Start: Hasel (N 47,6576° O 7,8939°)
Ziel: Rheinfelden-Minseln
Aufstieg: 276 m
Abstieg: 330 m
Gehzeit: 4,5 - 5 Std.
Hartbelag: 31 %
Wanderwege: 61 %
Wanderpfade: 8 %

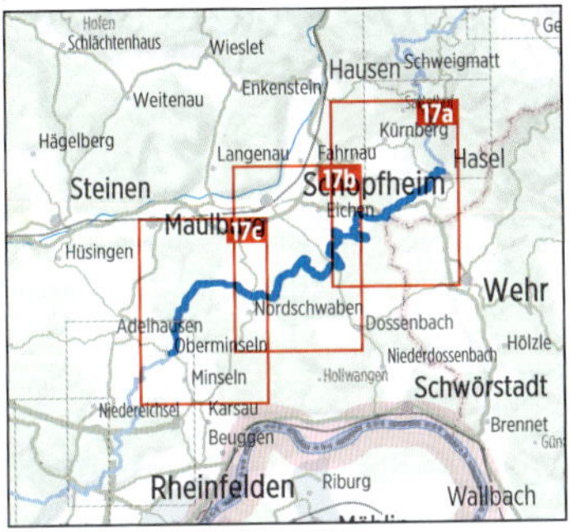

Über den Dinkelberg!

Charakteristik: Schwarzwald adé. Es bleibt der Blick zurück auf die steil aufragenden Waldhänge der Hohen Möhr und des Hotzenwaldes. Der Westweg hat nun liebliches Terrain erreicht: Der Dinkelberg mit seinen Feldern, Obstbaumwiesen und kleinen Waldstücken ist eine abwechslungsreiche Kulturlandschaft. Als Höhepunkt wartet die Erhebung Hohe Flum (535 Meter), von deren Turm der gesamte Dinkelberg von Basel bis zum Wehratal überblickt werden kann. Fast durchgehend führt der Weg auf gut ausgebauten und zum Teil asphaltierten Feldwegen.

Tipp: In Minseln gibt es keine Übernachtungsmöglichkeiten, aber es verkehrt regelmäßig ein Bus nach Rheinfelden. Außerdem haben Sie etwas später im Rheinfelder Ortsteil Eichsel die Möglichkeit, im Landgasthaus Maien zu übernachten.

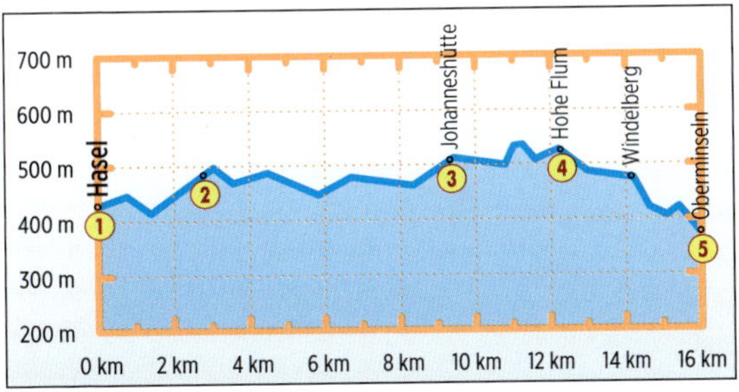

Hasel

1 0,0 (433) In Hasel folgen Sie der

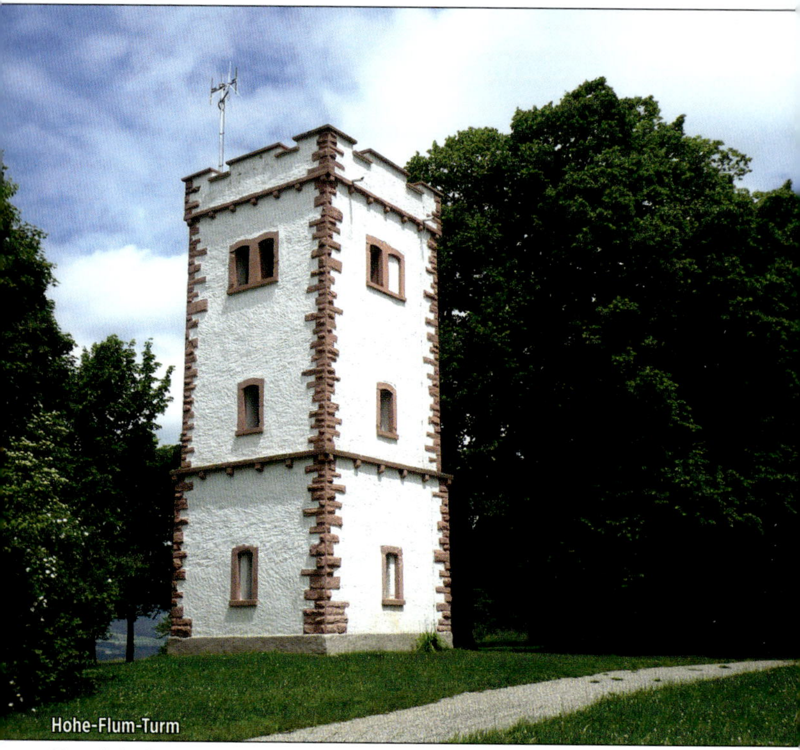

Hauptstraße ortsauswärts ⤳ vor dem Ortsschild schräg links in den Feldweg ⤳ unterhalb der Straßenböschung bleiben ⤳ einen Feldweg überqueren ⤳ zur Straße hinauf ⤳ nach 20 m links in den Feldweg ⤳ durch die Stallanlagen hindurch ⤳ auf einem Rücken bei der Kreuzung nach rechts ⤳ das Sträßchen überqueren und in ein Wiesental hinein ⤳ steil den Wiesenhang hinauf ⤳ oben rechts halten und an der Baum- und Buschreihe entlang ⤳ beim Sträßchen rechts, dann nach etwa 20 m wieder links ⤳ vor der Bundesstraße erneut nach rechts ⤳ nach etwa 400 m links die Böschung hinauf, die Bundesstraße überqueren und dem breiten Forstweg folgen.

2 2,8 (477) Am Wegweiser **Seehölzle** biegen Sie rechts ab ⤳ in gut 10 Min. ist der Eichener See erreicht.

Der **Eichener See** ist ein nur temporär erscheinender Karstsee. Besonders nach

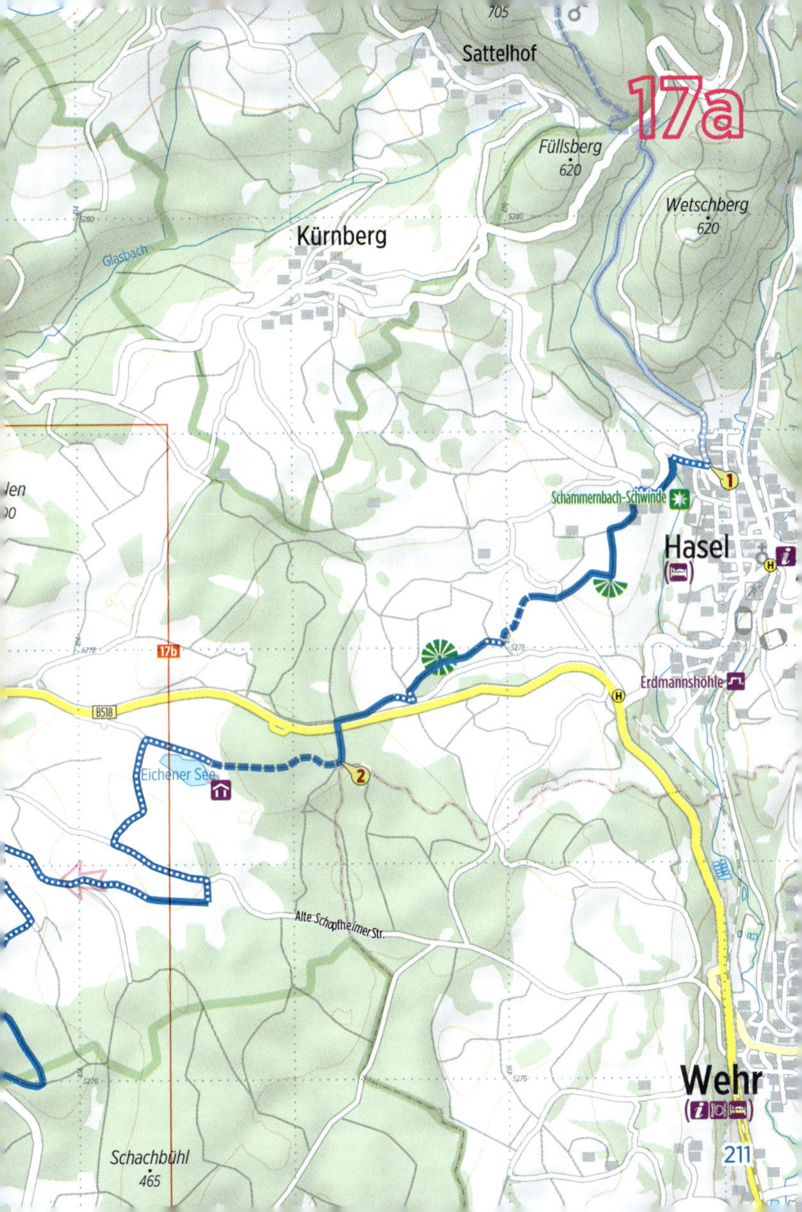
17a
705
Sattelhof
Füllsberg
620
Wetschberg
620
Kürnberg
Glasbach
Schammernbach-Schwinde
Hasel
Erdmannshöhle
17b
B518
Eichener See
Alte Schopfheimer Str.
Wehr
Schachbühl
465

der Schneeschmelze oder nach längeren Regenphasen tritt hier das Grundwasser zu Tage.

An der nächsten Möglichkeit wenden Sie sich nach links ⤳ an der T-Kreuzung nochmals links und über eine Anhöhe ⤳ danach biegen Sie rechts ab ⤳ nach 1 km bei den Gebäuden scharf links, nach 150 m dann erneut links ⤳ auf dem Bergrücken nach rechts an der Kirschbaumplantage entlang ⤳ im Wald links abbiegen ⤳ nach 500 m einen steilen Hang hinauf ⤳ rechts auf den Forstweg ⤳ die Kreisstraße überqueren ⤳ auf dem Hauptweg bleiben ⤳ eine große Kreuzung passieren und wieder aus dem Wald hinaus zur Johanneshütte.

Johanneshütte

3 9,3 (503) Auf dem geschotterten breiten Weg wandern Sie durch kurze Waldstücke und am Waldrand entlang bis zu einem Sträßchen ⤳ dort kurz nach links, dann nach 10 m wieder rechts ab und einen steilen Abhang hinauf ⤳ auf dem Bergrücken aus dem Wald hinaus ⤳ eine Straße überqueren und geradeaus zum Turm der Hohen Flum.

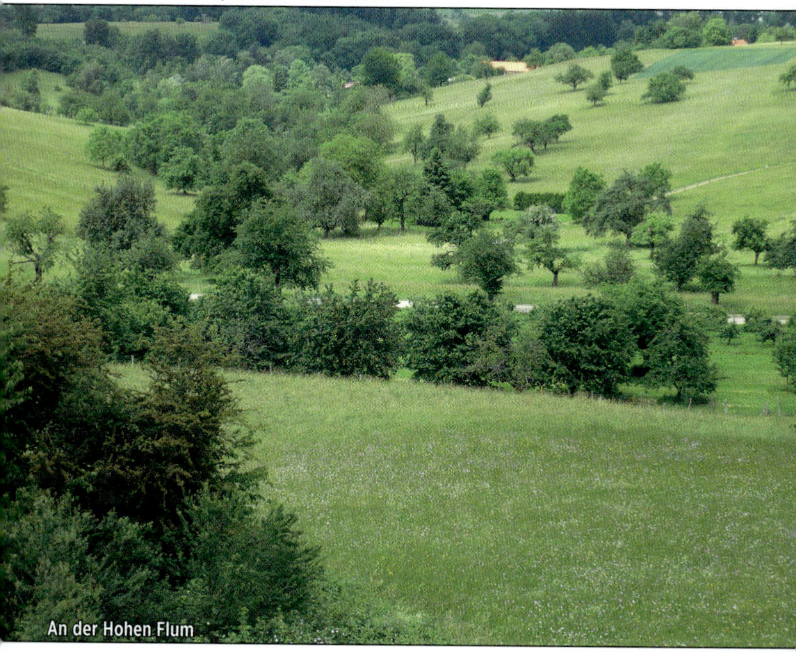

An der Hohen Flum

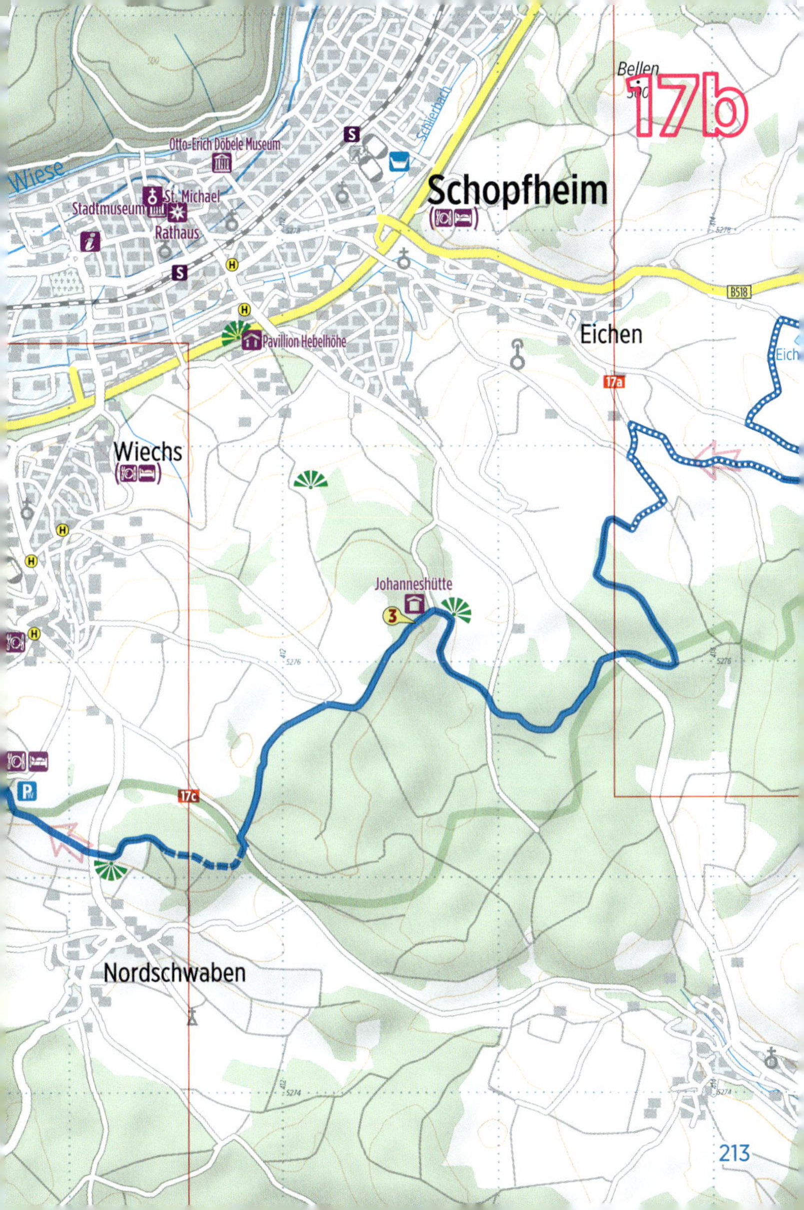

17b
Bellen
500
Schopfheim
Otto-Erich Döbele Museum
St. Michael
Stadtmuseum
Rathaus
Wiese
Schlierbach
B518
Eichen
17a
Pavillion Hebelhöhe
Wiechs
Johanneshütte
3
17c
Nordschwaben
5278
5276
5274
412
414

Hohe Flum (Schopfheim)

Hotel Restaurant Hohe Flum, Auf dem Hohe Flum 2, ✆ 07622/2782, Mo-Mi 15-22 Uhr, Sa 11.30-22.30 Uhr, So 11.30-19 Uhr, @ dug744

Auf der 536 Meter ü. NN gelegenen Hohen Flum befinden Sie sich am höchsten Punkt des Dinkelberges, wo 1874 ein 13,5 Meter hoher Turm erbaut wurde. Genießen Sie den schönen Rundblick über Dinkelberg sowie über das Wiesen- und Rheintal.

4 12,3 (536) Sie folgen dem Sträßchen vom Gipfel hinab ~ beim **Blattenbrünnele** schräg links den Hang hinunter ~ im Wald an einer Gabelung links halten ~ nach einer kleinen Lichtung schräg links in den schmaleren Waldweg ~ aus dem Wald hinaus ~ im Talgrund kurz links, dann nach 50 m rechts hinauf zum Wasserbehälter ~ geradeaus nach Oberminseln.

5 16,0 (375) An der **Kreuzung Wiesentalstraße/Moosmattenweg** in Minseln, einem Ortsteil von Rheinfelden, ist das Ende der Etappe erreicht.

Minseln (Rheinfelden (Baden))

TIPP

Sollten Sie in Rheinfelden übernachten wollen, dann können Sie mit der Buslinie 7302 des Regio Verkehrsverbundes Lörrach dorthin kommen. Der Bus benötigt für die Strecke etwa 25 Minuten und verkehrt werktags stündlich, am Wochenende unregelmäßiger. Nähere Informationen erhalten Sie bei der RVL – Regio Verkehrsverbund Lörrach GmbH unter ✆ 07621/15465 oder unter www.rvl-online.de. Die Übernachtungsdaten für Rheinfelden finden Sie am Ende des Buches bei Etappe 18.

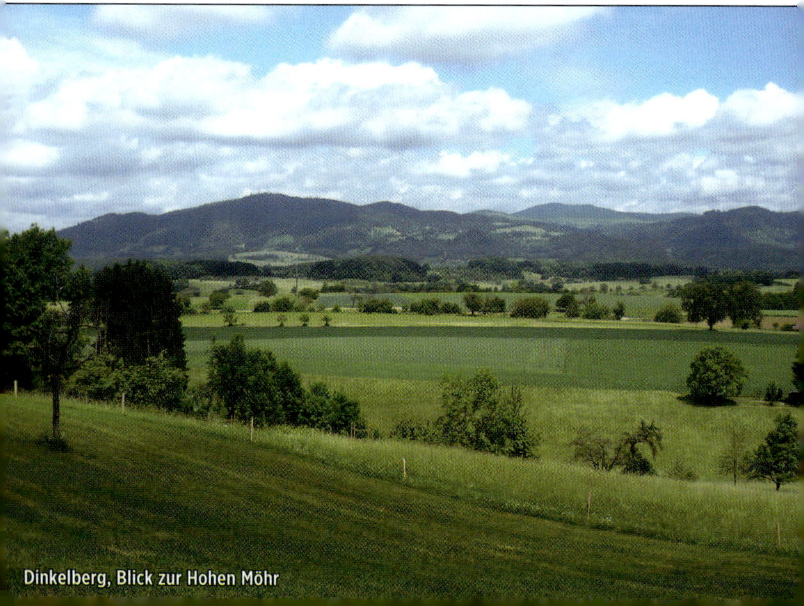

Dinkelberg, Blick zur Hohen Möhr

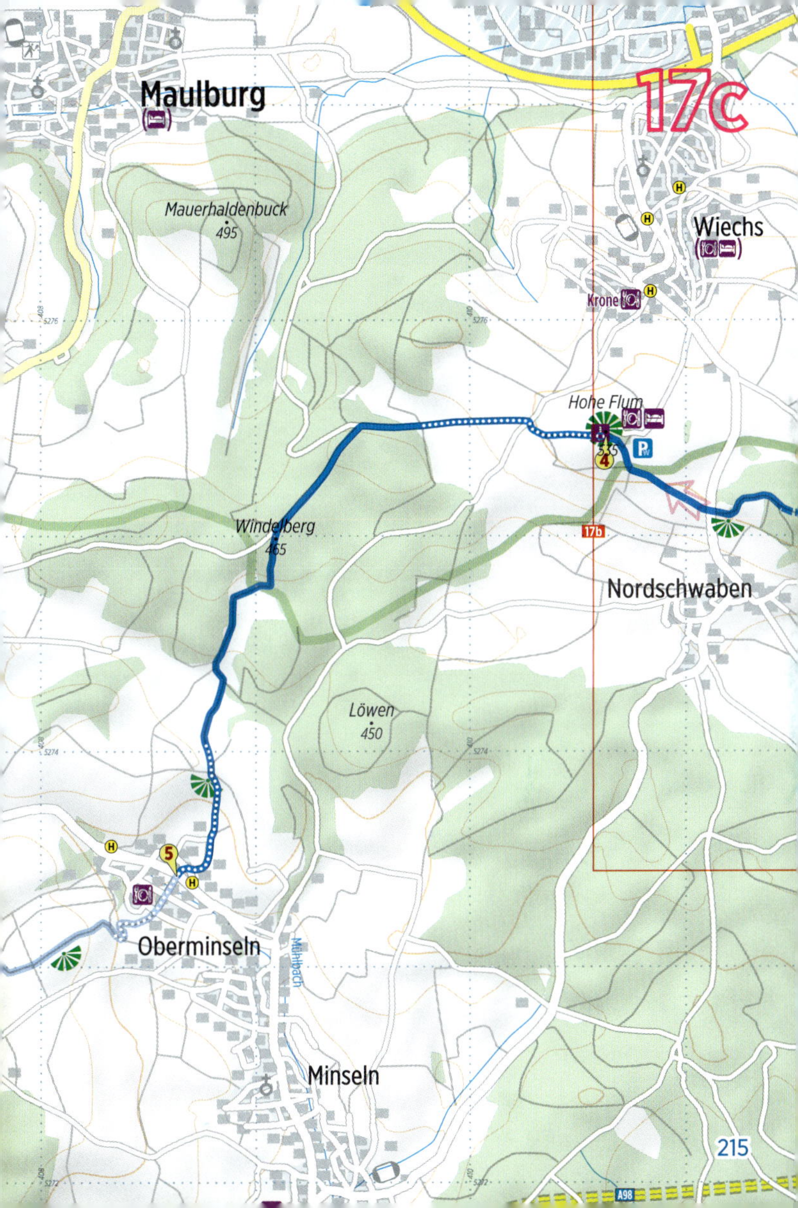

Maulburg
Mauerhaldenbuck
495
17c
Wiechs
Krone
Hohe Flum
535
4
Windelberg
465
17b
Nordschwaben
Löwen
450
5
Oberminseln
Mühlbach
Minseln
A98

Dinkelberg

Geologisch betrachtet gehört der Dinkelberg zur Vorbergzone des Südschwarzwaldes und trägt noch Gesteinsschichten des Erdmittelalters. Während der Schwarzwald aus Gneis und Granit besteht, ist der Dinkelberg mit seinem Muschelkalk so löchrig wie ein „Schweizer Käse". Entstanden ist der Muschelkalk in der Triaszeit, als das heutige Deutschland unter einem Flachmeer lag, in dem sich mächtige Kalkschichten ablagerten. Als sich der Schwarzwald erhob, wurden diese Schichten zumeist vollständig wegerodiert. Lediglich der Dinkelberg blieb erhalten.

Das Karstgestein des Muschelkalks ist löchrig, da Niederschlagswasser die Kalksteine leicht auflösen können. So entstehen große Spalten, breite Gänge und Höhlen. Der löchrige Untergrund ist Ursache für zahlreiche landschaftliche und geologische Besonderheiten am Dinkelberg. So finden sich mehrere Einsturzdolinen, aber auch faszinierende Höhlen wie die Erdmannhöhle bei Hasel oder die Tschamberhöhle bei Rheinfelden. Quellen, die plötzlich aus dem Boden sprudeln, und Bäche, die plötzlich verschwinden, gehören zu den typischen Phänomenen einer Karstlandschaft. Besonders bemerkenswert ist der Eichener See. Die Talmulde oberhalb von Eichen verwandelt sich in unregelmäßigen Abständen in einen See, der nach einiger Zeit wieder verschwindet. In der örtlichen Zeitung ist das Auftauchen des Eichener Sees jedenfalls immer eine Meldung wert.

Der höchste Punkt des Dinkelberges ist die Hohe Flum mit 535 Metern. Von dem Hohe-Flum-Turm hat man einen schönen Rundblick über den Dinkelberg, das Wiesen- und Rheintal, die Vogesen und die Schweizer Bergwelt.

Der Name Dinkelberg ist seit dem Mittelalter belegt. Er rührt von der Getreidesorte Dinkel her, welche die Bauern bis in das 20. Jahrhundert hinein bevorzugt angebaut haben. Der Dinkelberg wird heute überwiegend landwirtschaftlich genutzt, Wiesen, Felder und Obstbäume bestimmen das Landschaftsbild. Es finden sich aber auch Magerwiesen, Feuchtbiotope und Feldhecken. Die südlichen Steilhänge zum Hochrhein zeichnen sich durch ein trockenwarmes Klima aus und sind zum Teil Heimat des einzigartigen immergrünen Buchswaldes.

Etappe 18 — 23,5 km

Minseln - Basel (Ostvariante)

Start: Minseln (N 47,6078° O 7,7843°)
Ziel: Basel, Badischer Bahnhof
Aufstieg: 591 m
Abstieg: 707 m
Gehzeit: 7 - 8 Std.
Hartbelag: 36 %
Wanderwege: 44 %
Wanderpfade: 19 %

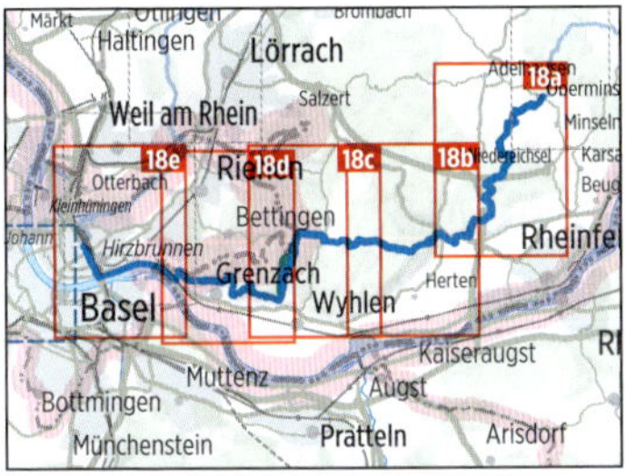

Durch die Wälder bei Wyhlen!

Charakteristik:
Die letzte Etappe vor Basel ist vor allem von den steil abfallenden Hängen des Hochrheins mit seinen reizvollen Wäldern geprägt. Diese sind seit 2019 als FFH-Gebiet unter Schutz gestellt. Neben reizvollen Laubwäldern gab es hier bis zum großflächigen Absterben im Jahr 2007 einen der letzten Buchswälder in Deutschland. Von diesem sind heute leider nur noch Reste erhalten.
Zu Beginn der Etappe passieren Sie die Relikte eines Römischen Gutshofes, ehe es dann gleich hinter Degerfelden gilt, den letzten großen Anstieg zu schaffen: auf den Eigenturm, von dem man das Hochrheintal bei Rheinfelden

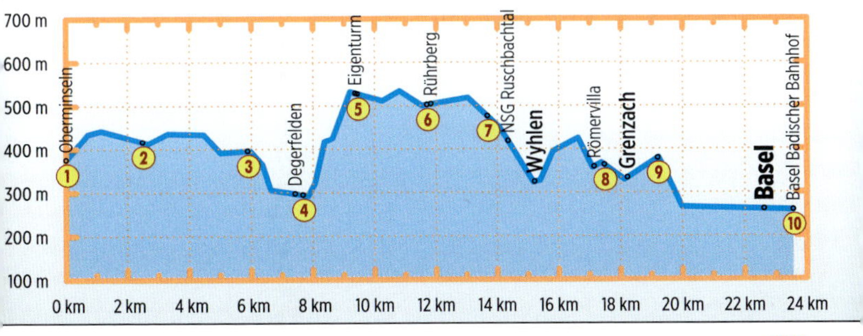

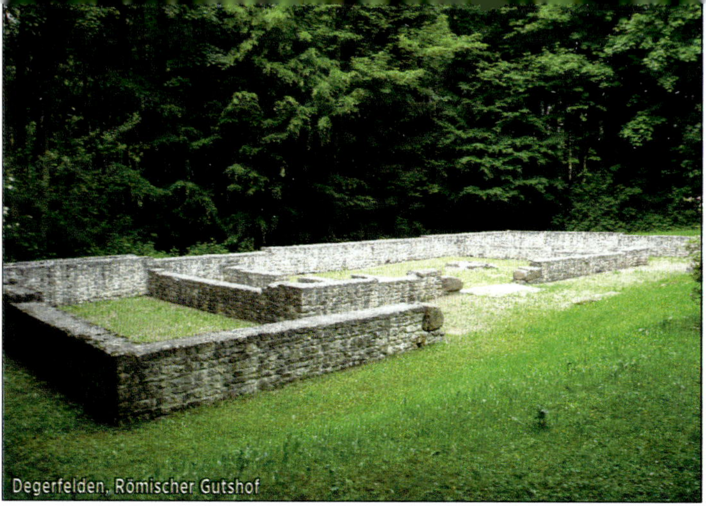

Degerfelden, Römischer Gutshof

überblickt. Über Rührberg und das wildromantische Ruschbachtal geht es dann hinab an den Ortsrand von Wyhlen. Wenige Augenblicke später verschwindet der Westweg im Wald. Die schmalen, steilen und teils felsigen Pfade erfordern ein gutes Maß an Trittsicherheit. Der letzte Hochpunkt vor Basel ist der Hornfelsen. Der Rhein und die östlichen Stadtteile von Basel liegen dem Wanderer zu Füßen. Entlang des Rheins führt der Weg vorbei am modernen Tinguely-Museum und durch die hübsche, mit alten Stadthäusern umrahmte Schwarzwaldallee zum Badischen Bahnhof Basel.

Tipp: Bei trockener Witterung sollten Sie unbedingt die Variante durch die enge Klamm des Ruschbachtals wählen. Vorbei am Ruschbach-Wasserfall windet sich der Weg über zahlreiche Brücken und Stege durch das feuchte Bachtal.

Minseln (Rheinfelden (Baden))

1 0,0 (375) In Minseln überqueren Sie die Wiesentalstraße und gehen geradeaus in den **Moosmattenweg** ~ hinter dem Ortsrand auf dem asphaltierten Weg steil den Berg hinauf ~ am Ende des Sträßchens rechts den Bergrücken hinauf ~ links am Strommasten vorbei und dem Rechtsbogen folgen ~ gleich darauf links in den breiteren Weg einbiegen ~ beim nächsten Sträßchen rechts, dann an den nächsten beiden Kreuzungen rechts und wieder links ~ am Wäldchen entlang.

2 2,5 (420) Sie biegen in den zweiten Feldweg nach links ab, den **Obergrund Weg** ~ durch einen Talgrund hindurch ~ am Waldeck nach links in den **Spitzackerweg** ~ im Wald nach rechts ~ unmittelbar nach einer Einmündung von links nach rechts in

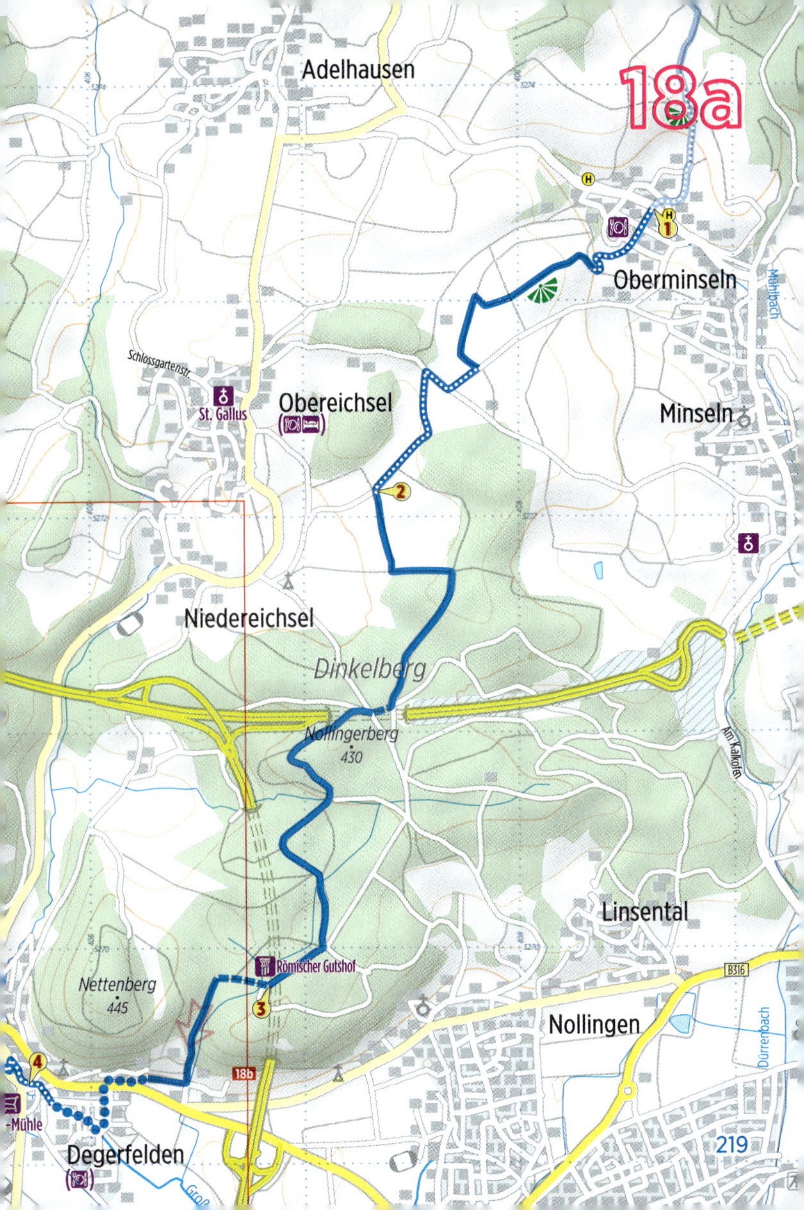

18a
Adelhausen
Oberminseln
Mühlbach
Schlossgartenstr.
St. Gallus
Obereichsel
Minseln
Niedereichsel
Dinkelberg
Nollingerberg
430
Am Kalkofen
Linsental
Römischer Gutshof
Nettenberg
445
B316
Nollingen
Dürrenbach
18b
-Mühle
Degerfelden
1
2
3
4

den Pfad ⇝ ein Sträßchen überqueren und weiter auf dem Forstweg ⇝ bei der nächsten Gabelung nach links ⇝ auf einer kleinen Waldlichtung nach rechts ⇝ bei der nächsten großen Kreuzung nach rechts zum Römischen Gutshof.

Römischer Gutshof. Die Überreste der römischen Anlage stammen aus dem 2. Jh. Im Gegensatz zu den prächtigen Villen des Rheintales war der Gutshof bescheiden angelegt und diente hauptsächlich der Landwirtschaft. Sein Ende fand der Gutshof, als im 3. Jh. die Alemannen die Römer verdrängten.

3 5,9 (394) Hinter dem Gutshof biegen Sie rechts auf den Pfad ab und wandern oberhalb einer tief ausgewaschenen Schlucht entlang ⇝ bei den Häusern nach rechts ⇝ nach dem Steg links und auf dem Feldweg bis zu den Terrassenhäusern ⇝ beim Brunnen die Hauptstraße überqueren in die **Nettenbergstraße** ⇝ geradeaus und über die Bachbrücke ⇝ rechts in den Fuß- und Radweg am Bachufer abbiegen ⇝ immer am Bach entlang bis zur historischen Dorfmitte von Degerfelden.

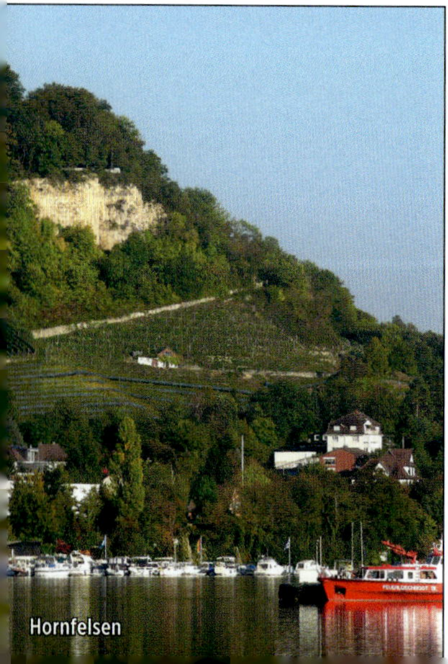

Hornfelsen

Degerfelden (Rheinfelden (Baden))

Vorwahl: 07623

Tourist-Information, Karl-Fürstenberg-Str. 17, Rheinfelden (Baden), ✆ 9668720, @ lti764

Skulpturenweg, Am Dorfbach. Rheinfelder Künstler stellen Skulpturen entlang des Dorfbaches aus.

4 7,7 (290) Sie biegen links ab in die Straße **Am Dorfbach** und folgen dieser bis zum Natursteinwehr ⇝ über den Steg ⇝ links und gleich wieder rechts in die Straße **Am Berg** ⇝ vor dem letzten Haus nach links in den Hohlweg ⇝ an dessen Ende rechts steil durch den Wald immer parallel zum Hohlgraben hinauf ⇝ auf dem Forstweg 100 m nach links, dann rechts über den Bergrücken auf schmalem Pfad zum Eigenturm hinauf.

Eigenturm (523 m ü. NN). Der 2006 erbaute kleine Turm bietet eine schöne Aussicht auf das Hochrheintal bei Rheinfelden und auf das Schweizer Jura.

5 9,4 (529) Im kleinen Sattel unterhalb des Eigenturms nehmen Sie schräg rechts den Forstweg ⇝ an einer großen Kreuzung geradeaus ⇝ bei der Gabelung links halten ⇝ an der nächsten T-Kreuzung nach rechts ⇝ nach 500 m in einer Linkskurve rechts hal-

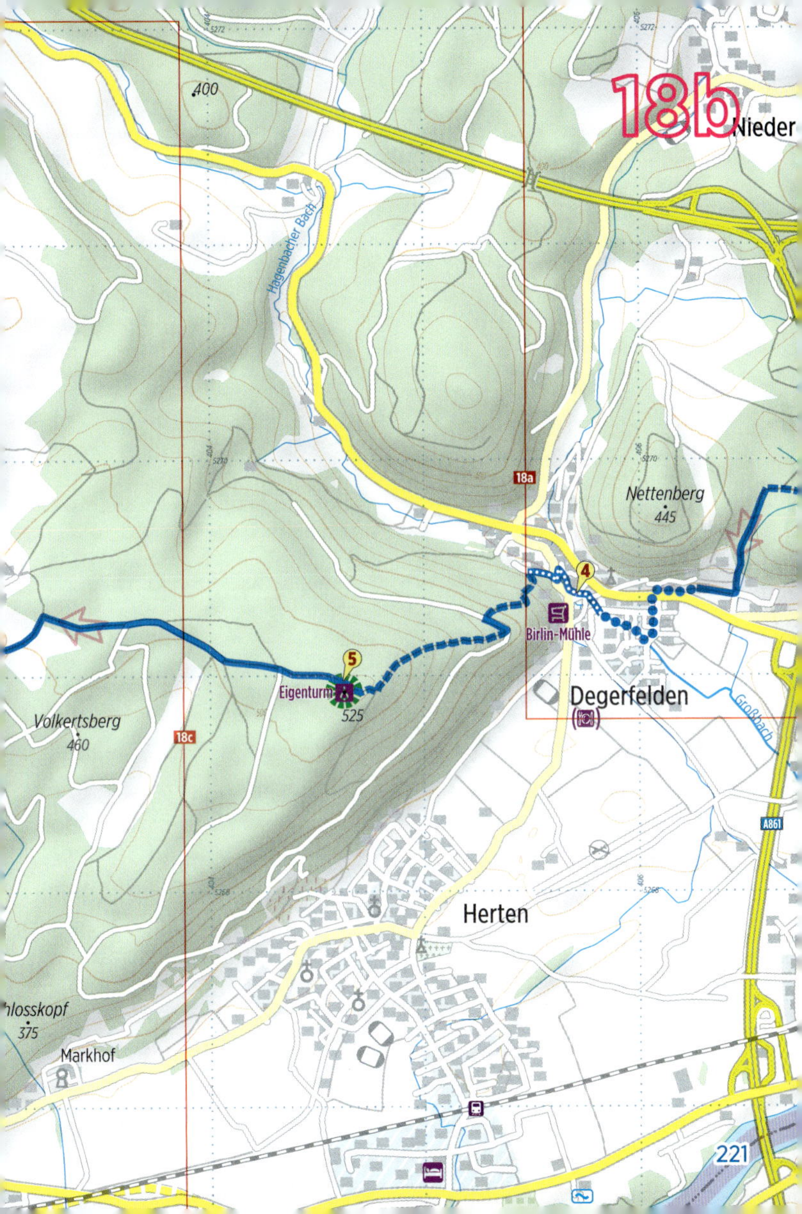

18b
Nieder
400
Hagenbacher Bach
18a
Nettenberg
445
4
Birlin-Mühle
Degerfelden
Großbach
5
Eigenturm
525
Volkertsberg
460
18c
A861
Herten
losskopf
375
Markhof
221

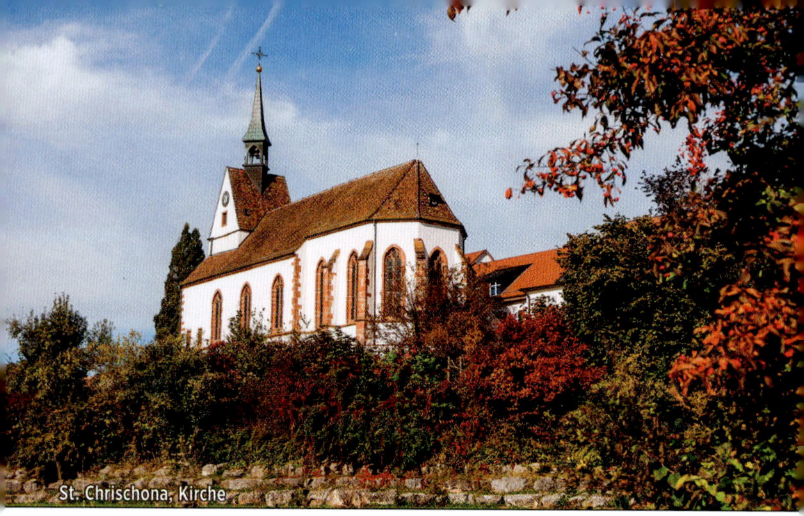
St. Chrischona, Kirche

ten ⤳ beim Waldausgang links durch Felder hindurch ⤳ auf dem Forstweg rechts nach Rührberg.

Rührberg (Grenzach-Wyhlen)

Vorwahl: 07624

Rührbergerhof, Inzlinger Str. 1, ✆ 91610, Mi-So 11:30-14:00 Uhr und 17:30-22.00 Uhr, @ gnf283

6 11,7 (494) Im Ort auf der **Inzlinger Straße** bis zur Kreisstraße am Ortsrand, dort rechts abbiegen ⤳ nach 100 m links in den **Chrischona-Weg** ⤳ unmittelbar vor der Schweizer Grenze links in den **Rudishauweg**, geradeaus weiter kommen Sie in das schweizerische St. Chrischona.

St. Chrischona (Bettingen) CH

St. Chrischona. Die heutige Kirche, die auf dem höchsten Punkt des Baseler Hausberges thront, stammt aus dem 15./16. Jh. Der Turm des Gotteshaus ist öffentlich zugänglich, von der Aussichtsplattform eröffnet sich eine wunderbare Fernsicht.

Fernsehturm, Hohe Strasse. Der 250 m hohe Turm mit der markanten Dreibeinkonstruktion wurde in den 1980er Jahren auf dem Baseler Hausberg erbaut. Er gilt als höchstes freistehendes Bauwerk der Schweiz.

Restaurant Waldrain, Chrischonarain, ✆ 795580896, Mi-So ab 11 Uhr, @ ycg364

Der St. Chrischona mit einer Höhe von 522 Meter ü. NN gilt als „Hausberg" von Basel. Er ist der dritthöchste Berg des Gebirgszuges Dinkelberg, über den die deutsch-schweizerische Grenze verläuft.

Bereits um das Jahr 700 wurde hier oben eine erste Kirche errichtet und durch die Legende von Chrischona entwickelte sich die Siedlung im Mittelalter zu einem beliebten Wallfahrtsort. Nachdem die Kirche während des Dreißigjährigen Krieges schwer beschädigt worden war, dauerte es bis

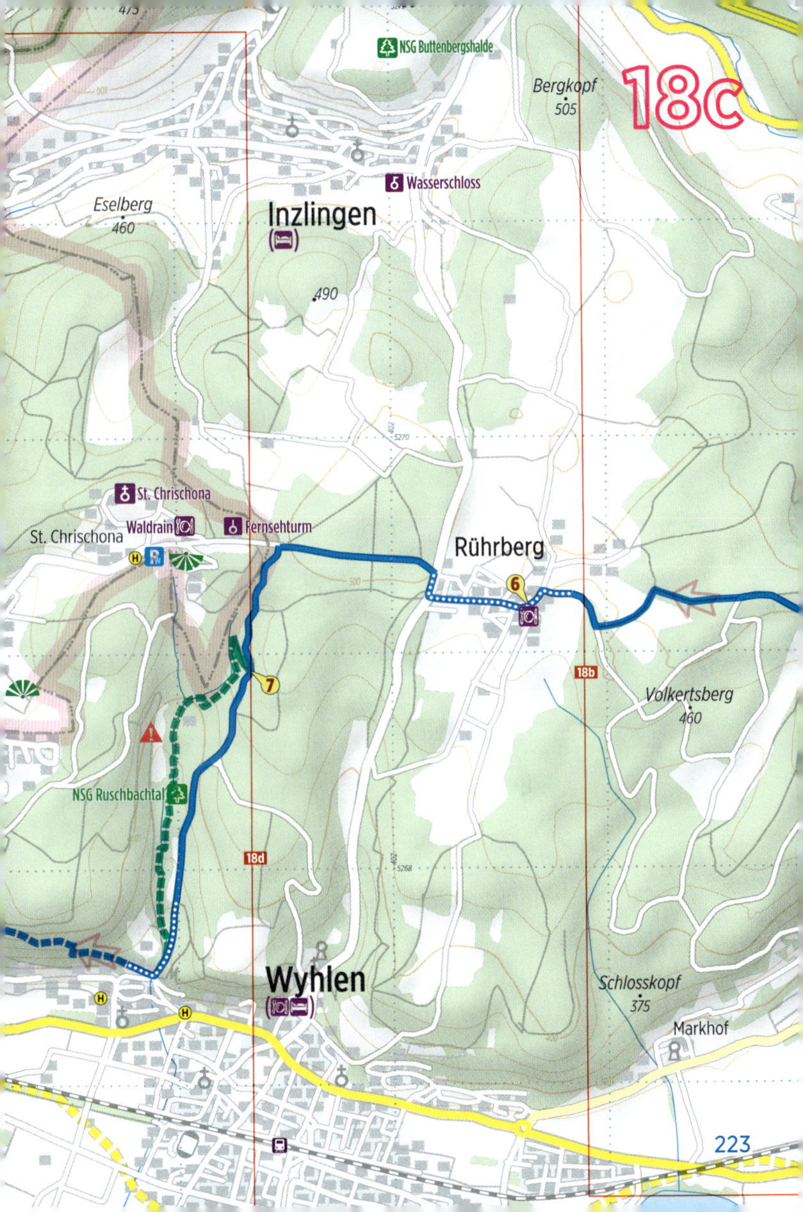
18c
NSG Buttenbergshalde
Bergkopf
505
Wasserschloss
Inzlingen
Eselberg
460
490
St. Chrischona
Waldrain
Fernsehturm
St. Chrischona
Rührberg
6
7
18b
Volkertsberg
460
NSG Ruschbachtal
18d
Wyhlen
Schlosskopf
375
Markhof
223

in die Mitte des 19. Jahrhunderts, bis das Gotteshaus saniert wurde: Christian Friedrich Spittler erhielt 1839 die Erlaubnis zur Renovierung der Kirche. In deren Sakristei gründete er 1840 die Pilgermission St. Chrischona, aus der im Laufe der Zeit ein internationaler evangelischer Gemeindeverband mit knapp 200 Gemeinden entstand. Die Nachfolge-Institution Theologisches Seminar St. Chrischona besteht hier heute noch.

Sie folgen dem Weg gut 600 m hinab.

VARIANTE Die Westwegvariante durch das enge Ruschbachtal ist absolut empfehlenswert. Der Steig windet sich am Wasserfall vorbei und führt dann über zahlreiche Stege hinab bis zum Ortsrand von Wyhlen. ⚠ Der Weg kann auch nach längeren Trockenperioden noch feucht und rutschig sein.

Ruschbachtal. Das idyllische Tal auf dem Gemeindegebiet von Grenzach-Wyhlen wurde 1985 unter Naturschutz gestellt. Das gut 30 ha große Gebiet ist nicht nur ein geologisch interessantes Tal mit schönen Laubmischwäldern, durch das sich ein reizvoller Wanderweg windet, sondern es bietet mit seiner natürlichen Vielfalt auch zahlreichen Tier- und Pflanzenarten einen geschützten Lebensraum.

7 13,7 (468) Auf dem Normalweg folgen Sie der Forststraße hinunter bis zum Ortsrand von Wyhlen.

Wyhlen (Grenzach-Wyhlen)

Scharf rechts die **Ziegelhofstraße** hinauf ⇝ am Ende auf schmalem Pfad in den ehemaligen Buchswald ⇝ nach 50 m schräg rechts ⇝ im steilen Zick-Zack durch den Wald nach oben ⇝ hinter dem **Rötelsteinfelsen** bei einer unscheinbaren Gabelung den oberen Weg wählen ⇝ bei der nächsten Pfadkreuzung geradeaus halten, nun parallel zum Hang ⇝ vorbei an der **Schönen Aussicht** ⇝ in ein enges Seitental hinein ⇝ auf der anderen Talseite ein kurzes Stück einem breiteren Weg folgen, dann schräg links hinauf zur **Forsthütte** ⇝ 50 m dem Forstweg folgen ⇝ schräg links den Pfad in den ehemaligen Buchswald hinab (nähere Informationen dazu finden Sie auf s. S. 228) ⇝ 100 m nach einer Bank geradeaus ⇝ im Zick-Zack hinab ⇝ nach einigen Treppenstufen nach rechts ⇝ leicht abfallend durch den Wald bis zum Ortsrand von Grenzach.

Grenzach (Grenzach-Wyhlen)

Vorwahl: 07624

Römervilla, Hauptstr. 25, ✆ 1813, ✆ 5898 In Grenzach wurden bei Grabungsarbeiten die Überreste einer Römervilla entdeckt. Seit 2011 ergänzen verschiedenste Exponate aus der Umgebung die Ausstellung über römische Alltagskultur. @ bus714

Freibad, Rheinallee 40, ✆ 5012, @ qpt458

Hallenbad, Scheffelstr. 3, ✆ 988144, @ lyq865

8 17,5 (362) Am Ortsrand folgen Sie rechts für etwa 50 m der Straße hinauf ⇝ nach links in den **Erlenweg** abbiegen ⇝ auf der **Talstraße** 50 m nach rechts, dann links in den **Auweg** abbiegen ⇝ am Ende der Straße die Treppenstufen hinunter ⇝ unten

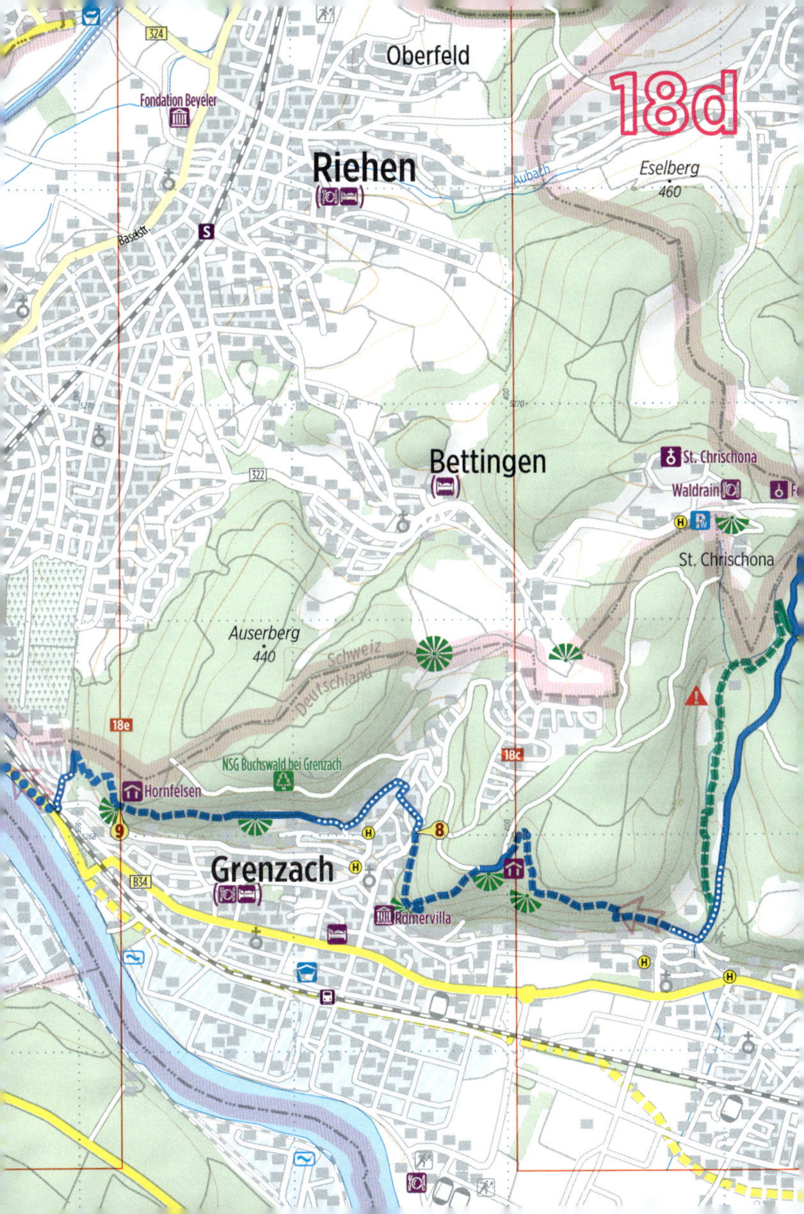

18d
Oberfeld
Fondation Beyeler
324
Riehen
Aubach
Eselberg
460
Baselstr.
S
Bettingen
322
St. Chrischona
Waldrain
St. Chrischona
Auserberg
440
Schweiz
Deutschland
18e
18c
NSG Buchswald bei Grenzach
Hornfelsen
9
8
Grenzach
B34
Römervilla

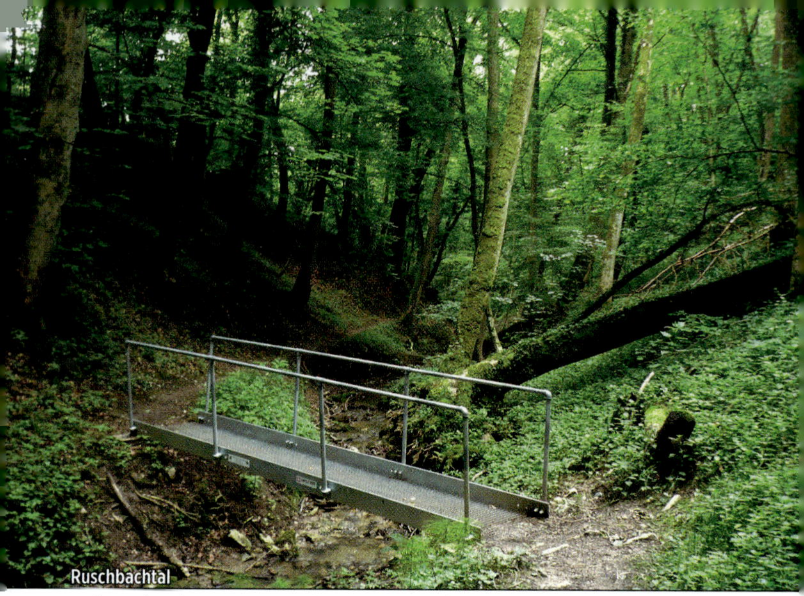
Ruschbachtal

nach rechts bergan ⤳ an den Kleingärten vorbei hangparallel bis zum Schützenhaus ⤳ geradeaus in einen Pfad ⤳ bei der nächsten Kreuzung rechts hinauf zum **Hornfelsen**.

9 19,2 (379) Auf dem Pfad steigen Sie im Zick-Zack hinab bis zum Stadtrand ⤳ vor den Häusern links ⤳ in der Siedlung nach links und geradeaus zum Bahnübergang ⤳ auf dem Gehweg parallel zur Straße bis zur **Zollstation Grenzacher Horn**.

TIPP In der Schweiz ist der Westweg nicht mehr ganz so zuverlässig mit der roten Raute markiert. Bis zum Badischen Bahnhof weitestgehend der gelben Raute folgen.

Hinter dem Stadion Rankhof geradeaus dem Fuß- und Radweg folgen ⤳ unter der Eisenbahn und der Autobahn hindurch ⤳ beim **Tinguely-Museum** rechts ⤳ über die Grenzacher Strasse ⤳ links und gleich wieder rechts in die **Schwarzwaldallee** und dieser bis zum Bahnhof folgen.

10 23,5 (262) Am **Badischen Bahnhof** in Basel endet der Westweg.

Basel s. S. 177

Es freut uns ganz besonders, dass Sie für Ihre Wanderung auf dem Westweg unseren Wanderführer als Ihren Begleiter gewählt haben. Wir hoffen, dass Sie damit zufrieden waren und in Zukunft wieder einmal auf ein Buch aus unserer Serie zurückgreifen. Das Hikeline-Team wünscht eine gute Heimreise!

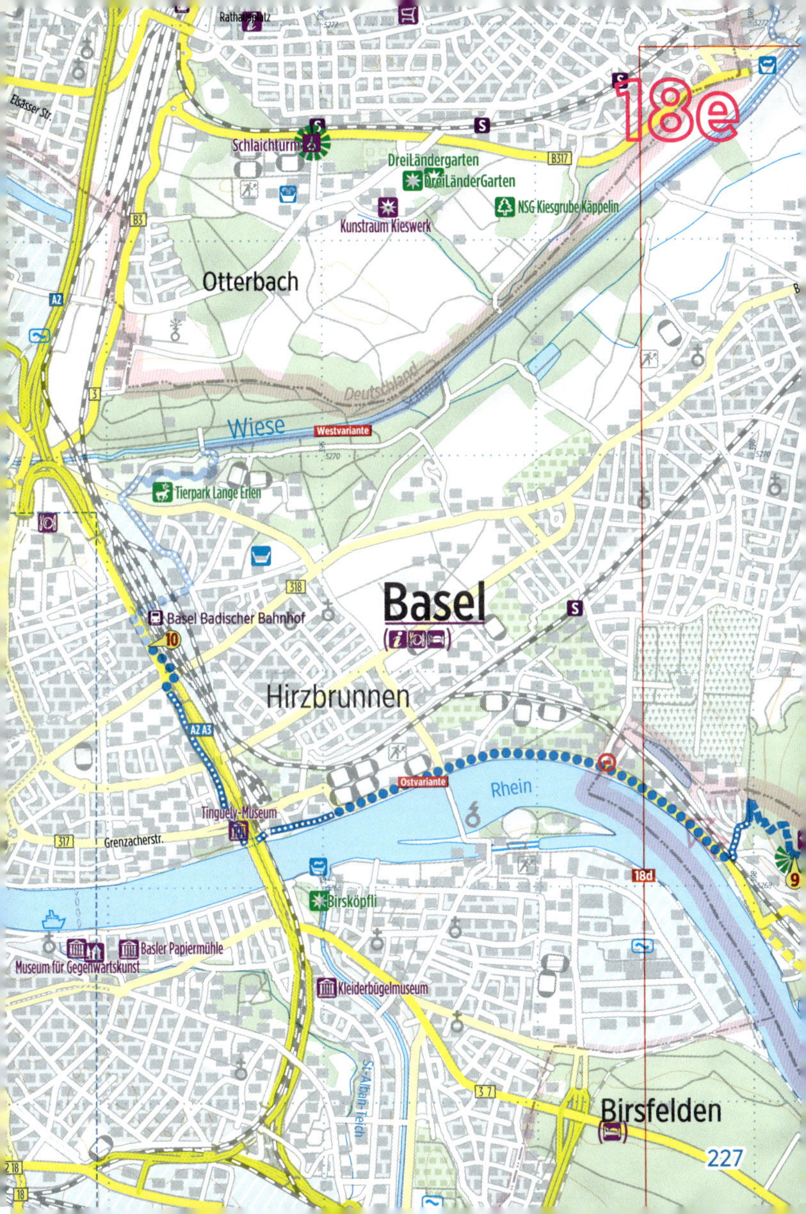
18e
Rathausplatz
Elsässer Str.
Schlaichturm
DreiLändergarten
DreiLänderGarten
NSG Kiesgrube Käppelin
Kunstraum Kieswerk
B317
B3
A2
Otterbach
3
Deutschland
Schweiz
Wiese
Westvariante
5270
Tierpark Lange Erlen
318
Basel
S
Basel Badischer Bahnhof
10
Hirzbrunnen
A2 A3
Ostvariante
Rhein
Tinguely-Museum
317
Grenzacherstr.
18d
9
Birsköpfli
Basler Papiermühle
Museum für Gegenwartskunst
Kleiderbügelmuseum
St.-Alban-Teich
37
Birsfelden
227
18

Buchswald

Der ehemalige Buchswald zwischen Degerfelden und dem Grenzacher Horn war bis zu seinem großflächigen Absterben im Jahr 2007 einzigartig in Deutschland. Durch den Befall der Raupe des Buchsbaumzünsler, einem Kleinschmetterling, sowie durch eine Pilzerkrankung wurde der Bestand mittlerweile so stark dezimiert, dass heute nur noch kleine Reste des besonderen Waldes erhalten sind.

Das trockene und warme Klima der Steilhänge entlang des Hochrheins bot der immergrünen Pflanze ideale Lebensbedingungen. Bereits die Römer haben den Wert dieser Lagen geschätzt und Wein angebaut, den „Grenzacher Roten".

Der Buchs ist in Mitteleuropa seit dem Ende der Eiszeit heimisch. Man vermutet, dass die Römer die ersten Buchspflanzen, die sie überwiegend zum Einfassen von Gärten verwendet haben, aus ihrer Heimat mit an den Hochrhein gebracht haben. Denn auf der gegenüberliegenden Rheinseite befand sich einst die Römerstadt Augusta rustica, das heutige Kaiseraugst.

Der Grenzacher Buchswald besteht nicht nur aus Buchsbäumen, er ist ein Laubmischwald. Buchen, Flaumeichen, Ahornbäume und Linden bilden ein natürliches Dach. Die Buchsbäume der unteren Etage erreichen eine Höhe von vier bis fünf Metern.

Der Hang ist sehr steil und felsig. Der trockenwarme Standort beherbergt einen ungewöhnlichen Reichtum an Pflanzen – unter anderem auch die wildwachsende Stechpalme (Ilex). Die üppige Vegetation erinnert an südliche Landschaften. Zahlreiche kleine Pfade durchziehen den Buchswald. Aufgrund ihrer Steilheit verlangen sie vom Wanderer Trittsicherheit.

Seit dem 15. Jahrhundert ist die Wallfahrt zur Kapelle „Maria im Buchs" belegt. Der Überlieferung nach sollen einmal Soldaten das Wyhlener Kloster Himmelspforte bedroht haben. Die besonders wertvolle Marienstatue, die sich in der Klosterkapelle befand, soll daraufhin von einem Waldgeist im Buchswald versteckt worden sein. Auf jeden Fall war sie wie von Geisterhand verschwunden. Erst ein Wanderer fand die Statue zufällig wieder und brachte sie ins Kloster zurück. Aus dieser Überlieferung entwickelte sich die Wallfahrt.

Übernachtungsverzeichnis

Übernachtungsadressen

Dieses Verzeichnis beinhaltet folgende Übernachtungskategorien:

Kategorien

- i Tourist-Information
- H Hotel
- Hg Hotel garni
- Gh Gasthof, Gasthaus
- P Pension, Gästehaus
- Pz Privatzimmer
- Ho Hostel
- Mo Motel
- NF Naturfreundehaus
- AH Apartmenthotel
- B&B Bed and Breakfast
- B Bungalow
- Fw Ferienwohnung (Auswahl)
- Bh Bauernhof
- Hh Heuhotel
- S Sonstiges
- Jugendherberge, -gästehaus
- Campingplatz
- Zeltplatz (Naturlagerplatz)

Die Auflistung stellt keine Empfehlung einzelner Betriebe dar und erhebt keinen Anspruch auf Vollständigkeit. Um das Verzeichnis stets aktuell zu halten, sind wir für Mitteilungen bezüglich Änderungen jeder Art dankbar. Der einfache Eintrag erfolgt für die Betriebe natürlich kostenfrei, aus Platzgründen können wir diesen allerdings nicht garantieren. Vor allem in Tourismusgebieten mit großem Übernachtungsangebot muss die Liste aus Platzgründen automatisiert leicht gekürzt werden.

Qualitätsgastgeber Wanderbares Deutschland

Gütesiegel für wanderfreundliche Gastgeber

In den Kriterien zum „Qualitätsgastgeber Deutschland" spiegeln sich die Bedürfnisse und Ansprüche von Wanderern wider. Übernachtungs- und Gastronomiebetriebe werden nach transparenten Kriterien überprüft. Dazu gehören:

- Lage (u. a. Anschluss an das Wanderwegenetz)
- Ausstattung (u. a. Trockenraum, Wanderapotheke)
- Service (u. a. Gepäcktransport, persönliche Atmosphäre)
- Wanderkompetenz (u. a. Tourentipps, Wanderberatung)
- Wanderinformation (u. a. Kartenmaterial, ÖPNV-Pläne)
- Küche (gesundes Frühstück, regionale Küche)

Vor Ort untersuchen vom Deutschen Wanderverband geschulte Experten die interessierten Hotels, Pensionen, Ferienwohnungen, Campingplätze, Jugendherbergen und Einkehrbetriebe auf ihre Wanderfreundlichkeit – so wird Wanderqualität deutschlandweit transparent.

Eine Auflistung der aktuellen zertifizierten Qualitätsgastgeber finden Sie unter

www.wanderbares-deutschland.de

Kennzeichnung

I	Preiskategorie	unter € 25,–
II	Preiskategorie	€ 25,– bis € 35,–
III	Preiskategorie	€ 35,– bis € 50,–
IV	Preiskategorie	€ 50,– bis € 70,–
V	Preiskategorie	€ 70,– bis € 100,–
VI	Preiskategorie	über € 100,–

o.F. kein Frühstück angeboten
HP mit Halbpension
nur Zimmer mit Etagenbad
Qualitätsgastgeber Wanderbares Deutschland
2.5 Entfernung vom Weg in Kilometer Luftlinie

Preise

Die Preise gelten als Richtwert pro Person in einem Doppelzimmer mit Dusche oder Bad inkl. Frühstück. Die angegebenen Preiskategorien entsprechen dem Stand des Erhebungs- bzw. Überarbeitungszeitraumes und können sich von den tatsächlichen Preisen unterscheiden. Besonders während Messezeiten, aufgrund von unterschiedlichen Zimmertypen und nicht zuletzt saisonal bedingt sind preisliche Schwankungen möglich.

Entfernung

Die blaue Zahl (2.5) beim Übernachtungsbetrieb gibt die Entfernung zur Route in Kilometern an. Bitte beachten Sie, dass sich diese Zahl auf die Luftlinie bezieht, ohne Berücksichtigung der Höhenmeter und des tatsächlichen zurückzulegenden Strecke.

Updates & Korrekturen

Aktuelle Korrekturen zum Übernachtungsverzeichnis erhalten Sie über das LiveUpdate auf **www.esterbauer.com**.

Bitte beachten Sie, dass aufgrund von Pandemie und anderen Krisen derzeit immer wieder Betriebe schließen müssen bzw. sich die Preise regelmäßig ändern. Diese Entwicklungen werden uns noch einige Jahre begleiten. Das bikeline-Team ist ständig bemüht, die Daten anzupassen und zu korrigieren. Wir bitten jedoch um Verständnis, wenn einige Angaben nicht mehr aktuell sind. Unser LiveUpdate hilft Ihnen dann weiter.

Aufgrund der begrenzten Anzahl an Gastgebern direkt an der Strecke finden Sie in unserem Verzeichnis auch Übernachtungsmöglichkeiten, die einige Kilometer vom Westweg entfernt liegen. Diese Gastgeber holen ihre Gäste auch gerne vom Westweg ab und bringen Sie morgens wieder zurück zum Weg – bitte unbedingt vorher telefonisch abklären!

Westweg bis Titisee

Pforzheim

Vorwahl: 07231

i Tourist-Information, Schloßberg 15-17, ☎ 393700 0

H Flößerstube, Holzgartenstr. 22, ☎ 7867150, ☎ 0151/42662172, III 0.5

H Hasenmayer, Heinrich-Wieland-Allee 105, ☎ 3110, III-IV 1.5

H Parkhotel Pforzheim, Deimlingstr. 32-36, ☎ 1610, IV-V 0

H Residenz, Stuttgarter Str. 55, ☎ 56900, III-IV 3

H Royal, Wilhelm-Becker-Str. 3a, Ecke Wilferdinger Str. 64, ☎ 14250, IV 2.5

Hg City-Hotel, Bahnhofstr. 8, ☎ 31000, III-IV 0.5

Hg Gute Hoffnung, Dillsteiner Str. 9-11, ☎ 92290, III-IV 0

P Pension Flößerstube, Baumgärtner Str. 8, ☎ 280638, III 0.5

Dillweißenstein (Pforzheim)

Vorwahl: 07231

Gh Rabeneck, Belremstr. 6, ☎ 72643, III 0.5

Jugendherberge Burg Rabeneck, Kräheneckstr. 4, ☎ 972660, II-III 0.5

Birkenfeld

Vorwahl: 07231

i Gemeindeverwaltung, Marktpl. 6, ☎ 48860 0

H Hotel Restaurant Schönblick, Schönblickweg 5, ☎ 481888, III 1.5

H Landgasthof Birkenfelder Hof, Silcherstr. 1-3, ☎ 471944, IV 0

H Taormina, Baumgartenstr. 6, ☎ 4243624, III 0

Neuenbürg

Vorwahl: 07082

H Eyachbrücke, Eyachbrücke 2, ☎ 20521, II-III 1.5

H Zur alten Mühle, Im Gänzbrunnen 1, ☎ 92400, IV 1.5

Gh Wanderheim am Schlossberg, Hintere Schlosssteige 34, ☎ 944468-0, III 0

Dobel

Vorwahl: 07083

i Kurverwaltung Dobel, Neue Herrenalber Str. 11, ☎ 74513 0

H Rössle, Johann-Peter-Hebel-Str. 7, ☎ 9359959, III-IV 0

Gh Linde, Hauptstr. 19, ☎ 8873, III 0

P Beck, Wildbader Str. 30, ☎ 8828, III 0.5

P Heidi, Neuenbürger Str. 27, ☎ 2925, III 0

Bad Herrenalb

Vorwahl: 07083

i Tourist-Info, Rathauspl. 11, ☎ 500555 3

H Nashira Kurpark, Kurpromenade 23/1, ☎ 9288834, IV-V 3

H Schwarzwald Panorama, Rehteichweg 22, ☎ 9270, V-VI 3.5

Albtal-Arena, Schwimmbadstr. 29, ☎ 9220353, I 3.5

Gernsbach

Vorwahl: 07224

i Tourist-Info, Igelbachstr. 11, ☎ 644446 7

H Stadt Gernsbach, Hebelstr. 2, ☎ 99280, III 7

H Wanderlust, Müllenbild 3, ☎ 2129, III-IV W 8

P Gästehaus Bei Leon, Sandweg 10, ☎ 50650 7

AH Mühlenapartments, Casimir-Katz-Str. 15, ☎ 9956802, III 7

Obertsrot (Gernsbach)

Vorwahl: 07224

H Schloss Eberstein, Schloss Eberstein 1, ☎ 995950, V 6

Fw Annemarie, Grünlingstr. 17, ✆ 0176/38062681 6

Weisenbach

Vorwahl: 07224

i Tourist Info Weisenbach, Hauptstr. 3, ✆ 91830 4.5

H **Grüner Baum, Hauptstr. 7, ✆ 9941908, o.F., II-III** 4.5

NF Schönblick am Sennel, Gaisbachstr. 61, ✆ 40881, ✆ 1387, o.F., I 4.5

Kaltenbronn (Gernsbach)

Vorwahl: 07224

H Sarbacher, Kaltenbronner Str. 598, ✆ 93390, IV-V W 0

Langenbrand (Forbach)

Vorwahl: 07228

P Zum Ochsen, Langenbrander Str. 7, ✆ 2209, III 1.5

Gausbach (Forbach)

Vorwahl: 07228

Gh Landgasthof Waldhorn, Murgtalstr. 67, ✆ 91870, III 0

Forbach

Vorwahl: 07228

i Tourist-Info, Landstr. 27, im Rathaus, ✆ 390 0

H **Am Mühlbach, Mühlbachweg 4, ✆ 96970, IV** W 0

Hg **Arthotel Das Waldhaus, Hauptstr. 2, ✆ 7010523, IV** 0

Pz Schillinger, Hauptstr. 1, ✆ 2553, II 0

Herrenwies (Forbach)

Vorwahl: 07226

P Bergschlössl Herrenwies, Herrenwies 21, ✆ 9204962, III 1

P Haus Herrenwies, Herrenwies 31a, ✆ 464, II-III 1

Franz-Köbele-Jugendherberge Herrenwies, Herrenwies 33, ✆ 257, II-III 1

Camping Herrenwies, Herrenwies 22, ✆ 411, I 1

Trekking-Camp Grimbach. Naturzeltplatz, Anmeldung erforderlich unter www.trekking-schwarzwald.de 1

Schwarzenbachtalsperre (Forbach)

Trekking-Camp Schwarzenbachtalsperre. Naturzeltplatz, Anmeldung erforderlich unter www.trekking-schwarzwald.de 0.5

Sand (Bühl)

Vorwahl: 07226

Gh Bergwaldhütte Sand, Stadtwald 2a,

☎ 237, III 0

NF Naturfreundehaus Badener Höhe, Am Stadtwald 8, ☎ 238 0

Bühlertal

Vorwahl: 07223

i Tourist-Information, Hauptstr. 92, ☎ 7101180 5

H Bergfriedel, Haabergstr. 23, ☎ 72270, IV-V W 5

H Breitmattstub, Jahnstr. 22, ☎ 73337, IV 4.5

Gh Grüner Baum, Hauptstr. 31, ☎ 943000, IV 6

Bühl

Vorwahl: 07223

i Tourist-Information, Hauptstr. 41, ☎ 935332 8

H Der Einsiedelhof, Kappelwindeckstr. 51, ☎ 21276, III 7

H Heimat im Badischen Hof, Hauptstr. 36, ☎ 808780, IV 8

H Jägersteig, Kappelwindeckstr. 95a, ☎ 98590, V W 6

H Rebstock, Kappelwindeckstr. 85, ☎ 9127220, III-IV 6

Hg Italia, Johannespl. 8, ☎ 23676, IV 8

Unterstmatt (Bühl)

Vorwahl: 07226

Gh Hochkopf-Stub, Raue Halde 6, ☎ 289, III 0

Gh Zur Großen Tanne, Unterstmatt 1, ☎ 254, ☎ 0163/5756351, III 0

Ochsenstall (Bühl)

Gh Ski- und Wanderheim Ochsenstall, Hundsrücken 1, ☎ 07226/920911, II 0

Mummelsee (Seebach)

Vorwahl: 07842

H Berghotel Mummelsee, Schwarzwaldhochstr. 11, ☎ 99286, IV-V W 0

Seibelseckle (Seebach)

Vorwahl: 07842

△ Trekking-Camp Seibelseckle. Naturzeltplatz, Anmeldung erforderlich unter www.trekking-schwarzwald.de 1.5

Schliffkopf (Baiersbronn)

Vorwahl: 07449

H Nationalpark-Hotel Schliffkopf, Schwarzwaldhochstr. 1, ☎ 9200, HP, VI W 0.5

Allerheiligen (Oppenau)

H Weltenwandler Tagungszentrum Kloster Allerheiligen, Allerheiligen 3, ☎ 07804/9137817, III 1.5

△ Trekking-Camp Erdbeerloch. Naturzeltplatz, Anmeldung erforderlich unter www.trekking-schwarzwald.de 1

Obertal (Baiersbronn)

Vorwahl: 07449

i Tourist-Information, Ruhesteinstr. 521, ☎ 841460 5

H Adler-Post, Ruhesteinstr. 525, ☎ 3820030, ☎ 0170/3113930, HP, IV 5

H Engel Obertal Wellness- & Genuss-Resort, Rechtmurgstr. 28, ☎ 850, VI 5

H Waldhotel Sommerberg, Hirschauerwald 23, ☎ 92650, VI W 4.5

Gh Landgasthof Murg-Café, Kraftenbuckelweg 2, ☎ 395, IV 5

P Zur Sieberei, Ruhesteinstr. 565, III 5

Mitteltal (Baiersbronn)

Vorwahl: 07442

i Tourist-Information, Ruhesteinstr. 288, ☎ 841470 5

H Bareiss, Hermine-Bareiss-Weg 1, ☎ 470, VI 6

H Lamm Mitteltal, Ellbachstr. 4, ☎ 4980, IV-V W 5

H Ödenhof, Ödenhofweg 9, ☎ 84090, IV-

V 5

(P) Gästehaus Glaser, In der Breitmiss 30, ✆ 6119, II 4.5

(AH) Hagkopf, Ödenhofweg 55, ✆ 3792, o.F., III 5

Natur-Camp Tannenfels, Ruhestein-str. 413, ✆ 0163/1923224 5

Trekking-Camp Bösellbach. Naturzeltplatz, Anmeldung erforderlich unter www.trekking-schwarzwald.de 1.5

Baiersbronn

Vorwahl: 07442

(i) Baiersbronn Touristik, Rosenpl. 3, ✆ 84140 8

(i) Wander-Informationszentrum, Freudenstädter Str. 40, ✆ 841466 8

(H) BSW-Erlebnishotel am Kurgarten, Forststr. 12, ✆ 84510, HP, IV 8

(H) Berghof, Bildstöckleweg 17, ✆ 849930, V 8

(H) Gasthof Rosengarten, Bildstöckleweg 35, ✆ 84340, III-IV (W) 7

(H) Petra, Oberdorfstr. 142, ✆ 8401433, III 8

(H) Restaurant Falken, Oberdorfstr. 95, ✆ 84070, IV (W) 8

(H) Restaurant Rose, Bildstöckleweg 2, ✆ 84940, IV-V (W) 8

(P) Gästehaus Gaiser, Lochweg 8, ✆ 3710, ✆ 180200, III 8

(P) Haus Bergwiese, Winterseitenweg 14, ✆ 2869, III 7

(P) Haus Sommerberg, Sommerseitenweg 7, ✆ 121623, III 8

(P) Tomahawk, Oberdorfstr. 69, ✆ 8420250, III 8

Zuflucht (Freudenstadt)

Vorwahl: 07441

(H) Natur- & Sport Hotel Zuflucht, Zuflucht 1, ✆ 07804/912560, HP, VI (W) 0

Kniebis (Freudenstadt)

Vorwahl: 07442

(i) Besucherzentrum, Straßburger Str. 349, ✆ 7570 1.5

(H) Café Günter, Baiersbronner Str. 26, ✆ 84130, III-IV 3

(H) Kniebishöhe, Alter Weg 42, ✆ 849940, IV 2

(H) Schwarzwald Stübli, Baiersbronner Str. 65, ✆ 6042638, II 3.5

(H) Waldblick-Kniebis, Eichelbachstr. 47, ✆ 8340, IV-V (W) 1.5

(NF) NFH Kniebis, Naturfreundeweg 12, ✆ 3294, o.F., II 2

(Fw) Seiler, Alte Paßstr. 16, ✆ 84420, IV 2.5

Trekking-Camp Kniebis. Naturzeltplatz, Anmeldung erforderlich unter www.trekking-schwarzwald.de 4

Freudenstadt

Vorwahl: 07441

(i) Freudenstadt Tourismus, Marktpl. 64, ✆ 8640 10

(H) Adler, Forststr. 15-17, ✆ 91520, IV-V (W) 10

(H) Café Restaurant Teuchelwald, Schömberger Str. 9, ✆ 5320, HP, V-VI (W) 10

(H) Dormero, Kahrl-von-Hahn-Str. 129, ✆ 951430, III 9

(H) Haus Schwarzwaldsonne, Herrenfelder Str. 13, ✆ 950900, IV 11

(H) Schwarzwald Hotel, Helene-Frey-Weg 2, ✆ 9390, HP, V (W) 10

(H) Warteck, Stuttgarter Str. 14, ✆ 91920, IV 10

(Hg) (Fw) Gästehaus am Park, Huppenbauerstr. 8, ✆ 2471, III-IV 10

Jugendherberge Freudenstadt, Eugen-Nägele-Str. 69, ✆ 7720, II 10

Langenwald, Straßburger Str. 167, ✆ 2862 8

Lauterbad (Freudenstadt)
Vorwahl: 07441

H Fritz Lauterbad, Am Zollernblick 1, ✆ 950990, III-IV 12

H Grüner Wald, Kinzigtalstr. 23, ✆ 86054-0, III-IV W 12

H Landhaus Waldesruh, Hardtsteige 5, ✆ 3035, IV 12

H Lauterbad, Amselweg 5, ✆ 86017-0, IV 12

Hg Landhotel Karin, Schwarzwaldstr. 140, ✆ 2464, III 13

Herbstwasen (Bad Peterstal-Griesbach)

P Herbstwasen, Wilde Rench 68, ✆ 07806/627, IV 1

Breitenberg (Bad Peterstal-Griesbach)

H Zum Breitenberg, Breitenberg 9, ✆ 07806/636, IV W 3

Dollenberg (Bad Peterstal-Griesbach)

H Relais & Chateaux Hotel Dollenberg, Dollenberg 3, ✆ 07806/780, VI 1

Bad Griesbach (Bad Peterstal-Griesbach)
Vorwahl: 07806

H Döttelbacher Mühle, Kniebisstr. 8, ✆ 1037, III W 2.5

H Hotel Kimmig, Kniebisstr. 57, ✆ 1055, IV W 1.5

H Häfner's Hotel Adlerbad, Kniebisstr. 55, ✆ 98930, IV-V W 1.5

Fw Am Kapellenberg, Kapellenstr. 13, ✆ 910504 W 2

Fw Haus Wilde Rench, Wilde Rench 35, ✆ 910269, ✆ 8231 W 1.5

Bad Peterstal (Bad Peterstal-Griesbach)
Vorwahl: 07806

i Tourist Info, Wilhelmstr. 2, ✆ 91000 3.5

Hg Haus Hubertus, Insel 3, ✆ 2940283, IV-V W 3.5

Hg Hotel-Café Räpple, Renchtalstr. 1, ✆ 2940001, III 3.5

Gh Schützen, Renchtalstr. 21, ✆ 241, III 3.5

Fw Altes Forsthaus, Schwarzwaldstr. 37, ✆ 8360 W 3

Fw Hoferpeterhof, Littweg 3, ✆ 98750 W 2

Fw Holderstanzenhof/Haus Holderstanz, Bästenbach 23, ✆ 8424 W 3.5

Fw Lioba Huber, Littweg 22, ✆ 910740 W 1.5

Fw Paradies im Schwarzwald, Holchen 2, ✆ 910560, IV W 1.5

Fw Schwarzwaldsteig, Eckenacker 27, ✆ 1223 W 3.5

Bh Fw Löcherhansenhof, Breitsodstr. 11, ✆ 518, o.F., II W 4

⛺ Traiermühle, Renchtalstr. 53, ✆ 8064, ✆ 0177/4383132, I 4.5

Hark (Oberharmersbach)

P Harkhof, Hark 1, ✆ 07837/835, III 0

Obertal (Oberharmersbach)
Vorwahl: 07837

Gh Gasthaus „Zur Linde“, Obertal 62, ✆ 209, II-III W 3.5

Riersbach (Oberharmersbach)
Vorwahl: 07837

P Fw Kempfenhof, Riersbach 12, ✆ 638, III W 3.5

Oberharmersbach
Vorwahl: 07837

i Tourist-Info, Dorf 60, ✆ 277 3.5

H Freihof, Dorf 31, ✆ 270, III 3.5

Gh Zuwälder Stüble, Zuwald 23, ✆ 480, III W 1.5

Brandenkopf (Oberharmersbach)

H Wanderheim Brandenkopf, Brandenkopf 1, ✆ 07831/6149, II-III 0

Oberwolfach
Vorwahl: 07834

H 3 Könige Hotel, Wolftalstr. 28,

✆ 83800, IV 2

Hg Schacher, Alte Str. 2a, ✆ 6013, V 2

Wolfach

Vorwahl: 07834

i Schwarzwald Tourismus Kinzigtal e.V., Hauptstr. 41, ✆ 2380090 1.5

i Tourist-Info Wolfach, Hauptstr. 41, ✆ 835353 1.5

H Gasthof Hecht, Hauptstr. 51, ✆ 83510, III-IV 1.5

H Kurgarten-Hotel, Funkenbadstr. 7, ✆ 4053, IV 1.5

H Restaurant Krone, Hauptstr. 33, ✆ 83780, IV 1.5

Hg Schilli, Erwin-Schmider-Str. 5, ✆ 505, III 2.5

Hg Schwarzwald-Hotel, Kreuzbergstr. 26, ✆ 8676397, III 1

Hausach

Vorwahl: 07831

i Kultur- und Tourismusbüro, Hauptstr. 34, ✆ 7975 0

H **Zur Blume, Eisenbahnstr. 26, ✆ 286, III 0**

H Landhaus Hechtsberg, Hechtsberg 1, ✆ 966690, IV 2

Gh Gasthaus Löwen - Restaurant Akropolis, Hauptstr. 24, ✆ 9665857, III 0

Gh Hotel-Gasthaus zur Eiche, Gustav-Rivinius-Pl. 1, ✆ 229, ✆ 6883, IV 0

Gh Zum Hirsch „d'Monika", Einbacher Str. 45, ✆ 7190, III 2

Gutach (Schwarzwaldbahn)

Vorwahl: 07831

i Tourist-Info, Hauptstr. 38, ✆ 07833/938850 2.5

Gh Hirsch, Hirschg. 2, ✆ 228, III 0.5

Reichenbach (Hornberg)

Vorwahl: 07833

Gh Höhen Gasthof Zum Deutschen Jäger, Windkapf 115, ✆ 6144, III 8

P Café Schondelgrund, Schondelgrund 3, ✆ 395, III 5

Hornberg

Vorwahl: 07833

i Tourist-Info, Bahnhofstr. 3, ✆ 79344 3.5

H Landgasthof Schwanen, Fohrenbühl 66, Fohrenbühl, ✆ 935790, IV 9

H Schloss Hornberg, Auf dem Schlossberg 1, ✆ 96550, III-V 3.5

Oberprechtal (Elzach)

Vorwahl: 07682

i i-Punkt Oberprechtal, Schulstr. 8, ✆ 1285, ✆ 19433 2

H ElzLand Hotel Pfauen, Pfauenstr. 6, ✆ 947910, HP, VI 1.5

H Landgasthof-Hotel-Rössle, Triberger-str. 35, ✆ 1259, III-IV W 1

Gh Zum Schützen, Waldkircherstr. 5, ✆ 1265, III 2

P Endehof, Waldkircher Str. 13, ✆ 1262, IV 2.5

P Mosertonihof, Triberger Str. 45, ✆ 1215, III 1.5

Niederwasser (Hornberg)

Vorwahl: 07833

H Schöne Aussicht, Schöne Aussicht 1, ✆ 93690, V W 0

Schonach im Schwarzwald

Vorwahl: 07722

H Landhotel Rebstock, Sommerberg-str. 10, ✆ 96160, III-IV W 2

P Haus Silberberg, Silberberg 1, ✆ 6564, II-III 0

Trekking-Camp Fischbach. Naturzeltplatz, Anmeldung erforderlich unter www.trekking-schwarzwald.de

Trekking-Camp Herrenwald. Naturzeltplatz, Anmeldung erforderlich unter www.trekking-schwarzwald.de

Wilhelmshöhe (Schonach im Schwarzwald)

Gh Gasthaus Wilhelmshöhe, Lukas-Kuner-Weg 1, ✆ 07722/3293, III-IV 0

Schönwald im Schwarzwald

Vorwahl: 07722

H Kaltenbach, Oberort 3, ✆ 96350, IV 4

Trekking-Camp Elzhof. Naturzeltplatz, Anmeldung erforderlich unter www.trekking-schwarzwald.de

Kolmenhof (Furtwangen im Schwarzwald)

Vorwahl: 07723

Gh Höhengasthaus Kolmenhof an der Donauquelle, Neuweg 11, ✆ 93100, IV W 0

Brend (Furtwangen im Schwarzwald)

Vorwahl: 07723

Gh Gasthaus Brend, Auf dem Brend 7, ✆ 504870, III-IV 0

NF NFH Brend, Auf dem Brend 5, ✆ 803, I-III 0

Raben (Furtwangen im Schwarzwald)

H Hotel-Restaurant Goldener Rabe, Raben 7, ✆ 07723/7397, I-III 0

Furtwangen im Schwarzwald

Vorwahl: 07723

i Stadtverwaltung, Marktpl. 4, ✆ 9390 2.5

Ho Skiinternat & Bregtal-Hostel, Am Engelgrund 2, ✆ 650850, II 3

Neueck (Furtwangen im Schwarzwald)

Gh Landgasthof Zum Hirschen, Oberbregenbach 1, ✆ 07723/7412, III 0

Neukirch (Furtwangen im Schwarzwald)

Vorwahl: 07723

H Landhotel Thälerhäusle/Ochsen, Unterbregenbach 1, ✆ 2493, IV W 1

Kaltenherberg (Vöhrenbach)

Gh Höhengasthaus Kalte Herberge, Urachtalstr. 50, 07723/7389, III 0

Waldau (Titisee-Neustadt)

Vorwahl: 07669

H Gasthaus Schweizerhof, Jostalstr. 128, 91040, III 0

H Schwarzwaldgasthof Zur Traube, Sommerbergweg 1, 2290, III-IV 1

St. Märgen

Vorwahl: 07669

H Hotel Restaurant Der Hirschen, Feldbergstr. 9, 940680, III-V 4.5

Gh Gasthaus Zum Kreuz, Hohlengraben 1, 91010, IV 0

Gh Fw Gasthof Sonne Neuhäusle, Erlenbach 1, 271, III-IV 2

Thurner (St. Märgen)

Gh Thurner Wirtshaus, Thurner 1, 07669/210, III-IV 0.5

Jostal (Titisee-Neustadt)

Vorwahl: 07651

H Landhotel Jostalstüble, Jostalstr. 60, OT Bierhäusle, 918160, IV 3

P Oberhöfenhof, Jostalstr. 70-72, 932087, III 3

AH Tannzapfenland, Jostalstr. 90, 0761/55775000, 01635687005, V 1.5

Langenordnach (Titisee-Neustadt)

Vorwahl: 07651

Gh Fw Zum Löwen, Langenordnach 4, 1064, 922990, IV-V 6

Heiligenbrunnen (Titisee-Neustadt)

Vorwahl: 07652

Gh Heiligenbrunnen, Heiligenbrunnenstr. 36, 381, III-IV 0.5

Ho Wanderheim Berghäusle, Am Berg 2, 982065, o.F., II 0

Titisee (Titisee-Neustadt)

Vorwahl: 07651

Tourist-Information, Strandbadstr. 4, 07652/12060 0

H Hotel Bären, Neustädter Str. 35, 8060, VI 0.5

H Maritim Titisee Hotel, Seestr. 16, 8080, V-VI 0.5

H Seehotel Wiesler, Strandbadstr. 5, 98090, V-VI 0

P Haus Ketterer, Jägerstr. 3, 8297, II 0.5

P Wald & See, Alte Poststr. 14, 8389, II-III 0

Terrassencamping und Restaurant Sandbank, Seerundweg 9, 9724848, I 2

Neustadt (Titisee-Neustadt)

Vorwahl: 07651

Infopoint Neustadt, Hauptstr. 16, im P16, 07652/12068100 5

H Brauereigasthof Bären, Hauptstr. 20, 1515, III-IV 5

H Jägerhaus, Postpl. 1-2, 93340, III 5

H Sonnenmatte, Spriegelsbachstr. 5-8, 8277, III-V 2.5

Gh Berggasthaus Hochfirst, Auf dem Hochfirst 10, 7575, III 2.5

Fw Drei Tannen, Spriegelsbachstr. 3, ✆ 907639, III-IV 3

Westvariante

Bruderhalde (Hinterzarten)

Vorwahl: 07652

H Alemannenhof, Bruderhalde 21, ✆ 91180, V-VI W 0.5

P Wiesler, Bruderhalde 8, ✆ 1618, III-IV 0

Jugendherberge Veltishof, Bruderhalde 27, ✆ 238, II 1

Bankenhof, Bruderhalde 31a, ✆ 1351, I 1

Bühlhof, Bühlhofweg 13, ✆ 1606, I 0

Weiherhof, Bruderhalde 2, am Titiseeufer, ✆ 0177/2190959, I 0.5

Hinterzarten

Vorwahl: 07652

i Hochschwarzwald Tourismus, Freiburger Str. 1, ✆ 12060 1

i Touristik-Verein, Martin-Gremminger-Weg 6, ✆ 981794 @ cej718 2

H Imbery, Rathausstr. 14, ✆ 91030, IV-V W 1

H Kesslermühle, Erlenbrucker Str. 45, ✆ 1290, HP, IV-V W 0

H Naturion Vegatarisches Biohotel, Sonnenbühlweg 6, ✆ 9826811, IV 1.5

H Reppert, Adlerweg 23, ✆ 12080, VP, VI W 1

H Schwarzwaldhof, Freiburger Str. 2, ✆ 12030, IV-V W 1

H Sonnenberg, Am Kesslerberg 9, ✆ 12070, IV-V W 0

H Thomahof, Erlenbrucker Str. 16, ✆ 1230, VI 0.5

Hg Silberdistel, Freiburger Str. 27, ✆ 362, IV 1.5

P Ketterer, Windeckweg 26, ✆ 260, III 1

P Landhaus Rombach, Heiligbrunnenstr. 6, ✆ 5920, III 1.5

Alpersbach (Hinterzarten)

Vorwahl: 07652

H Waldhotel Fehrenbach, Alpersbach 9, ✆ 91940, VI 2

Gh Zum Engel, Alpersbach 14, ✆ 1539, IV W 2

Raimartihof (Feldberg)

Gh Raimartihof, Raimartihofweg 12, ✆ 07676/226, III 0

Feldberg-Ort (Feldberg)

Vorwahl: 07676

i Tourist-Information Feldberg, Dr.-Pilet-Spur 4, ✆ 07652/12060 0

H **Berghotel `S Jägermatt, Am Seebuck 1, ✆ 92620, III** 0.5

H Familotel Feldberger Hof, Dr.-Pilet-Spur 1, ✆ 180, VI 0

Hebelhof (Feldberg)

Hebelhof Feldberg, Passhöhe 14, ✆ 07676/221, III 0.5

Feldbergpass (Feldberg)

Vorwahl: 07676

H Boutique Hotel Kokoschinski, August-Euler-Pl. 1, ✆ 9333690, IV 0.5

H Burg Hotel Feldberg/Schwarzwald, Grafenmattweg 2, ✆ 9399280, HP,

V-VI 0.5

Gh Berggasthaus Auerhahn, Grafenmattweg 1, ✆ 933434, III 0.5

P Emmendinger Hütte, Grafenmattweg 3, ✆ 236, HP, IV 1

Feldberggipfel (Feldberg)

P Todtnauer Hütte, Todtnauerhüttenweg 2, ✆ 07676/373, III 0

Stübenwasen (Todtnau)

Gh Berggasthof Stübenwasen, Stübenwasen 1, ✆ 07671/334, II-III 0

Oberried

Vorwahl: 07661

i Tourist-Information Dreisamtal, Hauptstr. 24, Kirchzarten, ✆ 907980 10

i Gemeinde Oberried, Klosterpl. 4, ✆ 93050 7

H Gasthaus Sternen Post, Hauptstr. 30, ✆ 989849, III-IV 7

Gh Zum goldenen Adler, Hauptstr. 58, ✆ 62017, IV W 6

Kirnermartes, Vörlinsbach 22, ✆ 4727, I 6

Hofsgrund (Oberried)

Vorwahl: 07602

H Die Halde, Halde 2, ✆ 94470, HP, VI W 2

Weilersbach (Oberried)

Vorwahl: 07661

Gh Landgasthof Zum Schützen, Weilersbachstr.7, ✆ 07602/98430, IV 8

Passhöhe Notschrei (Todtnau)

Vorwahl: 07671

H Waldhotel am Notschrei, Notschrei-Passhöhe 2, ✆ 07602/94200, HP, V-VI W 0

Muggenbrunn (Todtnau)

Vorwahl: 07671

H Grüner Baum, Schauinslandstr. 3, ✆ 918440, HP, IV-V 2

P Bio-Frühstückspension Günter, Schauinslandstr. 18, ✆ 333, IV 2

Camping Hochschwarzwald, Oberhäuserstr. 6, ✆ 1288 1

Todtnauberg (Todtnau)

Vorwahl: 07671

Jugendherberge Fleinerhaus Todtnauberg, Radschertstr. 12, ✆ 275 2

Todtnau

Vorwahl: 07602

H Sonne, Meinrad-Thoma-Str. 1, ✆ 07671/385, IV-V 4.5

Wieden

Vorwahl: 07673

i Tourist-Information, Kirchstr. 2, ✆ 303 1

Bh Haus Talblick, Oberwieden 14, ✆ 210, II-III 0.5

Wiedener Eck (Wieden)

H Berghotel Wiedener Eck, Oberwieden 15, ✆ 07673/9090, V W 0

Multen (Aitern)

Vorwahl: 07673

H Belchen-Multen, Untermulten 3, ✆ 209, IV 1

H Belchenhotel Jägerstüble, Obermulten 3, ✆ 888180, VI W 1

P Haus Sonne, Untermulten 6, ✆ 7492, HP, V 1.5

Wanderheim Dießlin Hütte, Bühlweg 1, ✆ 1291 1

Haldenhof (Neuenweg)

Gh Berggasthof Haldenhof, Haldenhof 1, ✆ 07673/284, III 0

Badenweiler

Vorwahl: 07632

H Morgensonne, Karlstr. 11, ✆ 82290, IV W 3

Hg Neuenfels, Badstr. 18, ✆ 82030, IV-V 3

Müllheim

Vorwahl: 07631

- i Tourist-Information, Wilhelmstr. 14, ✆ 801500 6
- H Alte Post, Posthalterweg, an der B3, ✆ 17870, IV-V 8
- H Engel, Werderstr. 63, ✆ 2228, III 6
- H Stadthaus, Marktpl. 3, ✆ 2442, III 6
- H Winzerhaus, Marktpl. 4, ✆ 2752, III 6
- Hg Schacherer, Moltkestr. 12, ✆ 936320, III-IV 6
- P Bad, Badstr. 40, ✆ 3885, II-III 6
- AH Im Weingarten, Kochmatt 8, ✆ 36940, IV-V 6

Kandern

Vorwahl: 07626

- i Tourist-Information Kandern, Hauptstr. 18, ✆ 972356 0
- H Weserei, Hauptstr. 81, ✆ 445, ✆ 7000, IV 0.5
- H Zur Schnecke, Ziegelstr. 8, ✆ 8303, III 0
- H Zur Sonne, Hauptstr. 24, ✆ 227, III 0
- Camping Terrassen Camping, Schwimmbadweg 2, ✆ 7874, I 0.5

Schliengen

Vorwahl: 07635

- i Tourist-Information Schliengen, Wasserschloss Entenstein, ✆ 31090 7
- H Sonne, Marktpl. 1, ✆ 20009, III 7
- Gh Krone, Eisenbahnstr. 9, ✆ 477, ✆ 0175/1966231, II-III 8

Hochblauen (Schliengen)

- H Berghotel Hochblauen, Hochblauen 1, ✆ 07632/2199920. Bis zum Abschluss der Umbauarbeiten Ende 2023 gibt es einen Kiosk (Mi-So 11-18 Uhr). 0

Rümmingen

Vorwahl: 07621

- H Landgasthotel Sonne, Wittlinger Str. 3, ✆ 1616964, IV 1.5

Binzen

Vorwahl: 07621

- H Mühle, Mühlenstr. 26, ✆ 6072, IV 1.5
- H Ochsen, Hauptstr. 42, ✆ 4220888, IV 1.5
- Gh Schwanen, Hauptstr. 10, ✆ 62316, ✆ 01522/2087495, III 1.5

Lörrach

Vorwahl: 07621

- i Tourist-Information Lörrach, Basler Str. 170, Eingang Untere Wallbrunnstr., ✆ 415120 1.5
- H Ho Heimathafen, Brühlstr. 10/11, ✆ 4245201, III 1.5
- H Mariotto am Burghof, Herrenstr. 3, ✆ 940380, V 1.5
- H Stadt Lörrach, Belchenstr. 19a, ✆ 592040, V 2
- Hg Drei König, Basler Str. 169, ✆ 5504790, IV 1.5
- P PENSIONSIEBEN, Feldbergstr. 7, ✆ 1619961, III-IV 1.5
- JH Hellmut-Waßmer-Jugendherberge Lörrach, Steinenweg 40, ✆ 47040, II-III 2.5
- Camping S Drei-Länder-Camp, Grüttweg 8, ✆ 82588, I-II 1

Tüllingen (Lörrach)

Vorwahl: 07621

- H Maien, Dorfstr. 49, ✆ 2790, IV 0.5

Stetten (Lörrach)

Vorwahl: 07621

- H JFM, Basler Str. 7a, ✆ 986920, III-IV 1
- Hg Base 1, Basler Str. 7e, ✆ 890780, III 1

Haltingen (Weil am Rhein)

Vorwahl: 07621

- H Axion, Freiburger Str. 46, ✆ 1633300, III 2
- Hg Gästehaus Moser, Burgunderstr. 19,

✆ 62203, III 2

Mo Residenz Labee, Neuhäuser Weg 8, ✆ 5603339, o.F., III 2

Gh Landgasthof Rebstock, Große Gaß 30, ✆ 964960, IV 1.5

Weil am Rhein

Vorwahl: 07621

i Weil am Rhein Wirtschaft & Tourismus GmbH, Schillerstr. 2, ✆ 4223640. Anfragen nur telefonisch oder per E-Mail. 2

H Adler, Hauptstr. 139, ✆ 98230, IV-V 1

H Go2bed, Pfädlistr. 15, ✆ 9867510, III-IV 1

H Krone, Hauptstr. 58, ✆ 71164, IV-V 0.5

H Ott's Hotel Leopoldshöhe, Müllheimer Str. 4, ✆ 98060, IV-VI 2

Hg Central, Hauptstr. 216, ✆ 1610990, III-VI 1.5

Friedlingen (Weil am Rhein)

Vorwahl: 07621

H B&B Hotel Basel/Weil am Rhein, Zollstr. 14, ✆ 98650, III 2

H Best Western Dreiländerbrücke, Hauptstr. 435, ✆ 7080, III-V 2

H Carathotel Basel/Weil am Rhein, Alte Str. 58, ✆ 9512000, III-IV 3

H Fritz Hotel, Steinackerstr. 22, ✆ 705080, IV-V 2.5

H Maximilian, Hauptstr. 435, ✆ 7080, III 2

Hg Victoria, Elsässer Str. 21, ✆ 70038, III 2

Basel (CH)

i Tourist-Information Barfüsserplatz, Steinenberg 14, ✆ 0612686868 2

H Alexander, Riehenring 83/85, ✆ 0616857000, V-VI 1

H Au Violon, Im Lohnhof 4, ✆ 0612698711, V-VI 2

H Basel, Münzg. 12, ✆ 0612646800, VI 2

H Birsighof, Birsigstr. 30, ✆ 0612733030, V-VI 2.5

H DasBreiteHotel, Zürcherstr. 149, ✆ 0613156565, V-VI 1.5

H East West, Rheing. 8, ✆ 0616901515, o.F., V-VI 1.5

H Essential by Dorint Basel City, Schönaustr. 10, ✆ 0616957000, V-VI 0.5

H Hyperion Hotel Basel, Messepl. 12, ✆ 0615604000, ✆ 0080087333737, V-VI 0.5

H Ibis Basel Bahnhof, Margarethenstr. 33-35, ✆ 0612010707, V-VI 3

H Krafft, Rheing. 12, ✆ 0616909130, VI 1.5

H Odelya, Missionsstr. 21a, ✆ 0612602121, VI ✚ 2.5

H Resslirytti, Theodorsgraben 42, ✆ 0616916641, IV-VI 1

H Rheinfelderhof, Hammerstr. 61, ✆ 0616954545, V 1

H Rochat, Petersgraben 23, ✆ 0612618140, V 2

H Schweizerhof, Centralbahnpl. 1, ✆ 0615608585, VI 2.5

H Spalenbrunnen, Schützenmattstr. 2, ✆ 0612619973, V-VI 2

H Spalentor, Schönbeinstr. 1, ✆ 0612622626, V-VI 2.5

H Teufelhof, Leonhardsgraben 49, ✆ 0612611010, VI 2

H The Passage, Steinengraben 51, ✆ 0616315151, V-VI 2

H Victoria, Centralbahnpl. 3-4, ✆ 0612707070, VI 2.5

H Wettstein, Grenzacherstr. 8, ✆ 0616906969, VI 1

Mo b_smart motel, Kücheng. 13, ✆ 0612720688, o.F., V 2.5

Ho Basel Backpack, Dornacherstr. 192, ✆ 0613330037, V 3

Ho S Hyve - Swiss Capsule, Gempenstr. 64, ✆ 0613111616, o.F., III-V 3

Ho SILO by TALENT Basel, Signalstr. 37, ✆ 0763317252, ✆ 0615550606, III-IV 0.5

B&B 3camere, Dornacherstr. 75, ✆ 0613611358, V 3

B&B eigenArt20, Oetlingerstr. 20, ✆ 0616928679, IV 1.5

Jugendherberge Basel, St. Alban-Kirchrain 10, ✆ 0612720572, V-VI 1.5

Ostvariante

Titisee (Titisee-Neustadt)

siehe Westweg bis Titisee

Bärental (Feldberg)

Vorwahl: 07655

H Adler Bärental, Feldbergstr. 4, ✆ 933933, IV 0

H Tannhof, Im Dobel 1, ✆ 93320, V-VI 0

Fw Am Seeblick, Panoramaweg 10, ✆ 07661/907639, ✆ 0173/9141840 0

Falkau (Feldberg)

Vorwahl: 07655

P Gemsennest, Haslachstr. 8, ✆ 1245, IV 1.5

Altglashütten (Feldberg)

Vorwahl: 07655

i Tourist-Information Feldberg-Altglashütten, Kirchg. 1, ✆ 07652/12060 2

H Hotel Schlehdorn, Am Sommerberg 1, ✆ 91050, VI 2

H Köhlerei am See, Raitenbucherstr. 36, ✆ 91050, V 3

H Schwarzwälder-Hof, Windgfällstr. 4, ✆ 91060, IV-V 2

H Waldeck, Windgfällstr. 19, ✆ 91030, IV-V 2

P Gästehaus König, Hasleweg 3, ✆ 241, III 1.5

Neuglashütten (Feldberg)

Vorwahl: 07655

H Höhengasthof Grüner Baum, Bärhaldenweg 2, ✆ 932227, IV 1

Feldbergpass (Feldberg)

siehe Westvariante

Hebelhof (Feldberg)

siehe Westvariante

Feldberg-Ort (Feldberg)

siehe Westvariante

Hof (Bernau im Schwarzwald)

Gh Bernauer Hof, Hofstr. 11, ✆ 07675/361, III 1

P Gasthaus Hofeck, Hofeckweg 2, ✆ 07675/929161, IV 1

Bernau im Schwarzwald

Vorwahl: 07675

i Tourist-Information, Rathausstr. 18, ✆ 160030 2.5

H Das Rössle Bernau, St.-Johann-Weg 2, Innerlehen, ✆ 922050, V-VI 2.5

Gh Landgasthof Bergblick, Hasenbuckweg 1, OT Dorf, ✆ 273, IV-V 2

Gh Löwen, Dorf-Hauptstr. 18, ✆ 277, IV-V 2.5

Gh Schwarzwaldhaus, Am Kurpark 26, ✆ 365, IV 2.5

P Jägerhof, Dorfstr. 3, ✆ 727, III 2

Herrenschwand (Todtnau)

Vorwahl: 07674

H Waldhotel Auerhahn Hochkopfhaus, Hochkopf 1, ✆ 437, III-IV 0

H derWaldfrieden naturparkhotel, Dorfstr. 8, ✆ 920930, V-VI 2

Weg (Todtmoos)

Vorwahl: 07674

H Das Schwarzwaldhotel, Alte Dorfstr. 29, ✆ 90530, IV-V 0.5

Strick (Todtmoos)

Vorwahl: 07674

H Schwarzwaldgasthof Rößle, Kapellenweg 2, ✆ 90660, V-VI W 1

Todtmoos

Vorwahl: 07674

i Tourist-Information, Wehratalstr. 19, in der Wehratalhalle, ✆ 12068540 2

H Am Kurpark, Salesiaweg 2, ✆ 909180, IV-V W 2

H Löwen, Hauptstr. 23, ✆ 90550, III-IV 2

Hg Wehrahof, Hohwehraweg 1, ✆ 92960, IV 2

P Café Zimmermann, Kurparkweg 2, ✆ 90570, IV 1.5

P Europäisches Gästehaus, Kirchbergstr. 2, ✆ 410, III 1.5

P Hanni, Kurparkweg 6, ✆ 8556, ✆ 0152/04946485, II-IV 1.5

Schwarzenbach (Todtmoos)

Vorwahl: 07674

P Sternen, Hangstr. 4, ✆ 90520, ✆ 0176/63718890, III 2

Gersbacher Hörnle (Schopfheim)

NF Naturfreundehaus Gersbacher Hörnle, Zum Hörnle 4, ✆ 07620/238, III 0

Gersbach (Schopfheim)

Vorwahl: 07620

H Landhotel Mühle, Zum Bühl 4, ✆ 90400, IV 1.5

Hasel

Vorwahl: 07762

i Gemeinde Hasel, Hofstr. 2, am Rathaus, ✆ 806890 0.5

H Landgasthof Erdmannshöhle, Hauptstr. 14, ✆ 52180, o.F., III 0.5

Wehr (Baden)

Vorwahl: 07762

i Tourist-Information, Hauptstr. 14, ✆ 808601 3.5

H Klosterhof, Frankenmatt 8, ✆ 52090, IV-V 2.5

Gh Landgasthof zur Sonne, Enkendorfstr. 38, ✆ 8484, III 3.5

Fahrnau (Schopfheim)

Vorwahl: 07622

H Andis Steakhüsli Hotel, Hauptstr. 251, ✆ 669024, IV 2.5

Schopfheim

Vorwahl: 07622

i Tourist-Information, Hauptstr. 23, ✆ 396145 2.5

H Gasthof Adler, Hauptstr. 100, ✆ 6884880, IV-V 2.5

Hohe Flum (Schopfheim)

H Hotel Restaurant Hohe Flum, Auf dem Hohe Flum 2, ✆ 07622/2782, IV 0

Wiechs (Schopfheim)

H Krone, Am Rain 6, ✆ 07622/39940, V 1

Obereichsel (Rheinfelden (Baden))

Vorwahl: 07623

i Tourist-Information, Karl-Fürstenberg-Str. 17, Rheinfelden (Baden), ✆ 9668720 2.5

H Landgasthaus Hotel Maien, Maienpl. 2, ✆ 72150, IV-V W 1

Karsau (Rheinfelden (Baden))

Vorwahl: 07623

i Tourist-Information, Karl-Fürstenberg-Str. 17, Rheinfelden (Baden), ✆ 9668720 2.5

Hg Jasmin, Rütte 19, ✆ 71728200, IV 2.5

Riedmatt (Rheinfelden (Baden))

Vorwahl: 07623

i Tourist-Information, Karl-Fürstenberg-Str. 17, Rheinfelden (Baden), ✆ 9668720 2.5

H Fw Storchen, Brombachstr. 3, ✆ 75110,

IV 3.5

Beuggen (Rheinfelden (Baden))

Vorwahl: 07623

Tourist-Information, Karl-Fürstenberg-Str. 17, Rheinfelden (Baden), 9668720 2.5

Hg B&B Schlosshotel Beuggen, Schloss Beuggen 1, 75190, IV-V 3.5

Degerfelden (Rheinfelden (Baden))

Vorwahl: 07623

Tourist-Information, Karl-Fürstenberg-Str. 17, Rheinfelden (Baden), 9668720 2.5

Rheinfelden (Baden)

Vorwahl: 07623

Tourist-Information, Karl-Fürstenberg-Str. 17, 9668720 2.5

H Danner, Alte Landstr. 1, Am Friedrichplatz, 72170, IV 3

Hg Bellevue, Kapuzinerstr. 2, 965130, IV 2.5

Hg Oberrhein, Werderstr. 13, 72110, IV 2.5

Herten (Rheinfelden (Baden))

Vorwahl: 07623

Tourist-Information, Karl-Fürstenberg-Str. 17, Rheinfelden (Baden), 9668720 2.5

Hg Rheinbrücke, Gewerbestr. 3, 705660, IV 2.5

Rührberg (Grenzach-Wyhlen)

Vorwahl: 07624

Gh Rührbergerhof, Inzlinger Str. 1, 91610, o.F., IV 0

St. Chrischona (Bettingen) CH

H Breakfast Hotel, Chrischonarain 200, 616464270, IV-V 0.5

Wyhlen (Grenzach-Wyhlen)

Vorwahl: 07624

H Auerhahn, Rheinfelder Str. 10, 4377, II 1

Fw Im Ziegelhof, Ziegelhofstr. 7, 2090129, III. Bettwäsche + Handtücher können um € 10,00 gemietet werden 0.5

Grenzach (Grenzach-Wyhlen)

Vorwahl: 07624

H Eckert, Basler Str. 20, 91720, V 0.5

H Zum Ziel, Güterstr. 5, 9835390, III 0.5

Hg Villetta, Basler Str. 10, 2091701, IV 0.5

Basel CH

siehe Westvariante

Ortsindex

Die Seitenzahlen ab S. 229 beziehen sich auf das Übernachtungsverzeichnis.